정조, 조선의 혼이 지다

【이한우의 군주열전】

정조

조선의 혼이 지다

해냄

불행과 불운의 학자군주, 정조

정조(正祖), 원래는 정종(正宗)이었다. 영조(英祖)도 영종(英宗)이었다. 묘호(廟號)를 붙일 때 원칙적으로는 공(功)이 있으면 조(祖), 덕(德)이 있으면 종(宗)이라 했다. 이런 원칙은 조선의 경우 지켜지기도 했고 그렇지 않기도 했다. 아무래도 종보다는 조가 위라고 생각했기 때문에 처음에는 종이라고 했다가 다시 조로 바뀐 경우가 적지 않다. 특히 이런 '묘호 부풀리기'는 선조 이후 후궁의 자식들이 반정 같은 비정상적인 방식으로 왕위에 올랐을 경우 더 심했다.

선조(宣祖) 이후 조가 붙은 임금들을 살펴보자. 선종(宣宗)이었던 것이 광해군의 명에 따라 선조(宣祖)가 됐다. 인조(仁祖)는 반정의 주역이었기 때문에 곧바로 인조라는 묘호를 받았다. 이후 효종, 현종, 숙종은 정상적인 즉위를 거쳤기 때문에 굳이 조가 붙지 않았다. 사실 영조도 영종이라고 해야 한다. 영의정 김상철이 올린 묘호가 영종이었기 때문이다. 또 그게 정상이다. 고종 28년(1889년) 나라를 '되살린' 공이 있다는 모호한 이유로 영조로 승격됐다.

정조도 마찬가지다. 원래 정종이었는데 광무 3년(1899년) 정조로 승격됐고 대한제국 성립과 함께 선황제로까지 추증된다. 흥미로운 것은 우리가 별로 관심을 갖지 않는 편인 정조의 아들 순조의 경우다. 순종(純宗)이 순조(純祖)로 바뀐 게 영조나 정조보다 훨씬 빠른 1857년(철종 8년)이었다. 그 이후는 모두 헌종·철종·고종·순종이다.

'순종은 순조로 올리면서 정종은 정조로 올리지 않았다.' 그렇다면 철종 때의 사람들은 어떤 이유에서건 순조가 정조보다 공이 더 많았다고 생각했다는 뜻이다. 당혹스럽지 않을 수 없다. 당시 정종의 아들 순종을 순조로 높이게 된 계기는 철종 8년 순종비였던 순원왕후 김씨가 세상을 떠난 때문이었다. 8월 10일 하루 만에 논의를 끝내고 결정했다. 정종을 어떻게 해야 할 것인가에 관한 의논은 전혀 없었다.

묘호 문제는 이 정도로 하고 정조에 관한 기록으로 거슬러 올라가 보자. 순조 22년 정조의 능을 옮기면서 지어 올린 천릉지문(遷陵誌文)의 한 대목이다.

"왕은 늘, 요순(堯舜)을 본받으려면 당연히 조종(祖宗-조선의 국왕들)을 본받아야 한다고 해왔는데, 왕으로 말하면 도량이 넓기는 태조(太祖)를 닮았고, 찬란한 문장은 세종(世宗)을 닮았으며, 명민하고 용맹스럽기는 광묘(光廟-세조)와 같고, 지극한 행실은 효릉(孝陵-인종) 같았으며, 자나 깨나 국운이 기운 것을 슬피 여겨 대의(大義)를 늘 앞세운 것은 효묘(孝廟-효종)와 같았다. 현자를 등용하고 간사한 자를 몰아내는 데 위엄과 용단이 있었던 것은 숙조(肅祖-숙종)의 그 것이었으며, 만민이 우러러보는 표준을 세우고 세신(世臣)들을 잘 보호했던 것은 영고(英考-영조)의 마음 그대로였다. 『서경(書經)』에 이르기를, '위대하여라 문왕의 교훈이여, 잘도 계승하였다 무왕의 빛남이여' 했는데, 그것은 왕을 두고 한 말이었다."

상투적인 상찬(賞讚)이 담길 수밖에 없는 천릉지문이지만 조금 도에 지나치다. 정말 그랬다면 정조는 재론의 여지가 없는 조선 최고의 국왕일 뿐 아니라 그 시대는 조선 백성이 최고의 태평성대를 누린 때가 된다. 정말 그러했는가? 지문으로는 어울리지 않겠지만 조금 거리를 두고서 객관적으로 정리하면 실상은 이 정도 되지 않을까?

"왕은 늘, 요순을 본받으려면 당연히 조종을 본받아야 한다고 해 왔는데, 왕으로 말하면 겉으로는 도량이 넓어야 한다고 강조하면서도 실제로는 폭넓게 사람을 쓰지 못한 것이 몇몇 암군(暗君)에 비견될 만하다. 찬란한 문장은 세종을 능가한다고 할 수 있지만 다변(多辯)과 다작(多作)으로 임금이 칭찬을 받아야 할 일은 없다. 명민하고 용맹스럽기는 광묘와 같고, 지극한 행실은 효릉 같았으며, 자나 깨나 국운이 기운 것을 슬피 여겨 대의를 늘 앞세운 것은 효묘와 같았다. 다만 효에 지나치게 집착해 공론을 무시한 것은 두고두고 왕의 결함으로 남는다. 숙종의 결단력과 영조의 세심한 통치력의 절반이라도 갖췄더라면 공효(功效)를 얻지 못하는 학자군주에 머물지 않고 성군(聖君)의 반열에 올랐을 텐데 그 점이 못내 아쉽다."

정종(正宗), 묘호를 정(正)이라고 한 것은 '올바름으로 백성을 감복'시켰다고 해서다. 실제로 정조는 처음부터 끝까지 반듯한 사람이었다. 행실이 반듯했고 학문도 정학(正學)에서 단 한 걸음도 옆길로

6

새지 않았다. 정학은 정통 성리학, 곧 송시열이 숭상했던 주자학이다. 만일 조선 초나 중반에 즉위했더라면 정조는 성군의 칭호를 받기에 조금도 부족함이 없었을 인물이다.

정조는 세종에 이어 다시 한 번 요순의 정치를 꿈꿨으나, 시대와의 불화(不和)를 넘어서거나 비켜가지 못했다. 11세 때 아버지 사도세자가 할아버지에 의해 뒤주에 갇혀 죽는 처참한 광경을 목격함으로써 이미 개인적 불행(不幸)과 불운(不運)은 평생 그를 괴롭히는 업(業)이 되고 말았다. 그 고통의 깊이는 친어머니의 죽음을 뒤늦게 알게 된 연산군의 그것과 비할 바가 아니다. 사실 폭군(暴君)이 되지 않은 것만으로도 정조는 분명 높은 평가를 받아야 한다.

그럼에도 불구하고 '영·정조 르네상스'라는 정체불명의 역사평가에 의해 '개혁의 화신'인 양 과도하게 높이 평가되고 있는 정조 해석에 필자는 동의하지 않는다. 그는 결코 개인적인 피해의식에서 자유롭지 못했다. 어릴 때의 극한체험은 결국 정조를 공(公)보다는 사(私)에 집착하도록 만들었다. 부성애의 결핍. 그러면서도, 아니 그 때문인지 우유부단(優柔不斷)했다. 사도세자를 추숭(追崇)하려면 전격적으로 할 일이고 그렇지 않으면 국왕 개인의 영역에 머물러 있도록 내버려둬야 했다. 그러나 정조는 집권 내내 아버지 추숭 문제를 관철하지도 못하면서 이 문제로 조정 신하들과 참으로 불필요한 쟁론들을 수없이 만들어내고 갈등을 빚었다. 집권하자마자 사도세자를 '장헌(莊獻) 세자'로 추숭하지만 죽는 그날까지 결국 왕으로 추존을 하지도 못했다.

이 점은 선대 왕들의 경우를 살펴보면 분명 해답이 나온다. 성종은 신하들과의 격론을 통해 친아버지인 의경세자(세조의 장자)를 덕종으로 추존했다. 선조는 스스로의 결정에 의해 아버지 덕흥대원군을 추존 왕으로 추숭하지 않았다. 인조는 아버지 정원군을 원종으로 추존했다. 성종이나 인조처럼 하든가 선조처럼 하든가 하면 될 일을 집권 24년 내내 조정을 들끓게 하는 중대사안으로 몰아간 장본인이 바로 정조다.

정조는 비극적 성장과정으로 인해 포용의 정치보다는 불신(不信)의 정치로 나아갔다. 믿음의 폭이 좁았다. 정조를 마치 기득권 노론과 대결한 개혁의 화신처럼 보려는 도식은 그저 도식일 뿐이다. 정조 자신의 정신세계가 바로 노론이었다. 왕권 강화를 통해 나아가려는 세상이 관리들의 세상이 아니라 백성들의 세상이었다면 그 노력은 긍정적 평가의 대상이 될 수 있다. 숙종의 경우가 그랬다. 그러나 정조의 노력은 다소 극단적으로 말하면 오로지 사도세자 추숭을 향한 것이었다. 장용영(壯勇營-1785년 정조의 신변 보호를 주 목적으로 하여 설립된 국왕 호위군대) 설치가 그랬고 화성 신도시 건설이 그랬다. 국왕이 이런 문제에 집착하는 한 백성은 도탄에 빠지기 마련이다.

정조의 집권과 함께 10년 이상 계속된 역모와 반란은 단순한 권력층 내의 파워게임이 아니었다. 백성의 한 무리는 천주학에 마음을 빼앗겼고 또 한 무리는 『정감록』 등과 같은 전통적인 예언사상에 기대려 했다. 나라, 임금, 조정에 대해 더 이상의 희망을 갖기 어려웠기 때문이다. 이런 상황에서 학식이 뛰어났다고 해서 그 임금을 성군이라 한다면 그것은 역사인식의 기본을 잃은 태도라 할 수 있다. 백성의 고통을 내 고통으로 여겼다면 개인적인 문제로 24년이라는 짧지 않은 집권 기간을 보낼 수는 없는 노릇이다.

정조가 정말 학계 일각에서 주장하듯 뛰어난 국왕이었다면 그 다음 임금부터 곧바로 나라의 운명이 쇠락의 길을 걷게 되는 명백한 역사적 사실을 어떻게 설명할 수 있을까? 물론 '정조가 그처럼 개혁하려

8

했음에도 불구하고 노론벽파의 저항을 넘어서지 못했기 때문에 그렇게 됐다'는 다소 허술한 변론이 없는 것은 아니다. 그러나『실록』을 들여다보면 정조 그 자신이 바로 세도정치의 문을 연 장본인임을 알 수 있다. 국가라는 공적 기구를 자기화(自己化)하지 못하고 사적인 기구 설치를 통해 공적 기구를 통제하려 하였다. 그러나 결국은 참담한 실패로 끝났고 그 바람에 세도정치의 폐단이 크게 열렸다.

정조라는 인물을 통해 배워야 할 것이 있다면 성군이 이룩한 선정(善政)의 치적이 아니라 '퇴계 율곡을 뛰어넘는 학식을 갖춘 인물이 정치적으로 실패할 수 있다'는 역설적 사실이다. 사실 이 점은 대단히 곤혹스럽다. '수신제가치국평천하(修身齊家治國平天下)'라는『대학(大學)』의 핵심 가르침에 회의를 품게 만들기 때문이다. 정조의 일생을 추적하면서 이 가르침에 대한 해석을 달리 하게 된 것이 나름의 망외(望外) 소득이라면 소득이다.

과거에는 수신(修身)하면 제가(齊家)되고 제가하면 치국(治國)되고 치국하면 평천하(平天下)된다고 보았다. 그러나 이제는 정조로 인해 해석방식이 바뀌었다. 수신해도 제가에 실패할 수 있고 제가해도 치국에 실패할 수 있으며 치국해도 평천하에 실패할 수 있다는 때늦은 깨달음이다. 생각해 보니 수신의 원리, 제가의 원리, 치국의 원리, 평천하의 원리는 다 다르다. 예를 들어 앞의 것은 뒤의 것을 위한 필요조건일 뿐 충분조건이 아니다.

정조는 분명 수신이나 제가의 측면에서는 타의 추종을 불허할 만큼 뛰어났다. 특히 자기 억제력과 직결되는 수신은 성인의 경지에 이르렀다고 볼 수 있을 만큼 자기수양에 피나는 노력을 다했다. 제가 또한 하나도 흠잡을 데가 없다. 그런데도 치국에서 정조는 요즘 식으로 표현하자면 아마추어리즘의 한계를 고스란히 드러냈다. 사람을 보는 눈에 치명적인 약점을 드러냈고 선공후사(先公後私)의 리더십을 몸으로 보여주지 못했다. 머리로 정치를 하려다 보니 마음으로 다스려야 하는 부분이 얼마나 중요한지를 간과했다. 아랫사람을 잡는 것은 머리가 아니라 몸과 마음이다. 생각이 너무 많았기 때문인지 모른다. 정조 때 신하들 사이에 면종복배(面從腹背-겉으로 따르는 듯하면서 속으론 배반하는 것)가 만연했던 것도 따지고 보면 정조의 책임이 크다.

그런데도 정조는 스스로 임금이자 스승이고자 했다. 현종이나 숙종이 늘 송시열을 염두에 두며 신하들에게 "그대들은 임금이 중한가 스승이 중한가?"라고 따지던 때에 비하면 말할 수 없이 국왕의 권력은 커진 듯했다. 그것은 착각이다. 군사(君師)는 말로만 존재했을 뿐 실질이 없었다. 그럴수록 정조는 더욱 말에 집착했다. 급기야 정조는 50세도 되지 않아 자신에게 '만천명월주인옹(萬川明月主人翁)'이라는 호를 붙인다. 자신이 온 천하를 밝히는 밝은 달과 같은 존재라는 뜻이다. 상당히 당혹스럽다.

나라의 최고지도자는 개인적인 성품이 어떠하건 간에 백성의 고통을 자신의 고통으로 일체화하는 데 뛰어나야 한다. 백성이 진정 무엇을 원하는지를 마음으로 절감하고서 그것을 위해 자기에게 부여된 최고의 권력을 사용해야 한다. 태종에서 시작해 세종·성종·선조·숙종을 거쳐 정조로 마무리하는 군주열전의 집필원칙은 바로 이것이었다.

당초 영조까지 포함된 '7군주'를 다룰 생각이었으나 영조가 정조에게 남긴 너무나도 많은 해악(害惡)을 보니 영조를 다뤄야 할 필요성이 사라졌다. 그래서 계획을 바꿔 태종·세종·성종·선조·숙종·정조 '6군주'로 조선의 군주열전을 마무리한다.

군주열전 작업의 계기가 된 『세종, 그가 바로 조선이다』를 쓰기 위해 『실록』을 처음 읽기 시작한 것이 2001년 겨울이다. 7년 동안 『태조실록』부터 『정조실록』까지 읽었다. 개인적으로는 태조 이성계를 비롯해 세조·중종·인조·영조 등도 충분히 한 권의 책으로 정리가 필요한 인물들이라고 생각한다. 다만 '6군주 열전'이면 조선의 역사 전반을 개략적으로나마 조망하기에 크게 부족하지 않으리라고 본다.

끝으로 주말의 거의 전부를 『실록』과의 열애'에 쏟아 부어야 했던 지난 7년 동안 싫은 내색 한번 하지 않고 늘 격려해 준 아내 김동화와 지금은 뉴질랜드에서 공부하고 있는 아들 이상훈에게 잃어버린 주말에 대한 작은 보답의 의미로 이 책을 바친다. 어머니와 장모님도 크게 기뻐하시리라 믿는다. 그리고 필자의 아이디어를 시리즈로 확대시켜 필자 스스로도 믿기지 않을 큰 작업으로 이끌어준 (주)해냄 김수영 주간과 멋진 책을 만들어준 편집진 및 디자인팀에게도 감사의 뜻을 전한다. 집필을 끝내고 문득 서재의 창을 통해 올려다본 가을 하늘이 높고 맑고 푸르다.

2007년 10월
이 한 우

차 | 례

| 들어가는 글 | 불행과 불운의 학자군주, 정조 4

프롤로그
할아버지와 아버지의 굴레에서
사도세자의 죽음을 둘러싼 미스터리 19
할아버지 영조와 아버지 사도세자, 그리고 정조 36
비극적 최후에 대한 상반된 시각 53

1장 살얼음 밟듯 보내야 했던 동궁 시절
영조와 동궁을 이간질하려는 세력들 67
위기의 동궁을 지켜준 홍국영 78
전적으로 믿음을 준 친위세력의 변절 88

2장 과거청산, 보복의 칼을 휘두르다
즉위 일성, "나는 사도세자의 아들이다" 101
어머니 홍씨 집안과의 한판 승부 109
정순왕대비의 오빠 김구주를 제거하다 117

3장 정조의 학문, 그리고 수신제가
　　왕세손 시절의 학문연마 129
　　수신제가에 성공한 군주 138
　　스승의 입장에서 진행한 경연 149

4장 역모로 얼룩진 집권 전반기
　　홍계능의 역모와 이복동생 은전군의 죽음 175
　　뒤늦게 문제가 되는 홍국영 역모사건 187
　　김하재 역모사건의 진실 197
　　상계군 이담 역모사건 206

5장 가까스로 틔운 개혁의 물꼬
　　'불세출의 인물'로 극찬 받은 채제공 219
　　오랫동안 품었던 꿈으로의 도약 234

6장 인재에의 갈망

'문치(文治)의 나라', 제2의 세종대왕을 향한 바람 259

금난전권을 철폐한 대결단, 신해통공 270

서얼에게 열어준 관직의 길 274

7장 혁명보다 어려운 개혁 : 천주학의 도래와 문체반정

요원의 불길처럼 퍼져가는 천주학 291

경화사족(京華士族)과 '북학(北學)'의 확산 308

문체반정—서학과 북학, 두 마리 토끼를 잡아라 318

8장 영남 만인소, 그후 : 시파와 벽파로 갈린 지식인들

왕실 친인척들을 다시 중용하다 327

혜경궁 홍씨 집안에 대한 정조의 태도 변화 333

탕평정국을 깨버린 영남 만인소 341

9장 국시(國是)를 바꾸려는 시도

"장헌세자는 억울하게 죽었다" 367

갑자년 구상의 현실화 388

'제2의 홍국영' 정동준을 중용한 치명적 잘못 393

정조도 넘지 못한 장벽, 노론 벽파의 뉴 리더 심환지 399

10장 성공한 인간, 미완의 '개혁군주' 잠들다

기대와 좌절의 정조 24년 409

한 시대가 무너져 내리던 때 419

에필로그
정조, 그 이후

'여주(女主) 정순대왕대비'의 등극 445

무참히 지워지는 정조의 흔적들 454

|사진 출처| 460

프롤로그

할아버지와 아버지의 굴레에서

사도세자의 죽음을 둘러싼 미스터리

나경언의 밀고

영조 38년(1762년) 5월 22일 나경언이라는 자가 올린 투서 한 장이 조정을 발칵 뒤집어놓았다.

> "전하의 곁에서 가까이 모시는 신하들이 모두 불충한 생각을 품고 있어 변란이 눈앞에 닥쳐왔습니다."

춘궁(春宮), 즉 세자가 환시(宦侍-환관 내시)들을 거느리고 불궤(不軌-역모)를 꾸미고 있다는 것이었다. 당시는 세자가 연로한 영조를 대신해 대리청정을 하고 있던 때였다. 영조는 69세, 세자는 28세였다.

나경언이라는 인물에 대해서는 액정서 별감 나상언의 형이라는 사실과 "사람됨이 불량하고 남을 잘 꾀어냈으며 가산을 탕진하여 자립

할 수 없게 되었다"는 사실 두 가지가 『실록』에 기록돼 있다. 액정서 (掖庭署)란 이조 소속의 관아로 궁궐 내의 잔심부름을 담당했다. 따라서 나경언은 궁궐 출입이 자유로웠던 중인이라고 보면 된다. 나경언은 형조를 찾아가 밀고를 했고 이를 접수한 형조참의 이해중은 사안의 중대성을 감안해 곧바로 영의정 홍봉한에게 보고했다. 이해중은 홍봉한의 처조카이기도 했다.

홍봉한은 이해중에게 직접 국왕을 청대할 것을 명했고 영조는 청대를 받아들여 이해중을 불렀다. 내용을 보고받은 영조는 크게 놀라며 옆에 있던 내시에게 "경언은 대궐 하인 상언의 피붙이인가?"라고 묻는다. 영조는 나상언을 알고 있었다. 이에 내시는 "상언의 형으로 전에 대궐 하인으로 있던 자입니다"라고 답했다.

때마침 경기도관찰사 홍계희가 입시해 있었다. 영조는 홍계희에게 "궁성을 호위해야 하겠느냐?"고 물었다. 그만큼 실체가 있는 중대한 사안이냐고 물은 것이다. 홍계희는 궁성 호위를 서둘러야 한다고 답했다. 이어 사복시(司僕寺-궁궐의 가마나 말을 관리하던 기구)에 국청을 설치하고 나경언에 대한 친국에 들어갔다. 친국(親鞫)이란 역모와 같은 중대사안에 대해 국왕이 직접 국문하는 것이다.

이날 친국 현장에는 영의정 홍봉한과 우의정 윤동도, 좌의정을 지낸 신만 등이 입시했고 직접 심문을 담당할 의금부 지사에 남태제, 의금부 판사에 한익모, 의금부 동지사에 윤득량, 의금부 문랑에 홍낙순 등이 지명됐다.

국문이 시작되자 나경언은 옷 솔기에서 또 하나의 봉서(封書)를 내놓았다. 형조에 올린 밀서보다 훨씬 상세하게 세자의 허물을 조목조목 지적하는 내용이었다. "동궁의 허물 10여 조를 낱낱이 들었는데 말이 매우 패란(悖亂)하였다." 국문 도중에 왕명으로 이 밀서를 불태워버리기는 했지만 얼마 후 영조가 세자를 불러들여 호통을 치는 장면에서 그 내용 일부를 알 수 있다.

봉서 내용 대부분이 사실이라고 판단한 영조는 홍봉한에게 당장 세자를 불러오도록 했다. 저녁 무렵 창덕궁에 머물고 있던 세자는 급히 달려와 경희궁 흥화문 앞에 엎드려 대죄(待罪)했다. 안에서는 나경언에 대한 국문이 한창이었다.

영조는 먼저 조정 신하들을 비판했다.

"오늘날 조정에서 사모(紗帽)를 쓰고 띠를 맨 자(벼슬하고 있는 사람)는 모두 죄인 중에 죄인이다. 나경언이 이런 글을 올려서 나로 하여금 원량(元良-세자)의 과실을 알게 하였는데, 여러 신하 가운데 이런 일을 나에게 고한 자가 한 사람도 없었으니, 나경언에 비해 부끄러움이 없겠는가?"

왜 세자에게 이처럼 심각한 허물이 있었는데도 미리 고하지 않았느냐는 호통이었다.

이어 나경언에게는 두 번째 봉서에 대해서는 인정을 하면서도 첫 번째 밀서에 주관적 견해를 집어넣었다는 이유로 중형을 명한다.

"네가 나라를 위해 이처럼 진달하였으니, 그 정성은 가상하다. 그러나 처음 올린 글에 부언(浮言-유언비어)을 만들어 사람을 악역(惡逆)의 죄과로 모함하였고, 또 '변란이 호흡 사이에 있다'는 등의 (주관적인) 말로 임금을 놀라게 해서 궐문을 호위하게 하고 도성이 들끓게 하였으니, 이후 불궤한 무리들이 다시 네 버릇을 본받게 될 것이다."

본질보다는 곁가지로 나경언의 책임을 물은 것이다. 신하들은 나경언을 죽여야 한다고 했고 영조는 그 내용이 사실이기 때문에 죽여서는 안 된다고 했다. 그러나 결국 나경언은 '무함동궁(誣陷東宮)', 즉 동궁이 역모를 꾸미고 있다고 모함하려 했다는 죄목으로 참형을 당하게 된다.

이제 세자의 차례였다. 세자는 영조가 머물고 있는 편전으로 찾아와 면대를 청했다. 그러나 이미 나경언의 밀고 내용을 100퍼센트 사실로 확신한 영조는 만나보려 하지 않았다. 승지의 청이 계속되자 영조는 창문을 통해 세자를 내려다보며 크게 책망한다. 이를 통해 나경언의 두 번째 봉서에 담겨 있던 세자의 주요 허물들을 알 수 있다.

> "네가 왕손(王孫)의 어미를 때려 죽이고 여승(女僧)을 궁으로 들였으며 서로(西路-평안도 지방)에 행역(行役)하고, 북성(北城)으로 나가 유람했는데, 이것이 어찌 세자로서 행할 일이냐? 사모를 쓴 자들은 모두 나를 속였으니 나경언이 없었더라면 내가 어찌 알았겠는가? 왕손의 어미를 네가 처음에 매우 사랑하여 우물에 빠진 듯한 지경에 이르렀는데, 어찌하여 마침내는 죽였느냐? 그 사람이 아주 강직하였으니, 반드시 네 행실과 일을 간(諫)하다가 이로 말미암아서 죽임을 당했을 것이다. 또 장래에 여승의 아들을 반드시 왕손이라고 일컬어 데리고 들어와 문안할 것이다. 이렇게 하고도 나라가 망하지 않겠는가?"

여기서 일단 '동궁의 허물 10여 조' 중에서 네 가지를 알 수 있다. 첫째 '왕손의 어미를 때려 죽였다'는 것이다. 세자에게는 세자비인 혜경궁 홍씨 외에 세자빈 임씨와 박씨가 있었다. 홍씨와의 사이에는 일찍 죽은 의소세손과 훗날의 정조 두 아들과 청연공주·청선공주 두 딸이 있었다. 임씨와의 사이에는 은언군 이인과 은신군 이진, 박씨와의 사이에는 은전군 이찬과 청근옹주가 있었다. 여기서 영조가 말한 '맞아 죽은 왕손의 어미'는 박씨를 가리키는 듯하다. 박씨는 1년 전 광기를 부리는 세자의 칼에 죽음을 맞았다. 영조는 박씨가 죽임을 당한 이유까지 정확하게 추론하고 있었다.

둘째 여승을 궁에 끌어들인 문제였다. '척불(斥佛)의 나라' 조선의 왕실에서는 생각도 할 수 없는 사안이다. 먼 옛날 양녕대군이 기생을 궐내로 끌어들이다가 들통 나 결국 폐세자당한 것을 생각하면, 여승을 궐내에 들였다는 것은 비할 바 없이 심각한 일이었다.

그런데 영조는 셋째 서로행역과 넷째 북성유람에 대해서는 이렇다 할 이유를 설명하지 않고 바로 "이렇게 하고도 나라가 망하지 않겠는가?"라는 결론에 이른다. 이 말을 들은 세자는 억울하다며 그때까지 아직 처형되지 않은 채 문초를 당하고 있던 나경언과의 대질심문을 요구했다. 그러나 이는 영조의 화를 더 돋울 뿐이었다.

"이 역시 나라를 망칠 말이다. 어찌 대리청정하는 세자가 죄인과 면질을 하겠는가?"

이에 세자가 울면서 "모든 게 저의 화증(火症)에서 비롯된 것"이라고 자책을 하자 영조는 "차라리 발광(發狂)을 하는 게 더 낫겠다"며 당장 물러갈 것을 명했다. 창덕궁으로 물러나온 세자는 궁내 금천교 위에서 대죄하기 시작했다.

여기서 우리는 서로행역과 북성유람에 대해 의문을 던지지 않을 수 없다. 영조가 이 둘은 별로 중요하지 않다고 여겨 언급하지 않은 것일까? 아니면 너무나 중요해서 언급은 했으나 『실록』 편찬과정에서 누

영조_ 조선의 21대 왕으로 52년 동안 나라를 다스린 후, 83세의 나이로 훙했다.

락된 것일까? 필자는 후자라고 생각한다. 당시 영조는 국망(國亡)의 위기를 느끼고 있었다. 첫째와 둘째는 세자가 자질 면에서 자신의 왕위를 잇기에 곤란하다는 점이 드러난 것이다. 셋째와 넷째는 자신에 대한 정면도전으로 보았다. 말이 좋아서 서로행역이고 북성유람이지 그것은 일종의 쿠데타 준비라고 볼 수 있는 측면이 농후했다. 물론 영조의 그 같은 의심이 백 퍼센트 사실이라고 단정하기에는 곤란한 점이 없지 않겠지만 말이다.

그 밖에 '동궁의 허물'과 관련해 또 하나 드러난 것이 있다. 이틀 후인 5월 24일 영조는 직접 경희궁 정문인 흥화문에 나아가 시전(市廛) 상인들을 만나 세자와 그 무리에게 갈취당한 사실을 확인한 다음 그들이 입은 피해를 일일이 보상해 준다. 국왕으로서의 체통이 땅에 떨어지는 순간이었다. 『실록』은 그 배경을 상세하게 설명하고 있다.

"세자의 본병(本病-정신병)이 날로 심해져 주야로 액속(掖屬-궐내하인들)의 사나운 무리들과 더불어 유희함이 법도를 잃었고, 상사(賞賜-아랫사람에게 상으로 귀한 물건을 줌)가 한정이 없어 내사(內司)가

24

모조리 비어 시인(市人)의 물건을 거두어 올렸으며, 액속들이 위세를 빙자하여 시인의 것을 빼앗아 원망하는 말이 길에 가득하였다. 임금이 이때에 이르러서 비로소 알고는 시인들에게 각기 빚으로 준 것을 말하도록 명해 호조·혜청(惠廳) 및 기조(騎曹-병조)에게 갚아주라 명하였다."

전·현직 3정승이 한 달 간격으로 연쇄자결하다

나경언의 밀고가 있기 1년여 전인 영조 37년(1761년) 1월 5일 영의정을 지낸 중추부 영사 이천보가 음독자살했다. 그러나 『실록』에는 "이천보가 물러나 육화정에서 살다가 병으로 죽으니 64세였다"고만 기록하고 있다. 『실록』은 거짓을 기록하고 있다. 그는 병으로 죽은 게 아니라 자결했고, 스스로 생을 마감하기 직전 유언상소인 유소(遺疏)를 영조에게 올렸다. 꼼꼼하게 읽어보면 자살을 위한 약을 먹은 직후 써내려갔다는 사실과, 행간에 담긴 영조에 대한 원망을 읽어내는 것이 어렵지 않다.

"삼가 신이 외람되이 임금께 넘치는 은덕을 입고 벼슬이 영의정에까지 이르렀으나 조금도 보답하지 못했나이다. 실낱 같은 목숨이 끊어지려 하여 용안을 영영 이별하고자 합니다. 밝고 곧으신 성정을 우러러 뵈오니 차마 눈을 감을 수 없을 것 같습니다. 엎드려 생각건대, 전하께서는 칠순 보령에도 강건하시어 신하와 백성이 전하의 만수무강을 우러러 기원하고 있습니다. 하오나 저는 구구하게 한 말씀 아뢰고자 합니다.

돌아보건대 지금 전하께서 하셔야 하는 많고 많은 일들 중에 옥체를 보전하고 아끼시는 일 만한 것이 없습니다. 간혹 기쁨과 노여움이 폭발하게 되면 평정을 잃을 뿐만 아니라 기혈이 상할 염려가 있습니다. 간혹 시행과 조치가 격노에 이르게 되면 정책과 법령을 시행함에 해가 미칠 우려가 있을 뿐 아니라 정신이 소모되고 허물어지는 근심이 따르게 됩니다. 삼가 아룁니다. 전하께서는 중화(中和)의 도리에 더욱 힘쓰시어 강녕하시는 아름다움을 누리십시오.

신은 전하를 보필할 임무를 받들고도 제대로 수행하지 못하였습니다. 죄를 물으신다면 헤아릴 수 없을 만큼 크오나, 평소에도 마음으로 나라를 걱정하느라 안으로 맺힌 바가 있습니다.

장차 죽음에 임하여 숨이 가빠지고 말이 짧아져 하나하나 다 아뢰지는 못합니다. 다만 옥체 보전하시고 아끼시라는 두 마디로 전하께 저의 충정을 바칩니다. 베개에 엎드려 눈물만 흘리느라 무슨 말을 해야 할지 모르겠습니다. 전하께서 방황하시고 근심하신 것은 신이 전하의 뜻을 살펴 제대로 책임을 다하지 못한 까닭입니다."

"기쁨과 노여움이 폭발하게 되면……" 이는 숙종의 성품이었던 '희로폭발(喜怒暴發)'이 아들 영조에게 그대로 이어졌음을 보여준다. 그것은 다시 사도세자의 화증(火症)으로 나타났고 정조에게도 비슷한 기질이 유전된다.

의문의 자결을 한 이천보(李天輔, 1698년 숙종 24년~1761년 영조 37년)는 옥천군수를 지낸 이주신(李舟臣)의 아들로 1739년(영조 15년) 문과에 급제해 홍문관 교리, 사헌부 장령 등을 거쳐 1749년 이조참판에 올랐다. 이후 이조와 병조 판서를 지냈고 1752년 우의정, 좌의정을 거쳐 1754년 영의정에 오른다. 이후 돈녕부 영사로 정치일선에서 물러나 있다가 이때 장헌세자(莊獻世子-사도세자)의 평양 원유사건(遠遊事

件)에 책임을 지고 음독자결하
였다. 그는 사람됨이 관대하고
생각이 깊다는 평을 들었다. 노
론의 성향을 갖고 있었지만 온
건 중도파로 세자 보필에 각별
했다.

그런데도 『실록』은 이상하리
만치 조용하다. 자살을 암시할
만한 아무런 단서도 싣고 있지
않다. 그런데 정확히 40일 뒤인
2월 15일자 『실록』에 다시 배경
설명 하나 없이 우의정 민백상
의 졸기(卒記)가 실린다. 졸기
란 일반적으로 판서급 이상의

이천보_ 영조 때 영의정을 지낸 인물로 사도세
자 사건을 비롯하여 영조의 처사에 직언을 일
삼다 사도제사의 평양원유 사건과 관련하여
책임을 지고 음독자살하였다.

인물이 죽었을 때 『실록』에 기록하는 그 사람의 생애에 관한 간략한
기록이다.

"우의정 민백상이 졸(卒)하였다. 민백상의 자(字)는 이지(履之)이
니, 문충공 민진원(閔鎭遠)의 손자다. 젊어서부터 영특하고 준수하며
풍채와 거동이 시원스럽게 뛰어났으므로, 문충공이 일찍이 빈객(賓
客)에게 이르기를, '이 아이는 나의 가장 훌륭한 손자다'라고 하였다.
영종(永宗-영조) 경신년(1740년 영조 16년)에 문과에 합격하여 홍봉
한(洪鳳漢)·김상복(金相福)과 서로 친하게 지냈으며 서로 잇달아 정
승의 지위에 들어갔으므로, 세상에서 세 정승 친구(삼태지우(三台知
遇))라고 말하였다. 민백상이 우의정으로 발탁된 뒤 얼마 되지 않아

졸하였는데, 나이 51세였다. 그 뒤에 홍봉한이 수상(首相-영의정)에 임명되자 마침내 김상복을 추천하여 우의정을 삼도록 하였다. 민백상이 영남·호남·관서 3도(道)를 관할하였지만 청렴하다는 명성은 없었고 부유하기가 한양에서 으뜸이었으므로 사대부들이 이를 부끄럽게 여겼다. 그의 동생 민백흥(閔百興)의 아들 민홍섭(閔弘燮)을 데려다 후사(後嗣)로 삼았는데, 훗날 민홍섭이 적신(賊臣) 홍계능(洪啓能)과 서로 결탁을 했다가 민홍섭이 죽은 후 홍계능의 역모가 발각되어 민씨(閔氏) 집안이 마침내 망하였다."

민백상(閔百祥, 1711년 숙종 37년~1761년 영조 37년)의 집안은 뿌리 깊은 노론 골수로 특히 조선 후기를 대표하는 외척집안이라는 점에서 주목을 요한다. 민백상의 증조할아버지 민유중은 숙종의 장인, 즉 국구(國舅)였다. 장희빈으로 인해 폐서인되었다가 다시 왕비로 복귀하는 등의 파란을 겪은 숙종의 계비 인현왕후 민씨가 바로 그의 딸이었다. 민유중에게는 진후, 진원, 진영, 진창, 진오 등 다섯 아들이 있었는데 민진후의 고손자 민치록이 바로 명성황후 민씨의 아버지이고 민백상의 증손자 민태호가 조선의 마지막 임금 순종의 첫 부인인 순명왕후 민씨의 아버지이며 민진영의 고손자 민치구는 흥선대원군의 장인이다.

민백상도 자결했다. 이천보에 이은 우의정 민백상의 자결은 엄청난 사건이었음에도 불구하고 『실록』은 역시 이상하리만치 침묵을 지킨다. 다만 다음날 영조는 위로의 하교를 내렸다.

"우의정의 나라를 위하는 정성과 신하된 자로서 외경(畏敬)하는 마음은 저 하늘을 찌를 만하다. 이와 같은 뛰어난 정승을 얻어 뒷날을 믿을 만하다고 여겼는데 갑자기 이런 비보(悲報)를 들을 줄을 어찌 생각이나 하였겠는가? 18일에 승지를 보내어 치제(致祭)하도록 하라."

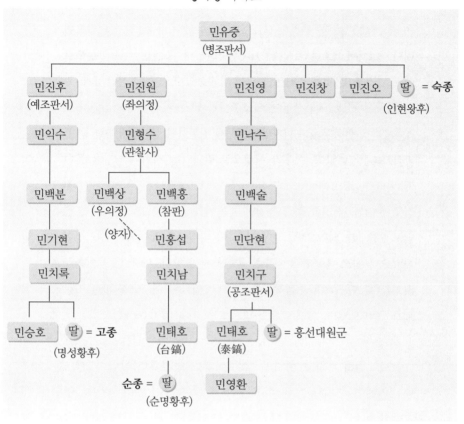

민백상 가계도

민유중
(병조판서)

민진후 (예조판서) ― 민진원 (좌의정) ― 민진영 ― 민진창 ― 민진오 ― 딸 = 숙종 (인현왕후)

민익수 ― 민형수 (관찰사) ― 민낙수

민백분 ― 민백상 (우의정) (양자) ― 민백흥 (참판) ― 민백술

민기현 ― 민홍섭 ― 민단현

민치록 ― 민치남 ― 민치구 (공조판서)

민승호 ― 딸 = 고종 (명성황후) ― 민태호 (台鎬) ― 민태호 (泰鎬) ― 딸 = 흥선대원군

순종 = 딸 (순명황후) ― 민영환

19일에는 이천보와 민백상 두 사람에게 시호를 내릴 것을 좌의정 이후에게 명했다. 그러나 이것이 전부였다. 도대체 무슨 일로 두 사람이 자결을 했는지에 관해서는 단 한 자도 기록하고 있지 않다. 전현직두 정승의 자결로 조정 안팎이 뒤숭숭한 가운데 보름 후인 3월 4일에는 좌의정 이후가 자결했다. 먼저 이후(李㷞, 1694년 숙종 20년~1761년 영조 37년)의 졸기부터 보자.

"좌의정 이후가 졸하였다. 이후의 자(子)는 후옥(厚玉)이며, 본관은 연안(延安)이다. 음관(蔭官)으로 진출하여 목사(牧使)가 되었으며 태학사(太學士) 조관빈(趙觀彬)을 추종하였다. 조관빈이 큰 그릇으로 여겨 과거를 볼 것을 권하여 문과에 합격하였다. 고(故) 신만(申晩)과는 친하게 지냈는데, 신만이 이조판서가 되자 이후를 동지경연사(同知經筵事-조선시대 왕과 학자들이 학문을 강론하던 경연청에 속한 종2품 관직)로 추천하였고, 이후가 이것으로 말미암아 지위와 명망을 굳히게 되었다. 병조판서에서 다시 이조판서로 옮겼는데, 역신(逆臣) 김상로(金尚魯)가 그를 적극 추천한 때문이었다. 외직으로 나가서는 평안도관찰사가 되었으며, 얼마 안 되어 내직으로 들어와서 우의정이 되었으나 평소 홍봉한이 이후를 좋아하지 않았다. 이에 수찬 이형규가 이후를 탄핵하며 개정하도록 청하니, 임금이 이형규를 바다 가운데로 귀양 보냈다. 이때 이후가 병으로 졸하니, 나이 68세였다."

'병으로 졸하니'라고 했지만 실은 이후도 역시 자결이었다. 영조는 3월 11일에야 승지를 보내 이후를 조문했다. 그리고 아무 일도 없었다. 다만 이천보에게는 문간공(文簡公), 이후에게는 정익공(貞翼公), 민백상에게는 정헌공(正獻公)이라는 시호가 내려졌다. 의문의 자결로 생을 마감한 이들 3정승에 관한 언급은 120여 년이 지난 고종 때에 와서야 조금이라도 이뤄질 수 있었다.

"이들 3인은 영묘(英廟-영조) 때의 재상으로 의리를 바로 잡고 당시의 난국을 크게 구제하였다."(『고종실록』, 고종 18년 3월 29일)
"고(故) 상신(相臣-정승) 문간공 이천보, 정익공 이후, 정헌공 민백상은 영조 때 남다른 우대를 받으면서 정사가 잘 되도록 도운 결과 온 나라의 백성이 영원히 덕을 입게 되었습니다. 뭇 소인이 나라의 근본을 흔들던 때에 정성을 다하여 세자를 보호하는 데에 있는 힘을 다하였다가, 신사년(1761년)에 이르러서는 당시의 사태가 더욱더 어쩔 수 없게 되었다는 것을 알고는 눈물을 흘려 통곡하며 맹세코 살기를 바라지 않고 서로 손잡고 영결하면서 연달아 죽었으니 그 뛰어난 충성과 뛰어난 절개는 천지를 지탱할 수 있고 해와 달처럼 빛났습니다."
(『고종실록』, 고종 36년 10월 17일, 특진관 심상황이 올린 상소 중에서)

이쯤에서 3정승의 연쇄자결과 관련된 의문은 잠정적으로나마 풀고 넘어가야 한다. 『실록』에는 나와 있지 않지만 세자의 평양원유는 영조 36년(1760년) 가을부터 겨울 사이에 있었던 것으로 보인다. 영조와 세자, 부자(父子)간의 충돌은 극에 달했다. 당시는 세자 대리청정이 이뤄지고 있던 때다. 이런 상황에서 대조(大朝-영조)와 소조(小朝-사도세자)의 충돌은 위험천만한 것이었다. 나라의 근간이 통째 흔들리고 있었다. 두 사람 다 성미가 급하고 직선적이었다.

3정승은 자연스럽게 둘 사이에 끼일 수밖에 없었다. 세자의 평양원유 사실을 어떤 경로를 통해서 듣게 된 영조는 진노했다. 어쩌면 이때이미 세자의 자결이나 적어도 폐세자 추진을 정승들에게 밝혔을 것이다. 이에 3정승은 대략 한 달 간격으로 자결함으로써 영조에게는 세자를 용서해 줄 것을, 세자에게는 정신 차릴 것을 충격적 방식으로 전달하려 했던 것이다. 학계 일각에서 제기하고 있는 사도세자의 쿠데타 준비설, 즉 평양에서 쿠데타를 준비하려 했다는 설도 충분히 검토해 볼 만한 가설이다. 그러나 『실록』은 그것을 검증할 만한 자료들을 원천적으로 삭제해 버렸다. 아쉽지만 우리가 알 수 있는 한계는 여기까지다.

영조의 경고와 세자의 평양 밀행

3정승이 세상을 떠난 직후인 4월 5일 영조는 인조 때의 계해년(1623년 인조 원년) 『반정일기(反正日記)』를 들이도록 한 다음, 대신들이 입시해 있는 가운데 승지에게 소리 내어 읽도록 했다. 이 책은 말 그대로 인조의 반정과정을 상세하게 기록한 것이다. 영조는 왜 하필이면 이 책을 이 시점에서 대신들에게 읽어주었을까?

다음날에는 정축년(1637년 인조 15년)의 『하성일기(下城日記)』를 들이도록 해서 다시 대신들에게 읽어주도록 했다. 『하성일기』란 병자호란 때 인조가 남한산성을 지키다가 청나라 태종에게 항복하게 되는 과정을 낱낱이 기록한 책이다. 영조가 『반정일기』에 이어 『하성일기』를 여러 대신들에게 상기시키려 했던 이유는 뭘까? 일단 그의 말을 들어보자.

"어제는 계해년 『반정일기』를 읽도록 하였고 오늘은 정축년 『하성일기』를 읽도록 하여, 대신이 그것을 듣게 한 것은 대체로 깊은 의미가 있어서다. 이미 반정을 하였고 또 하성을 하였으니, 성조(聖祖-인조)에게는 날은 저물고 갈 길은 멀다는 탄식이 있었을 것이다. 그러니 오늘날에 있어서 의당 정축년의 사건을 잊지 않고 오직 황하(黃河)가 맑아지기를 바랐지만 장차 초목(草木)과 마찬가지로 썩어버리는 존재가 될 터인데, 이런 상태로 국사(國事)와 민심을 다시 앞으로 어떻게 하겠는가? 임금과 신하가 스스로 힘써야 마땅하다."

엄중한 경고였다. 국망(國亡), 무수리를 어머니로 둔 영조는 자기 대에 와서 결국 나라가 망하는 것은 아닌가 하는 두려움에 사로잡혀 있었다. 이때 영조는 오랫동안 병을 앓다가 겨우 회복한 직후였다. 나이는 60을 넘은 지 오래였다. 경고는 신하들을 향해 내렸지만 궁극적으로는 세자를 향하고 있었다.

 적어도 『실록』의 기록으로만 보면 영조 37년 3월 27일까지는 분명 세자가 한양에 머물고 있었다. 그리고 훌쩍 건너 뛰어 4월 22일 처음으로 성균관 유생들이 세자의 관서(關西-평안도) 지방 유람을 경계하는 상서가 올라온다. 한 달도 안 되는 이 기간에 세자는 3정승의 자결이라는 파란에도 불구하고 다시 평양을 '유람하고' 온 것이다. 상소의 내용이다.

 "저하께서 강독을 치워버린 지 이미 오래 되었으며 궁료(宮僚)를 접견하지 않은 지도 역시 오래되었습니다. 그런데 평상시 좌우에서 모시는 자는 오직 환관이나 액속들이니, 반드시 말을 타고 달리며 사냥하는 것으로 인도하는 자가 있을 것이고, 반드시 재화를 늘리며 음악과 여색으로 인도하는 자가 있을 것이고, 반드시 드나들며 유람하는 것으로 인도하는 자가 있을 것입니다."

 성균관 유생들이 이런 정도의 상소를 올렸다는 것은 이미 세자의 관서유람이 시중에 파다하게 퍼졌다는 뜻이다. 이날 영조도 세자의 관서유람 사실을 알게 됐다. 실은 유생의 상소를 영조가 먼저 알고서 승지를 시켜 세자에게 반성문을 직접 올리도록 했다. 세자에 대한 엄중한 경고였다.
 이에 세자도 다시 경연을 열어 자숙하는 모습을 보이는 듯했다. 영조도 자칫 이 문제를 강압적으로 처리하려다가 정신이 불안정한 세자가 어떤 식으로 반응할지 몰라 시간을 두고 조용히 해결하는 방향으로 실마리를 찾으려 하고 있었다. 팽팽한 긴장감이 조정을 짓누르고 있던 5월 8일 성균관 대사성 서명응이 왕세자의 '비행(非行)'을 부추긴 자들을 처벌할 것을 청하는 상소를 올렸다. 그런데 서명응의 상소

〈장조가 김희신에게〉 『동궁저하수서(東宮邸下手書)』에 수록된 편지로, 사도세자 섭정 시 김희신에게 보낸 것이다.

중에 흥미로운 대목이 들어 있다. 세자는 궁궐 안에 없는데 내시에게 내신 비답을 내리게 했다는 것이다. 이렇게 되면 『실록』에는 '왕세자가 이러저러 했다'고 돼 있어도 그것이 거짓이기 때문에, 실은 한양에 있지 않았을 때도 한양에 있는 것처럼 기록되었다는 뜻이다.

그렇게 될 경우 두 가지 해석이 가능해진다. 세자가 영조 36년 말에 1차 관서유람을 하고 돌아와 영조 37년 초 3정승의 연이은 자결이 있는 다음 3월 말부터 4월 하순까지 2차 관서유람을 했을 가능성이 그 첫 번째다. 두 번째 해석은 영조 36년 말에는 관서유람이 없었고 영조 37년 1월에 관서유람을 떠났다가 4월 하순에 돌아왔을 가능성이다. 세자가 몰래 관서유람을 떠나자 이에 책임을 느낀 3정승이 차례로 자결을 했고 조정의 그 같은 심각한 상황을 전해 들은 세자가 4월 하순 경에 한양으로 돌아왔을 수도 있다. 『실록』의 기록으로는 둘 중 어느 쪽인지 정확히 가릴 수 없으나 '평양 원유'의 심각성은 어느 쪽이건 변하지 않는다.

물론 어려서부터 무예를 좋아했던 세자가 사냥과 유희를 위해 평양에 갔을 수도 있다. 그러나 평양은 예로부터 사냥터가 아니다. 사냥터는 남쪽에도 얼마든지 좋은 곳이 많았다. 또 사냥을 하고 왔다는 이유로 정승들이 연이어 자결할 일은 아니다. 그 이상의 뭔가가 있었다.

박광용 교수는 『영조와 정조의 나라』에서 사도세자의 쿠데타 모의설을 제기한다.

> "사도세자가 평안도 여행을 결행한 것은 중대결심이 섰기 때문이다. 그 중대결심의 내용은, 당시 평안도에 조선의 변방을 지키는 정예군이 주둔하고 있었다는 점, 평안도에서 세금으로 거둬들이는 곡식은 중앙정부로 수송하지 않고 현지에서 사용했다는 점 등을 토대로 추측해 볼 수 있다. 이런 조건을 갖춘 평안도야말로 쿠데타 시도에 가장 좋은 거점이 될 수 있다. 즉 사도세자는 영조를 몰아내는 군사 쿠데타를 계획했을 가능성이 높다."

여기서 주목해야 할 사실은 영조가 대신들에게 『반정일기』와 『하성일기』 등을 읽어준 4월 5일과 6일이 바로 세자가 한창 평양 일대를 '유람하고' 있을 때였다는 점이다. 그렇다면 영조는 이미 세자의 평양행을 알고 있었다. 공개적으로 말을 하지 않았을 뿐이다. 하필 영조가 인조 때의 주요 사건을 다룬 책을 읽어준 이유는 뭘까? 특히 『반정일기』라는 점을 주목할 필요가 있다. 인조가 반정을 할 때 든든한 무력 기반을 제공해 준 곳이 바로 관서지방, 즉 평안도의 병력이었다. 영조는 바로 그 점을 신하들에게 다시 한 번 일깨워주려 한 것이다. 즉 세자가 지금 역모를 준비하고 있을지도 모른다는 것을 자신은 이미 잘알고 있으며, 그 사실을 신하들에게 간접적으로 전하고 있는 것이다.

할아버지 영조와 아버지 사도세자, 그리고 정조

악연의 시작

세자는 1735년(영조 11년) 1월 21일 영조와 영빈 이씨 사이에서 태어났다. 정비의 몸에서 나지 않았으니 원래는 세자가 될 수 없는 몸이었다. 그럼에도 그가 세자가 될 수 있었던 과정은 다소 복잡하다.

영조의 왕비는 정성왕후 서씨다. 정성왕후(貞聖王后, 1692년 숙종 18년~1757년 영조 33년)는 달성부원군 서종제(徐宗悌)의 딸로 숙종 30년(1704년) 연잉군 시절의 영조와 가례를 올리고 달성군 부인에 봉해졌다. 1721년 연잉군이 세제(世弟)로 책봉되자 세제빈에 봉해졌고, 1724년 영조가 즉위하자 왕비에 올랐다. 서씨는 자식을 낳지 못했다.

게다가 영조는 연잉군 시절 한 여인을 가까이 했다. 훗날 연우궁 정빈 이씨로 불리게 되는 이 여인과의 사이에 1719년(숙종 44년) 아들을

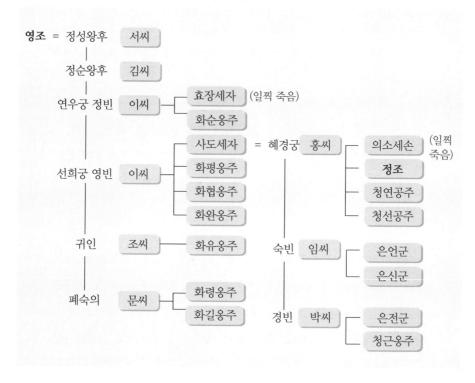

낳았다. 영조로서는 첫 아들인 셈이었다. 연잉군이 경종의 뒤를 이을 왕세제로 책봉되기 2년 전의 일이다.

우여곡절 끝에 노론의 지원을 받은 연잉군이 경종을 이어 왕위에 올랐고, 영조 1년(1725년) 2월 25일 7세의 경의군을 왕세자로 삼는다. 그가 바로 훗날 진종으로 추존되는 효장세자다. 사도세자에게는 배다른 형님인 셈이다. 그 바람에 이틀 후 소원 이씨였던 여인은 정빈 이씨로 추증된다. '추증되었다'는 사실은 그 사이에 이씨가 세상을 떠났다는 말이다. 그런데 영조 4년 11월 효장세자는 시름시름 앓다가 10세의 나이로 죽는다. 이 일로 영조가 받은 충격은 말할 수 없이 컸다.

불안한 나날이 7년간 계속되다가 영조 11년 1월 21일 영빈 이씨가 아들을 생산했다. 이때 영조의 나이 42세였다. 그 기쁨을 영조는 이렇게 표현했다.

"삼종(三宗)의 혈맥이 장차 끊어지려 하다가 비로소 이어지게 되었으니, 지금 다행히 돌아가서 열성조(列聖祖-역대 임금)에 배알할 면목이 서게 되었다. 즐겁고 기뻐하는 마음이 지극하니, 그 감회 또한 깊다."

삼종의 혈맥이란 소현세자 쪽이 아니라 효종, 현종, 숙종으로 이어지는 혈통을 말한다. 현종과 숙종은 외아들이었다. 따라서 이 혈통은 영조뿐이었기 때문에 영조가 아들을 낳지 못하면 삼종의 혈맥은 끊어지게 되어 있었다. 이듬해 3월 원자를 책봉하여 왕세자로 삼았다. 왕세자에 대한 영조의 기대가 어떠했으리라는 것은 새삼 말할 필요가 없다. 이때가 영조 12년(1736년)이다.

이날 책봉식을 지켜보던 경연 신하 조현명은 "저하께서 효묘(孝廟-효종)의 모습을 매우 닮았으니 이는 종묘사직의 끝없는 복입니다"고 말한다. 당시 사람들에게 효종은 문무겸전(文武兼全)의 상징과도 같은 인물이었다.

실제로 어릴 때의 세자는 학문과 무예 모두에 뛰어난 재능을 보였다. 이 점은 사도세자에 대한 양극단의 서술에서도 일치하는 바다. 어려서부터 세자의 행동은 의젓하였다. 학문수련도 게을리 하지 않았고 무술·의술 등 다방면에 소질을 보였다.

세자로 책봉된 지 1년여가 지난 영조 13년 가을의 일화다.

"그해 가을에 비로소 사부와의 상견례를 거행하였다. 『천자문(千字文)』을 읽다가 '사치할 치(侈)' 자에 이르러서는, 입고 있던 반소매 옷과 자줏빛 비단으로 만든 구슬 꾸미개를 장식한 모자를 가리키면서 '이것이 사치한 것이다' 하고는, 즉시 벗어버렸다. 영묘(영조)께서 일찍이 비단과 무명 중에 어느 것이 더 나은가 물으니, 무명이 더 낫다고 대답하였으며, 또 어느 것을 입겠느냐고 물으니, 무명옷을 입겠다고 대답하였다."

훗날 정조가 아버지를 기리며 직접 지은 묘지문 「어제장헌대왕지문(御制莊獻大王之文)」에는 무술에 대한 조예와 관련해 이런 내용이 나온다.

"세자(사도세자)는 유년 시절부터 이미 뜻과 그릇이 커서 놀이를 할 때면 반드시 병위(兵威)를 진설하곤 하였다. 상이 시험삼아 그의 소질을 떠보려고 물어보면 조목조목 대답을 해내곤 하였는데 매우 상세하였다. 일체의 행동거지와 임기응변하는 방도를 모두 손으로 그리고 입으로 대면서 혹시라도 어긋나는 경우가 없었다. 뿐만 아니라 병가(兵家)의 서적을 즐겨 읽어, 속임수와 정당한 수법을 적절하게 변화시키는 묘리(妙理)를 은연중에 정통하지 않은 것이 없었다. 효묘께서 일찍이 무예를 좋아하여 한가한 날이면 북원(北苑)에 납시어 말을 달리며 무예를 시험하곤 하였는데, 그때에 쓰던 청룡도(青龍刀)와 쇠로 주조한 큰 몽둥이가 그때까지도 저승전(儲承殿-세자가 머무는 궁)에 있었다. 그것을 힘깨나 쓰는 무사들도 움직이지 못하였건만, 세자는 15, 16세부터 벌써 모두 들어서 썼다. 활쏘기와 말타기를 잘하여 화살을 손에 쥐고 과녁을 쏘면 반드시 목표를 정확히 맞췄으며, 고삐를 잡으면 나는 듯이 능숙하게 말을 몰았고, 사나운 말도 잘 다루었다. 그러자 궁중에서 서로들 말하기를 '풍원군(豊原君-조현명)이 연석(筵席)에서 어린 세자가 효묘를 빼닮았다고 한 말에는 과연 선견지명이 있었다'고 하였다."

영조 20년(1744년) 1월 11일 10세의 세자는 홍봉한의 딸과 혼인한다. 『한중록(恨中錄)』의 저자인 혜경궁 홍씨다. 정조의 외할아버지가 되는 홍봉한(洪鳳漢, 1713년 숙종 39년~1778년 정조 2년)은 음서로 참봉과 세자익위사 세마 등 미관말직에 머물다가 딸이 세자와 혼인하던 그해에 문과에 급제해 중앙관리로서의 길을 걷게 된다.

1749년(영조 25년) 세자가 대리청정을 맡으면서 특진을 거듭해 이듬해 어영대장에 오르고 예조참판·평안도관찰사·좌참찬 등을 지낸다.

1759년에는 세손사(世孫師)가 되어 세손(훗날의 정조)의 교육을 총지휘했다. 1761년 3정승이 연이어 자살하자 우의정으로 발탁됐고 이어 좌의정을 거쳐 영의정에까지 오르게 된다. 어찌 보면 세자의 덕을 맘껏 누렸다고 할 수 있다.

1762년 세자가 뒤주에 갇히던 날 한강에 나가 대신들과 뱃놀이를 하는 등 방관적 태도를 보였다 하여 훗날 정조의 엄한 추궁을 받게 된다. 그러

홍봉한_ 사도세자의 장인으로 여러 요직을 지냈으나, 세자의 죽음을 방관하여 훗날 정조의 추궁을 받았다.

나 영조가 세자 아사사건을 뉘우치고 시호를 내리자 재빨리 태도를 바꿔 사도세자의 죽음을 초래케 한 김구주 등을 탄핵해 정권을 장악했다. 말년에도 노론 벽파가 사도세자의 두 아들(은언군·은신군)을 삭탈관작하고 세손까지 해치려 할 때 이를 막기 위해 맞서다가 유배를 당하기도 했다. 그러나 끝내 그도 사도세자의 죽음을 막지 못한 책임을 면하지 못한다.

영조와 세자의 불화는 1749년(영조 25년) 15세의 세자가 대리청정을 맡으면서 곧바로 싹트기 시작했다. 영조는 같은 해 1월 22일 밤 승정원에 밀봉을 내렸다. 마침 그날 밤 비가 억수같이 내렸다. 영조는 왕위를 세자에게 전위하겠다는 의사를 밝혔다. 입직 승지 박필재와 김상복은 즉각 전위의 명을 거두어줄 것을 간절히 청했다. 결국 논란 끝에 왕위는 물려주지 않되 세자의 대리청정을 추진하는 쪽으로 결말이 났다.

과거 숙종이 이이명과의 정유독대를 통해 세자 대리청정을 시켰을 때처럼 숨은 의도가 있었던 것 같지는 않다. 어차피 세자 자리는 정해진 것이고 영조의 나이도 예순을 바라보고 있었다. 그리고 50세를 넘기면서 영조의 기력은 눈에 띄게 약해지고 있었다. 게다가 경종독살설과 같은 의심의 시각이 대궐 안팎에 여전히 남아 있었기 때문에 그로부터 벗어나고 싶은 심리 또한 어느 정도 작용한 것으로 보인다.

부자간의 불화와 관련하여 주목할 만한 사건은 대리청정 2년이 지난 영조 27년 11월 14일 현빈 조씨가 세상을 떠나면서 터진다. 현빈 조씨는 영조와 정빈 이씨 사이에서 태어난 효장세자의 부인으로 효장세자가 10세의 나이로 세상을 떠난 후 청상과부로 살다가 이때 죽었다. 영조는 왕실 사람들 중에서 현빈 조씨와 화평옹주 두 사람이야말로 자신을 제대로 알아주는 사람으로 생각하고 있었다. 화평옹주는 영빈 이씨와의 사이에서 낳은 딸로, 사도세자의 친누님이었다. 게다가 두 사람 모두 사도세자를 무척이나 아꼈다. 그런데 화평옹주는 세자 대리청정이 있기 6개월 전인 영조 24년 6월에 세상을 떠났고 현빈 조씨도 이때 세상을 떠난 것이다. 화평옹주가 죽었을 때 '공주'의 장례식으로 치르도록 할 만큼 화평옹주에 대한 영조의 사랑은 각별했다.

큰며느리 현빈 조씨가 죽자 영조는 빈소가 마련된 건극당을 자주 찾았다. 그만큼 현빈 조씨를 아꼈다. 그런데 문제는 그곳에서 영조가 조씨의 궁녀인 문씨를 만나게 됐다는 것이다. 폐숙의 문씨가 바로 그다. 이듬해 봄에는 문씨에게 태기가 나타났다. 신명호는 『조선왕비실록』에서 "자신을 알아주던 화평옹주와 현빈 조씨를 모두 잃은 영조는 지독한 상실감에 젖어 있었을 것이다. 더구나 하나밖에 없는 아들조차도 자신을 알아주지 않아 괴로워하던 영조에게 문씨는 바로 그 공허함과 괴로움을 잊게 해준 존재였던 것이나. 문씨는 분명 영조의 결백과 억울함을 믿어주고 위로해 주었을 것이다. 그러면서 영조와 세자의 사이가 좋지 않은 이유에 대해서도 알게 되었으리라"고 풀이하고 있다.

그런데 세자의 입장에서 보자면 부끄럽기 그지없는 일이었다. 이때 세자의 나이 18세 때였다. 환갑을 바라보는 나이에 큰며느리의 궁녀를 임신시킨 아버지가 좋게 보일 리 없었다. 게다가 이때 벌써 세자에게는 '기승(氣升)'이라고 해서 화가 치밀어 올라 가슴이 답답한 증세가 나타나고 있었다. 숙종부터 영조를 거쳐 세자에게도 '화증(火症)'이 도지고 있었던 것이다. 영조 29년(1753년) 3월 영조가 문씨에게서 딸을 얻기 직전인 2월 세자가 임씨에게서 아들을 얻은 것도 '패륜적인' 부친에 대한 복수심의 발로일 수 있었다. 이때 정조의 나이 두 살이었다.

일촉즉발(一觸卽發). 다행히 숙종비였던 대비 김씨(인원왕후)와 정성왕후 서씨가 현빈 조씨 및 화평옹주를 뒤이어 세자를 감싸주는 완충역할을 해주었다. 그러나 영조 33년(1757년) 2월과 3월에 각각 서씨와 김씨가 세상을 떠났다. 안전판이 사라지자 영조와 세자는 직접 충돌하기 시작했다.

사실 이 무렵 감정 통제를 못 하기는 영조나 세자나 마찬가지였다. 영조의 경우 수시로 정승을 교체하고 걸핏하면 왕위를 세자에게 물려주겠다고 위협했다. 세자도 감정적으로 맞섰다. 호통 치는 아버지와 반감으로 똘똘 뭉친 아들 사이에서 신하들은 어찌할 바를 몰랐다. 같은 해 11월 11일 밤 영조는 세자를 불러 호통을 친다. 이미 이때는 세자가 내관 김한채의 목을 베어 죽이는 등 '이상행동'이 나타나고 있었다. 또 자기가 사랑하는 여인과의 연애를 반대하는 아버지를 협박하기 위해 우물로 뛰어드는 등의 소동을 벌였다. 이날 정확한 이유는 알려지지 않았지만, 세자가 '또 다른 잘못'을 저질러 영조는 반성문을 올릴 것을 명했다. 그런데 잘못했다는 말만 있고 무엇을 잘못했다는 내용이 없었다. 영조는 무성의하다고 보았다.

영조는 화가 치민 나머지 왕위를 세자에게 넘겨주겠다고 하교했다. 다시 신하들의 만류가 시작됐다. 전위의사는 번복됐지만 밖에서 명을 기다리고 있던 세자는 추위에 떨다가 기절해 버렸다. 음력 11월 밤이면 무척이나 추웠을 것이다.

"동궁이 물러나와 뜰에 내려가다가 까무러쳐서 일어나지 못하니, 중추부 판사 유척기가 급히 의관을 불러 진맥하도록 청하였다. 그런데 맥도(脈度)가 통하지 않아 약을 넘기지 못하여 청심환(淸心丸)을 복용하게 하였더니, 한참 있다가 비로소 말을 통하였다."

이때부터 세자의 심신은 급속도로 병들어가고 있었다.

영조와 세자 사이에 화해의 기미가 없지는 않았다. 이듬해인 1758년(영조 34년) 3월 6일 세자는 좌의정 김상로 등에게 다음과 같은 하령을 내린다. 임금은 '하교'를 내렸고 대리청정하는 세자는 '하령'을 내렸다.

"승지는 글로 쓰라. 근래에 기(氣)가 올라가는 증세가 때로 더 심함이 있어 작년 가을의 사건까지 있었는데, 이제 성상께서 하교하신 처지에 삼가 감읍함을 견디지 못하겠다. 지나간 일을 뒤따라 생각하니 지나친 허물임을 깊이 알고 스스로 통렬히 뉘우치며, 또한 간절히 슬퍼한다. 내관 김한채 등은 해당 부서에게 휼전(恤典)을 후하게 거행하여 나의 뉘우쳐 깨달은 뜻을 보이라."

그에 앞서 영조는 세자를 불러 왜 사람을 죽이게 됐는지를 묻는다. 이에 세자는 "마음에 화증이 나면 견디지 못해 사람을 죽이거나 닭 같은 짐승이라도 죽여야 마음이 풀어지기에 그랬습니다"라고 답한다. 영조는 "왜 화증이 나느냐"고 묻는다. 실은 집안내력이었다. "사랑하지 않으시니 서럽고, 꾸중하시니 무서워서 화가 되어 그렇게 되었습니다." 이에 영조는 "내 앞으로는 그렇게 하지 않으마!"라고 다짐했다.

그러나 세자를 가장 가까이에서 지켜본 혜경궁 홍씨의 『한중록』에 따르면 그후에도 세자의 '기승'과 화증은 점점 심해져만 갔다. 심지어 발작을 할 때는 칼로 영조를 찔러 죽이고 싶다는 식의 말도 했던 것으로 보인다. 영조로서도 그냥 두고 볼 수만은 없었다.

아들에 대한 혐오가 커지는 만큼, 손자에 대한 사랑이 깊어가다

조선에서 영조 대에 이르기까지 공식적으로 왕세손에 책봉된 경우는 세종의 손자(단종), 인조의 손자(현종)뿐이었다. 따라서 영조 27년(1751년) 5월 13일 세자의 아들 이정이 왕세손으로 책봉된 것은 조선왕실 역사상 세 번째였다. 의소세손이 그다. 이때만 해도 영조와 세자사이가 크게 나쁘지 않았다. 세자 대리청정 2년째였기 때문에 '삼종의 혈맥'을 잇게 될 왕세손에 대한 영조의 사랑은 말로 표현할 수 없는 정도였을 것이다. 이정은 정조의 친형이다.

영조와 비, 빈들 사이에서 난 자식들 현황을 보면 이는 쉽게 이해가된다. 정성왕후 서씨와 정순왕후 김씨 사이에는 자식이 없었다. 연우궁으로 추존되는 정빈 이씨 사이에는 효장세자와 2녀를 두었지만 효장세자와 1녀는 일찍 죽었다. 영빈 이씨와의 사이에는 1남 6녀를 두었다. 그 1남이 사도세자다. 귀인 조씨는 두 딸을 낳아 하나는 일찍 죽었고 문제의 폐숙의 문씨도 화령옹주, 화길옹주 둘만 낳았다. 결국 당시영조에게는 아들이라곤 사도세자 한 명뿐이었다.

그러나 이런 축복 속에서 왕세손에 오른 이정은 이듬해인 영조 28년(1752년) 3월 4일 병으로 세상을 떠난다. 3세였다. 정조가 태어난 바로그해다. 당시 영조는 "몇 달 사이에 며느리를 잃고 손자를 잃었으니, 이 마음을 어디에 비유하랴? 세손이 지금 3월 초4일 묘시(卯時)에 훙서하였다"며 애통해 했다. 며느리란 그 전 해 11월 14일에 죽은 현빈조씨를 말한다.

의소세손의 장례가 끝나자 세자의 다음 아들이 순서에 따라 왕세손에 책봉되니 그가 바로 훗날의 정조다. 어려서부터 명민하고 반듯한행실을 보여준 왕세손에게 영조는 푹 빠져들었다. 영조 35년(1759년)이면 영조의 나이 벌써 62세였고 왕세손은 8세였다. 그해 윤6월 22일 왕세손을 불러『소학』제3장을 외워보도록 한 영조는 경탄을 금치 못했다.

> "나이 어린데도 숙성하여 부복하는 절조(節措)가 법도에 맞지 않
> 는 것이 없으니 신이(神異)하다고 이를 만하다."

영조는 무엇보다『소학(小學)』의 중요성을 강조했던 군주다. 충효(忠孝)의 덕목을 중시했기 때문이다. 영조 36년 1월에도 영조는 경연 자리에 왕세손을 입시시켰다. 이때도 영조는 왕세손에게『소학』을 강해 보도록 명한 후에『소학』의 서두에 나오는 '물 뿌리고 먼지를 쓰는 것'의 뜻을 묻는다. 이에 왕세손은 조금의 막힘도 없이 "쓸기에 앞서 물을 뿌리는 것은 먼지가 어른을 더럽힐까 두려워하는 것입니다"고 답한다. 영조는 무릎을 치면서 좋아했다. 조정에서는 언이어 정승들이 세자의 평양원유 문제로 자살하는 사건이 터지고 있던 영조 37년(1761년) 3월 10일 왕세손은 입학례를 행했다. 10세 때다. 같은 해에 관례를 치렀고 이듬해 2월 청풍 김씨 김시묵의 딸과 혼례를 올린다. 김시묵(金時默, 1722년 경종 2년~1772년 영조 48년)은 숙종의 외할아버지 김우명의 현손이며 병조판서 김성응의 아들로 청풍 김씨 명문가였다.

김시묵의 딸 김씨는 훗날 왕세손이 왕위에 오르면서 왕비가 되어 효의왕후로 불리게 된다. 혼례를 올리던 그해에 시아버지인 사도세자가 뒤주에서 죽는 비극을 당했지만 시어머니 홍씨를 잘 섬겨 영조에게 총애를 받았다. 14년 후인 1776년 정조가 즉위하자 왕비로 책봉되었고, 슬하에 소생이 없었으나 성품이 온후하고 공손하여 60세가 넘어서도 시할머니인 영조 계비 정순왕후 김씨와 시어머니 홍씨를 잘 공양하여 궁중에 칭송이 자자했다.

"부주(父主)여, 살려주소서"

다시 문제의 영조 38년이다. 나경언이 5월 22일 복주된 때부터 세자의 시민당 뜰 대명(待命)이 시작됐다. 시민당은 창경궁에 있던 세자의 처소였다. 1주일 후에는 장인이자 영의정인 홍봉한과 우의정 윤동도가 세자를 찾아 위로했다. 그리고 두 사람은 바로 영조를 찾아가 지금 세자가 대명중이라며 선처를 요청했다. 이에 대해 영조는 "나는 세자가 대명중인 줄 몰랐다"고만 답한다. 마음을 풀 생각이 전혀 없었던 것이다.

달이 바뀌어 윤5월 1일 세자는 대명하면서 내시를 보내 영조에게 문안인사를 올렸으나 영조는 아무런 답도 하지 않았다. 한편 이날 밤 경희궁에 머물고 있던 영조를 찾아온 신하 중에서 구윤명이 "지금 소조(세자)께서 매우 뉘우치고 있습니다"고 말하자 영조는 "그 말은 하지도 말라"며 손사래를 쳤다. 그리고 잠시 후 이렇게 말한다.

"어릴 때 그 아이의 자품(資品)이 성인 군자에 가까워 내가 매우 사랑하였다. 이를 두고 늙은 환관 권성징(權聖徵)은 세자를 지나치게 사랑해서는 안 된다고 간하였는데, 당시 나는 권성징의 말이 지나치다고 여겼다. 그러나 지금에 이르러 생각해 보니, 그 말을 따르지 않아서 세자의 그런 버릇을 키운 것이 후회된다. 옛날 고 상신(相臣) 이항복은 아이 때에는 오활하였으나 마침내 현상(賢相)이 되었지만 이 아이는 가망이 전혀 없다."

더운 여름날 세자의 대명은 20일 가까이 계속됐다. 『실록』에는 나와 있지 않지만, 『한중록』에 따르면 영조가 최종적으로 세자를 죽여야겠다고 결심한 것은 윤5월 11일 세자의 '영조암살 미수사건' 때문으로 보인다. 이날 밤 세자는 영조가 머물고 있던 경희궁으로 들어가기 위해 칼을 든 채로 수구(水口)로 들어가려다가 몸이 비대해서 온몸에 상처만 입고 돌아왔다. 세자빈 홍씨는 이 같은 사실을 다음날 시어머니인 영빈 이씨에게 알렸다. 이에 세자의 친어머니이기도 한 영빈 이씨는 최종결심을 한다.

> "차라리 세자의 몸이 없는 것이 옳겠소. 삼종 혈맥이 세손에게 있으니 내가 세자를 천만 번 사랑하여도 나라를 보전하기는 이 수밖에 없겠소."

영빈 이씨는 이 같은 사실을 영조에게 낱낱이 고했다. 『실록』은 그냥 "유언비어가 안에서부터 일어나 임금이 깜짝 놀랐다"고만 적고 있다. 이제 영조의 마지막 확인만 남았다. 윤5월 13일이 밝았다. 이날 영조는 경희궁을 떠나 창덕궁 선원전에서 예를 올린 다음 동궁의 대명을 풀어 함께 데리고 휘령전으로 나아갈 것을 명했다. 휘령전은 정성왕후 서씨를 모신 사당이었다. 그런데 세자는 병을 핑계로 나오지 않았다. 여러 차례 호통이 있은 뒤에야 세자가 모습을 드러냈고 일단 영조는 세자를 데리고 휘령전으로 가서 예를 행했다.
세자가 네 번 절하는 예를 마치고 엎드리자 영조는 갑자기 손뼉을 치면서 큰 소리로 명을 내렸다.

> "여러 신하들 역시 신령(神靈)의 말을 들었는가? 돌아가신 정성왕후께서 정녕하게 나에게 이르기를 '변란이 호흡 사이에 달려 있다'고 하였다."

아마도 영조와 세자를 시종했던 많은 신하들은 의아했을 것이다. 신령의 말이라니? 그러나 신하들이 생각을 정리할 틈도 없이 영조는 휘몰아쳤다. 시위 병사들을 들어오게 한 다음 모두 칼을 뽑으라 하니 사정을 모르는 병사들은 좌우를 살폈다. 이때 영조가 직접 칼을 뽑아들고 "어찌하여 칼을 뽑지 않는가?"라며 진노했다. 그때서야 병사들은 모두 칼을 뽑아들었다. 연이어 영조는 선전관을 불러 궁성 호위를 강화토록 명했다. 당시 현장을 지켜본 이광현은 『임오일기(壬午日記)』에서 "때는 사시(巳時-오전 10시 전후) 초에 가까워 햇볕이 불처럼 뜨거웠다"고 적고 있다.

휘령전 앞마당에 부복하고 있던 세자는 "피곤함을 이기지 못해 숨을 헐떡거렸다. 세자시강원 관료들이 승지에게 세자의 병세가 심하다는 뜻으로 말하여 영조에게 보고하게 하였다." 영조는 무시했다. 『실록』의 기록이다.

"임금이 세자에게 명하여 땅에 엎드려 관(冠)을 벗게 하고, 맨발로 머리를 땅에 조아리게 하고 이어서 '차마 들을 수 없는 전교'를 내려 자결할 것을 재촉하니, 세자가 조아린 이마에서 피가 나왔다."

영조의 호통이 이어졌다. '차마 들을 수 없는 전교'란 아마도 욕설이 포함된 전교가 아닐까 생각된다.

"내가 죽으면 300년 종묘사직이 망한다. 네가 죽으면 종묘사직은 오히려 보존할 수 있으니 네가 죽어야 한다."

"내가 너 하나를 베지 않고 종묘사직을 망하게 해야 하느냐?"

심지어 영조는 들고 있던 칼로 직접 세자를 찌르려 하였다. 『실록』에는 없지만 『임오일기』에 기록된 장면을 보면 영조와 세자는 더 이상 부자지간이 아니었다. 영조가 "너는 속히 죽으라"고 명하자 세자는 "전하가 저를 찔러도 놀라지 않을 것이니 이제 죽이십시오"라고 맞섰다. "저 말하는 것 좀 보아라. 얼마나 흉악한가?" "저의 마음에는 지극한 원통함이 있습니다." "어째서 죽지 않느냐?" "이제는 죽겠습니다." 세자는 허리띠를 풀어 목을 매었다. 그리고 숨이 막혀 땅에 엎어졌다. 그러나 세자시강원 관리들이 달려들어 허리띠를 풀어주었다.

막혀 있던 합문을 뚫고 영의정 신만과 좌의정 홍봉한, 중추부 판사 정휘량, 도승지 이이장, 승지 한광조 등이 들어왔으나 미처 진언(陳言)하지 못하였다. 영조가 그 자리에서 3명의 대신과 한광조 네 사람의 파직을 명하자 모두 물러갔다.

그나마 세자를 살리려 애쓴 사람들은 시강원 관리들이었다. 대신들을 불러들인 것도 시강원 주서 이광현이었다. 이제 대신들마저 물러가자 시강원 관료들은 세손을 동원하기로 결정했다. 이에 사서 임성이 밖으로 나가니 이미 필선 홍술해가 세손을 모시고 휘령전으로 오고 있었다. 다시 이광현의 기록이다.

"세손은 문에 들어오자마자 곧 관을 벗고 손을 모아 애걸하였다. 영조가 멀리서 세손을 보고는 진노하여 말하기를 '어째서 세손을 모시고 나가지 않는가?'라고 하였다. 세자가 이광현의 손을 잡고 세손을 가까이 데리고 오라고 명령하였다. 세손은 문에 들어와 땅에 엎드린 후 세자에게로 점점 가까이 기어왔다. 영조가 별군직에게 명령하여 즉시 세손을 안고 나가라 명령하였다. 별군직이 세손을 안고 나가려 하자 세손이 저항했다. 세자가 이광현의 손을 이끌어 말하기를

50

'저놈의 이름은 뭐라 하느냐?' 하였다. 대답하기를 '이름은 모릅니다. 별군직으로 명령을 따르는 자입니다' 하였다. 세자가 직접 그를 향해 묻기를 '너는 하늘은 높고 땅은 낮다는 것을 모르는가? 세손이 스스로 나가는 것이 옳거늘 너는 어찌 감히 강박하는가? 너의 이름이 무엇이냐?' 하였다. 그 사람이 황공해 하며 대답하기를 '소인은 김수정입니다. 이미 명령을 받았으므로 어쩔 수 없이 세손을 모시고 가겠습니다' 하였다. 드디어 세손을 안고 나가자 세자가 또 이광현의 손을 이끌어 말하기를 '저놈, 흉악하구나. 족히 나를 해치겠구나' 하였다."

이것이 비운의 부자(父子) 사도세자와 왕세손의 마지막 대면이었다. 때는 이미 오후 4시를 넘어가고 있었다. 왕세손이 나가자 영조는 다시 칼을 들고 연달아 '차마 들을 수 없는 전교'를 내려 동궁의 자결을 재촉했다. 이때 갑자기 큰 뒤주가 뜰에 들어왔다.

"너는 속히 이 안으로 들어가라."

세자는 뒤주로 들어가려 했고 세자시강원 관리들은 죽자고 만류했다. 날은 어두워지고 있었다. 영조는 세자시강원 관리들을 모두 문밖으로 내쫓으라고 명했다. 마지막까지 남아 있던 한림 임덕제도 물러나오는데 이때 세자가 임덕제의 옷자락을 붙들고 따라 나오며 곡을 했다. 놀란 관료들이 "어찌 저하께서도 나오십니까?"라고 묻자 세자는 아무런 말도 없이 수십 보를 걸어가 담장 아래에서 소변을 보고는 그 자리에 푹 주저앉았다. 세자는 목이 타올랐다. 환관이 청심환을 푼 물을 올리자 벌컥벌컥 들이마신 세자는 관료들을 둘러보며 "어떻게 하면 좋은가?"라고 물었다. 관료들은 일단 안으로 들어가야 한다고 말했다. 아마도 그들은 영조가 정말 세자를 죽일 줄은 몰랐을 것이다.

세자가 다시 문 안으로 들어간 시각은 밤 8시 무렵이다. 문 밖에서도 세자의 울부짖음을 들을 수 있었다.

"부주(父主)여! 살려주소서!"

철이 들고 나서 세자가 영조를 '아버지'라고 부른 것은 이때가 처음이었다. 그만큼 두 사람의 갈등의 골은 오래고 깊었다. 결국 세자는 스스로 뒤주 안에 들어갔고 영조가 직접 뒤주의 뚜껑을 덮고 자물쇠를 채웠다.

다음날인 윤5월 14일 세자를 모셨던 환관 박필수, 여승 가선, 평양 기생 5명이 참형 당했다. 뒤주 속에 있던 세자는 결국 8일 만인 윤5월 21일 숨을 거뒀다. 그날 영조의 전교다.

"어찌 30년에 가까운 부자간의 은의(恩義)를 생각하지 않겠는가? 세손의 마음을 생각하고 대신의 뜻을 헤아려 단지 그 호(號)를 회복하고, 겸하여 시호(諡號)를 사도세자(思悼世子)라 한다."

애도의 뜻을 담은 시호였다. 더불어 '수은묘(垂恩墓)'라는 묘호도 내렸다.

비극적 최후에 대한 상반된 시각

역사기록을 지우는 세손

영조 51년(1775년) 12월 7일 마침내 영조는 세손에게 대리청정을 명한다. 이때 영조의 나이 82세, 정조의 나이 24세였다. 적어도 5년 쯤 전에는 대리청정을 할 수 있었는데도 이렇게 미뤄진 이유는 뭘 까? 5년 전에 한다고 해도 영조는 77세로 한참 많은 나이이고 정조는 19세로 성인(成人)이었다. 대리청정이 아니라 전위를 하고 영조는 상 왕에 올라 정조의 후견인 역할을 해도 결코 이르다고 할 수 없다. 그 런데 왜 이렇게 늦어진 것일까?

사도세자 문제 때문이었다. 영조는 세손이 아버지 문제를 어떻게 생각하는지 지켜보고 또 지켜보았을 것이다. '세손은 나와 사도세자, 할아버지와 아버지 중에서 누구를 선택할 것인가?' 산전수전 다 겪은 영조가 그 답을 몰랐을 리 없다. 당연히 세손은 자신이 아니라 아버지를 택할 것이다. 그것은 인지상정(人之常情)이다. 다만 언제까지 겉으로나마 자신의 뜻을 따라줄 것인가가 문제였다. 이런 불안감이 영조로 하여금 83세까지 왕위를 붙들고 있게 만들었고 82세 때에야 비로소 대리청정을 하도록 한 것이다.

그런데 막상 세손이 대리청정을 하게 됐지만 주변에는 반(反)세손 세력이 곳곳에 포진해 있었다. 게다가 그들은 대부분 영조의 무한한 총애를 받고 있었다. 대리청정을 하는 세손에 대한 공공연한 비판까지 나올 정도였다. 건방지다, 머리 좋은 것만 믿고 너무 설친다는 등의 이야기는 그나마 들어줄 만한 것이었다. 세손으로서 가장 듣기 힘든 것은 '죄인의 아들' 운운하는 숙덕거림이었다. 심지어 동궁 자리에서 내몰려는 노골적인 움직임까지 있었다. 누가 적(敵)이고 누가 친구인지 구별하는 것조차 힘들었다.

결국 대리청정 2개월도 채 안 된 영조 52년 2월 4일 세손은 정치생명, 아니 생물학적인 목숨까지도 날아갈 수 있는 결단을 내린다. 이날 아버지 사도세자가 묻혀 있는 수은묘를 참배한 세손은 그곳 재실(齋室)에서 여러 신하를 접견했다. 뒤에서도 보게 되겠지만 정조는 사도세자와 관련된 시기(태어난 1월과 죽은 5월)나 장소(수은묘가 영우원으로 바뀌었다가 수원으로 옮기면서 현륭원으로 다시 바뀜)에 처하게 되면 감정통제를 못하고 격한 반응을 보였다. 그것이 때로는 대결단으로 이어지기도 하고 중대한 오판을 낳기도 했다. 적어도 이때는 대결단을 낳게 된 것이라고 할 수 있다.

대신들을 소견한 세손은 갑자기 눈물을 펑펑 쏟으며 말을 제대로 이어가지 못할 만큼 목메어 했다. 한참 지난 후에 어렵사리 말을 꺼냈다. 대신들로서는 큰 충격을 받지 않을 수 없는 발언이었다.

"그때의 처분을 내가 어찌 감히 말할 수 있으랴마는, 『승정원일기(承政院日記)』에 차마 들을 수 없고 차마 볼 수 없는 말이 많이 실려 있어서 세상에 전파되어 사람들의 이목(耳目)을 더럽히는데, 이제 내가 구차하게 살아서 지금에 이른 것도 이미 사람의 도리로 견딜 것이 아니거니와, 완고하게 아는 것이 없는 체한 것은 다만 대조(大朝)께서 위에 계시고 또 그때의 처분에는 감히 의논할 수 없는 것이 있었기 때문에 그런 것이다. 내 그지없는 아픔을 생각하면 어찌 일찍이 먹고 숨쉬는 사이에 조금이라도 늦추어진 적이 있겠는가? 그런데 이제 또 대조의 명을 받아 외람되게 송사(訟事)를 듣고 판단하는 책임(대리청정)을 맡았으니, 모년(某年)의 일기(日記)를 어찌 차마 볼 수 있겠는가? 이것을 버려두고 태연하게 여긴다면, 이것이 어찌 아들의 도리이겠는가? 지금의 의리로는 모년의 일에 대하여 군신상하(君臣上下)가 다시는 눈을 더럽히고 입에 올리지 말아야 옳을 것이다. 사초(史草-『실록』)로 말하면 명산(名山)에 감추어 만세(萬世)에 전하는 것이므로 사체(事體)가 중대하여 논할 수 있는 것이 아니다마는, 일기는 이것과 달라서 그것이 있든 없든 관계되는 것이 없다. 이제 이것을 내가 청정한 뒤에도 둔다면 장차 무슨 낯으로 백료(百僚)를 대하겠는가? 내가 말하고 싶은 것은 많으나 억제하고 차마 말하지 못한다."

한마디로 사도세자가 죽던 해의 『승정원일기』를 지워 없애버리겠다는 것이다. 이는 정조 24년 정치 전체를 이해하는 데 있어 가장 결정적인 사건이다. 역사날조(歷史捏造). 이 말을 하는 중에도 세손의 눈에서는 눈물이 그치지 않고 비 오듯 흘러내렸다고 『실록』은 적고 있다.

궁으로 돌아온 세손은 비장한 각오로 존현각 뜰 한가운데 앉아 직접 쓴 상소의 초안을 도승지에게 읽게 한 다음 영조에게 올리도록 했다. 일산(日傘)도 치우도록 했다. 영조가 받아들이지 않는 순간 죄인이 될 수도 있다는 비장함을 보여주기 위함이었다. 상소는 좀더 간절하기는 했지만 수은묘 재실에서 대신들에게 했던 것과 비슷한 취지였다. 사실 영조가 80세를 넘긴 노인만 아니었다면 그 상소는 결코 받아들일 수 없는 내용이었다. 조선 왕실 400년 역사에서 『승정원일기』 1년치를 통째로 없애버리자는 상소는 없었기 때문이다. 실은 누구도 상상할 수 없는 극단적인 발상이었다.

그러나 영조는 받아들였다. 아니 받아들이지 않을 수 없었다. 그것으로 세손은 목숨과 정치적 생명을 모두 구했다. 그 대신 영조는 "이 상소는 반드시 사고(史庫)에 간직해 두어라"고 명했다. 적어도 먼 훗날 역사날조의 책임은 자신이 지지 않겠나는 뜻이었을 것이나. 이렇게 해서 창의문 밖 차일암에서 임오년 『승정원일기』를 세초(洗草)했다. 지워 없앴다는 뜻이다. 사실(事實) 혹은 사실(史實)이 지워지면서 추정과 추측이 난무하게 되고 결국 사도세자 사건은 권력투쟁의 결과에 따라 이리저리 해석해야 하는 오리무중(五里霧中)에 빠져 들었다. 세손의 입장에서는 나쁠 게 없었다.

가상편지1 : 혜경궁 홍씨가 아들 정조에게
(『한중록』을 중심으로)

주상(主上)! 임오년 『승정원일기』를 세초케 한 일은 분명 그 목적을 달성하였소이다. 세월이 얼마 흐르지도 않아 당시의 실상을 아는 사람은 없어지고 왜곡과 소문만이 난무하네요. 크게는 두 가지입니다.

"경모궁(사도세자)은 병환이 없었는데, 영묘(英廟-영조)께서 거짓말을 듣고 그런 처분을 하셨다."

"영묘께서 생각지도 못한 일을 신하들이 말씀드려 이런 슬픈 모양이 되었다."

특히 두 번째 거짓은 친정아버지(홍봉한)를 겨냥한 것이라 내 평생한(恨)이 되어버렸습니다. 제 입장을 한 번이라도 생각해 보았는지요. 내가 낳은 아들이 내 아버지를 죄인으로 만드는데 아무것도 할 수 없는 딸의 심정 말입니다.

아녀자가 남정네들의 정치(政治)에 이래라저래라 할 뜻은 한 치도 없습니다. 그저 솔직하게 내 눈으로 보고 겪은 것만 이야기해 두렵니다. 경모궁께서는 날 때부터 용모가 특출하셨습니다. 제가 간택되어 가례를 올렸을 때 경모궁의 체격과 용모는 크고 웅장하며 천성은 우애가 깊고 총명하셨습니다.

그러나 영묘와 선희궁 사이에서 난 경모궁께서는 태어난 지 백 일만에 보모에게 맡겨졌습니다. 내 아이를 낳아 키워본 입장에서 그것은 경모궁에게는 큰 불행이었습니다. 아무리 자주 두 분이 아이를 살폈다고 하나 그 어릴 때부터 동궁이 거처하는 저승전 생활을

『경모궁 의궤』 정조가 사도세자를 위해 경모궁을 짓고 성대하게 제사를 지낸 것을 기록한 의궤.

했다는 것은 평범한 저로서는 이해할 수 없는 일입니다. 훗날 부자 사이가 멀어진 것도 그 때문일 것입니다.

저승전이 어떤 곳입니까? 그곳은 경종을 모셨던 내인들이 대거 집결해 있던 곳입니다. 특히 보모로 삼으신 최상궁은 경종과 어대비를 가장 가까이에서 모셨던 측근 중의 측근 아닙니까? 그 내인들의 억척스럽고 정이 없기가 말할 수 없을 지경이었습니다. 그런 내인들에게 갓 난 경모궁은 경묘(景廟-경종)의 환생처럼 여겨지지 않았을까요? 아마도 영묘께서는 늘 경묘독살설에 시달리신지라 만천하에 자신의 떳떳함을 보이기 위해 일부러 경모궁을 경묘 내인들의 소굴로 보내신 것이겠지만 사람의 교육이라는 게 어떻습니까? 영묘는 생각지도 못할 일과 생각들이 은연중에 경모궁 마음속으로 파고들었을 게 분명합니다.

최상궁은 그나마 괜찮았습니다. 문제는 한상궁이었습니다. 두 상궁은 서로 교체하는 상궁이었기 때문에 한상궁은 최상궁이 없을 때 자기 마음대로 경모궁을 다뤘지요. 경모궁을 놀이에 빠지게 만든 장본인이 바로 한상궁입니다. 병정놀이도 그때부터 좋아했지요. 경모궁이 7세 되던 무렵 한상궁의 심술을 알게 된 영묘께서는 한상궁을 출궁 조치했습니다.

아버지의 사랑이 늘 부족했던 경모궁은 커가면서 점차 부모에 대해 거리감을 느꼈습니다. 두 부자의 성품은 극히 대조적이었습니다. 영묘께서는 똑똑하고 인자하며 모든 일을 자상하게 살피는 성품이었고 경모궁께서는 말씀이 없고 행동이 민첩하지는 못하였으나 덕량이 거룩하였습니다. 부왕께서 뭘 물어보려 하면 경모궁께서는 이리저리 고민만 하다가 즉시 대답을 하지 못하는 경우가 많았지요. 이 점을 영묘께서는 늘 갑갑하게 생각하셨습니다. 때로는 의심을 하기도 하셨지요.

워낙 왕실 집안이 숙묘(숙종) 때부터 성미가 급하다는 것은 아실 겁니다. 인자하셨던 영묘께서도 예외는 아니었습니다. 경모궁께서 점점 말수가 적어질수록 영묘의 큰소리도 늘어갔습니다. 갑자년(1744년) 저와 가례를 올렸을 때도 그랬습니다. 열 살의 경모궁은 감히 부왕을 마주 보지 못하고 신하들처럼 몸을 굽혀 엎드리며 보셨답니다. 그리고 이듬해부터 경모궁의 고질병은 시작됐습니다. 병은 해를 거듭할수록 심해졌고 4년 후(1750년)에는 경모궁과 영묘 사이를 부드럽게 해주셨던 화평옹주마저 세상을 떠나셨습니다. 그때부터 경모궁은 세상만사 해보지 않은 일이 없을 만큼 주색잡기에 빠져들었습니다. 학문에서 멀어진 것은 물론이고요.

열다섯부터 대리청정을 했으나 부왕을 두려워하는 경모궁의 병세는 점점 심해갔지요. 영묘께서는 하면 잘못했다고 야단을 치고 안 하면 안 했다고 호통을 쳤습니다. 호불호(好不好)가 워낙 분명하셨던 영묘이신지라 당신의 기대를 충족시키지 못하는 경모궁을 점점 못미더워하셨답니다. 이에 경모궁은 화가 나면 풀 데가 없어 내관과 내인에게 풀고 심지어 내게까지 푸는 일이 몇 번이었는지…….

주상! 지금부터 내가 하는 말 똑똑히 새겨들어야 합니다. 듣기 싫은 말이어도 들어야 합니다. 추호의 거짓도 없기 때문입니다.

1752년(영조 28년) 겨울부터 경모궁께서는 도가의 경전『옥추경(玉樞經)』에 빠져드셨습니다. 그 이후부터 천둥만 쳐도 깜짝깜짝 놀라는 경계증에 걸리셨으니 모든 게『옥추경』때문이었습니다. 이 무렵 여관(女官-숙빈 임씨)을 가까이 하여 아이가 생겼습니다. 부왕께서 아실까 경모궁은 한동안 쉬쉬해야 했지요. 병자년(1756년)은 금주령이 엄한 때였는데 영묘께서는 술을 먹지도 않은 경모궁에게 다그쳤습니다. 그건 경모궁께서 세수도 제대로 하지 않고 의관도 단정하지 않았기 때문이었습니다. 그런데 워낙 화급히 문초하시니 경모궁께서 놀라 "술을 먹었나이다"고 대답을 하시는 거였습니다. 이렇게 저렇게 영묘와 경모궁은 더 이상 화합하기 힘든 상황으로 나아갈 뿐이었습니다.

주상! 설명이 길어졌군요. 거두절미하고 임오년 때의 일만 언급하고 이만 맺으려 합니다. 그 전해, 즉 신사년(1761년)이 되니 경모궁의 병환은 더욱 심해졌습니다. 은전군 이찬의 어미인 박씨를 쳐서 죽인 것도 그해 정월입니다. 경모궁에게 맞아죽은 박씨의 몰골도 처참했지만 어린 것들(은전군과 청근옹주)의 정경은 더욱 참혹하였습니다. 1월, 2월, 3월에 잇달아 이천보·민백상·이후 3정승이 죽었습니다.

조정이 그 일로 발칵 뒤집혀 있던 3월 그믐께 경모궁께서는 관서지방으로 미행(微行)을 하셨습니다. 당시 평안감사는 화완옹주의 시삼촌인 정휘량이었습니다. 설마 당신의 미행을 웃전에 아뢰지 못할 것이라고 믿은 게지요. 정휘량은 조심성이 많은 사람이었습니다. 남몰래 시중을 드느라 애간장을 태우고 피를 토했다고 합니다. 옹주의 남편 정치달이 조심성이 없던 것과는 대조적입니다. 정휘량으로부터 경모궁의 미행 소식을 은밀하게 전해 들은 아버지(홍봉한)께서는 누구에게도 말을 못하고 혼자 속을 많이 끓이셨답니다.

경모궁께서 한양으로 돌아오신 것은 20여 일이 지난 4월 20일경이었습니다. 어쩐 일인지 관서미행에서 돌아온 경모궁께서는 병환이 다 나으신 듯했습니다. 6월부터 8월까지 학질을 앓아 고생을 했지만 다행히 병이 나았습니다. 실은 9월에 영묘께서 우연히 『승정원일기』를 보시다가 서명응이 올린 글에 서행에 관한 이야기가 나오는 것을 보시고 한바탕 야단을 치렀으나 정휘량의 지극한 변호가 있어 큰 변이 나지 않았습니다. 주상도 정휘량의 이런 노력에 대해 제대로 알아야 합니다.

그러나 이상하게도 그해 가을 경모궁께서는 자신의 운명을 알고 계신 듯했습니다. 당시 창경궁 환취정에서 참으로 오랜 만에 나를 정답게 맞이하신 후 이런 말씀을 하셨습니다.

"아마도 무사치 못할 듯하니 어찌할꼬?"

"세손은 귀하게 여기시는데, 세손이 있는 이상 내가 없다고 한들 크게 상관을 하시겠는가?"

"자네는 모르네. 나를 몹시 미워하여 일이 점점 어려운데, 나를 폐하고 세손을 효장세자의 양자로 삼으시면 어찌하겠나?"

훗날 일어난 일을 되짚어보니 경모궁의 독백과도 같은 이야기는 모두가 적중했습니다. 경모궁께서는 사태의 본질을 꿰뚫고 있었던 것입니다. 그러나 이내 병환이 도지면 죽어나가는 사람의 수를 헤아릴 수 없을 정도였습니다. 임오년 4월의 경모궁은 살아 있는 사람의 모습과 같지 않았습니다. 맹인 점쟁이를 비롯해 의관이며 역관이며 하루에도 대궐에서 여러 사람이 죽어나갔습니다.

이럴 때 천만 뜻밖으로 나경언의 일이 일어났습니다. 그때 나경언의 밀고를 받은 형조참의 이해중은 하필 내 외사촌이었습니다. 나경언은 곧바로 사형을 당했고 경모궁께서는 경언의 아우 상언을 잡아다가 시민당 뜰에서 고문을 가하며 사주한 이가 누구인지 다그쳤습니다. 당시 경모궁은 3년 만에 조정에 돌아온 신만을 미워하고 계실 때였습니다. 오랜만에 소조를 뵙게 된 신만이 볼 때는 하시는 행동마다 이상하지 않을 게 없으니 낱낱이 대조께 아뢰었고 그 사실을 소조도 알고 계셨기 때문입니다.

신만이 누구입니까? 화완옹주의 친언니 화협옹주의 남편 영성위 신광수의 아버지입니다. 당시 화협옹주는 이미 세상을 떠나고 안계셨지요. 이때 소조는 "그 아비의 죄로 영성위를 죽여버리겠다"며 당장 잡아오라며 호통이 대단했지요. 그리고 윤5월 11일 밤 문제의 사건이 터졌습니다. 소조께서 칼을 들고 "내 아무리 하려노라"고 말씀하신 후 대궐로 향하는 수구(水口)로 나아가셨다가 실패하고 돌아오신 것입니다. 다음날 저를 통해 이 사실을 알게 되신 선희궁께서는 결국 대조께 아뢰셨고 그 이후의 일은 다 아시는 대로입니다.

물론 목숨을 걸고 소조를 지켜내지 못한 죄를 물으시면 제가 아마 첫 자리에 서야 할 것입니다. 그러나 누군가가 억지로 일을 만들어 경모궁을 죄에 옭아 넣으려 했다는 주상의 생각은 그저 추측일 뿐입니다. 어미가 자식에게 거짓말을 하겠습니까? 아버지(사도세자)에 대한 주상의 지극한 정이야 저도 감사하게 생각하는 바이지만 한 나라의 임금으로서 실상에 맞지 않는 추측으로 대사를 처리하는 것은 결단코 있어서는 안 되겠기에 이리 길게 말씀드렸습니다.

가상편지2 : 정조가 어머니 혜경궁 홍씨에게
「어제장헌대왕지문」을 중심으로

참으로 크나큰 한(恨)을 가슴에 안고 살아오신 어머니!

어머니의 말씀 하나하나에 터럭만큼의 거짓이 숨어들어 있으리라 생각지 않습니다. 다만 저에게는 어머니와 함께 아버지도 천지간의 양축으로 중요하신 분입니다. 아버지는 스스로 당신의 입장을 소상히 밝히지 못하셨지요. 그 억울하고 한스러움은 내 삶 어느 한 곳에 맺혀 있지 않은 곳이 없습니다. 위급하고 급박했던 때의 이야기만 잠시 일러두는 것으로 어머니의 기나긴 호소에 답하려 합니다.

망극한 일을 당하기 전 해인 신사년(1761년), 소조께서 당시에 조치해야 될 계책에 대해 대신들에게 문의하니, 대신들이 대답하지 못하였습니다. 드디어 관서의 고을에 행차하게 되었는데, 이는 대조께 명을 청하여 도적들의 모의를 저지하려는 것이었습니다. 그런데 적신(賊臣) 홍계희가 내부에서 변란을 저지르려 하자, 세자께서는 그 소식을 듣고 말을 재촉하여 곧장 돌아왔습니다. 이때 한 승지가, 대조에게 아뢰어 조정 신하가 세자에게 올린 글을 볼 것을 청하였습니다. 이에 사태가 급박하게 되었는데, 세자가 몸소 임금 앞에 나아가, 변란을 처리하려 했던 본의를 빠짐없이 고하니, 상이 그제야 관서미행에 대해 의심을 푸셨습니다. 후에 세자가 빈연(賓筵-서연)에 임어하였을 때 상이 말씀하시기를 "세자 또한 임금이다. 명색은 신하로서 섬긴다고 하면서 간악한 음모를 품어서야 되겠는가" 하고는, 역적 계희가 무엄하다는 내용의 하교를 잇달아 내리어 계희를 한무제(漢武帝) 때의 간신 강충(江充)에게 빗대었습니다. 이때부터 음모가 더욱 긴박해졌습니다.

임오년 5월에 적인(賊人) 나경언이 복주(伏誅)되었지요. 『궁중기문(宮中記文)』에 의하면, 경언이 형조에 글 한 통을 투서하였는데, 그 글에는 "전하의 곁에서 가까이 모시는 신하들이 모두 불충한 생각을 품고 있어 변란이 눈앞에 닥쳐왔다"는 말이 있었습니다. 이게 무슨 뜻이겠습니까? 이에 형조의 관리가 그 글을 소매 속에 넣고 청대를 하였는데, 이때 역적 계희는 기백(畿伯-경기도관찰사)으로서 먼저 와서 기다리고 있었습니다. 어찌 의심스럽지 않은 행동이라 하겠습니까?

상께서 모두에게 입시하라고 명하였고, 이어 형조의 관리가 그 글을 상에게 고하자, 상이 크게 놀라서 역적 계희에게 묻기를 "궁성을 호위해야 하겠는가?"라고 하니, 역적 계희가 앞에 나와서 아뢰기를 "나라에 변고가 있으면 궁성을 호위하는 일은 무신년에도 이미 행한 적이 있습니다"라고 하였습니다. 정황으로 보더라도 홍계희를 의심하지 않을 수 없지요.

이후 의금부 판사 한익모 등이 말하기를 "경언이 흉악한 말을 지어내어 상을 속여 세자를 핍박하게 만들었으니, 그 죄 죽여야 마땅합니다. 엄하게 국문하여 법대로 다스리소서"라고 하니, 상이 비로소 형장을 가하라고 명하였습니다. 아무래도 서둘러 배후를 숨기려 한 것이 아니겠습니까. 이때 사서(司書) 임성(任城)이 분연히 나서 한익모에게 말하기를 "흉악한 말을, 어찌 경언이 스스로 지어낸 것이겠는가"라고 따지니 그때서야 한익모는 마지못해 사주한 자를 한시바삐 사핵해야 한다고 청하였습니다. 정황을 알게 된 상이 노하여 익모의 관직을 파면시켰고, 다시 대사간 이심원이 나서 익모를 두둔하자, 그도 파직시켰습니다. 상께서 세자에 대한 근본적인 불신만 없었다면 당시 음모의 실상은 만천하에 낱낱이 드러날 수 있었을 것입니다. 그러나 그러하지 못했다는 것이 저로서도 천추의 한으로 남습니다.

물론 세세한 실상이야 어머니께서 더 잘 아시겠지요. 그러나 이후 제가 세손으로 있을 때에도 끊임없이 저를 흔들고 죽이려 한 저들의 동태를 염두에 둔다면 세자를 저들이 어떻게 했을 것인가는 보지 않아도 훤히 알 수 있습니다. 통을 흔들어 안에서 소리가 나면 그 속은 비어 있고 그 안에는 물체가 있는 것입니다. 통을 열어 안을 들여다볼 수 없다고 하여 그 안이 꽉 차 있다거나 그 속이 텅 비어 있다고 할 수는 없는 노릇 아닙니까?

1장

살얼음 밟듯 보내야 했던
동궁 시절

영조와 동궁을 이간질하려는 세력들

변함없는 손자 사랑

아버지 사도세자가 뒤주 안에서 비명에 간 지 나흘이 지난 1762년 윤5월 25일 열한 살의 왕세손은 자신의 공부를 책임지고 있는 강서원 관원을 할아버지 영조에게 보내 처음으로 문안인사를 올린다. 이에 영조는 승지를 보내 다음과 같이 유시하였다.

> "처분한 후에 답이 없었으니, 네 마음이 어떠하였겠느냐? 청구(靑 丘-조선)에 단지 나와 너뿐이니 인사(人事)를 닦아 너를 돕겠다는 자 를 너는 모름지기 물리치고 네 할아버지를 생각하여 마음을 편히 해 잘 조처하라."

어린 왕세손이 그마나 슬픔을 누르고 겉으로라도 아무렇지 않게 행동할 수 있었던 데는 아마도 왕세손의 어머니 혜경궁 홍씨의 지극한 보살핌과 조언이 크게 작용한 것으로 보인다. 남편을 잃은 홍씨로서는 이제 모든 것을 아들에게 걸어야 했다. 다행히 시아버지 영조는 어려서부터 행실이 바르고 학문을 좋아하는 왕세손을 끔찍이 아꼈다.

그리고 두 달 후인 7월 24일 영조는 왕세손을 동궁으로 칭할 것을 명했다. 명실상부한 차기 왕위계승자가 된 것이다. 세손강서원도 세자시강원으로, 세손위종사도 세자익위사로 승격되었다. 그동안은 기초적인 공부에 주력했다면 이제 본격적으로 제왕학 수련에 들어간다는 뜻이다. 사도세자가 세상을 떠난 이듬해인 1763년(영조 39년) 초부터 영조는 늘 세손을 불러 무슨 책을 읽는지, 그리고 그 뜻을 제대로 파악하고 있는지를 묻는 것을 최고의 낙으로 삼았다.

사도세자를 두 번 죽인 갑신처분

영조 40년(1764년) 갑신년 2월 20일 영조는 왕세손을 효장세자의 후사로 삼아 종통(宗統)을 잇도록 명하고 이를 종묘에 고했다. 영조로서는 아예 사도세자의 흔적을 지워버리기 위해 자신과 연우궁 정빈 이씨 사이에서 났다가 일찍 죽은 효장세자의 뒤를 잇는 형식으로 왕위를 물려주겠다고 선포한 것이다.

무엇보다 충격을 받은 이는 사도세자의 어머니 선희궁 영빈 이씨였다. 사도세자의 비행을 영조에게 고해 죽음에 이르게 만든 장본인이다. 그는 사도세자가 죽은 뒤 혜경궁 홍씨에게 늘 이렇게 말했다.

"내가 소조(小朝-사도세자)에게 차마 못할 일을 하였으니 내 자취에는 풀도 나지 않을 것이다. 내 본심은 종사를 위하고 임금을 위한 일이었으나, 생각하면 모질고 흉한 일이구나. 빈궁은 내 마음을 알 것이다. 그러나 세손 남매야 나의 이 마음을 어찌 알겠는가?"

이런 선희궁에게 종통이 자기가 낳은 아들이 아니라 효장세자를 통해 이어지게 된다는 통보는 더 큰 충격이었다. 그는 한동안 음식을 끊고 슬퍼하였다. 그리고 이게 마음의 병이 되어 그해 7월 26일 세상을 떠나고 만다.

다음으로 충격을 받은 이는 혜경궁 홍씨였다. 당장 신변의 위협까지 느낄 정도의 조처였기 때문이다.

"그때 내 심정은 망극하여 견줄 곳이 없었다. 내가 임오화변 때에 모진 목숨을 결단치 못하고 살아 있다가 이런 일을 당할 줄이야……. 크나큰 죄요, 한이니 즉시 죽고자 하였지만 내 목숨을 뜻대로 하지 못하고 겉으로는 위의 처분을 바라는 듯 행동하면서 스스로 굳게 참았다. 그러나 그 망극하고도 슬프기는 모년(某年-1762년 임오년)보다 덜하지 않았다."

법적인 아버지가 바뀌는 변례(變例)를 당한 13세 세손의 충격도 할머니나 어머니 못지않았다. 혜경궁 홍씨의 증언이다.

"천지가 깜깜하여 꽉 막히던 때(임오년)보다 설움이 더하였다. 연세도 두 해가 더하여 당신께서 당한 일을 갈수록 더 원통해 하는 듯했다."

세손이 어떤 행동을 할지 아무도 모를 지경이었다.

"내가 없으면 세손의 몸이 더욱 위태하였다. 이 지경에 이르러서는 갈수록 세손을 보호하는 일이 으뜸이었다. 나는 마음을 굳게 먹고 세손을 위로하였다."

갑신처분은 임오년의 일을 덧나게 하는 참으로 무의미한 조치였다. 당시 홍씨가 세손에게 했다는 이 말은 당시 두 사람이 놓여야 했던 처지를 단적으로 보여준다.

"서러울수록 보배로운 네 몸을 보호하거라. 비록 한이 많지만 스스로 착하게 행동하여 아버님의 한을 갚으라."

갑신처분은 집권 초 정조를 복수의 화신으로 만드는 데 결정적인 계기가 됐다.

"세손이 종일 음식을 끊고 곡을 하며 우는 것이 지나쳤다. 차마 애처로워서 위로하며 곁에 품고 누워서 달래어 잠이 들게 하였다. 그러나 늦게까지 잠을 이루지 못하니 그 정경이 고금에 또 어디 있겠는가?"

사실 이 조치는 어린 세손에게는 너무도 가혹한 결정이었다. 이 점을 모를 리 없는 영조는 세손을 직접 불러 묻는다. 정말 잔인한 할아버지였다.

"훗날 신하들 가운데 혹 이 일을 가지고 말하는 자가 있으면 옳겠는가, 그르겠는가?"

"그릅니다."

못미더웠던지 영조는 다시 묻는다.

"군자이겠는가, 소인이겠는가?"
"소인일 것입니다."

영조는 사관들을 불러 방금 왕세손이 한 말을 정확히 기록해 두라고 명한다. 그러나 영의정 홍봉한은 먼 미래를 걱정하며 영조의 다짐을 받아내려 한다.

"신이 늘 전일의 일에 대하여 어찌 비통한 마음이 없겠습니까마는 앞으로 혹 왕세손께서 신 등에게 지적하여 물으신다면 신 등이 장차 어떻게 대답하면 되겠습니까? 주상께서 한번 명백하게 하교하신 연후에라야 할 말이 있겠습니다."
"동궁이 이미 알고 있거늘, 어찌 다시 말할 필요가 있는가?"
"동궁께서 앞으로 혹시 물으신다면 전하께서 하교하지 않으신 일을 신 등이 어찌 감히 말하겠습니까?"
"저의 조모와 저의 어미가 있는데 어찌 모를 것인가?"
"신의 이 말은 일신의 화복을 위함이 아닙니다."
"내가 예전에 영상에게 서운함이 없었던 것은 아니나 오늘의 말은 가히 참다운 충신의 말이라 하겠다."

영조는 나이브했고 홍봉한의 우려는 정확했다. 훗날 정조는 할아버지 영조와 했던 이날의 약속을 어기고 아버지 사도세자를 위하는 길을 걷게 된다. 정조는 즉위 첫날 "나는 사도세자의 아들이다"라는 선언으로 할아버지와의 약속을 뒤엎는다.

화완옹주와 정후겸이 보는 왕세손

화완옹주는 사도세자의 막내여동생이다. 따라서 세손의 고모이자 혜경궁 홍씨의 시누이였다. 화완옹주는 영조 25년(1749년) 7월 6일 이조판서 정우량의 아들 정치달과 혼인을 했다. 정치달은 일성위라는 작호를 받았다. 정우량(鄭羽良, 1692년 숙종 18년~1754년 영조 30년)은 판서 정수기의 아들로 당파는 소론계였다. 경종 3년(1723년) 문과에 급제한 후 사간원 정언·홍문관 부수찬·사헌부 지평 등 3사의 요직을 거쳐 대사성·승지·이조참판과 병조·이조 판서를 역임하는 등 영조의 총애를 받았고, 특히 아들이 화완옹주와 혼인해 영조와 사돈을 맺으면서 우의정에 올랐다가 중추부 판사로 물러났다.

영조는 화완옹주를 지극히 아껴 외부행사가 있으면 수시로 화완옹주의 집에 들르곤 했다. 나이가 들수록 공사(公私)가 불분명해졌던 영조였기에 출세를 노리는 무뢰배들은 화완옹주를 이용하기 위해 혈안이 돼 있었다. 영조 30년 1월 7일자 『실록』의 한 대목이다.

"화완옹주가 임금의 딸들 가운데에서도 임금의 가장 깊은 사랑을 받았고 성질도 요사하게 혜민(慧敏)하므로, 염치없이 승진을 다투는 조정 관리들은 모두 정우량과 그 아우 정휘량을 통해 주상에게 영향을 미치려 하였다. 그때 또 최익남·이봉환이라는 자가 있었는데, 모두 미천하고 요사한 무리로서 그 집에 출입하며 중개하는 자가 되었으므로, 식자들은 세도(世道)를 위하여 매우 근심하였다."

여기서 정우량의 동생 정휘량은 사도세자의 죽음에도 영향을 미쳤다는 점에서 주목을 요한다. 정우량보다 14세 어린 정휘량(鄭翬良, 1706년 숙종 32년~1762년 영조 38년)은 1737년(영조 13년) 문과에 급제한 뒤 글에 뛰어나 1756년 대제학에 올랐고 이후 이조와 병조의 판서를 두루 거친 뒤 1761년 우의정을 거쳐 좌의정에 올랐다. 원래는 소론 영수 조현명 등의 지원을 받았으나 이때 노론으로 입장을 바꿔 영조의 탕평책에 반대하면서 소론의 조태구, 유봉휘를 노비 신세로 전락시키고 이미 세상을 떠난 이광좌·최석항 등도 관작을 추탈케 하는 데 앞장섰다. 한편으로는 조카며느리 화완옹주의 도움을 받았고 다른 한편으로는 은밀하게 노론의 김상로·홍계희 등과 손을 잡고 조정에 잦은 파란을 일으킨 장본인이기도 하다.

　화완옹주는 영조 32년(1756년) 딸을 낳았는데 이듬해 병으로 죽었다. 영조는 옹주가 해산할 때는 물론이고 그 딸이 죽었을 때도 사가로 거둥했다. 그만큼 영조의 딸 사랑은 병적일 정도로 깊었다. 영조는 온갖 부당한 요구라도 화완옹주의 말이면 대간의 상소 따위는 무시하고 반드시 들어주었다. 게다가 얼마 후 남편 정치달마저 죽자 영조는 화완옹주를 아예 궁궐에 들어와 살도록 했다.

　궁궐로 들어온 화완옹주는 외로운 처지여서 조카인 세손을 무척이나 아꼈다. 혜경궁 홍씨의 『한중록』에 따르면 그 정도가 심각한 것이 문제였다. 세손을 생모와 떼놓고 자기가 어미노릇을 하려고 했을 정도였다는 것이다.

　그냥 둬도 될 세손의 계통 문제를 군이 효장세자의 아들로 바꾼 것도 화완옹주의 영향 때문으로 볼 수 있다. 신명호는 『조선왕비실록』에서 영조가 세손의 계통을 바꾼 데 대해 이렇게 풀이한다.

"이렇게 되면 세손은 공식적으로 혜빈 홍씨의 아들이 아니라는 뜻이 된다. 홍씨의 입장에서는 두 눈 시퍼렇게 뜨고 앉아서 아들을 빼앗기는 셈이었다. 물론 이런 상황을 만든 사람은 화완옹주였다. 세손을 홍씨에게서 떼어내려 그런 술수를 부렸던 것이다."

그리고 같은 해인 영조 40년(1764년) 화완옹주는 정후겸이라는 문제의 인물을 양자로 맞아들였다. 이때부터 옹주는 세손을 통해 장차 정후겸의 미래까지 보장받으려는 계산을 했을 것이다. 크게 보면 화완옹주와 정후겸은 소론 집안임에도 노론 벽파인 정순왕후 김씨 집안과 비슷한 노선을 걸었다. 그것은 노론 벽파의 당파적 이해관계라기보다는 세손을 바라보는 시각이 비슷했기 때문이다. 한쪽은 고모, 한쪽은 할머니로 종실이었다. 반면 홍봉한·홍인한은 외척인 셈이었다. 처음에는 내외척 간에 서로 세손을 사기편으로 끌어들이려는 지열한 싸움이 전개됐다. 어차피 세손 이외에 다른 대안이 없는 상황에서 세손과 깊은 유대를 맺어두는 게 장래를 위한 확실한 투자였기 때문이다.

정후겸(鄭厚謙, 1749년 영조 25년~1776년 정조 즉위년)은 본래 인천에서 어업에 종사하던 서인(庶人)출신 정석달의 아들이었으나 영조의 서녀(庶女) 화완옹주의 양자가 되면서 궁중에 자유롭게 출입하였다. 영조의 총애를 받아 16세로 장원봉사(掌苑奉事)가 되고, 1767년(영조 43년) 홍문관 수찬에 올랐다. 그러나 사도세자 사건 때는 대궐에 들어오기 전이었기 때문에 연루되지 않았다.

1768년 승지가 되었으며, 이듬해 개성부유수를 거쳐 호조참의·호조참판·공조참판을 지냈다. 성격이 매우 교활하고 간사하였으며, 영조의 총애를 바탕으로 당시 세도가였던 홍인한과 더불어 국정을 좌우하였다. 1775년 세손이 대리청정하게 되자 화완옹주·홍인한 등과 더불어 이를 극력 반대하였으며, 동궁에 사인(私人)을 비밀리에 심어 세자의 언동을 살피게 하는 한편, 유언비어를 퍼뜨려 세손의 비행을 조작하고 심상운을 시켜 세손을 보호하는 홍국영을 탄핵하는 등 세손을 모해하는 데 앞장섰다.

정순왕후 김구주 집안이 보는 왕세손

영조 35년(1759년) 6월 2년 전 세상을 떠난 정성왕후 서씨의 뒤를 이어 영조의 계비로 왕비에 책봉된 정순왕후(왕대비) 김씨는 경주 김씨 노론 집안 김한구의 딸로 불과 15세였다. 이때 영조의 나이 66세로 나이 차가 무려 51세였다. 참고로 선조가 인목왕후를 맞아들인 계비로 1602년(선조 35년) 당시 선조는 51세, 인목왕후는 19세로 나이 차가 32세였다. 처녀간택을 해야 했기 때문에 계비를 맞아들일 경우 일어날 수 있는 일이었다. 『실록』은 정순왕후가 "관인(寬仁)하고 공검(恭儉)하게 영조의 정치를 도운 것이 18년"이라고 말한다.

정순왕후에게는 다섯 살 위의 오빠가 있었다. 김구주가 그다. 김구주(金龜柱, 1740년 영조 16년~1786년 정조 10년)는 홍량해(洪量海)의 문인(門人)으로 영조 35년(1759년) 여동생이 왕비가 되자 궁중에 출입하면서 이런저런 실력자들과 관계를 맺었고 3년 후에 일어난 사도세자 사사(賜死)의 배후인물 중 한 명으로 지목당하게 된다. 그러나 그것은 정조와 그 측근들의 주장일 뿐이고 당시 나이가 20대 초반에 불과했으므로 주도적인 역할을 했을 가능성은 별로 없다.

김구주는 임오화변 다음해인 영조 39년(1763년) 문과에 급제하면서 본격적으로 관직에 진출해 영조의 신임과 정순왕후의 배경으로 특진을 거듭하게 된다. 이듬해 2월 영조는 세손을 데리고 홍문관 앞을 지나다가 홍문관 교리에 올라 있던 김구주를 친히 불러 세손과 가깝게 지낼 것을 당부하고 세손에게도 친구처럼 대할 것을 명했다. 이때 김구주의 나이 25세, 세손의 나이 13세였다.

같은 해 5월 김구주는 당파에 관여했다는 이유로 파직됐다가 3개월 후에 복직되기도 했다. 그것은 일찍부터 김구주가 노론 활동에 열성적이었다는 뜻이다. 이후 강원도관찰사를 거쳐 승지에 올라 영조를 측근에서 모시게 된다. 경주 김씨를 중심으로 독자세력을 형성해 가던 김구주는 점차 왕세손의 외척인 영의정 홍봉한과도 맞설 만큼 파워를 키웠다. 영조 45년(1769년) 홍봉한은 자청해서 김구주의 아버지인 김한구의 자급(資級-품계)을 올려줘야 한다고 건의한다. 이에 영조는 정순왕후가 내버려둘 것을 청했다며 그냥 두라고 한다. 홍봉한도 김구주의 눈치를 보지 않을 수 없을 정도였던 것이다.

오히려 3년 후인 영조 48년(1772년 임진년) 7월 21일 공조참의 김구주는 홍봉한을 비난하는 상소를 올린다. 주로 자기 아버지가 자신에게 은밀하게 해주었던 이야기라며, 영조 42년(1766년) 영조가 큰 병을 앓고 있을 때 약방제조들이 최고 품질의 인삼을 써야 한다고 했으나 홍봉한은 은근히 모른 척하면서 싸구려 인삼을 사용토록 했다는 것이 상소 내용이었다. 이렇게 해서 영조를 일찍 죽게 만들려 했으니 역적이나 마찬가지라는 비판이었다. 김구주는 정조 즉위 후에도 이 문제를 물고 늘어진다.

이 무렵 왕세손의 지위를 둘러싼 김구주 세력과 홍봉한 세력의 암투는 극에 달하고 있었다. 김구주는 흔들려 했고 홍봉한은 외손자를 지키려 했다. 이 무렵의 홍봉한은 일생일대의 위기를 맞고 있었다. 영조 47년 2월 3일 영조는 봉조하 홍봉한이 세손을 믿고 월권을 하고 있으며 특히 그 덕에 세손이 오만방자하다는 이야기가 있는데도 홍봉한의 권세가 두려워 실상을 자신에게 전하는 이가 하나도 없는 현실을 개탄했다. 실제로 그랬는지는 모르지만 세손의 '오만방자' 문제는 정순왕후를 통해 전해 들었을 것이다. 게다가 홍봉한이 사도세자의 서출인 이인과 이진을 지나치게 비호하려 했다 하여 서인으로 만든 다음 청주로 유배를 보내고 서인으로 강등시켜 버렸다. 영조 48년 신분은 복귀됐으나 아직 관직에 복귀하지는 못하고 있던 때에 김구주가 상소를 올려 홍봉한을 공박한 것이다. 아마도 재기의 움직임에 쐐기를 박으려 했던 것 같다.

나이는 80세에 이르렀지만 영조는 말 그대로 산전수전 다 겪은 노회하기 그지없는 국왕이었다. 김구주의 노림수를 모를 리 없었다. 김구주의 계산은 엇나가기 시작했다. 승지가 장문의 상소를 반쯤 읽었을 무렵 영조는 읽기를 멈추게 한 다음 "연소한 자가 원로를 공박하는 정도가 지나치다"며 "즉각 현직에서 해임하고 앞으로도 요직에 추천하지 말라"고 명했다. 대신 홍봉한에게는 한양으로 들어오라며 위로의 사신을 보냈다. 이틀 후 다시 영조는 "김구주의 사람됨은 예전부터 내가 염려했었다"며 석고대죄할 것을 명했다. 정순왕후가 아닌, 세손의 편을 들어준 것이다. 이후 김구주는 영조가 세상을 떠날 때까지 이렇다 할 직책에 복귀하지 못했다.

위기의 동궁을 지켜준 홍국영

명문가 출신의 명민한 한량

홍국영의 6대조는 영안위(永安尉) 홍주원으로, 선조와 인목대비 김씨 사이에서 난 정명공주(영창대군의 동복누나)와 결혼한 사람이다. 6대조까지 거슬러 올라가는 이유는 홍봉한·홍인한도 같은 홍주원의 후손이기 때문이다. 굳이 따지자면 두 사람은 홍국영에게 10촌 할아버지뻘된다. 이미 이 때는 홍씨 가문이 한양의 대표적인 문벌의 하나로 성장했기 때문에 어느 정도 유대감이 있었을 수도 있다.

『한중록』등에 따르면, 홍국영은 젊은 시절 호방하면서도 해괴한 인물이었다. 홍씨는 이를 "하늘도 땅도 두려워하지 않는 인물"이라고 표현했다. 홍국영은 주색잡기로 청년기를 보냈다. 그런데 어느 시점에 작심을 하고 과거공부를 시작해 25세 때인 1772년(영조 48년) 문과에 급제한다. 그만큼 머리가 좋았다는 뜻이다.

홍국영 가계도

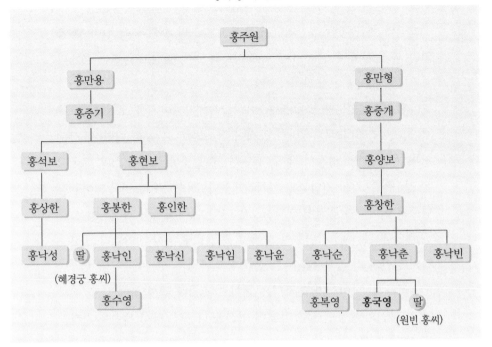

이듬해인 영조 48년 4월 5일 영조가 직접 숭정전 동월대에 나와 행한 소시(召試)에서 예문관원 홍국영은 훗날 동지이자 서로 다른 길을 걷게 되는 정민시(鄭民始)와 함께 우수자로 선발됐다. 이를 계기로 영조의 눈에 든 홍국영은 사관과 함께 왕세손을 보좌하는 춘방(春坊-세자시강원) 사서를 겸직하게 되면서 정조와 인연을 맺게 된다.

혜경궁 홍씨에 따르면, 아버지 홍봉한은 당시 홍국영을 좋게 보았던 반면, 작은아버지 홍인한은 "영안위 할아버지 자손 중에 저런 요망한 인간이 날 줄 어이 알았으랴"며 "집안을 망칠 위인"이라고까지 극언했다고 한다. 결과적으로는 홍인한의 진단이 정확했다. 어쨌거나 당시 권력에서 물러나 있던 홍봉한은 이복동생인 홍인한에게 홍국영의 보직을 도와줄 것을 권유하는 등 직간접적으로 홍국영을 후원했다.

그러나 풍산 홍씨 집안의 후원보다는 영조의 총애가 더 컸다. 홍국영은 과거 급제 후 줄곧 사관으로 영조의 곁에 있었고 영조는 공개적으로 "국영은 내 손자"라며 좋아했다.

마침 홍국영이 영조와 왕세손을 동시에 가까이에서 모실 때는 두 사람을 이간질하려는 세력의 공작이 극에 이르고 있을 때였다. 정순왕후 김씨 세력, 정후겸 세력, 홍인한 세력 등이 그들이었다. 홍국영은 정순왕후 김씨 집안과도 친척관계였다. 정순왕후 김씨와 8촌인 김면주의 어머니가 홍국영의 당고모(5촌)였다. 홍국영이 과거시험을 위해 한양에 왔을 때 김면주의 집에 머물 정도로 홍씨 집안보다는 경주 김씨 집안과 더 친화성을 갖고 있었다.

그러나 젊은 야심가 홍국영은 적어도 홍씨나 김씨 쪽에 줄을 서지 않고, 자신의 본분인 세손 보호에 최선을 다했다. 당시 세손을 지켜준 두 인물이 바로 세손강서원의 홍국영과 정민시였다. 정후겸 세력이나 홍인한 세력 등은 심지어 세손이 홍국영과 정민시 등과 무슨 공부를 하고 있는지를 파악하기 위해 세손 강서원에 자기 사람들을 심기까지 했다. 세손으로서는 뭐 하나 마음대로 말하고 행동할 수 없었다. 이런 열악한 조건 속에서 홍국영과 정민시는 헌신적으로 세손을 지켜냈다.

대리청정을 둘러싼 척리들과의 정면충돌

영조가 대리청정 의사를 처음으로 밝힌 것은 영조 51년(1775년) 11월 20일 경연에서였다. 그때는 경연 때마다 동궁(세손)을 참여시켰기 때문에 그 자리에는 정조도 있었다. 그 밖에 돈녕부 영사 김양택, 영의정 한익모, 중추부 판사 이은, 좌의정 홍인한 등 전·현직 정승이 배석했다.

김양택(金陽澤, 1712년 숙종 38년~1777년 정조 1년)은 예조판서를 지낸 김진규(金鎭圭)의 아들이다. 김진규는 숙종의 첫 번째 장인 광성부원군 김만기의 아들로 인경왕후 김씨의 오빠다. 김양택은 왕실 외척인사의 범주에 든다고 할 수 있다. 영조 19년(1743년) 문과에 급제해 홍문관·사간원의 요직을 거쳤고 원손사부(元孫師傅)·대사성·대제학 등을 지냈다. 1767년에 우의정이 되고, 1776년 영의정에 오른다. 그러나 훗날 아들 김하재(金夏材)가 역신(逆臣)으로 몰려 벼슬을 추탈당한다.『실록』의 졸기는 그에 대해 가혹한 평을 싣고 있다.

"평소에 명성과 인망도 없었는데, 그 선대의 음덕을 힘입어 두루 핵심 관직을 지내다가 어느새 숭현(崇顯)한 자리(대제학)에 오르므로, 세상 사람들이 '글을 못하면서 문병(文柄)을 잡게 되기는 김양택부터 시작되었다'고 했다. 정승의 자리에 있는 동안에도 일처리를 제대로 하는 것이 하나도 없었다."

이은(李溵, 1722년 경종 2년~1781년 정조 5년)의 할아버지는 영조 때 좌의정을 지낸 이집이고, 아버지는 병조판서를 지낸 이주진이다. 남들보다 늦은 1759년(영조 35년) 문과에 급제해 고속 승진을 거듭해 1765년 대사헌에 올랐다. 특진과 좌천을 반복하며 이조판서에 오르고 1772년 우의정을 거쳐 좌의정에 오르지만 대사헌과 대사간의 탄핵을 받아 파직됐다. 이듬해 다시 좌의정에 오르는 등 파란 많은 정치 이력을 보였다.

이날 경연 이후 대리청정 문제로 조정의견이 갈릴 때 세손지지파이자 사촌동생인 서명선을 도운 공으로 정조가 국정을 대리하면서 중추부판사에서 다시 좌의정에 오르지만, 곧바로 대신의 체모를 손상했다는 비판을 받아 면직된다. 이후 청나라에 사신으로 다녀오는 등의 활동을 보이기는 했으나 별다른 업적을 남기지는 못했다.

이날 경연에서 82세의 영조는 대리청정 의사를 밝힌다.

"국사(國事)를 생각하느라고 밤에 잠을 이루지 못한 지가 오래 되었다. 어린 세손이 노론을 알겠는가? 소론을 알겠는가? 남인(南人)을 알겠는가? 소북(少北)을 알겠는가? 국사를 알겠는가? 조사(朝事-조정의 일)를 알겠는가? 병조판서를 누가 할 만한가를 알겠으며, 이조판서를 누가 할 만한가를 알겠는가? 이와 같은 형편이니 종사(宗社)를 어디에 두겠는가? 나는 어린 세손이 그것들을 알게 하고 싶으며, 나는 그것을 보고 싶다."

그러면서 전위를 생각했으나 세손이 놀랄 수 있기 때문에 과도적 단계로 대리청정을 시키려 한다고 덧붙였다. 실은 때늦은 결심이었다.

그러나 영조의 말이 끝나기 무섭게 좌의정 홍인한이 말했다.

"동궁은 노론이나 소론을 알 필요가 없고, 이조판서나 병조판서를 알 필요도 없습니다. 더욱이 조사까지도 알 필요 없습니다."

정면에서 동궁을 깔아뭉개는 발언이었다. 이를 '3불필지설(三不必知說)', 즉 알 필요가 없는 세 가지라고 이른다.

홍인한으로서는 필사적일 수밖에 없었다. 여기에 정후겸도 가담했다. 반면 세손도 더 이상 물러설 수 없었다. 세손은 노골적으로 척리들을 배척한다는 뜻을 밝히며 맞섰다. 먼저 홍인한의 방해공작에 대해 『실록』은 이렇게 전한다.

"청정(聽政)에 대한 의논이 일어나자 홍인한 등이 크게 두려워하여 온갖 방법으로 저지했으며, 더욱 급하게 안으로는 이목(耳目-첩자)을 포치(布置)하고 밖으로는 당여(黨與)를 끌어들여서, 혹은 말을 지어내어 협박하고 혹은 허튼소리로 탐지하며 시험하기도 하였다. 또 궁관(宮官)이 임금을 호위하는 것을 참소로 헐뜯으며 자기에게 빌붙지 않는 자는 반드시 자기들과 가까운 자와 배치 장소를 바꾸려고 하였으니, 주야로 경영하는 정적(情跡)을 헤아리기 어려웠다. 왕실(王室)의 척련(戚聯)으로 부귀가 또한 이미 극도에 달하였으나, 스스로 아주 흉악한 죄에 빠져들기를 달갑게 여기는 것이 어찌 일조일석의 일 때문이겠는가? 오직 우리 왕세손께서 재덕(才德)이 특출하고 영명하며 성을 내지 않으면서도 위엄이 있으니, 두 역적이 평소에 이를 꺼리는 바였다. 왕세손은 고금의 치란(治亂)을 환하게 알고 척리(戚里)들의 정치에 대한 간섭을 깊이 미워하는 것이 두 역적에게는 마음속으로 우려하는 바였다. 우려와 꺼림이 서로 원인이 되어 자신이 나라와 원수가 되었다가 마침내는 성상의 환후(患候)까지 숨겨서 나라의 큰 계획을 저지하는 데 이르고 저지하는 것도 모자라서 협박하는 데 이르고, 협박하는 것도 그치지 아니하여서 거의 동요(動搖)하는 데까지 이르렀으니, 무엄한 버릇과 불령(不逞)한 마음이 날마다 더욱 더해가서 끝이 없게 되었다."

그 점에서는 정후겸도 뒤지지 않았다. 여기에는 정후겸의 어머니인 화완옹주까지 거들었다.

"동궁이 혹 편안히 쉴 때가 있으면 정후겸의 어미 화완옹주는 반드시 사람을 시켜 정탐하게 하여 좌우에서 엿보았는데, 동궁이 혹 궁료(宮僚)들을 불러 만나보는가를 두려워하였기 때문이다. 대개 이것은 정후겸이 꾀어서 한 것으로 자기들의 정적을 말할까 두려워한 때문이다. 정후겸은 늘 사사로이 동궁을 뵐 때 앞으로 나오면서 몸을 굽히지도 않았고, 출입(出入)할 때에는 탁탁하며 신을 끄는 소리를 내어 조심하고 두려워하는 뜻이 조금도 없었다. 임금이 화완옹주에게 이르기를, '신을 끄는 소리가 어찌 그리 방자스러우냐?' 하였는데 이 뒤로 정후겸은 늘 동궁을 대하여 말하기를, '옛날에는 신을 끄는 소리까지도 임금을 섬기는 예절이었는데, 성상께서 예절을 굽어 살피지 않으심이 한스럽습니다'고 하였다. 이 무리들이 동궁에게만 무엄하였던 것이 아니라, 성상에게도 불경(不敬)하였음이 또한 이와 같았다."

세손으로서는 눈썹이 타들어가는 초미지급(焦眉之急)의 상황이었다.

동덕회를 탄생시킨 '친위 쿠데타'

12월 3일 세손의 측근이던 서명선이 운명을 가르게 되는 상소를 올린다. 홍인한이 말한 '3불필지설'을 정면으로 비판하는 내용이었다. 원래 이 상소는 세손이 직접 올리려다가 홍국영이 나서서 말리며 서명선에게 대신 올리게 한 것이었다. 세손이 직접 올릴 경우 위험부담이 클 수밖에 없었다. 이에 서명선이 홍국영·정민시와 의논한 끝에 목숨을 건 상소를 올렸다. 만일 이 상소를 영조가 긍정적으로 평가하지 않을 경우 세손의 자리는 어떻게 될지 몰랐다. 워낙 의심이 많고 변덕이 심한 데다가 나이도 너무 많은 영조였기 때문이다. 다행히 영조는 서명선의 손, 아니 세손의 손을 들어주었다. 그리고 바로 다음날 영의정 한익모와 좌의정 홍인한을 삭직한다. 이로써 세손의 지위는 든든해졌고 본격적인 대리청정을 시작할 수 있었다.

서명선(徐命善, 1728년 영조 4년~1791년 정조 15년)은 이조판서 서종옥의 아들이며 어머니는 이집의 딸이다. 따라서 이은과는 사촌지간이었다. 영조 39년(1763년) 문과에 급제한 뒤 홍문관·사헌부·사간원의 청요직을 거쳤고 대사성·대사헌을 거쳐 이조참판에 오른다. 1775년 12월 3일 홍인한·정후겸 일파를 탄핵하는 상소를 올려 불투명하던 세손의 대리청정을 관철시켰다. 세손의 대리청정 시작과 함께 예조·병조·이조의 판서직을 두루 거쳤고 정조 즉위 후에는 수어사·총융사를 겸임하며 군권을 장악했다. 그리고 우의정·좌의정을 거쳐 1778년 영의정에 오르게 된다. 정조는 12월 3일을 기념해 매년 그 날이 되면 서명선을 비롯해 홍국영·정민시·김종수 등을 불러 회식을 열고 감회를 이야기했는데, 그 모임을 '동덕회(同德會)'라고 불렀다. 정조는 동덕회에 관한 시를 남겼다.

하늘 문에 구름 헤치는 저녁이요
함지(咸池-해가 진다는 서쪽의 큰 호수)에 해 떠받드는 가을이로다.
백 년을 이 모임 길이 한다면
덕을 함께하고 복도 함께하리라.

외형적으로는 서명선이 주도적 역할을 했지만 이 모든 계획의 기획자는 다름 아닌 홍국영이었다. 정조가 훗날 "외척들의 모함에도 불구하고 용기를 잃지 말고 끝까지 대항하도록 조언을 하면서 몸을 던진 이는 홍국영 한 사람뿐이다"라고 회고한 것도 이때 홍국영의 역할이 컸기 때문이다.

세손 대리청정을 지근 거리에서 보좌하다

세손이 대리청정을 시작했을 때 홍국영의 보직은 홍문관 부응교 겸 사서(司書)였다. 대리청정 초기인 영조 51년 12월 21일 정후겸의 지원을 받는 부사직 심상운이 당면과제 8가지라며 은근히 홍인한 세력을 두둔하고 노골적으로 세손을 비판하는 글을 올렸다.

심상운(沈翔雲, 1732년 영조 8년~1776년 영조 52년)은 효종의 부마였던 심익현(沈益顯)의 현손(玄孫-증손자의 아들)으로 명문의 혈통을 이어 받았으나, 그의 아버지가 환관 박상검(朴尙儉) 사건에 연루된 역적 심익창(沈益昌)의 손자인 심사순(沈師淳)의 양자로 입적되어 벼슬길이 평탄치 못하였다. 동생 심익운이 과거에 급제하고서도 관직에 오르지 못하자, 아버지가 동생 심익운과 함께 입적된 사실을 인멸하려다가 인륜을 어지럽히는 일가로 지목되어 사류(士類)의 배척을 받았다. 영의정 홍봉한의 도움을 받아 오명이 벗겨짐으로써 비로소 문과에 급제해 1774년 승지가 되었다.

그리고 이때 홍인한·정후겸의 사주를 받아 세손을 둘러싼 관리들을 비난하면서 세손을 '온실수'에 비유하는 흉측한 내용의 상소를 올렸다. 이에 세손도 대리청정을 하지 않겠다는 초강수로 맞섰고 결국 심상운은 3사의 탄핵을 받아 동생 심익운과 함께 서인으로 폐출됨과 동시에 흑산도로 유배되었다가 제주도로 이배되었다. 정조 즉위와 함께 3사의 상소로 정조의 친국을 받은 뒤 주살된다.

심상운의 상소를 받아본 세손의 첫 반응은 "심상운은 그가 죄를 진 사람의 종자로서 상소하여 조목으로 진달한 바가 이처럼 교악(巧惡) 하니, 심익창의 후손이라고 말할 수 있겠다"였다. 이에 홍국영이 세손 을 위로한다.

"세도(世道)가 이와 같이 위험하오니, 신들이 성의를 다하여 우러러 도울 것입니다. 저하 역시 '진안(鎭安)'이란 두 글자를 유념하소서."

세손도 무한한 총애로 답했다.

"사서가 아뢴 바를 반드시 염두에 두겠다."

이듬해 2월 24일 홍국영은 사인(舍人)으로 발령을 받는다. 사인은 정4품에 해당하는 관직으로 원래는 의정부의 심부름을 하는 자리다. 오늘날로 치자면 국무총리 비서실장에 해당한다. 이 경우는 세손 비 서실장이라고 할 수 있다. 다음날 서명선은 이조판서로, 홍국영은 훈 련원 정(正)으로 발령을 받는다. 훈련원 정은 정3품 당하관에 해당하 므로 하루 만에 품계가 두 단계나 뛴 것이다. 세손의 총애는 그만큼 컸다.

전적으로 믿음을 준 친위세력의 변절

정조의 즉위 초, 김종수와 연합하다

의기투합(意氣投合). 정조 즉위 초 정조와 홍국영의 관계는 이 한마디로 표현할 수 있다. 이렇게 된 데는 무엇보다 내외척을 멀리하려 한 정조와, 노론임에도 어린 나이라 특정 정파에 속하기를 거부하는 홍국영의 기질이 딱 맞아떨어진 것이 주효했다. 게다가 패기에 찬 홍국영은 적어도 이때만은 진심으로 정조를 보필했다. 홍국영에 대해 대단히 비판적인『한중록』에서도 이 점을 확인할 수 있다.

"동궁께서는 나이도 서로 비슷하고 얼굴도 잘생기고 눈치 빠르고 민첩하니, 세상이 어지러웠던 때를 당하여 한 번 보고 크게 좋아하셔서 총애가 깊으셨다. 처음에는 요 어린놈이 간사한 꾀를 내어 동궁께 곧은 충고를 하는 척했지만 실은 다 듣기 좋은 말이라…… 한 번 국

88

영이 들어오면 외간의 일들을 묻지 않는 일이 없고, 전하지 않는 말이 없으니 동궁께서 신기하고 귀하게 여기셨다."

정조는 즉위 나흘째인 3월 13일 홍국영을 승정원 동부승지로 임명한다. 정3품 당상관으로의 승진이라는 의미보다는 왕명을 공식적으로 출납하는 자리에 올랐다는 의미가 더 컸다. 게다가 홍국영은 단순한 왕명출납 이상의 직무를 수행했다. 왕명생산, 즉 정조의 1인 싱크탱크이자 책사로서 정국의 밑그림을 그리는 역할을 맡았던 것이다.

여기서 한 가지 염두에 둬야 할 점은 홍국영이 이념적으로는 골수 노론이었다는 점이다. 좀더 정확히 말하면 "홍국영은 노론계 중에서 청명당 계열 정파의 지도자인 김종수·정이환과 합세하여 노·소론 탕평당 계열(친영조파)인 홍인한·정후겸·윤양후·홍계능 세력을 사도세자에 불경하고 정조의 즉위를 방해했다는 죄목으로 제거했다."(박광용, 『영조와 정조의 나라』) 즉 홍국영은 기존 세력 판도의 힘을 빌리기 위해 노론 청명당과 손을 잡았다.

그 첫 번째 조치가 5월 22일 소론의 정신적 지주인 윤선거·윤증 부자의 관작추탈과 문집훼손 및 사액(賜額) 철거였다. 소론계 인사들에게는 크나큰 모독이었다. 이 조치를 내린 후 정조는 "며칠 전에 승선(承宣)이 아뢴 말이 바로 내가 평소에 생각하고 있던 바와 맞기에 바야흐로 뜻을 결단하여 시행한 것이다"라고 말한다. 승선이란 바로 동부승지 홍국영이다. 아마도 홍국영은 김종수 세력과 손을 잡기 위해 노론의 숙원사업이라 할 윤선거 부자의 관작추탈과 송시열의 효종묘 배향을 앞장서서 추진한 것 같다. 송시열의 배향은 정조 2년 4월 영조 위패에 김창집과 민진원을 배향할 때 함께 성사된다. 역설적이게도 신진기예 홍국영에 의해 노론 세상이 열리고 있었다.

김종수_ 정조의 스승으로 원시유학과 정통 주자학의 핵심을 가르치며 '임금은 통치자이면서 스승'이라는 군사론(君師論)을 정조의 머릿속 깊이 심어준 장본인이다.

김치인의 친척인 노론 중도파 김종수(金鍾秀, 1728년 영조 4년~1799년 정조 23년)는 아주 늦은 41세 때인 영조 44년(1768년) 문과에 급제해 예조정랑, 홍문관 부수찬을 거쳐 세손시강원 필선으로 임명되면서 왕세손과 인연을 맺었다. 이때 그는 일관되게 당시 위세를 떨치고 있던 홍문(洪門)과 김문(金門)의 외척정치를 지양해야 한다고 주장해 정조의 두터운 신임을 얻었다.

또 왕세손의 스승으로서 정조의 정신세계에 깊은 영향을 심어주었다. 특히 원시 유학과 정통 주자학의 핵심을 가르치며 '임금은 통치자이면서 스승'이라는 군사론(君師論)을 정조의 머릿속 깊이 심어준 장본인이다. 정조에게서 드러나는 보수혁명가로서의 면모는 상당부분 김종수로부터 비롯되었다고 해도 과언이 아니다.

김종수는 영조 48년(1772년) 청명(淸名)의 존중과 공론(公論)의 회복을 위하여 청명류(淸名流)라는 정치결사를 조직했다가 발각돼 경상도 기장으로 유배되었다가 얼마 후 방면되었고 마침 영조가 사망하자 행장을 편찬하는 일을 맡았다.

정조 즉위 초 대사헌·형조판서 등에 임명되었으나 벼슬에 뜻이 없다며 물러나 있겠다고 청원했다가 문책을 받기도 했다. 정국이 불안정한 정권 초기에 정조의 신임이 워낙 두터워 곧 이조판서와 병조판서 등을 거치면서 수어사를 겸하기도 했다. 병권을 책임졌던 것이다.

사도세자의 서자인 은언군이 아들의 반역에 연루돼 강화도에 귀양 가 있었는데, 정조 10년(1786년) 은언군이 정조의 밀명을 받고 강화도를 탈출하는 사건이 일어났다. 이에 신하들이 정순왕대비의 명을 받들어 은언군을 처벌하려 하자 분노한 정조는 훈련원·어영청·내금위·총 융청의 4대장과 좌우 포도대장 모두를 파면시키고 당시 규장각 직제 학으로 수어사를 겸직하고 있던 김종수에게 4대장과 좌우 포도대장 을 모두 겸직케 하여 국방과 수도방어의 총책임을 맡기는 사상 초유 의 결정을 내렸다. 그 같은 결정의 무모함과는 별도로 당시 김종수가 받고 있던 총애의 크기가 어느 정도였는지를 단적으로 보여주는 사 건이다. 이런 절대적 신임을 바탕으로 김종수는 곧 우의정을 거쳐 정 조 17년(1793년) 좌의정에 오른다. 노회한 정객이었던 김종수는 윤시 동·채제공과 함께 정조가 가장 신뢰한 역대 3정승 중 한 명이다. 이 처럼 정조 즉위 초의 정치를 이해하는 핵심 축은 정조·홍국영·김종 수 3인이었다.

정승 부럽지 않은 무소불위의 권력

정조 즉위년(1776년) 3월 13일 승정원 동부승지에 임명된 홍국영은 6월 1일 이조참의로 자리를 옮긴다. 품계는 같은 정3품 당상이지만 인 사를 다루는 핵심요직을 맡은 것이다. 이때 이조판서는 서명선이었 다. 서명선과 홍국영 두 사람은 바로 다음날 이조전랑의 통청권(通淸 權)을 복구할 것을 상소해 그것을 관철시킨다. 그것은 보기에 따라서 는 개혁의지의 후퇴였다.

먼저 통청권에 대한 간략한 이해가 필요하다. 조선에서는 전통적으로 이조전랑(정랑·좌랑)이 당하관 청직(淸職)에 대한 인사권을 갖고 있었다. 흔히 선조 때 시작된 당쟁도 바로 이 이조전랑을 장악하는 문제에서 비롯되었다. 이에 영조는 1741년(영조 17년) 통청권을 혁파했다. 이렇게 되면 당하관 청직에 대한 인사권은 이조판서나 참판이 갖게 된다. 그렇게 되면 국왕의 통제가 훨씬 용이해진다. 그것은 왕권을 강화하는 방안인 동시에 두루 인재를 쓰는 탕평책을 구현하기 위한 제도적 기반을 확보한다는 뜻이다.

그런데 다름 아닌 이조판서 서명선과 이조참의 홍국영이 입을 맞춘 듯 자신들의 권한을 약화하는 통청권 복구를 상소했고 정조도 받아들였다. 노론 세력의 거센 요구가 있었고 정조로서는 아직 그것을 거스를 만한 힘을 갖고 있지 못했다. 이처럼 홍국영은 때로는 노론의 뜻을 정조에게 전했고 때로는 정조의 뜻을 노론 핵심인사들에게 전하는 역할을 했다.

7월 6일 홍국영은 도승지에 오른다. 홍국영의 나이 29세였다. 영조 말기에는 주요 대신들이 정후겸의 눈치를 살펴야 했다면 정조 초기에는 홍국영의 눈치를 살펴야 했다. 홍국영이 도승지에 임명된 바로 다음날 영의정 김양택은 "나이가 젊고 총명하니" 홍국영을 비변사 부제조로 임명해야 한다는 의견을 낸다. 이에 정조는 아직은 너무 이르다며 거부했다. 이미 이때도 홍국영을 음해하는 각종 이야기가 정조의 귀에 들어가고 있었다. 부담을 느끼지 않을 수 없었던 것이다.

8월 18일 홍국영은 승문원 부제조로 옮긴다. 내의원의 총책임을 맡기기 위한 것이었다. 누구보다 신변안전에 신경을 썼던 정조이기에 이번 임명은 무한한 총애를 보여주기에 충분했다. 9월 25일 인재양성 기관으로 규장각을 세운 정조는 홍국영을 규장각 직제학으로 임명했다. 제학 바로 아래의 자리였다. 10월 19일에는 군무를 관장하는 찰리사

로 임명했다. 이 모든 게 겸직이었다. 한 달 후인 11월 19일에는 수어
사도 겸직케 했다. 그리고 다음날 홍국영과 김종수를 비변사 제조로
임명했다.

이듬해 5월 27일 홍국영은 경호실장에 해당하는 금위대장까지 겸한
다. 바로 다음날 김종수는 우의정에 오르게 된다. 그해 8월 반역모의
가 생겨나자 홍국영은 이를 제압하는 공을 세운다. 그리고 10월 17일
종2품직 홍문관 제학에 제수된다. 이후에도 훈련대장을 거쳐 정조 2년
3월 25일 규장각 제학에 오른다. 문무의 요직이라는 요직은 자유자재
로 맡았다. 당시 홍국영에 대해 『실록』은 대단히 비판적이다.

"이때 홍국영의 방자함이 날로 극심하여 온 조정이 감히 그의 뜻
을 거스르지 못하였다."

즉위에 공이 있다고 해서 이처럼 특진에 특진을 거듭하게 한 것은
정조의 인사처리가 그만큼 미숙했다는 뜻일 수도 있다. 그것은 홍국
영을 위해서도 결코 좋은 결과를 가져올 수 없었다. 인재를 키우는 길
이 아니라 죽이는 길을 선택한 것은 다름 아닌 정조 자신이었다.

실세 외척을 꿈꾼 홍국영의 좌절

권력을 맛본 30대 초반의 홍국영은 어느새 '1등공신'에서 권간(權奸)
으로 전락하고 있었다. 정조 2년 홍국영은 정조에게 소생이 아직 없다
는 점에 착안해 13세 누이동생을 후궁으로 들여보내 정조와 처남 매부
사이가 된다. 인조반정 이후 서인 중에서도 노론이 일관되게 추진해 온
국혼(國婚)을 놓치지 않겠다는 원칙을 나름대로 관철한 것이다.

그러나 하늘도 홍국영의 끝 모르는 권력욕을 그냥 둘 수 없었던 모양이다. 정조 3년 5월 7일 원빈 홍씨는 14세의 어린 나이에 세상을 뜬다. 홍국영은 왕비의 상례에 준하여 동생의 상을 치렀다. 참람한 행위였다.

"이휘지가 표문(表文)을 짓고, 황경원이 지장(誌狀)을 짓고, 송덕상이 지명(誌銘)을 짓고, 채제공이 애책(哀冊)을 짓고, 서명선이 시책(諡冊)을 지었다."

국왕의 상을 당했을 때나 동원될 만한 당대의 명유(名儒)들이 총동원된 것이다. 그리고 9월 26일 홍국영은 도승지에서 물러날 것을 청하는 상소를 올렸고 정조는 즉각 수리했다. 실은 정조가 사직토록 명을 내린 것이다. 갑자기 이렇게 정조의 태도가 바뀐 데 대해서는 『실록』이 상세한 설명을 하고 있다.

"그 누이가 빈(嬪)이 되고서는 더욱 방자하고 무도하여 곤전(坤殿-중전 효의정후 김씨)의 허물을 지적하여 함부로 몰아세우고 협박하는 것이 그지없었으나, 임금이 참고 말하지 않았다. 그 누이가 죽고서는 원(園)을 봉(封)하고 혼궁(魂宮)을 두었고 점점 국권을 옮길 생각을 품어 앞장서 말하기를, '저사(儲嗣)를 넓히는 일은 다시 할 수 없다' 하고 드디어 역적 은언군 이인(李䄄-철종의 할아버지)의 아들 상계군 이담을 죽은 원빈의 양자로 삼아 그 군호(君號)를 고쳐 완풍(完豊)이라 하고 늘 내 생질이라 불렀다. 완이라는 것은 국성(國姓)의 본관인 완산(完山-전주)을 뜻하고 풍이라는 것은 스스로 제 성의 본관인 풍산(豊山)을 가리킨 것이다. 가리켜 견주는 것이 매우 도리에 어그러지므로 듣는 자가 뼛골이 오싹하였으나, 큰 위세에 눌려 입을 다물고 감히 성내지 못하였다. 또 적신(賊臣) 송덕상(宋德相)을 추겨 행색이 어떠하고 도리가 어떠한 자를 임금에게 권하게 하였는데, 바로 이담이다. 그래서 역적의 모의가 날로 빨라지고 재앙의 시기가 날로 다가오니, 임금이 과단(果斷)을 결심하였으나 오히려 끝내 보전하려 하고 또 그 헤아리기 어려운 짓을 염려하여 밖에 선포하여 보이지 않고 조용히 함께 말하여 그 죄를 낱낱이 들어서 풍자하여 떠나게 하였다."

정조는 홍국영을 살리려 했던 것이다. 그것이 옛 동지에 대한 마지막 배려였다. 이날 송덕상·김종후(김종수의 형) 등이 나서서 홍국영의 사직을 만류해야 한다고 하자, 정조는 "이렇게 해야만 끝내 홍국영을 보전할 수 있을 것"이라고 답한다. 이후 연말까지 홍국영 세력에 대한 숙청작업이 철저하게 진행됐다. 대신 겨우 목숨을 구한 홍국영은 도성으로 들어와서는 안 된다는 명을 받았고 재산도 몰수당했다.

정조는 이틀 후, 모든 관직을 빼앗긴 홍국영을 인정전으로 불러 작별인사를 한다. 할 말이 많았지만 모든 것을 억제할 수밖에 없었다. 이 자리에서 홍국영은 "자신은 정민시와 형제 같은 정을 갖고 있으니 그를 끝까지 잘 보살펴 달라"고 부탁한다. 그것이 마지막이었다. 강원도 강릉 해안가에 거처를 마련한 홍국영은 술로 날을 지새우다가 1781년(정조 5년) 4월 사망했다. 33세였다.

왕세손 시절 당한 위험을 낱낱이 기록한『존현각일기』

존현각이란 경희궁 내에 있던 왕세손의 처소다. 이곳에 있을 때부터 정조는 일기를 쓰기 시작했다. 그것은 수양을 중시한 할아버지 영조가 손자에게 내린 숙제이기도 했다. 『존현각일기(尊賢閣日記)』란 왕세손으로 있을 때 정조가 쓴 일기를 말한다. 정조는 홍인한과 정후겸을 사사한 지 4개월 후인 즉위년 11월 18일 공조참판 김종수를 불러 그동안 비밀로 하고 있던 자신의 『존현각일기』를 보여주며 읽어볼 것을 권한다. 특히 중요한 것은 영조 50년과 51년의 기록이다. 세손으로서 대리청정을 시작하면서 내척과 외척의 공세가 집중됐고 세손은 이런 움직임을 하나하나 다 일기형식으로 적어놓았다. 먼저 정조는 그 시기 자신의 상황이 얼마나 위급했던지를 다음과 같이 털어놓는다.

"예로부터 척리(戚里)의 화변(禍變)과 흉역의 역모는 이루 한정할 수 없이 많았지만 내가 겪은 것은 지난 사첩(史牒-역사서)에서 찾아보아도 어찌 비길 만한 것이 있겠는가?"

일기를 읽어본 김종수는 울면서 말한다.

"신 등은 그래도 흉역이 이처럼 극도에 이른 줄은 몰랐습니다. 이제 삼가 일기를 살펴보건대 그들이 안팎에서 화(禍)를 빚어내고 거짓말을 과장하여 현혹시킴에 있어 하지 못한 짓이 없었으니, 당시의 일을 돌이켜 생각해 보면 깨닫지 못하는 사이에 마음이 떨리고 간담이 흔들립니다."
"흉도들이 무단히 의구심을 자아내어 혹 꾀면서 협박하기도 하고 혹 위태롭게 만들어 핍박하기도 했는데, 마침내 화기(禍機)가 점점 급박하여지기에 이르러서는 기필코 먼저 궁료(宮僚)를 제거한 다음 나를 모해(謀害)하려고 했으니, 지금 생각하여도 두려움이 아직 가슴에 남아 있다."

"흔단(釁端)이 척리에게서 일어났고 화가 깊은 궁중에서 선동되었기 때문에 온 세상 사람들은 모두 흉역이 이런 지경에 이른 줄 모르고 있었습니다."

여기서 한 가지 주목해야 할 점은 하고 많은 사람 중에 김종수를 불러 『존현각일기』를 보여주었는가 하는 점이다. 그것은 김종수를 확실한 자기 사람으로 만들기 위한 정조의 포석이었다. 정조는 김종수에게 『존현각일기』를 책으로 만들 것을 명한다. 정조 1년 3월 29일 『존현각일기』를 정리하여 책으로 편찬하게 되자 정조는 위급했던 세손 시절을 다음과 같이 회고한다.

"궁성의 일은 비밀스러운 것이고 내외척의 권세는 커서 대신도 알수가 없고 공경(公卿)도 알 수가 없으며 일반인들도 알 수가 없었던 것이 그때에는 당연하였다. 그러나 신하인 홍국영이 들어와서는 눈물을 삼켰고 나가서는 피를 토하면서 이 역적들과 함께 살지 않을 것을 맹세하고 나의 몸을 보호하여 간신의 뿌리를 꺾었다. 신(臣) 정민시는 늘 노심초사하면서 나에게 정성을 다 바쳐 달리하지 않을 것을 죽음으로써 맹세하였으며 신하인 서명선은 한 장의 상소로 임금께 호소하여 위태로움을 돌려 편안한 데로 돌려놓았는데 이는 모두 백세(百世)의 강상(綱常)을 심고 천하의 의리를 밝힌 것이니 성인(聖人)을 기다려 결정해 보아도 의혹될 것이 없다. 경 등이 난역(亂逆)의 근원을 밝힐 것을 생각하여 책을 만들어 군부를 높이고 난적을 토죄하는 도리를 밝힐 것을 청하였으니, 완비된 것이라 할 수 있다."

적어도 정조 자신은 정후겸 세력이나 홍인한 세력이 자신을 제거하려 했다고 보았다. 피해의식의 발로일 수 있으나 당시의 정황상 정조의 의심은 충분히 근거가 있다. 그렇게 볼 때 정조에게 홍국영·정민시·서명선 3인은 실질적인 '1등공신'이나 다름없었다.

정민시(鄭民始, 1745년 영조 21년~1800년 정조 24년)는 영조 49년 (1773년) 문과에 급제해 홍문관 수찬을 거쳐 세손강서원 유선(諭善)으로 뽑혀 세손과 인연을 맺었고 혼신의 힘을 다해 보필했다. 세손이 즉위하자 동부승지로 발탁되었고 이후 초특급 승진을 계속해 정조 5년 (1781년) 예조판서에 올라 6조판서를 두루 지내게 된다. 이후에도 의정부 참찬과 장용위대장 등 핵심 요직을 역임했다. 그는 홍국영과 함께 전권을 행사할 수도 있었지만 분수를 지켜 정조의 신망을 끝까지 받았다.

정조가 죽던 해에 일찍 세상을 떠났고 이후 노론 벽파가 집권하자

시파의 핵심인물이었던 그는 화성건설의 재정적 지원을 책임졌기 때문에 한때 '국고(國庫)를 탕진했다'는 죄목으로 관작이 추탈되기도 했지만 다시 노론 시파가 권력을 잡으면서 복관된다. 정조의 이날 회고는 이들 3인을 사실상의 1등공신으로 예우하겠다는 선포와 다름없었다. 물론 일기를 보여준 김종수를 늦게나마 이들 중에 포함시키겠다는 뜻도 있었다.

정민시_ 우의정·좌의정을 지냈으나 왕세자 책봉에 관한 상소로 제주에 안치되었다가 서울로 오는 도중 사사되었다.

2장

과거청산, 보복의 칼을 휘두르다

즉위 일성, "나는 사도세자의 아들이다"

역사청산 혹은 정치보복 제1호 정후겸

1776년(정조 즉위년) 3월 10일 영조가 세상을 떠난 지 엿새 만에 경희궁 숭정문에서 즉위한 스물다섯 청년 국왕 정조는 빈전(殯殿) 문 밖에서 대신들을 만나 다음과 같은 윤음을 내린다.

> "아! 과인은 사도세자의 아들이다. 선대왕께서 종통(宗統)의 중요함을 위하여 나에게 효장세자를 이어받도록 명하셨거니와, 아! 전일에 선대왕께 올린 글에서 '근본을 둘로 하지 않는 것(不貳本)'에 관한 나의 뜻을 크게 볼 수 있었을 것이다."

자신은 형식적으로는 효장세자의 아들로서 왕위에 올랐지만 실질적으로는 비명에 간 사도세자의 아들임을 분명히 한 것이다. 즉위 첫

날 이 말을 했다는 것은 그동안 가슴 속에서 아버지를 죽인 자들에 대한 복수심을 갈고 또 갈았다는 뜻이다. 그것은 한쪽 세력에는 한 줄기 광명(光明)이었고 다른 한쪽 세력에는 청천벽력(靑天霹靂)이었다. 한쪽은 동덕회 멤버들이었고 '다른 한쪽'이란 다름 아닌 내척(內戚) 정순왕후 김씨의 오빠 김구주 및 정후겸 세력과 외척(外戚) 홍봉한·홍인한 세력이었다. 외할아버지 홍봉한을 제외한 이들 세 세력은 반(反)왕세손이라는 점에서는 같은 길을 걸었다.

앞서 본 대로 정후겸은 원래 인천 쪽에서 어업에 종사하던 서인(庶人) 정석달의 아들이었다. 그런데 영조 40년(1764년) 영조가 일찍 남편과 사별하고 자식도 없이 지내던 사도세자의 친누나 화완옹주를 궁에 들어와 살도록 하면서 옹주의 남편 정치달의 집안에서 양자를 들이도록 했을 때 정후겸이 뽑혀서 들어왔다. 하루아침에 서인에서 왕족이 된 정후겸은 정8품 장원서 봉사에 오른다. 말직이긴 하지만 서인이었다면 꿈도 못 꿀 관직이었다. 이때 정후겸의 봉사직을 추천한 인물은 다름 아닌 영의정 홍봉한이다.

2년 후에는 문과에도 급제한다. 정후겸의 나이 열여덟이었다. 정상적인 상황에서는 있을 수 없는 일이다. 그만큼 영조 말기는 국정이 문란했고 권신(權臣)들이 발호했다. 이후 홍문관·사헌부 등의 요직을 거쳐 승지에까지 오른다. 영조 45년에는 정후겸을 통하면 안 되는 인사가 없었다. 심지어 홍봉한의 동생 홍인한은 이해 9월 23일 정후겸에게 로비를 해서 호조판서가 될 정도였다. 홍인한이 형님 홍봉한과는 별개로 정후겸과 커넥션을 맺은 것은 이런 인연 때문이다.

영의정들도 앞을 다퉈 정후겸에게 아부를 했다. 영조 46년 10월 20일 영의정 김치인은 스물두 살짜리 병조참판 정후겸을 비변사 당상에 포함시킬 것을 영조에게 건의한다. 참판은 종2품관으로 당상관이긴 하지만 '비변사 당상'에 포함되려면 적어도 판서급은 되어야 했다. 애당초 무리한 청이었다. 5년 후인 영조 51년 1월 19일에도 영의정 신회가 나서 공조참판 정후겸을 비변사 당상에 포함시켜야 한다고 건의했다가 80세를 넘긴 영조의 면박을 받는다. 이때는 좌의정 이사관과 우의정 홍인한까지 가세해 정후겸의 비변사 당상 합류는 합당하다고 주장했다. 이때 정후겸이 비변사 당상에 들어갔다면 정조의 즉위는 어려웠을지 모른다. 6월 19일에는 신회가 정후겸의 처남 이충을 춘방 관원으로 추천해 뜻을 이뤘다. 정후겸이 동궁인 왕세손을 밀착 감시하기 위해서였다.

해가 바뀌어 영조 52년 1월 10일 이번에도 영의정 김상철이 정후겸을 비변사 당상에 포함시키도록 해줄 것을 영조에게 청했다. 80세를 넘긴 영조였지만 이들의 심사를 꿰뚫고 있었다. "급하구나!" 이에 김상철은 "나라 다스리는 방책을 연습하여 소조(小朝-왕세손)를 섬기게 하려는 것입니다"고 서둘러 변명했다.

사도세자가 죽을 당시 영의정에 있었고 사도세자가 지적하여 증오를 표시했던 신만의 친동생인 신회(申晦, 1706년 숙종 32년~?)는 1743년 (영조 19년) 문과에 급제해 학식이 뛰어나다는 이유로 4년 후 홍문관 수찬에 특임됐고 이어 세자시강원 문학으로 승진하였다. 이후 사간원·홍문관·사헌부 등 3사의 요직을 두루 거치며 국정쇄신에도 기여했다는 평을 듣는다. 1750년(영조 26년)에는 영조의 총애를 받고 있던 이정보를 탄핵했다가 오히려 미움을 사서 파직되었지만 정치달의 친아버지인 정우량의 비호로 사면되기도 했다. 이때 신회가 정치달의 양자인 정후겸을 비호한 것은 당시의 인연이 작용했을 것이다.

이듬해 복직돼 왕세손 책봉에 공이 있다 하여 승지에 올랐고 1756년 (영조 32년)에는 도승지가 되어 영조로부터 일을 잘한다는 평가를 받았다. 이후 대사헌을 거쳐 1758년 예조판서에 올라 병조판서로 자리를 옮겼고 1762년에 다시 예조판서로 있을 때 영의정인 형 신만과 함께 사도세자를 아사시킬 때 동조하였다. 적극적 동조자라기보다는 영조의 명을 수동적으로 따른 인물이다.

그후 공조·형조·이조 판서를 두루 거쳤고 1772년(영조 48년) 우의정에 올라 이후 좌의정을 거쳐 영의정까지 지냈다. 형제 영의정이 탄생하는 순간이었다. 그만큼 영조의 총애가 두터웠다. 정조는 아버지 죽음에 관련된 이런 유형의 신하들을 용서하지 않았다.

정조가 즉위하는 날 "나는 사도세자의 아들"임을 선포하고서 이를 실현하기 위해 첫 번째로 취한 가시적 조치는 영조의 장례를 위해 설치한 빈전도감·국장도감·산릉도감을 책임지는 총호사 신회를 즉위 열흘 만인 3월 19일 파직한 것이다.

"신회가 도감의 일에 정성을 다하지 못하였고, 그가 추천한 상지관(相地官)은 정후겸의 사인(私人)으로 감여학(堪輿學-풍수지리)에 어두웠기 때문이었다."

바로 다음날 정조는 할아버지보다는 아버지 쪽으로 방향을 잡은 자신의 마음을 다잡기라도 하듯이 할아버지의 상중(喪中)임에도 불구하고 사도세자의 존호(尊號)를 올려 '장헌(莊獻)'이라 하고, 사도세자가 묻혀 있는 수은묘의 봉호(封號)를 '영우원(永祐園)', 사당을 '경모궁(景慕宮)'이라 바꿨다. 격을 한 단계 높이려는 것이었다.

정조는 서둘렀다. 3월 23일 사헌부 대사헌으로 전격 임명한 이계의 청을 받아들이는 형식을 취해 3월 25일 정후겸을 함경도 경원으로, 추종세력인 윤양후와 윤태연을 각각 경상도 거제도와 전라도 위도로 귀양 조치했다. 당초 이계는 정후겸을 비롯해 화완옹주와 핵심 추종세력들을 모두 처형할 것을 청했다. 그러나 정조는 아직은 때가 아니라며 속도조절의 필요성을 언급한다.

"공손하게 입을 다물고 있어야 하는 때라 많은 말을 할 수 없다. 정후겸은 멀리 귀양 보내고 옹주는 이미 사제(私第-궁궐 밖의 집)로 나갔으므로 논할 것이 없다."

말은 이렇게 했지만 25세 청년 군주의 마음속은 분노로 끓고 있었다. 다음날인 3월 26일에도 정후겸에게 아부한 도승지 출신의 이택진을 함경도 명천으로 유배토록 했고, 안관제·안겸제 형제는 각각 경상도 사천으로의 귀양과 전라도관찰사 삭직을 명했다. 3월 27일에는 탄핵을 맡은 홍문관·사헌부·사간원의 주요관리들을 일거에 삭출한다. 여기서 정조의 숨김없는 본심이 드러난다.

"하찮은 정후겸에 대해서는 잡다하게 토죄하기를 청하여, 마치 시급하게 강도나 절도의 발생이 눈앞에 박두한 것처럼 하면서도 기세가 하늘에 닿아 있는 사람에 있어서는 감히 누구냐고 하는 자가 없어, 귀를 기울이고 들으려고 한 지 여러 날인데도 머뭇머뭇하며 두려워하여 쭈그러들고 있다. 오늘날의 조정을 살펴보라. 과연 그들과 이기려고 겨루는 신하가 있는가? 3사의 여러 신하들이 이해관계가 있는 곳만 보고 있고 임금과 신하 사이의 의리가 중요한 줄은 알지 못하니 진실로 한심스럽다."

역사청산 혹은 정치보복의 방향을 지시하고 있었다. 이제 3사 관리들이 경쟁적으로 정조의 정적들을 탄핵하는 것은 시간문제였다. 남보다 앞서 정후겸 문제를 제기한 이계는 이날 공조판서로 특진한다.

그러나 정후겸의 경우 사도세자 문제와 관련해서 제거된 것은 아니다. 세손 시절 자신의 안위(安危)를 위협한 죄였다.

김상로와 숙의 문씨 집안을 토죄하다

곧바로 복수의 칼끝은 사도세자 사건의 관계자들을 향한다. 3월 30일 정조는 김상로의 관작추탈을 명한다. 노론 탕평계인 김상로는 당시 같은 노론 탕평계의 홍계희, 소론 북당(탕평계)의 정우량과 함께 사도세자의 죽음에 깊이 관계했다는 혐의를 정조로부터 받고 있었다.

김상로(金尙魯, 1702년 숙종 28년~?)는 숙종의 외가인 청풍 김씨 집안으로 아버지는 대제학을 지낸 김유다. 영소 10년(1734년) 문과에 급제하여 사헌부, 홍문관의 요직을 두루 거쳤고 1742년(영조 18년) 강원도관찰사에 오른다. 2년 후 승지에 올랐다가 경상도관찰사로 나갔고 영조의 두터운 신임을 받아 1745년 대사헌·도승지·병조판서를 두루 지냈고 영조 28년(1752년) 우의정에 오른다. 1754년에 좌의정, 1759년에 영의정을 지내게 된다. 3년 후에 터진 사도세자 사건 때는 중추부 영사로 있으면서 사도세자의 처벌을 적극 지지했다. 그후 영조가 이를 후회하자 청주로 귀양을 가야 했고 다시 영조의 특명으로 풀려나 봉조하에 올랐다.

정조는 김상로의 관작추탈을 명하면서 사도세자가 죽은 직후 자신이 세손으로 동궁에 책봉되었을 때 영조가 자신에게 했던 말을 재론한다.

"김상로는 너의 원수이다. 내가 강제로 중추부 영사에서 물러나도록 한 것은 천하 후세에 나의 마음을 드러내려 한 것이다."

즉 영조는 김상로의 부추김 때문에 사도세자를 죽이게 되었고 곧바로 후회했다는 것이다. 이어 정조는 김상로의 아들과 그 조카들도 절도(絶島) 유배를 명했다. 살아 있는 사람도 아니고 이미 죽은 김상로에 대한 처벌이 서둘러 이뤄진 것은 당시 관직에 있던 김상로의 아들 김치현이 자기 아버지의 무죄를 강변하는 상소를 올린 때문이었다.

같은 날 정조는 할아버지 영조의 후궁이었던 숙의 문씨의 작호를 삭탈한 다음 사제로 내쫓았고 문씨의 오빠 문성국과 친정어머니를 노비로 삼게 했다. 문씨란 바로 사도세자의 탈선을 자극했던 그 여인이다. 영조 27년 11월 영조의 며느리인 현빈 조씨의 궁녀로 조씨가 죽었을 때 영조가 빈소인 건극당을 자주 찾다가 눈에 들게 된 후궁이다. 야사에 따른 것이긴 하지만 신빙성이 있기에 당시 상황을 정리해본다.

얼마 후 문씨가 임신을 하자 문성국·김상로·홍계희 등은 문씨가 아들을 낳을 경우 사도세자를 폐위시키는 음모를 꾸몄다. 오죽했으면 당시 명재상으로 불렸던 이천보·유척기·이종성 등은 문씨가 출산하기 3개월 전부터 도성에 머물며 만일의 사태에 대비했다. 다행히 문씨가 딸을 출산하자, 이종성 같은 인물은 아들을 얻지 못해 크게 실망해 있던 영조를 찾아가 "후궁이 딸을 낳았으므로 저는 이제 집으로 돌아갑니다"며 작별인사를 고했다는 말이 널리 회자될 정도였다. 실제로 문씨가 아들을 낳았다면 영조의 성격상 세자교체를 추진했을지도 모를 일이다. 사도세자의 정신적 질환을 떠나서 그의 죽음을 둘러싼 음모론이 늘 설득력을 갖게 되는 것도 바로 이 문씨 오누이와 김상로 때문이다.

문씨의 작호삭탈과 문성국을 노비로 삼은 조치에서 눈여겨봐야 할 대목은 대간의 건의나 상소 없이 정조가 직접 명을 내렸다는 사실이다.

"내가 마음에 새기며 뼈를 썩혀 온 것이 단지 김상로 하나만이 아니고 문성국이 있다. 이 뒤에 마땅히 환히 말하겠다마는, 김상로를 이미 처분했으니 지금 상중이라는 이유로 문성국을 처벌하지 않고 넘어갈 수 없다."

이날 호조판서 구윤옥이 정후겸과 가깝게 지냈다는 사실을 털어놓으며 판서직을 내놓자 정조는 즉석에서 내쳤다.

어머니 홍씨 집안과의 한판 승부

작은외할아버지 홍인한 세력을 제거하다

김상로와 문씨 집안을 단죄했지만 사도세자 문제 및 세손 시절 왕위승계 방해공작과 관련해 정조는 이제 겨우 3부능선을 넘은 데 불과했다. 정조가 3월 26일 3사 관리들이 정작 세력가에 대한 탄핵은 머뭇거리고 있다는 비판을 하자 바로 다음날 동부승지 정이환이 상소하여 홍봉한과 홍인한을 직접 거론하며 탄핵했다. 정이환은 정순왕대비의 오빠 김구주의 측근이었다. 그러나 이 문제에 대해서는 일단 자신의 어머니와 관련된 것이라 하여 판단을 유보하는 입장을 밝힌다.

"아! 내가 어려서 부모를 잃은 사람으로 생명을 이어갈 수 있는 바는 곧 자궁(慈宮-혜경궁 홍씨) 때문이다. 비록 봉조하(홍봉한)의 죄가 용서할 수 없는 것에 관한 것이라 하더라도 봉조하는 곧 자궁의 어버이이고 나는 곧 자궁의 아들이다."

자신의 외할아버지 홍봉한이 죄가 없다는 이야기는 한 마디도 없고 다만 인간적 고민 때문에 판단을 못 하고 있다는 입장을 밝힌 것이다. 그러나 홍봉한·홍인한을 탄핵하는 3사의 상소가 연일 계속되자 정조는 일단 홍인한에 대해서만 유배를 명한다. 홍인한은 아버지를 죽이고 자신을 위협한 불구대천의 원수였다. 그 명이 단호할 수밖에 없었다.

"저 홍인한은 성질이 본시 어리석고 외람되며 학식은 '제(帝)' 자와 '호(虎)' 자를 분간하지 못할 정도다. 그 형의 아우이기에 선왕의 큰 은덕을 입고 차근차근 승진되어 3사(三事-정승)의 지위에 이르렀으니, 진실로 마땅히 힘을 다해서 보답하기를 도모하여 끝없이 힘썼어야 할 것인데, 도리어 즐거움을 탐내는 것을 묘한 계책으로 여기고 은총을 파는 것을 능사로 삼았으며, 심지어는 내가 대리청정을 하려 할 때 '세손은 정치를 알 필요가 없다'는 말을 쉽사리 자기 입으로 말하고도 오히려 두려워할 줄을 몰랐으며, 대간의 상소가 나오기에 이르러서는 도리어 대항하여 반박할 생각만 하고 뉘우치거나 두려워할 도리는 생각하지 않았다."

그 명이 단호한 만큼 홍인한을 중심으로 한 반대세력의 저항도 만만치 않았다. 이때부터 생사(生死)를 앞에 둔 한판 승부가 기다리고 있었다. 그만큼 홍인한이 정후겸과 손을 잡고서 조정 안팎에 심어둔 세력은 크고 깊었다. 즉위 3개월이 돼가던 6월 20일 정조는 3정승과의 논의도 거치지 않고 이조판서 서명선을 예조판서로 임명하고 이조판

서에는 이휘지를 임명했고 병
조판서에는 특별히 구선복을
뽑아 임명했다. 그러나 바로
다음날 구선복의 병조판서 임
명을 취소한다. 구세력인 데
다가 인망이 없다는 사헌부
지평 조덕윤의 비판이 제기되
자 즉시 수용한 결과였다. 새
로운 병조판서로 이복원을 임
명한다. 그러나 이복원은 6월
22일 '정세(情勢)'를 핑계로
다섯 차례나 부름을 거부하자
파직시키고 자신이 신임하던
채제공을 병조판서로 삼는다.

이휘지_『영조실록』 편찬을 주도했고 사은사 겸
동지사로 청나라에 다녀온 뒤 대제학이 되었
다. 특별히 정쟁에 휩쓸리지 않고 실무에 밝은
온건파 인사였다.

한 마디로 인사의 난맥(亂
脈)이다. 여기서는 일단 이휘지, 구선복, 이복원이 어떤 인물이었는지
만 정리해 둔다. 서명선은 앞서 본 대로 결정적 시기에 상소를 올려
세손의 지위를 든든하게 해준 인물로, 정조의 총애가 깊었다.

이휘지(李徽之, 1715년 숙종 41년~1785년 정조 9년)는 영조가 즉위
하는 데 기여한 좌의정 이관명의 아들로 노론의 명문가 출신이다. 영
조 17년(1741년) 진사시에 합격하고 아버지 때문에 문음으로 출사하
여 목사에 이르렀다. 영조 42년(1766년) 51세의 나이로 문과에 급제
해 바로 당상관으로 진급해 이조참의(정3품 당상)에 임명되었다. 이
후 대제학·평안도관찰사 등을 지냈고 이때 이조판서를 지낸 다음 정
조 4년(1780년) 우의정에 오르게 된다. 그 이듬해인 1781년에는 실록

청 총재관을 겸임하면서 『영조실록』편찬을 주관했고 1784년 사은사 겸 동지사로 북경에 다녀온 뒤 기로소에 들어간다. 특별히 정쟁에 휩쓸리지 않았고 실무에 밝은 온건파 인사라 할 수 있다.

구선복의 경우 정조 자신이 훗날 "역적 중의 역적"임에도 불구하고 "사세가 어쩔 수 없어 원통함을 참고 울분을 감추면서 몇 년 동안이나 군 요직에 맡겨야 했던" 인물이다. 먼저 그의 이력을 살펴보자.

구선복(具善復, ?~1786년 정조 10년)은 병마절도사를 지낸 구성필의 아들로 숙종 44년(1718년) 무과에 급제한 뒤 벼슬길에 올랐으며, 1748년에 황해도 수군절도사가 되었고, 그후 충청도 병마절도사를 거쳐 1757년 포도대장을 역임하였다. 1769년·1776년·1779년 3차에 걸쳐 한성부판윤을 지냈고 총융사·어영대장·훈련대장을 거쳐 병조판서와 의금부판사까지 지내게 된다. 한마디로 정조와는 기본적인 노선조차 같이 할 수 없었지만 결국 세력관계에서 약세였던 정조는 그에게 핵심 병권들을 두루 맡기지 않을 수 없었던 것이다.

이렇게 된 것은 구선복 개인의 역량이 아니라 무반벌족으로서 능성 구씨의 집안이 크게 번성하고 있었기 때문이다. 그 뿌리는 150여 년 전에 일어난 인조반정으로 거슬러 올라간다. 반정의 핵심 3인은 구굉·신경진·이서였다. 구굉이나 신경진은 명문 무신가문 출신이었다. 게다가 구굉은 훗날 인조가 되는 능양군의 외삼촌이었다.

구굉의 5촌 조카 구인후는 무신이면서 김장생에게 학문을 익혔고 반정에 참여해 정사공신 2등에 책록됐다. 구인후의 아버지는 대사성을 지낸 구성이다. 구굉과 구성은 사촌간이었다. 이후 무신은 구굉의 아들로 이어진다. 구인기는 큰아버지 구성에게서 학문을 익혔고 인조반정에 참여해 정사공신 3등에 책록된다. 부자가 각각 1, 3등 공신에 오른 것이다. 구인기는 공조판서와 총융사 등을 지냈다.

구인기의 아들 구일은 공신의 적장자라 하여 인조 때 우대를 받았고 현종 때 무과에 급제해 군부의 요직을 두루 거쳤으나 숙종 때는 기사환국으로 서인이 축출될 때 한동안 어려운 시절을 보내기도 했다. 여기서 보듯 구씨 집안은 일관되게 서인 노론 벽파의 길을 걸으며 군사적 기반이 돼온 명문 훈척세력이다. 구선복은 바로 이 구일의 증손자였다. 그에 못지않게 비슷한 시기에 병조판서·훈련대장·금위대장·총융사 등을 역임한 구선행은 구선복과 6촌

이복원_ 영조 말년 형조판서를 지냈으나 병조판서 제수를 거부하는 바람에 한동안 어려운 시절을 보냈다. 이후 정조는 그의 뛰어난 문장을 높이 평가해 의욕적으로 추진하게 되는 규장각의 업무를 맡겼다.

형제였다. 아무리 구선복을 "역적 중의 역적"이라 생각했다 하더라도 이 거대한 세력을 모두 등질 각오를 하지 않고서는 막 권좌에 오른 정조로서는 손쓸 길이 없었다.

이복원의 경우 특정정파에 소속돼 있다기보다는 반듯한 성품의 전문 관료라고 할 수 있다. 보통 이런 인물들은 격동기에 몸을 던지려 하지 않는 경향이 있다. 소수파인 소론의 이복원(李福源, 1719년 숙종 45년~1792년 정조 16년)은 1754년(영조 30년) 문과에 급제해 사헌부 지평 등을 거쳐 영조 44년(1768년) 한성부좌윤에 올랐고 글재주가 뛰어나 1772년 대제학으로 임명된다. 영조 말년 형조판서를 지냈고 이때 병조판서로 제수됐으나 거부하는 바람에 한동안 어려운 시절을 보

내야 했다. 그러나 1780년 이조판서에 제수되고 이후 형조판서·우의 정·좌의정·중추부 판사 등을 거쳐 기로소에 들어갔다. 정조는 그의 뛰어난 문장을 높이 평가해 즉위 초부터 의욕적으로 추진하게 되는 규장각의 업무를 맡기게 된다.

홍국영 장살음모

일단 스물다섯 젊은 국왕이 복수의 칼을 빼들었다. 당해야 하는 신하들의 입장에서는 칼을 피하거나 맞서거나 둘 중 하나였다. 흔히 정조와 노론의 대립구도를 강조하며 개혁과 수구의 도식을 내세우지만 그것은 피상적 관찰이다. 당파보다는 사도세자 죽음이나 세손 위협과 관련이 없는 사람과 관련이 있는 사람으로 나눠졌다.

홍인한이나 정후겸 쪽에 섰던 사람은 맞서지 않을 수 없었다. 이조판서와 병조판서 임명을 둘러싼 혼란이 한창이던 6월 23일 홍인한의 심복이던 홍문관 수찬 윤약연이 상소를 올렸다. 윤약연이 수찬이 된 것도 홍인한 덕분이었다. 이 상소에서 윤약연은 정후겸은 죽을죄를 졌지만 홍인한은 세손을 위협하지 않았기 때문에 용서해 줘야 한다고 주장했다. 정조는 윤약연을 직접 불러 따졌다. "역적을 비호하는 것도 역적이다." 그런데 여기서 일이 엉뚱한 데로 흘러간다. 정조는 윤약연이 "영조의 인산이 끝난 후에 실상을 조사하여 홍인한 등을 처벌해도 늦지 않다"고 한 대목을 들어 그때에 맞춰 역모를 준비 중인 것으로 단정했다. 윤약연에 대한 국문이 열렸고 여기서 정조는 홍국영을 죽이려는 움직임이 있다는 이야기를 하며 누가 주동자인지를 물었다. 이에 윤약연은 홍상간·이성운·홍찬해·민항렬·이경빈 등이라고 답했다. 홍상간이나 이경빈 등은 어릴 때 세손의 공부를 가르쳤던 사람

114

들이다.

　이들의 죄는 역모라기보다는 정조의 측근인 서명선을 비판하거나 홍국영을 죽이려 했던 것이다. 그러나 정조는 그것을 곧 역모라고 선포했다. 이들은 일단 모두 절도로 유배 조치됐다. 그리고 홍인한 세력의 준동을 우려한 정조는 홍인한을 그대로 두는 것은 화근이 될 수 있다고 판단한다. 결국 고금도로 유배를 갔던 홍인한은 경원으로 유배가 있던 정후겸과 함께 같은 날인 7월 5일 사약을 받고 세상을 떠난다. 같은 날 홍상간과 민항렬도 복주됐다.

혜경궁 홍씨, 단식으로 아버지 홍봉한을 구하다

　그러나 아직도 넘어야 할 5부 능선이 남아 있었다. 외할아버지 홍봉한이 넘어야 할 7부능선이었고 정상은 대왕대비 정순왕후 김씨였다. 하지만 홍봉한의 경우 사도세자 문제나 세손 위협 문제를 놓고 볼 때 정후겸이나 홍인한과는 전혀 다른 길을 걸었다. 사도세자 사건의 경우 적극적으로 살리지 못한 책임은 있지만 홍인한처럼 음모에 적극 가담하지 않았고 특히 정후겸이나 문성국 등이 세손의 즉위를 방해할 때 반대쪽에 서서 정조의 즉위를 적극 지원했다. 게다가 외할아버지였다.

　정조가 즉위한 지 보름쯤 지난 3월 27일 동부승지 정이환이 상소를 올려 홍봉한을 정면으로 탄핵했다. 지은 죄가 천만 가지가 넘어 주토(誅討)해야 할 첫 번째 인물이라는 것이다. 사도세자를 죽음으로 몰아넣은 뒤주를 갖다준 장본인도 홍봉한이고 홍인한이 대리청정을 저해하려 한 배후에도 홍봉한이 있었다는 게 정이환의 주장이었다. 그것이 사실이라면 홍봉한은 몇 번 죽고도 남음이 있었다. 정조는 일단 홍봉한은 처벌하지 않겠다는 입장을 분명히 한다.

봉조하 홍봉한은 정이환의 상소가 있자 관례에 따라 도성을 떠나 한강 너머에 머물고 있었다. 4월 29일 정조가 사람을 보내 홍봉한을 위로하자 홍봉한은 이때 정이환이 주장한 두 가지 핵심문제에 대해 해명하는 글을 올린다. 첫째 사도세자 문제와 관련해서는 이미 영조가 명확히 해 둔 바와 같이 대의를 위한 결단으로 자신과는 무관하며, 둘째 세손 저해와 관련해서는 누구보다 자신이 세손의 즉위를 바랐던 사람이라며 억울하다고 말했다. 이에 대해 6월 17일 정조는 홍봉한은 홍봉한, 홍인한은 홍인한대로 다룰 것이라고 답한다. 당시 정조는 홍봉한에게 죄가 없는 것은 아니지만 어머니 때문에 용서해 준다는 생각을 갖고 있었다.

이런 가운데 8월 22일에는 성균관 유생들이 '역적' 홍봉한을 죽여야 한다는 합동상소를 올렸다. 또 홍봉한을 구명하려 한 이덕사·이응원도 역도이므로 함께 처벌해야 한다고 역설했다. 이 같은 상소가 연일 올라오자 혜경궁 홍씨는 단식으로 맞섰다. 정조는 다음과 같은 하교를 내린다.

"불초하고 외로운 내가 의지하고 목숨을 부지한 것은 곧 우리 자궁(慈宮-혜경궁 홍씨) 때문이었다. 자궁께서 수라(水剌)를 드시지 않고 잠자리가 편치 못하신 지 이제 며칠이 되었으니 비록 우러러 위로하려고 하나 나 또한 드릴 말이 없다. 봉조하가 군사를 동원하여 대궐을 침범하였으며 암실(暗室)에서 역적 모의라도 했단 말인가?"

실제로 정조로서도 심증만 있을 뿐 물증은 없었다.

정순왕대비의 오빠 김구주를 제거하다

왕대비의 '지혜로운' 처신

정순왕대비는 15세에 영조의 계비가 되어 왕실에 들어와 공근(恭勤)한 처신으로 영조의 무한한 사랑을 받았다. 오빠 김구주가 설치기는 했지만 왕대비는 늘 조신했다. 영조 말 조정 상황은 대단히 복잡했다. 원래 홍봉한은 김구주에 대해서는 극진하게 대했다. 그것이 세손에게 도움이 되리라고 보았기 때문이다. 그래서 정순왕대비와 혜경궁 홍씨의 관계도 아주 좋았다. 그런데 시간이 지나면서 홍봉한에 대한 견제가 심해지고 김구주가 나름의 세력을 형성하면서 두 집안 사이에 간극이 생기기 시작했다.

반면 김구주는 정후겸과 가까워졌고 홍봉한의 동생 홍인한은 형보다는 김구주·정후겸 두 사람과 더 가깝게 지냈다. 김구주는 사촌동생인 김관주와 함께 홍봉한을 엮어넣으려 하기도 했다. 그러나 오히려 김구주는 역풍을 맞아 요직에서 쫓겨났다. 다만 정후겸은 조금도 흔들리지 않았다. 그 바람에 혜경궁 홍씨마저 정후겸의 눈치를 살펴야 했다.

오빠가 홍봉한을 탄핵하려다가 내침을 당했지만 정순왕후는 변함없이 혜경궁 홍씨를 따뜻하게 대했다. 이는 홍씨가 『한중록』에서 증언하고 있는 바이기 때문에 사실로 보인다. 물론 홍씨도 자기보다 열 살 아래인 정순왕후를 지성으로 섬겼다. 이런 왕대비였기에 정조가 즉위한 후 오빠 김구주가 어떻게 될 것인지를 걱정스럽게 그러나 말없이 지켜보았을 것이 분명하다.

훗날 보게 되겠지만 정순왕대비는 탁월한 정치 감각의 소유자였다. 명분을 쥘 줄도 알았다. 명분을 쥘 줄 안다는 것은 명분 없는 일에는 나서지 않을 줄 안다는 뜻이다. 종종 정조가 왕대비와 대립하면서 명분에서 밀려 정치적 패배를 자초했다는 점을 떠올릴 때 오히려 왕대비의 정치력이 훨씬 돋보인다. 하지만 정조 즉위 초는 왕대비로서는 일생 중에 가장 힘든 시기였는지 모른다.

김구주 제거를 둘러싼 논란

즉위 초 한성부 우윤이라는 비교적 한직을 맡고 있던 김구주는 정조 즉위년 9월 3일 상소를 올려 자신이 임진년(1772년 영조 48년)에 올린 홍봉한 탄핵상소는 정당하다는 점을 누누이 강조했다. 또 척신(戚臣)을 무조건 배척만 하려고 하지 말 것을 강조했다. 이에 대한 정조의 답은 단호했다.

"말한 바가 지나치다."

그리고 엿새가 지난 9월 9일 정조는 김구주를 흑산도로 유배토록 할 것을 명한다. 그런데 이날 신하들에게 명을 내린 다음 정조는 자신이 봉조하(홍봉한)를 일방적으로 편들어 이런 결정을 내린 것이 아니라 김구주의 잘못이 커서 그렇게 했는데 어떻게 생각하는지 물었다. 아무런 대답이 없었다.

"김구주가 두려워 이렇게 아무 말이 없는가?"

그때서야 한두 명씩 마지못해 입을 열기 시작했다. 다음날에는 김구주를 구원하려 했다는 이유로 예문관 제학 정이환을 삭탈관작하고 문외출송시켰다. 이제 누구도 김구주나 정이환을 편들기 곤란한 상황이었다. 그런데 두 달쯤 지난 11월 21일 사간원 정언 한후익이 의미심장한 상소를 올린다. 모두가 정조의 눈치를 보고 있다는 것을 모를 리 없는 가운데 올라온 상소라 더 눈길이 간다.

"전하께서 임어하신 이래 정신을 가다듬어 잘 다스리기를 도모하여 늦게 자고 일찍 일어나 걱정하고 부지런하며 조심하면서 큰 강령을 확립시키고 온갖 조목을 거행하여 극진하게 힘쓰지 않은 것이 없었으니, 의당 새로운 효험이 점점 드러나고 묵은 폐단이 다 없어져야 합니다. 그러나 돌아보건대 그렇지 아니하여 조정 위에는 구습(舊習)이 그대로 있어 아첨이 풍조를 이루고 윗사람의 비위를 맞추는 것을 능한 것으로 삼아 세도만을 찾아 앞 다투어 달려가 빌붙고 있습니다. 그리하여 난역(亂逆)이 주참(誅斬)되었어도 의리가 아직 크게 밝아지지 않았고, 탐묵(貪墨)이 징계되었어도 근본정신이 오히려 바로잡히지 않았으며, 기강이 날로 무너져 해이해지고 풍속이 날로 퇴폐

되어 내부가 썩어 여지없이 무너져 내리는 것이 아침이 아니면 저녁에 닥치게 되어 있는데도 다시 한 가지 일을 가지고 전하의 뜻에 보답할 수 없는 것은 그 이유가 어디에 있습니까? 이는 전하께서 조종하는 방술이 밝지 못하고 미루어 행하는 데 대한 실상이 없어 근본을 단정히 하여 정치를 하지 않았기 때문인 것입니다.

아! 천하의 일은 근본이 있고 말단이 있으며 큰 것이 있고 작은 것이 있는데, 근본을 바루면 말단은 저절로 다스려지는 것이며 큰 것을 거행하면 작은 것은 따라서 거행되는 것이 필연의 이치입니다. 그런데 전하께서 정치하는 것은 이와 달라서 근본은 버려두고 말단만 다스리며 큰 것은 뒤로 하고 작은 것을 먼저 하고 있습니다. 시험 삼아 큰 것을 가지고 말하건대 천하를 다스리고 풍속을 바로잡는 데에는 인재(人才)를 얻는 것을 근본으로 삼는 것이니 오늘날의 급선무가 무엇이 이보다 크겠습니까? 그런데 전하께서는 하나의 염직(廉直)한 사람을 권장하고 하나의 현능(賢能)한 이를 구하기 위해 힘을 쓴 적도 없이 날마다 마음을 쓰고 있는 것은 오직 문풍(文風)을 진기시키고 간사한 정상을 살펴서 막는 데 있었으니, 신은 달·이슬·바람·구름을 읊는 것으로써 어떻게 이미 무너진 풍속을 구제하고 형명(刑名)과 법술(法術)로 어떻게 누적된 고질적인 폐습을 고칠지 알지 못하겠습니다. 이에 글만을 꾸미는 경박한 무리가 나오게 되고 뜻만을 받들어 따르면서 구차스럽게 용납되려 하는 것이 풍조를 이루었으니, 그 폐단은 장차 진기시키지 않고 방지하지 않은 것보다 낫지 않을 듯합니다. ……"

이어 한후익은 좀처럼 꺼내기 힘든 이야기를 제기한다.

"정이환과 김구주가 서로 친한 것은 특별히 의리가 같고 기미(氣味)가 비슷하기 때문입니다. 따라서 친애(親愛)하는 데 빠졌다고 하는 것은 그래도 가한 것이지만 그의 사인(私人)이라고 하는 것은 결단코 실정 밖의 지목입니다. 그의 선조(先祖)인 고 상신(相臣-정승) 정철(鄭澈)이 청양군(靑陽君) 심의겸(沈義謙)과 함께 윤원형(尹元衡)을 공척하였고, 그의 조부(祖父)인 고 상신 정호(鄭澔)는 고 상신 민진원(閔鎭遠)과 함께 오흉(五凶)을 공척했는데, 정철과 심의겸, 정호와 민진원은 모두 막역(莫逆)한 교분을 맺고 있었으니, 그렇다고 정철을 심의겸의 사인(私人)이라고 할 수 있겠으며, 정호를 민진원의 사인이라고 할 수 있겠습니까? 전하께서 그의 선조와 후손 가운데 하나는 취하고 하나는 버리는 것은 무슨 까닭입니까? 처지(處地)가 서로 핍박되는 경우에는 사감(私感)의 혐의를 피하여 난적을 토죄할 수 없고, 서로 친했던 사이일 경우에는 사인이라는 혐의를 피하여 역적을 토죄할 수 없다면 천하에 어찌 이런 이치가 있을 수 있겠습니까?

......

전하께서는 영명(英明)한 자질을 타고나셨는데 어렵고 걱정스러운 때를 당하여 환란을 우려한 것이 깊고도 원대하였고 변에 대처한 것이 주밀하고도 상세하였습니다. 따라서 화란을 방지하여 성궁(聖躬)을 보전하고 흉역을 다스려 종사(宗社)를 편안히 한 것이 모두 혼자서 운용한 신기(神機)에서 나왔습니다마는, 이는 한때의 변에 대비할 수는 있어도 오래도록 행할 수 있는 방도는 아닌 것이며, 위의(危疑)스러운 때에는 사용할 수 있어도 평상시에는 사용할 수 없는 것입니다. 지금 기사(機事)는 이미 지나갔습니다마는 기심(機心)은 아직도 잔존해 있어 계속 마상(馬上)에서 천하를 다스리려 하는 것은 때에 따라 변역시키고 사의에 맞게 하여 도를 따르는 데는 알맞은 조처는 아닌 것 같습니다."

이것은 누가 보아도 김구주나 정이환을 거들기 위한 것이 아니라 충간(忠諫)이었다. 그래서 정조도 약간 부끄러워하며 이렇게 답했다.

"지금 그대의 이 상소는 내가 임어한 이후 처음 듣는 바른 말이라고 할 수 있다. 심술(心術-마음 씀씀이)의 은미한 부분에 대해 언급한 것은 진실로 가상히 여겨 찬탄하는 바이다. 김구주가 청양(靑陽-심의겸), 문충(文忠-민진원)과 같고 정이환이 문청(文淸-정철), 문경(文敬-정호)을 뒤좇을 만하다는 데 대해서는 내 생각에 그 말이 미더운 것인지 모르겠다. 그대의 말이 혹 지나친 것이 아닌가? 그 나머지 여러 가지 힘써 진달한 것은 모두가 증세(症勢)에 대한 적절한 처방이니, 마땅히 유념하겠다."

바로 다음날 사헌부 장령 윤재순은 김구주의 사당인 한후익이 당주(黨主)를 비호하기 위해 상소를 올린 것이니 유배형에 처해야 한다고 했으나 정조는 윤허하지 않았다. 한후익이 그 당파라 하더라도 올린 말이 곡진하고 사리에 맞기 때문이라는 것이었다.

다음에 보게 되겠지만 정조의 즉위 첫 해의 조치는 지나친 것이었다. 역풍(逆風)은 종묘사직을 뒤흔들 만큼 심각했다. 이후 10년 이상 각종 역모와 반란이 이어지기 때문이다. 자업자득(自業自得)의 측면이 강했다.

이런 가운데 정조 3년(1779년) 6월 28일 김구주는 흑산도 유배지에서 위리안치라는 형벌이 더해졌다. 배소 주위를 가시덤불로 둘러싸

출입을 완전 통제하는 조치였다. 그러나 신하들이 올린 김구주를 죽여야 한다는 연이은 상소에 대해서는 답하지 않았다. 정조 4년 3월 15일 정조는 이와 관련해 "여러 번 죽여도 마땅하지만 왕대비의 마음을 상할세라 염려하기 때문"이라고 말한다. 세손 시절 자신을 지켜준 왕대비에 대한 보은(報恩)이었다.

정조 8년(1784년) 8월 3일 정조는 마침내 김구주의 위리안치를 풀고 육지로 나올 수 있도록 해주라고 명한다. 이 또한 왕대비에 대한 보은이었다. 당연히 신하들은 벌떼같이 들고 일어나 출륙(出陸) 조치는 부당한 것이라 비판했다. 그러나 이때 김구주는 거처를 나주로 옮기게 됐고 2년 후 그곳에서 숨을 거둔다.

척리에 대한 생각의 변화

왜 정조는 하필이면 이때, 즉 정조 8년 8월 3일 김구주에 대한 처벌을 완화했을까? 실은 같은 날 정조는 외할아버지 홍봉한에 대해 시호를 내릴 것을 명한다. 뒤에 보겠지만 정조는 연이은 반란과 역모를 겪으면서 자신의 집권 초 전략에 근본적으로 문제가 있었다는 것을 성찰하게 된다.

우선 척리에 대한 입장이 너무 극단적이었고 그 바람에 제대로 된 측근은 양성하지 못한 채 너무나 많은 세력을 적으로 만들어버렸다. 특히 정후겸의 경우와 달리 김구주는 딱히 역모를 꾀했다고 할 대목이 없었다. 그런데도 척리배척이라는 원칙에 사로잡혀 지나치게 강경론을 고집한 것이 정치적 어려움을 스스로 만들어냈다는 자성에 이른 것이다.

더욱이 자신을 끝까지 지켜주려 한 외할아버지까지 사도세자 보호에 소극적이었다는 이유로 배척한 것은 아무래도 지나친 것이었다. 이 날 정조는 홍봉한에게 사후에나마 시호를 내리면서 이렇게 말한다. 범죄의 형적이 확실한 홍인한과는 별개로 다루겠다는 뜻이었다.

"더구나 역적 홍인한은 평일에 그의 형에게 공손하거나 화목하지 못해서 따로 문정(門庭)을 세운 정상에 대해서 사람들 가운데 누가 모르겠는가? 그의 본래의 흉악하고 패악한 버릇은 비단 봉조하의 깊은 우려와 숨은 고통이 되었을 뿐만 아니라, 바로 우리 자궁(慈宮-혜경궁 홍씨)께서도 그러하셨으니, 이것은 내가 익히 들어서 알고 있는 것이다. 그가 기강을 어기고 순종하는 것을 범하였을 때는 의리를 가지고 결단하였으니, 그것이 봉조하에게 무슨 관계가 있겠는가?

......

그리고 한마디 밝혀야 할 것이 있는데, 봉조하는 바로 자궁의 부(父)이고, 나의 외조부이다. 그가 나에게 어찌 털끝만큼이라도 성의가 부족할 이치가 있겠는가?

특히 마지막 말이 중요하다. 이 점을 즉위 초부터 깨달았다면 정조의 시대는 훨씬 다른 방향으로 전개됐을지 모른다. 그러나 그러기에는 당시 정조는 너무 젊었고 또 피해의식이 극에 달해 믿을 수 있는 사람이 너무 없었다. 외할아버지와 어머니도 믿을 수 없는 지경이었다는 뜻이다.

좀더 넓은 맥락에서 보자면 김구주 또한 권력남용에 대한 비판은 받을 수 있어도 역적이라고 할 수는 없었다. 사실 이 점은 정조 자신도 인정한다. 자신이 원래 김구주를 미워한 것은 그가 사도세자 죽음과 관련이 돼 있다고 생각해서였는데 왕대비의 설명을 듣고서 오해를 풀었다는 것이다. 그 내용이 무엇인지 『실록』에 상세히 나오지는 않지만 결국 왕대비의 입장을 받아들였다. 그것은 왕대비가 세손 시절 자신에게 극진하게 해준 것을 보더라도 거짓은 아니라고 믿었기 때문이다. 만일 왕대비가 세손을 위협하는 데 조금이라도 관여를 했다면 이런 은전은 없었을 것이다.

결과적으로 정조는 즉위 초 지나치게 나간 감이 없지 않다. 즉위하는 날 "나는 사도세자의 아들"이라고 선언한 것부터가 실은 미숙(未熟)이었다. 그것은 미래가 아니라 과거를 선택하겠다는 선언에 다름 아니었기 때문이다. 그로 인해 정조는 역대 어느 임금도 겪어본 적이 없는 혹독한 대가를 치러야 했다. 해마다 일어난 반란과 반역이 그것이다.

3장

정조의 학문, 그리고 수신제가

왕세손 시절의 학문연마

왕실에 신동이 나다

정조는 영조 28년(1752년) 9월 22일 창경궁 경춘전에서 태어났다. 그 전 해 겨울 사도세자가 꿈에서 용이 여의주를 안고 침상으로 들어오는 것을 본 다음 벽에다 꿈에서 본 용을 그려놓고 아들 탄생을 기다렸다고 한다.

태어날 때 울음소리가 큰 쇠북소리처럼 우렁차 궐내 사람들이 다 놀라서 웅성거렸으며 "우뚝한 콧날에 눈자위가 펑퍼짐한 눈, 크고 깊숙한 입" 등 의젓한 모습이 장성한 사람과 같았다고 『실록』은 적고 있다. 영조는 직접 와서 손자의 이마를 만지며 "꼭 나를 닮았다"고 좋아하면서 "이 아들을 낳았으니 종묘사직에 대한 걱정은 없게 되었다"고 했다.

백일도 채 안 되어 서고 1년도 안 되어 걸었으며, 그때부터도 문자만 보면 좋아라 했고 공자처럼 제물 차리는 놀이를 즐겼다. 두 살 때인 계유년(1753년) 인원왕후(숙종비)에게 휘호를 올릴 때는 유모의 부축 없이 절하고 꿇어앉고 오르고 내리는 예를 행하자 보는 사람들이 모두 감탄해마지 않았다.

3세 때인 갑술년 8월에 보양청이 설치돼 학문수련을 시작했다. 이때 보양관으로 선임된 사람은 민우수와 남유용이다. 세손의 첫 번째 스승이라는 점에서 적지 않은 정신적 영향을 주었다고 할 수 있다. 그 중 남유용(南有容, 1698년 숙종 24년~1773년 영조 49년)은 돈녕부 동지사를 지낸 남한기(南漢紀)의 아들로 탕평책을 정면으로 부정한 노론 강경파 이재(李縡)의 문인이다. 영조 16년(1740년) 문과에 급제해 정언으로 있을 때 간관은 시비를 끝까지 따지는 것을 임무로 해야 한다는 내용의 상소를 올려 영조의 탕평책을 정면으로 비판했다. 이때는 영조가 탕평책을 국시로 생각할 정도였기 때문에 남유용은 해남으로 유배를 가야 했다.

2년 후인 1742년에 해배된 남유용은 이후 홍문관 응교를 거쳐 승지, 대사성, 예조참판, 예문관·홍문관 제학을 지냈고 이때 원손보양관으로 선발됐다. 이후 세손이 열 살이 될 때까지 유학의 기초를 가르쳤다. 따라서 세손의 기본정신 세계에는 노론 강경파(준론)의 시각이 깊이 스며들 수밖에 없었다. 이후 남유용은 대사헌·호조참판·형조판서 등을 지냈고 1767년 봉조하로 임명됐다. 문장과 시에 뛰어났으나 청렴하여 그가 죽은 후에도 집이 가난하여 자신의 문집을 내지 못하였다. 훗날 정조가 이런 사정을 알고서 『뇌연집(雷淵集)』을 출간해 주고 직접 서문까지 써주었다.

그 서문에서 정조는 남유용으로부터 세 살과 네 살 때 『효경』과 『소학』을 배웠다면서 당시 공부하던 장면을 회고하고 있다. "공은 언제나 공복(公服) 차림으로 강석(講席)에 들어와 나를 무릎 위에 앉히고는 입으로 일러주고 손가락으로 쓰면서 음과 뜻을 깨우쳐주었는데 조금도 권태로워 하지 않고 지성스럽게 말해 주었으니 지금도 그때 일이 어렴풋이 생각난다." 그리고 "내가 지금 대강이라도 의(義)와 이(利)를 구별할 줄 알고 치(治)와 난(亂)이 어떻게 하여 갈라진다는 것을 알고 있는 것은 그때 귀에 먼저 들어온 그 말 때문인 것이 대부분이다"라며 남유용으로부터 받은 가르침을 회고했다. 당시 영조는 "원손이 강을 마치고 나서도 손에서 책을 놓지 않고 지금 겨우 네 살인데도 얼굴생김이나 그 기상이 보통 애들과는 크게 다르니 하늘이 혹시 우리에게 복을 내린 것이 아니겠는가"라며 늘 기뻐했다.

왕세손이 다섯 살 되던 영조 32년(1756년) 1월 25일 남유용은 세자(사도세자)에게 글을 올려 보양관 증원을 요청했고 2월 14일 당시 영의정 이천보의 천거로 예조판서 이태중이 보양관을 겸하게 된다. 이태중도 노론 강경파에 속한다. 이태중(李台重, 1694년 숙종 20년~1756년 영조 32년)은 송시열의 제자 이희조(李喜朝)의 문인으로 영조 6년(1730년) 문과에 급제했고 영조 11년(1735년) 사헌부 지평으로 있을 때 신임사화로 화를 입은 노론 4대신(김창집, 이건명, 이이명, 조태채)의 신원을 주장하다가 붕당을 일삼는다는 탄핵을 받아 흑산도에 위리안치되었고, 이듬해에는 영암으로 이배되었다. 그 뒤 사헌부와 사간원, 세자시강원 등의 관직에 임명되었으나 나아가지 않았다. 1740년 다시 지평이 되어 좌의정 유봉휘(柳鳳輝), 영의정 조태구(趙泰耈)의 관작을 추탈할 것과 당시 영의정 이광좌(李光佐)가 그의 아버지의 묘를 왕자(王字) 산맥에 쓰고 나서 지사에게 누설하지 못하게 하였다는 죄를 들어 파직시킬 것을 주청하다가 도리어 갑산에 유배되었다. 이듬해 대신들의 주청으로 풀려나와 부교리, 황해도·평안도 관찰사를 거쳐 예조참판·호조판서 등을 역임했고 이때 예조판서로 있다가 보양관을 겸직하게 됐다.

그해 6월 2일 약방 진찰을 받고 난 영조는 원손이 보고 싶다며 데리고 오도록 하였다. 원손이 오자 영조는 여러 신하를 가리키며 원손에게 "이중에서 보양관을 가려낼 수 있느냐?"고 묻는다. 실은 딱 한 번 원손과 이태중의 상견례가 있었을 뿐이다. 바로 이태중을 지적하자 영조는 "너는 보양관을 볼 때가 좋으냐 옷을 벗고 놀 때가 좋으냐"고 물었고 원손은 "보양관을 볼 때가 좋습니다"고 답한다. 영조는 다시 글을 쓸 줄 아느냐고 물었고 원손은 붓을 들어 '천(天)'과 '부(父)' 두 자를 써보였다. 충효를 중시했던 영조가 가장 좋아하는 두 글자였다.

같은 해 10월 9일 이태중이 물러나고 서지수가 보양관을 맡았다. 이 또한 영의정 이천보의 천거에 따른 것이다. 서지수(徐志修, 1714년 숙종 40년~1768년 영조 44년)는 영의정을 지낸 서종태의 손자이자 좌의정을 지낸 서명균의 아들로 훗날 자신도 영의정에 올라 3대째 상신(相臣-정승)이 되는 영예를 누린다. 영조 16년(1740년) 문과에 급제한 뒤 홍문관과 예문관의 제학과 대사헌·이조판서 등 핵심 요직을 두루 역임했다. 특히 대사헌으로 있을 때는 사도세자의 비행을 조작하여 영조에게 허위보고한 김상로·홍계희 일당을 탄핵했고 세자시강원 빈객으로 있으면서 사도세자를 보필하고 보호하는 데 많은 노력을 기울였다. 사도세자가 비운에 가고 정조가 동궁이 되자 동궁을 보호하는 데도 큰 기여를 했다. 이는 정조가 즉위하는 데 절대적인 도움을 주었다. 그래서 훗날 정조의 추앙을 받았다. 보양관을 맡은 인연이 끝까지 이어졌던 것이다.

정조의 학문적 스승

원손의 학문지도는 남유용이 주도했고 원손은 영조 35년(1759년) 8세가 될 때까지 『동몽선습(童蒙先習)』『소학』『논어』 등을 독파했다. 그때마다 영조는 원손을 불러 자기 앞에서 배운 것을 외어보도록 한 다음 남유용에게 큰 선물을 내리기도 했다. 원손은 같은 해 윤6월 22일 세손에 책봉된다. 이때부터는 공식 사부(師傅)를 두어 보다 체계적인 학문연마에 들어가게 된다. 세자의 경우 시강원이라고 했고 세손의 경우 강서원으로 부르게 했다.

영조는 그에 앞서 2월 19일 세손에 책봉될 원손의 교육을 맡게 될 좌우 유선(諭善)과 좌우 권독(勸讀)을 강서원에 설치토록 하고 좌우 유선에는 대제학 김양택과 부제학 서지수, 좌우 권독에는 전 집의 김원행과 전 장령 송명흠을 임명했다. 그리고 "세손 책봉 전이라도 직무를 수행토록 하라"고 명했다. 유선은 행실을 일깨우는 자리이고 권독은 공부를 맡아서 가르쳤다. 남유용에 이어 김원행과 송명흠이 세자의 학문을 돕게 된 것이다. 김원행은 노론 4대신 중의 한 명인 김창집의 손자였다. 그러나 김원행·송명흠 두 사람은 초야에 묻혀 살겠다며 취임하지 않았고 결국 박성원이 권강에 임명돼 세손의 공부를 이끌게 된다. 박성원도 남유용과 마찬가지로 이재 문하에서 학문을 익힌 노론계였고 훗날 세손강서원 유선에까지 이르게 된다.

영조 36년(1760년) 12월 7일 세손이 『논어』의 구절들을 제대로 이해하고 답을 하는 장면을 보면서 영조는 "이 단계에 이른 것은 박성원의 공이다"라고 칭찬한다. 박성원(朴聖源, 1697년 숙종 23년~1757년 영조 33년)은 1728년(영조 4년) 문과에 급제해 사헌부 감찰·지평 등을 지냈고 세손강서원 유선이 되어 세손인 정조를 보필하여 이끌었으며, 참판을 끝으로 관직에서 물러나 봉조하가 되었다. 그의 심성

〈묵매도(墨梅圖)〉_ 정조는 시서화에 능했으
며, 어린시절에는 할아버지의 병수발을
하면서 의약에 대한 지식을 높였다.

론은 스승인 이간(李柬)의 학설을
지지함으로써 한원진 등의 호론
(湖論)을 반박하고 낙론(洛論)에
동조하였다. 낙론은 한양과 수도
권 근처의 노론이 지지했고 호론
은 충청 일대의 노론이 지지했다.

왕세손의 『소학』 공부는 영조
36년(1760년) 6월 21일 끝난다. 이
날 강서원에서는 『대학』을 시작하
고 동시에 『사략(史略)』도 일부
병행하겠다는 뜻을 영조에게 밝
혔다. 이에 영조는 『대학』의 경우
아직은 어려울 수 있으니 주석은
빼고 본문의 뜻만 가르치라고 명
하면서 틈틈이 『소학』을 반복해서
읽도록 하라고 덧붙였다. 영조는
수백 번 읽을 만큼 『소학』을 중시
했다.

왕세손은 열 살 때인 영조 37년(1761년) 3월 10일 성균관에 입학했
다. 공식적으로 학생이 된 셈이다. 3월 18일에는 관례를 행했다. 그해
말에는 김시묵의 딸을 세손빈으로 맞아 혼례를 올린다. 이 무렵 세손
의 학문은 『논어』 『맹자』 정도는 자유자재로 외는 수준에 올라 있었
다. 사실 이때 사도세자의 비행(非行)이 극에 달해 있었기 때문에 영
조는 더욱더 세손에게 집착했다. 수시로 세손을 불러 공부의 진도를
확인하고 또 그 뜻을 제대로 새기고 있는지를 점검했다. 영조 38년

(1762년) 3월 30일 경현당에서 국왕 영조와 세손과의 대화다. 영조는 세손에게 『대학』을 강하도록 한 다음 묻는다.

"소인이 군자를 가리우는 것은 어떻게 생각하는가"
"잘못입니다."
"어떻게 해야 좋은가?"
"처음부터 소인이 악을 행하지 않게 하는 것이 좋습니다."
"좋다."

이어 세손이 『논어』의 한 대목과 『맹자』의 한 대목을 왼 후 다시 문답이 시작된다.

"걸(桀)과 문왕 때 신하들은 같은데 백성의 태도는 어찌 이다지도 상반되는가?"
"백성과 함께 즐기는 것과 혼자만 즐긴 것이 다릅니다."
"그러면 요임금과 걸은 무엇이 다른가?"
"자신을 수양하면 요임금이 되고 그렇지 않으면 걸이 됩니다."
"요임금과 걸의 마음은 무엇 때문에 달랐는가?"
"걸은 욕심을 따랐기 때문에 그렇게 된 것입니다."
"너는 장차 어떻게 해서 요임금처럼 되겠는가?"
"마음을 굳게 정하면 요임금처럼 됩니다."
"어떻게 해야 마음을 굳게 정하는가?"
"수신(修身)하면 됩니다."
"어떻게 해야 수신하는가?"
"천성(天性)을 따르는 것이 좋습니다."

어느 정도 만족한 영조는 주제를 바꿔서 묻는다.

"임금이 굶주리는 것이 좋은가, 백성이 굶주리는 것이 좋은가?"
"임금과 백성 모두가 굶주리지 않는 것이 더욱 좋습니다."
"이는 그렇지 않다. 임금은 비록 굶주리더라도 백성이 굶주리지
않는 것이 더욱 좋다."

다시 주제는 바뀐다.

"나라에 임금을 세우는 것은, 임금을 위해서인가, 백성을 위해서
인가?"
"군사(君師)를 세우는 것은 백성을 편안하게 하기 위해서입니다."
"군사의 책임을 능히 한 자는 누구인가?"
"요임금과 순임금 등 삼대(三代-하·은·주)의 임금이 모두 그러하
였고, 삼대 이후에는 능한 자가 적었습니다."

그런데 영조가 세손에게 국왕의 도리를 이처럼 직접적으로 이야기
하는 것을 어떻게 보아야 할까? 사실 세손의 학문은 세자가 알아서 할
일이다. 그러나 세자의 광포한 행위가 점점 심해지자 영조는 세손에
게 기대를 걸었고 그것은 간접적으로나마 세자의 명을 단축하는 결과
로 이어지게 된다. 훗날 정조가 의식의 밑바닥에서나마 자신도 아버
지의 비극적인 죽음에 일말의 책임이 있다고 느꼈던 것은 그 때문인
지 모른다. 영조가 세자의 죽음이라는 선택을 할 수 있도록 해준 것은
결과적으로는 똑똑한 세손이 존재했기 때문이다. 이날의 대화가 있고
두어 달 후인 윤5월 사도세자는 뒤주에 갇혀 죽음을 맞게 된다.

할아버지 영조의 병 수발과 의학서 편찬

영조 38년(1762년) 7월 24일 영조는 세손을 동궁으로 칭하도록 명한다. 세손이면서 사실상 '세자'가 되었다는 뜻이다. 세손강서원도 이제 세자시강원으로 바뀌고 사부나 빈객의 수준도 한 단계 올라간다.

이때 시강원의 관원들은 이강·신천금·이희·정술조 등이었다. 그리고 11월 7일에는 영조가 특명을 내려 황인검도 빈객으로 세자의 학문수련에 도움을 주도록 조치했다. 이때부터 동궁의 학문은 『서경』 『시경』 등으로 나아간다. 그러나 공부를 가르치는 업무는 여전히 박성원이 맡았다.

한편 칠순을 훌쩍 넘긴 영조는 병술년(1766년 영조 42년)부터 잦은 병에 시달리기 시작했다. 이때 동궁의 나이 열다섯으로 어지간한 경사(經史)는 다 읽었다. 문리(文理)가 트인 지는 이미 오래였다. 영조의 병 수발을 하게 된 어린 동궁은 『동의보감』을 펴놓고 직접 의약(醫藥)에 대한 지식을 넓혀가기 시작한다. 정조가 그 어떤 임금보다 의약에 밝게 된 까닭은 할아버지의 병 수발을 하면서 의약서를 집중적으로 공부했기 때문이다. 정조의 병 수발은 영조가 세상을 떠날 때까지 11년 동안 이어졌다.

정조는 『동의보감』을 반복해 읽으며 의학의 기본지식을 익혔고 이어 증상과 처방별로 분류를 하여 4권의 책으로 만들어놓았다. 이후 탕약에 대해서만 별도로 정리하여 5권의 책으로 만들어두기도 했다. 훗날 정조는 이를 『수민묘전(壽民妙詮)』이라고 이름 지었다. 백성의 고통을 종종 질병에 비유하곤 했던 정조는 당시를 회상하며 질병을 고치는 것보다 더 어려운 것이 백성을 곤궁에서 벗어나게 해주는 것이라고 말하곤 했다.

전반적으로 정조는 세손 및 동궁 시절 4서 5경과 『자치통감』을 비롯한 역사책에 대한 공부를 거의 마친 것으로 보인다.

수신제가에 성공한 군주

명문가 청풍 김씨 김시묵의 딸과의 결혼

정조는 11세 때인 영조 38년(1762년) 2월 조선 중기부터 명문가로 자리잡은 청풍 김씨 김시묵의 딸과 가례를 올렸다. 김시묵은 당시 경기도관찰사였다. 먼저 김시묵의 아버지 김성응은 영조 때 병조판서를 지냈다. 『실록』은 김성응에 대해 "무과에 급제하였고 얼마 안 되어 훈련대장으로 뛰어올라 거의 20년 동안이나 군(軍)을 맡고 있었다. 비록 재능은 없었으나 성품이 본디 너그러웠으므로 군졸들이 편하게 여기었다"고 평하고 있다. 김성응이 영조의 총애를 받을 수 있었던 이유 중의 하나는 그의 증조부인 김우명이 현종의 장인이었기 때문이다. 즉 김우명은 숙종의 외할아버지로 청풍 김씨는 숙종의 외가였다. 영조로서는 아버지의 외가를 배려하는 차원에서 김성응을 중용했다.

김우명의 아버지는 인조와 효종 때 대표적인 명신으로 꼽히는 영의

138

정 김육이다. 김육은 중종 때 조광조 등과 함께 사화를 당한 기묘명현(己卯名賢) 중 한 명으로 대사성을 지낸 김식의 현손이다. 청풍 김씨 집안은 이처럼 지조와 경륜이 함께 갖춰진 명문가였고 김우명의 딸(명성왕후 김씨)이 현종과 결혼함으로써 왕실과도 깊은 연관을 맺게 되었다. 숙종 초 숙종의 왕위를 강화하는 데 크게 기여한 김석주는 김우명의 형인 김좌명의 아들이다.

김우명에게는 3명의 아들이 있었는데 그중 판서를 지낸 막내 김석연의 둘째아들 김도영이 세자빈의 할아버지인 김성응의 아버지이다.

정조의 장인 김시묵(金時默, 1722년 경종 2년~1772년 영조 48년)은 영조 26년(1750년) 문과에 급제해 예문관검열·홍문관교리 등을 거쳐 1759년 대사간에 오른다. 1762년 경기도관찰사로 있을 때 딸이 세손빈(世孫嬪)이 되자 총융사에 발탁되었고, 그후 이조와 호조의 참판을 거쳐 한성부판윤 등을 지냈다. 1769년에는 병조판서로서 어영대장(御營大將)을 겸하였다. 그만큼 영조의 총애가 깊었다는 뜻이다.『실록』은 "영묘(英廟-영조)께서 세손의 장인이 됨으로 인해 더욱 중히 여기어 병조판서·어영대장·총융사 겸 선혜청당상·의금부판사 등을 두루 시켰으며 성상의 권우(眷遇-총애)가 날로 융성했는데 이때 병으로 졸하니, 겨우 50여 세였다"고 적고 있다. 그는 이처럼 정조 즉위 4년 전에 세상을 떠남으로 인해 국구(國舅)의 영예를 누리지는 못했다. 그 대신 딸이 왕비로 봉해지면서 청원부원군 및 영의정에 추증됐다.

결과적으로 김시묵이 일찍 세상을 떠남으로써 정조는 외척 문제로부터 비교적 자유로울 수 있었다. 김시묵의 아들, 즉 정조의 처남 김기대가 있었지만 영조 50년 병조판서에 올랐던 김기대 또한 영조 말년인 영조 51년 11월 세상을 떠났다. 정조가 왕위에 오르기 몇 달 전이다. 김기대에게는 김종선이라는 아들이 있었다.

정조 즉위와 함께 효의왕후에 오르게 되는 김씨는 정조보다 한 살이 어렸다. 정조와 가례를 올렸을 때 세손빈의 나이 10세였던 셈이다. 효의왕후(孝懿王后, 1753년 영조 29년~1821년 순조 21년)는 김시묵과 어머니 남양 홍씨 사이에서 한양 가회방에서 났으며 시어머니인 혜경궁 홍씨를 잘 섬겨 영조의 큰 총애를 받았다. 세손빈은 이미 사가에 있을 때부터 효성과 공손이 독실하다는 소문이 장안에 파다했고 하는 행동마다 법도에 어긋남이 없었다. 간택 후 그를 눈여겨보던 영조는 너무 만족해 하며 '오세계석식위종국(五世繼昔寔爲宗國)' 8자 글씨를 하사했다. 그 뜻은 '5세 동안 옛 가풍을 이어왔으니 이는 나라의 종통이 될 만하다'는 것이다. 친필 하사는 영조 특유의 최고 선물이었다. 김육을 염두에 둔 말이다.

가례의 기쁨을 만끽하기도 전인 그해 윤5월 사도세자를 죽게 한 영조는 혜경궁 홍씨와 세손빈을 각각 친정으로 돌아가도록 명했다. 그러나 세손빈 김씨는 자기 친정이 아니라 시어머니의 친정으로 가겠다고 청했다. 이를 기특하게 여긴 영조는 허락해 주었다. 물론 두 사람은 얼마 후 대궐로 돌아온다.

1776년 정조 즉위와 함께 왕비로 책봉되었다. 그러나 혼인한 지 16년이 되어도 자식이 생기지 않자 정조 2년(1778년) 정순대비가 '중전에게 병이 있어 아들을 가질 수 없다'며 사족(士族-양반) 중에서 규수를 간택하여 후궁을 두어 왕자를 생산토록 하라는 언문교지를 내렸다. 이때는 홍국영이 국권을 쥐고 흔들 때였기 때문에 자기 여동생을 간택에 응하도록 했다. 그가 홍빈(洪嬪)이다. 그러나 홍빈은 이듬해 사망하고 홍국영도 권좌에서 쫓겨난다.

홍빈이 살아 있을 때 사헌부 관리 박재원이 뛰어난 의원을 구해 중전의 병을 치료해 후사를 낳도록 해야 한다고 하자 홍국영은 공개석상

정조 가계도

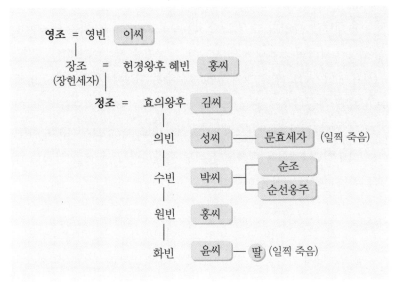

에서 박재원을 위협하기도 하였다. 그런데도 효의왕후는 못 들은 체하면서 오히려 여유 있게 대처하므로 정조는 왕비를 더욱 소중하게 생각하고 사랑하였다. 훗날 후궁의 몸에서 왕자가 나자 정조는 즉시 왕비의 아들로 삼도록 명했고 왕비도 "돌보는 은정과 옳은 방도를 가르치는 훈계를 자신이 낳은 아들과 조금도 차이가 없도록 했다"고 한다.

왕비로 있으면서 효의왕후는 혹시 친정집을 방문해도 세상의 일과 조정의 흐름, 인물의 옳고 그름 등에 대해 일절 언급하지 않았다. 그것은 남편 정조의 확고부동한 뜻이기도 했다. 정조가 세상을 떠난 후에도 더 큰 도량으로 아랫사람들의 잘못을 용서했다. 특히 세손 시절 정조를 압박했던 화완옹주마저 감싸안은 포용력은 어지간한 남자도 흉내 내지 못할 정도였다. 영조 말기 화완옹주는 정후겸과 함께 세손뿐만 아니라 세손빈도 말할 수 없이 압박하며 곤경에 빠트렸다. 그런데 정조는 즉위와 함께 유배생활을 해야 했던 화완옹주를 말년에 용서하여 궐내에 들어와 살게 했다. 그러자 효의왕후는 화완옹주를 불쌍히 여겨 깍듯이 모셨다.

60세가 넘어서도 영조의 계비인 정순왕후 김씨와 혜빈을 잘 공양하여 궁중에 칭송이 자자했다고 한다. 일생을 검소하게 지냈으며, 여러 차례 존호(尊號)가 올려졌으나 모두 거절했고, 순조 20년(1820) 대신들이 하수연(賀壽宴)을 베풀고자 해도 사양하였다. 69세를 일기로 창경궁 자경전에서 세상을 떠났다.

"승하하시던 날 외딴 곳의 여염집 지어미까지 너나없이 달려와 울부짖으며 마치 자신들의 어머니를 잃은 듯이 하여 오랜 세월이 흘러도 더욱 잊지 못하였으니 어찌 그럴 만한 까닭이 없겠는가?"

담백하고 선비적인 정조에게 딱 어울리는 배필이었다.

후궁으로 맞아들인 홍국영의 여동생

즉위 2년을 넘긴 정조 2년 5월 2일 정순왕대비는 대신들에게 언문으로 된 글을 내렸다. 주상의 춘추가 거의 30세에 이르고 불행하게도 중전에게는 병이 생기어 후사를 이을 가망이 없어졌으니 자신이나 혜경궁 홍씨 모두 빈을 들이는 것이 시급하다고 생각한다는 것이었다. 여기서 왕대비는 짧게나마 정조의 여성 취향에 대해 언급하고 있다.

"주상은 본래부터 미천한 처지의 사람에게는 마음을 두지 않으려고 합니다."

그 때문에 정조는 궐내에 있는 궁인들에게는 거의 관심이 없었다. 숙종이나 영조가 궁인들을 가까이 한 다음에 후궁으로 들였던 것과는 달랐던 것이다. 그래서 사족 집안의 딸을 골라 삼종의 혈통을 잇도록 해야 할 것이라고 당부했다.

왜 이 시점에서 왕대비가 후궁을 들이는 문제를 언급했는지 그 배경을 정확히 알기란 불가능하다. 중전이 자식을 낳지 못하기는 했지만 조금은 이른 감이 있었기 때문이다. 아마도 당시 무소불위의 권력을 행사하고 있던 홍국영이 농간을 부렸을 가능성도 없지 않다.

이런 가운데 앞서 본 대로 6월 5일 사간원 헌납 박재원이 상소를 올려 명의를 찾아내 중전의 병이 있다면 그것을 치료하려는 시도를 해보아야 한다고 주장했다. 후궁 간택은 좀더 연기해야 한다는 것이었다. 그러나 정조는 이미 왕대비의 하교가 있었고 중전의 병은 자신이 더 잘 안다며 일언지하에 거부했다. 당시 왕대비와 홍국영의 사이가 극도로 나빴던 점을 고려한다면 후궁 간택 문제는 왕대비와 혜경궁 홍씨 사이의 순수한 뜻을 홍국영이 활용하려 했다고 볼 수도 있고 홍국영의 위세가 너무 강대하여 왕대비조차 그 서슬에 후궁 간택 명을 어쩔 수 없이 내렸다고도 볼 수 있다.

그러나 훗날 박재원이 죽었을 때『실록』에 기록된 내용을 보면 후자였을 가능성이 더 큰 것 같다.『실록』은 박재원에 대해 "성질이 깨끗하고 곧아서 세속을 따라 아부하지 않았다"고 평한다. 또 "홍국영의 위세가 하늘을 찌를 때 홀로 맞서 그의 직절(直節-곧은 절개)이 온 세상을 진동케 했다"고 적고 있다. 홀로 맞섰다는 것은 이때 박재원이 상소를 올린 일을 말한다. 2년 후 홍국영이 쫓겨난 뒤에도 박재원은 홍국영을 살려두지 말고 당장 처단해야 한다는 상소를 올렸다. 박재원은 이 상소를 올린 지 3개월 후인 정조 4년 6월 22일 세상을 떠났다.

정조는 정조 2년 6월 홍국영의 여동생을 후궁으로 맞아들였다. 이때 홍국영의 동생 원빈 홍씨는 13세였다. 홍국영은 중전이 자식을 낳을 수 없다는 것을 기정사실화한 상태에서 여동생을 후궁으로 들이며 사실상 계비를 맞는 예에 준해 혼례를 거행했다. 당시 정조는 홍국영의 청이라면 무엇이든 받아들일 때였다. 그러나 원빈 홍씨는 오빠의 야심을 꺾어버리기라도 하듯 가례를 올린 지 1년도 안 된 정조 3년 5월 7일 세상을 떠났다. 그의 장례 또한 거의 왕비의 장례에 준해 치러졌다. 그리고 4개월여가 지난 9월 28일 홍국영은 조정에서 추방당한다.

궁녀 출신 의빈 성씨의 벼락출세와 좌절

정조 4년 2월 21일 정순왕대비는 다시 한 번 대신들에게 언문으로 하교를 내려 후궁 간택을 청했다. 정조는 왕대비의 명이라 어쩔 수 없다며 간택을 받아들였다. 이때 간택된 후궁이 화빈 윤씨로 판윤 윤창윤의 딸이었다. 화빈 윤씨는 딸을 한 명 낳았지만 어려서 죽었고 이후 자식이 없었다. 『실록』에는 화빈 윤씨와 관련된 이렇다 할 기록이 없는 것으로 보아 정조의 별다른 총애를 받지는 못했던 것 같다.

대신 정조는 한 궁녀에게 마음을 주기 시작했다. 훗날의 의빈 성씨로 불리게 되는 여인이다. 미천한 집안 출신인 성씨는 화빈 윤씨의 궁녀로 있다가 정조의 성은을 입고 정조 6년 9월 7일 아들을 출산해 소용(昭容)에 봉해졌다. 후궁의 품계는 정1품 빈, 종1품 귀인, 정2품 소의, 종2품 숙의, 정3품 소용, 종3품 숙용, 정4품 소원, 종4품 숙원이었음을 감안할 때 소용은 중간쯤 됐다. 그러나 소용이 됐다는 것은 한낱 궁녀의 신분에서 정식 후궁의 반열에 올랐다는 뜻이다.

정조로서는 첫 자식이자 첫 아들이었다. 서른 살을 넘겨 아들을 본

144

정조의 기쁨은 이루 말할 수 없었다.

"비로소 아비라는 호칭을 듣게 되었으니 그것이 다행스럽다."

신하들에게 밝힌 정조의 득남소감이다. 아들이 귀했던 조선 왕실에서 원자의 탄생은 크나큰 경사였다. 그만큼 의빈 성씨는 정조뿐만 아니라 왕실 전체의 사랑을 듬뿍 받았다.

원자는 3세 때인 정조 8년 8월 2일 왕세자로 책봉됐다. 당시 정조가 세자책봉을 얼마나 기뻐했으면 영조 말 정순왕대비를 믿고서 사도세자를 죽게 만들고 자신마저 위협했던 김구주의 흑산도 유배를 풀어 육지로 나올 수 있게 해주었다. 왕대비에 대한 배려 차원도 있었을 것이다. 정조 9년 9월 9일에는 서연을 열어 세자에 대한 공부가 시작됐다. 교재는 『효경』이었다. 모든 것이 순조로운 듯했다.

그런데 정조 10년 5월 3일 홍역 증세를 보이기 시작한 다섯 살의 세자는 5월 11일 숨을 거둔다. 왕실은 물론 신하들도 큰 충격에 휩싸였다. 이상한 것은 세자가 숨을 거두게 되기까지 9일 동안의 경과였다. 5월 3일 홍역 증세가 나타나자 의약청이 설치됐고 이틀 후 의약청에서는 열이 상쾌하게 식고 반점도 다 사라졌다고 보고했다. 그래서 5월 6일에는 정조도 세자가 쾌차했다며 신하들과 함께 경사를 누리자고까지 했다. 그런데 5월 7일 약방에서 보고하기를 아직 열이 조금 남은 듯하여 의원들이 약을 조제해 올렸다고 했다. 5월 8일에는 다시 열이 다 내렸다고 약방에서 보고했다. 하지만 이틀 후인 5월 10일 세자의 환후가 급격하게 위중해졌다. 여기서 이해가 안 되는 것은 다음 대목이다.

"의약청에서 숙직을 철수한 뒤로 세자에게 갑자기 다른 증세가 생겼는데, 임금이 약원에 알리지 못하게 하였다가 이때에 이르러 약원 제조 서명선 등을 불러보았다."

서명선 등이 어떻게 된 일이냐고 묻자 정조는 이렇게 답한다.

"홍진(홍역)의 반점은 거의 다 사라졌는데, 어제 정신이 혼미해질 때부터 기가 올라오는 조짐이 있었다. 처음에는 회증(蛔症-회충으로 인한 증세)인가 의심하였다가 다시 보니, 기가 치밀어오른 것이다. 경 등은 들어가 보도록 하라."

세자의 증세를 살펴보고 나온 서명선 등에게 정조는 "삼을 끓인 차를 복용토록 하라"고 명한다. 아마도 그것은 의원의 청에 따른 것이었을 것이다. 그러나 결국 다음날 오후 2시경 세자는 창덕궁 별당에서 숨을 거둔다. 미심쩍은 것이 한둘이 아니었다.

6월 1일 전 장령 어석령이 상소했다. 세자의 죽음이 아무래도 의문사가 아니냐는 것이었다.

"대체로 의관은 널리 선발하자고 건의하여 인재만을 뽑아야 합니다. 그런데 근래에 추천한 사람은 사사로이 아는 사람이 아니면 인척으로서, 오직 출세하려고 꾀하였지 의술에 정통한 사람을 선발하였다는 말을 듣지 못하였으니, 그 죄의 하나이며, 증세가 더하여 안위(安危)가 한 번의 투약으로 당장 판가름이 나는데 잠시 저녁의 동태를 본 뒤에 약을 쓰겠다고 아룀으로써 1년과 같은 긴 시간을 헛되이 보내다가 시간이 지난 뒤에 침과 약을 잡되게 써서 결국 망극한 변을 당하고 말았으니, 그 죄의 하나이며, 그리고 진어(進御)하는 약은 비록 강계다음(薑桂茶飮)이라도 반드시 조보(朝報)에 실어야 하는데

10일부터 그 다음날까지 약 이름을 하나도 쓰지 않았다가 양사(兩司)의 차자가 나온 뒤에야 비로소 삼과 부자를 거듭 썼다는 것을 알았습니다. 이는 필시 그들도 삼과 부자는 절대로 부당하다는 것을 알고는 일부러 이처럼 숨기려고 꾀한 것입니다. 이처럼 마지않는다면 앞으로의 걱정이 말이 아닐 것이니, 그 죄의 하나입니다. 전하께서는 조종의 법을 시행하여 사람들과 신의 분노를 풀어주소서."

그러나 정조는 이에 답하지 않았다. 6월 20일에는 금위대장 이경무가 "세자의 일로 슬프고 원통하여 벼슬하고 싶지 않다"며 제수의 명을 따르지 않자 삭탈해 버렸다. 이경무(李敬懋, 1728년 영조 4년~1799년 정조 23년)는 삼도 수군통제사 이상집의 증손으로 영조 때 무과에 급제하고 여러 관직을 거쳐 영조 42년(1766년) 승지에 올랐다. 정조가 즉위한 뒤 경기 수사·금군별장·삼도 수군통제사·어영대장·포도대장을 역임하고, 정조 6년(1782년) 금위대장으로 있을 때 유배되기도 했으나 곧 풀려나 이듬해 한성부좌윤에 올랐다. 그후 여주목사 등을 거쳐 정조 17년(1793년) 형조판서에 오르고 정조 19년(1795년) 한성부판윤을 지낸다. 어석령이나 이경무는 독살의 가능성을 의심했는지 모른다.

문효세자의 죽음이 의빈 성씨에게 준 충격을 가늠해 보기란 그리 어렵지 않다. 상심의 나날을 보내던 의빈 성씨는 세자를 잃던 그해에 딸을 출산했으나 옹주가 곧 죽고 자신도 산후후유증으로 세상을 떠나고 말았다. 비운의 여성이다. 정조의 입장에서는 모든 게 원점으로 돌아갔다.

노론 집안의 수빈 박씨

정조 10년 한 해에 정조는 첫 아들과 후궁 성씨 그리고 딸까지 한꺼

번에 잃었다. 정조 11년 2월 11일 '시례(詩禮)를 익힌' 사족 집안 출신 박씨를 정식 빈으로 맞아들였다. 왕대비나 혜경궁 홍씨의 재촉 때문이었는지 모르지만 상당히 빠른 시간에 후궁을 들인 셈이었다.

박씨의 아버지 박준원(朴準源, 1739년 영조 15년~1807년 순조 7년)은 노론 계통 집안으로 정조 10년(1786년) 사마시에 급제하고 문과를 준비하던 중 이듬해 그의 셋째딸이 정조의 수빈(綏嬪)이 되면서 원릉(元陵) 참봉에 제수되었다. 이어 공조좌랑을 거쳐 보은현감이 되었는데 왕실 외척임에도 불구하고 업무에 위엄과 엄정을 갖춰 칭송을 받았다. 정조 14년(1790년) 딸 수빈 박씨가 원자를 낳자 통정대부에 올랐고 이어 호조참의가 되어 정조의 명에 따라 궁중에 상주하면서 원자를 보살피고 학문공부를 도왔다. 이후 1800년 세자(훗날의 순조)가 즉위하면서 호조·형조·공조·판서를 두루 역임했고 금위대장이 되어 8년 동안 병권을 장악했다. 덕행이 내외로 높았다는 평을 듣는다.

17세에 정조와 가례를 올린 수빈 박씨는 3년 후인 정조 14년 6월 18일 창경궁 집복헌에서 아들을 출산했다. 훗날의 순조다. 아들은 무럭무럭 자랐고 우뚝한 콧마루에 용의 얼굴을 하였고 "네모난 입에 겹으로 된 턱이 정조를 닮았다"고 한다. 아들을 낳은 수빈 박씨에게는 가순궁(嘉順宮)이라는 칭호가 부여됐다. 임금의 친모에게 붙이는 이름이다. 가순궁 박씨는 3년 후인 정조 17년 3월 1일에는 딸을 낳았다. 그가 순조의 여동생인 숙선옹주다. 가순궁 박씨는 1822년 숨을 거둘 때까지 예절바르고 착한 행실로 궁중의 칭찬이 자자했다. 그가 죽자 동대문 밖 배봉산 기슭에 묘를 썼고 이름을 휘경원이라고 했다. 오늘날 동대문구 휘경동의 어원이다.

스승의 입장에서 진행한 경연

진강할 책을 직접 정하다

정조는 즉위한 지 한 달이 지난 4월 12일 처음으로 경연을 열어 『예기(禮記)』를 읽는다. 경연은 책 전체를 순서대로 읽는 것이 아니라 정조 자신이 필요하다고 생각되는 부분을 지정해 신하들과 함께 토론하는 형식으로 진행됐다. 5월 20일에는 홍문관에게 어떤 책을 읽을 것인지를 정하도록 명했으나 아무런 반응이 없자 경연을 책임지는 홍문관 관리들을 모두 파직시켜 버린다. 아마도 옥당(玉堂-홍문관) 관리들이 정조의 학문수준을 알고 있었기 때문에 쉽게 책을 정하지 못하다가 이런 일을 겪은 것으로 보인다. 이런 일은 계속 반복된다. 정조는 은연중에 신하들의 학문실력을 내려다보고 있었다.

다음날인 21일 경연에서는 『근사록(近思錄)』과 『황면재집(黃勉齋集)』을 읽는다. 『근사록』은 주자의 책이고 황면재는 주자의 제자이다.

즉위 초 정조의 학문이 정통 주자학에 바탕을 두고 있었음을 보여주는 장면이다. 어려서 노론 정통파로부터 학문을 익힌 정조로서는 어쩌면 당연한 선택인지 모른다. 5월 22일에는 소론의 종주(宗主)라고 할 수 있는 윤선거와 윤증 부자에 대한 삭탈관작 및 문집훼손을 명했다. 정조는 어려서부터 자연스럽게 송시열의 학통을 잇고 있었다고 할 수 있다.

6월에는 밤에 옥당 관원들을 불러 『태극도설(太極圖說)』을 강했고 8월에는 『춘추(春秋)』를 읽었다. 9월 22일에는 경연관들의 준비가 제대로 되지 않아 경연을 열지 못하는 일이 발생해 정조는 대노했다. 경연관들은 한 계급 강등조치를 당했다.

정조 1년에는 『대학』『심경』『사기평림』『논어』 등을 그때그때의 필요에 따라 부분별로 강독하는 패턴이 계속됐다. 아무리 동궁 시절 기본적인 고전들을 다 읽었다고는 하지만 다소 비체계적으로 진행되는 이 같은 경연 방식에 대해 신하들도 불만이 있었던 것 같다. 그해 10월 18일 홍문관 부교리 남학문은 상소를 올려 4서 5경을 순차적으로 반복해서 빠짐없이 강독하는 것이 현실정치에도 큰 도움이 될 것이라면서 정조의 경연방식을 간접 비판하기도 했다. 그 때문인지 다음날부터 한동안 정조는 경연에서 『논어』를 읽었다. 이렇게 해서 『논어』 진강은 1년 반 만인 정조 3년 2월에야 끝난다. 책 자체보다는 그와 관련된 이런저런 이야기를 하는 데 더 많은 비중을 둔 때문이었다. 그리고 집권 초 정무가 산적했기 때문에 그다지 학문연마에 힘을 쏟을 수도 없었다. 그 때문인지 정조 3년 12월 13일 사간원 정언 서유성은 글을 올려 학문에 힘써야 한다고 정조를 비판하기도 했다. 정조는 책을 읽을 때 이미 동궁 시절 다 읽었다 하여 오히려 신하들을 가르치려고 했다. 이 또한 신하들로서는 여간 불만이 아닐 수 없었다.

홍문관 교리 서정수, 선정(善政)을 촉구하다

정조 4년 3월 8일 홍문관 교리 서정수가 정조에게 선정을 촉구하는 상소를 올렸다. 간혹 이런 상소들이 올라오긴 했지만 오랜만에 정곡을 찌르는 글이었다. 겸양의 예를 충분히 갖추면서도 할 말을 다한 상소였다. 특히 누구도 이야기하기를 꺼리던 왕비에 대한 소홀한 태도의 가능성까지 지적하고 있다는 점에서 주목을 요한다. 그렇다고 정조가 학정을 하거나 폭정을 하고 있던 것은 아니었다. 다만 기대에 미치지 못한다는 비판으로 보면 될 듯하다. 그리고 학문과 정치의 연계성 문제를 살피는 데 있어 대단히 중요한 상소 중의 하나이기 때문에 가능한 한 상세하게 그의 상소를 살펴볼 필요가 있다. 서정수가 촉구한 8가지 조목은 다음과 같다.

첫째, 규모를 세워 치본(治本)을 바로잡아야 한다. 나라를 다스리는 도리는 규모를 세우는 것보다 앞세울 것이 없다. 규모란 곧 오늘날의 비전에 해당한다. 현재 조선의 상황은 흉역(凶逆)이 이어지고 권병(權柄-권력)이 거꾸로 잡혀 나라의 형세는 위태로운 근심 속에 있고 인심은 안정할 곳이 없는데도 국정은 방책을 제시하지 못하고 있다. 전하께서는 관인(寬仁)이 너무 많아서 아래를 거느리는 규모가 서지 않고 호오(好惡)가 치우쳐서 사람을 임용하는 규모가 서지 않는다. 학문에 힘씀도 하루 세 번의 경연을 잠시 행하였다가 곧 그만두므로 한 부(部)의 『논어』도 제대로 읽지 못하고 정책도 시행하는 듯하다가 폐기해 버리고 있다.

"생각하건대, 전하의 마음공부에 오래 버티며 성실한 뜻이 모자라서 그런 것입니다. 바라건대 전하께서는 처지를 넓게 개척하고 먼저 표준을 세워서 일대(一代)의 규모를 정하소서."

둘째, 부부 사이가 화목해야 한다. 군자(君子)의 도(道)는 부부에서 시작하고 임금의 정치는 집안을 다스리는 데서 시작한다.

"신은 전하의 집안이 화목한지 그렇지 않은지 감히 알 수 없습니다마는, 이제 신이 어전에 간절히 아뢰려 하니 눈물이 말에 앞서서 글을 쓸 수 없습니다. 궁중의 일은 외신(外臣)이 감히 말할 수 있는 것이 아닙니다마는, 신민의 심한 근심과 긴 탄식은 절로 그만둘 수 없는 것이 있습니다."

이때는 왕대비의 명에 따라 새롭게 후궁을 들이는 절차가 진행 중이었다. 자칫 본부인을 소홀히 하는 것은 아니냐고 묻고 있는 것이다. 실은 신하가 임금에 대해 이 정도 물을 정도면 뭔가 부부 사이에 문제가 있었다고 볼 수도 있다.

셋째, 절검(節儉)을 숭상하여 사치한 풍속을 고쳐야 한다. 현재 국고는 텅 비어 두어 달 먹고 살 것도 없는데 시정의 하천민들까지 비단옷을 해 입고 대궐의 심부름을 하는 액례들이 사치한 옷을 입고 다녀도 그대로 두고 간신이 토목(土木)의 역사(役事)로 아첨하여도 전하께서는 물리치지 않고 있지 않은가?

"심지어 궁가(宮家)의 옛 집이 문득 척리(戚里)의 집이 되고 그곳에 이르는 길을 만드는데 내탕금을 사용하고 있습니다. 외읍(外邑)에서 뇌물이 버젓이 행해지는 것은 근래만 한 때가 없었습니다. 전하께서 겉으로는 숭검(崇儉)의 덕(德)을 숭상하되 속으로는 무실(務實)의 공부를 소홀히 하시므로 위에서 행하는 것을 아래에서 본받고 바로잡을 수 없어서 그런 것이 아니겠습니까? 바라건대, 무릇 절손(節

損)하는 정사(政事)는 먼저 자신의 집부터 시작하소서. 그러면 풍습이 가지런히 고쳐지고 재용에 여유가 있게 될 수 있을 것입니다.”

넷째, 대신(大臣)을 공경하여 국체(國體)를 높여야 한다. 대신의 체모를 소홀히 하고 모든 것을 직접 처리하려 하여 위임을 하지 않고 있다.

“전하께서는 성지(聖智)를 독운(獨運)하시므로 자신(自信)하는 병통이 없지 않고 신료(臣僚)를 만나실 때에는 깔보시는 뜻이 뚜렷이 있습니다. 바라건대, 능히 위임하는 방도를 다하고 공경히 대우하는 도리를 다하도록 힘쓰소서.”

대신을 예대(禮待)하지 않고 신료를 깔보는 습성은 어쩌면 증조부인 숙종을 그대로 닮았다고 할 수 있다.
다섯째, 징토(懲討)를 엄하게 하여 의리를 밝혀야 한다.

“전하의 병(病)의 근원은 실로 결단해야 할 것을 결단하지 않으시는 데에 있습니다. 죄악이 이미 나타난 자일지라도 혹 손을 잡고 눈물을 흘리며 스스로 사우(死友-죽음을 같이 할 벗)로 허여하는 자도 있고 혹 글을 보내어 비밀히 통하는 자도 있으니 어찌 두렵지 않겠습니까? 바라건대, 빨리 천토(天討)를 행하여 청명한 정치에 누가 되지 않게 하소서.”

홍국영 일파를 제대로 청산하지 못함을 염두에 둔 비판이다.
여섯째, 선임(選任-인사)을 정밀하게 하여 현사(賢邪)를 가려야 한다.

"우리 전하께서 잘 다스리기를 바라시는 정성이 어찌 현사를 진퇴(進退)할 즈음에 매우 삼가지 않으시겠습니까마는 간녕(奸佞)이 충성스러운 듯하면 진심으로 추장하시고 권술(權術)이 지혜로운 듯하면 큰 도량으로 받아들이시어, 드디어 권위가 날로 옮아가고 임금의 형세가 날로 외로워지고 있습니다."

〈정조필홍안화〉 정조의 학문수준은 즉위 직후 이미 최고조에 달해 있었다.

실제로 사람을 쓰는 데 있어 정조는 수많은 시행착오를 저질렀다. 어쩌면 정조의 인사능력은 우리에게 새로운 도전적 질문을 던지는 듯하다. '학문적으로 뛰어나다고 해서 반드시 정치적으로 뛰어난 인사를 하는 것은 아닐 수 있다?' 정조의 경우 그 실책이 넓고 광범위했다. 학문적 능력과 정치적 능력은 별개일 수 있음을 정조는 보여주고 있는 것일까?

"조정의 관작(官爵)은 본디 생색낼 밑천이 아닌데 지나친 은혜가 혹 작은 공로에까지 미치고, 밝으신 성상께서 찌푸리고 웃는 것을 어찌 가볍게 할 일이겠습니까마는 상전(賞典)이 혹 공로가 없는 데도 내려집니다. 장수로 말하면 천박한 자질의 빚쟁이의 우두머리와 미천한 문벌의 무인(武人)이 요로에 힘을 얻어 내외(內外)에 나뉘어 있고, 수령(守令)으로 말하면 강도(江都)의 천품(賤品)과 시정(市井)의 부인(富人)이 권문(權門)에서 청탁하여 고을을 맡기기까지 합니다. 사람을 선발해 쓰는 것이 이러하고도 다스려지기를 바라려 하면 또 어렵지 않겠습니까?"

사실 서정수는 '이러고도 나라가 망하지 않겠습니까'라고 쓰고 싶었는지도 모른다.

일곱째, 간쟁(諫諍)을 받아들여 언로(言路)를 넓혀야 한다. 무릇 지금의 사세(事勢)로서 상심되고 비통하다고 할 만한 것은 이루 열거하기 어렵지만 간언(諫言)이 들리지 않는 것이야말로 나라를 망칠 위태로운 조짐이다.

"권간(權奸)이 권병(權柄)을 훔쳐도 청검(請劍)하는 곧은 신하가 없고, 국사(國事)가 위기에 처하여도 대궐문을 박차고 들어가 임금을 구해낼 충신이 없습니다. 5, 6년 동안 대각(臺閣)에 한두 사람도 강직한 말을 하는 일이 아주 없었으니 이는 진실로 뭇 신하가 불충(不忠)한 것입니다마는, 신의 어리석은 소견으로는 죽도록 죄스러우나 전하께서 그렇게 이끄신 까닭이라고 생각합니다. 아! 구언(求言)은 비록 부지런하오나 마음을 열어서 받아들이는 정성이 없고, 자신을 책망하시는 것이 간절하오나 자신을 반성하는 실상이 없으며, 한 번의 상소라도 척리를 건드리면 면전에서 힐문(詰問)하시는 일까지 있습니다. 임금의 과실을 가리켜 아뢰면 문득 기휘(忌諱-금기사항)가 되고 아첨하고 미봉(彌縫)하면 도리어 묘계(妙計)가 되니, 이러한 기상은 참으로 치세(治世)의 일이 아닙니다. 바라건대, 마음을 비우는 도량을 더욱 넓혀서 임금에게 아뢰는 길을 열게 하소서."

여덟째, 기강(紀綱)을 바로 잡고 퇴폐한 풍속을 새롭게 되살려야 한다.

"능원(陵園-사도세자의 묘가 있는 영우원)의 수직(守直)이 얼마나 중대한 일이겠습니까마는 재실(齋室)을 비우고 마음대로 떠나서 발각되기까지 합니다. 군청(軍廳)의 교만한 무인이 성내어 가도(呵導-길을 열기 위해 소리치는 일)하면서 유신(儒臣)을 욕하고 꾸짖으며, 해조(該曹)의 낭관(郎官)은 급히 달음질치는 것을 면하려 해도 휘어잡고 때립니다. 이것은 작은 일일 뿐입니다마는 또한 기강이 없어졌음을 알 수 있으니, 크게 진작하고 크게 분발하지 못하면 조정이 어찌 존귀한 것이며 왕강(王綱)이 어찌 점점 퇴폐해지지 않겠습니까? 그러나 이것은 일조일석에 갑자기 바로잡을 수 있는 것이 아니니, 반드시 공평하고 정대한 마음으로 정사(政事)·조처(措處)할 즈음에 시행하여 오늘 한 선정(善政)을 행하고 내일 한 선정을 행하여 일마다 칙려(飭勵)하고 사람마다 권징(勸懲)하게 해야 합니다. 그러면 기강이 진작되지 않는 것을 어찌 걱정하겠습니까?"

정조로서는 오랜만에 들어보는 정곡을 찌르는 상소였다. 그는 이런 상소마저 내칠 만큼 졸렬한 군주는 아니었다.

"여덟 가지가 모두 절실하게 느낄 말이니, 고치고 힘써서 그대가 거리낌 없이 말한 정성에 부응하려 한다."

문제는 역시 말뿐 실행에 옮기는 데 소극적이었다는 데 있다. 서정수(徐鼎修, 1749년 영조 25년~1804년 순조 4년)는 불과 5년 전인 1775년 (영조 51년) 문과에 급제한 신진관리로 때가 묻지 않은 참신한 인물이 었다. 이후 그는 정조 7년(1783년) 강원도관찰사로 승진하고 1793년에 는 형조판서에 올라 예조·공조·이조 판서를 두루 거치는 등 정조 후 반기의 중요한 인물로 성장하게 된다.

경연을 소홀히 하다가 비판받는 정조

참고로 정조 6년 한 해 동안 경연이 열린 회수를 점검해 보자. 1월 에 5회, 2월에 6회, 3월에 1회, 4월에 7회, 5월에 6회, 6월에 1회, 7월 에 4회, 8월에 1회, 9월에 0회, 10월에 1회였고 11월과 12월에는 한 번 도 열리지 않았다. 1년 동안 총 32번 열렸다. 열흘에 한 번 꼴도 안 되 는 셈이다.

물론 정조의 학문수준은 이때 이미 최고조에 이르고 있었다. 그러 나 경연은 단순이 학식을 늘리는 자리라기보다는 학문과 정치를 하나 로 통합해 가는 중요한 과정이었다. 정조가 게을러서 경연을 등한시 한 것도 아니다. 정조는 신하들을 은근히 깔보고 있었다. 신하들이 수 시로 상소를 올려 경연을 자주 열 것을 청했지만 정조는 알았다고만 할 뿐 실천할 의지가 전혀 없었다. 정조 6년의 경우 그나마 열린 경연 도 대부분 정사를 처리했을 뿐 학문을 토의한 경우는 절반도 되지 않 았다.

그 점을 신하들이라고 해서 모를 리 없었다. 정조 7년 1월 5일 영의 정 서명선과 우의정 김익이 각각 상소를 올려 경연에 힘쓸 것을 주청 했다. 그중 서명선의 지적은 정곡을 찔렀다.

"당나라 태종이 밤늦게까지 글을 보는 것도 홍문관의 신하들을 접견하는 것보다 못하였고, 송나라 영종 황제가 조정에서 물러가 책을 접하는 것도 이영각(邇英閣)에서 신하들과 함께 글을 강독하는 것보다도 못하였습니다. 신은 정말 성상께서 평소 한가로이 계실 때라도 모두 완미하고 탐구하실 것으로 알고 있습니다만, 또한 한 잔의 물이라도 큰 바다에 보탬이 아니 될지 어떻게 알겠습니까?"

정조는 머리 좋은 사람의 장점과 단점을 고스란히 갖고 있었다. 정조 8년 11월 8일 정조는 경연에서 『맹자』를 강하다가 자신은 이미 『맹자』를 네 번이나 읽었으니 이제 모르는 글자 중심으로 빨리빨리 진행할 것을 명한다. 서명선의 지적을 흘려들은 것이다.

수신제가에는 완벽했으나 치국에 성공하지 못한 이유

정조는 세종에 버금갈 만큼 수신(修身)과 제가(齊家)에 완벽했던 몇 안 되는 임금이다. 학문적으로 보자면 그의 학문적 깊이와 폭은 이황과 이이를 합쳐도 못 따라올 정도라고 해도 과언이 아니다. 게다가 여색이나 사냥에도 전혀 관심이 없었다. 오로지 시간이 나면 고금의 고전을 가까이했다. 그의 학문수련은 수도자의 삶을 연상시킬 정도였다. 제가에서도 흠잡을 데가 하나도 없었다.

그래서 의문이 남는다. 수신제가에 성공한 임금은 자연스레 치국(治國)과 평천하(平天下)에 이르게 되는 것은 아닐까? 필자의 경우 선조의 생애를 추적하면서 수신제가와 치국평천하는 논리적으로 자연스럽게 연결되는 것은 아니라는 것을 알게 됐다. 그래서 전체적으로 볼 때 선조의 경우 수신제가에는 성공한 내성(內聖)의 경지에는 이르렀으나 치국에는 결코 성공했다고 할 수 없어 외왕(外王)의 경지에는 이르지 못했다고 평한 바 있다.

정치력은 어쩌면 별개인지 모른다. 적어도 숙종은 내성의 차원에서는 선조나 정조에 이르지 못했는지 모르지만 외왕의 경지에서는 타의 추종을 불허했다. 성공적인 수신제가는 성공적인 치국을 위한 하나의 조건은 될지언정 필요조건이나 충분조건은 아니라는 게 지난 몇 년간 『실록』속의 조선 국왕들을 탐색해 오며 내린 잠정적인 결론이다.

그러면 정조는 어떤가? 본론부터 이야기하자면 정조도 수신제가에는 성공했지만 치국에는 실패한 국왕이다. 그것은 인간 정조의 성품이나 지적 능력과 무관치 않다. 한 해도 빠지지 않고 역모와 반란이 거듭되던 정조 9년(1785년) 5월 22일 사헌부 지평 최현중은 상소를 올려 수신제가에 나무랄 데 없는 정조가 치국과 평천하에는 왜 실패하고 있는지를 적나라하게 지적했다. 학자 정조가 아닌 정치가 정조의 실패가 어디서 비롯되고 있는지의 절반 이상을 정확하게 비판한 명(名) 상소문이 아닐 수 없다. 좀 길긴 하지만 전문을 인용한다.

"우리 전하의 넓은 학문은 천인(天人)의 심오함을 꿰뚫었고, 심법(心法)은 정일(精一)한 오묘함을 얻었으며, 음악과 여색과 진기한 노리개에 별다른 기호가 없었고, 사냥이나 환락에 혹시라도 법도를 어긋남이 없었으니, 전하의 수신(修身)은 이와 같았습니다. 군주에게 큰 근심이 되는 것은 환관과 궁첩인데 전하께서는 남의 권고를 기다릴 것 없이 천성이 본래 좋아하지 않았으며, 귀척(貴戚)이 남의 집안과 나라에 화(禍)를 입히는 일이 예부터 어찌 한정이 있겠습니까마는 전하께서는 이미 깊이 경계하여 엄격히 멀리하였으니 전하의 제가는 또 이와 같았습니다. 이러한 수신과 제가로써 치국과 평천하에까지 미루어 나간다면 마땅히 순서에 따라 해나가는 것같이 되어야 할 것입니다. 그런데 임금의 몸은 위에서 한갓 수고만 하시고 다스리는 효과는 아래에서 기다려지지 않으니, 신은 전하께서 만물을 교화하는 근원이 오히려 먼저 그 마음을 바르게 하는 데에 극진하지 못한 바가 있어 그러한 것이라고 생각합니다. 뜻을 세움에는 단단함이 모자라고, 다스림에는 그 본말(本末)을 잃었으며, 실행에 있어서는 혹 아는 것에 미치지 못하고, 공의(公義)보다 혹은 도리어 사사로운 은혜를 앞세우며, 정신은 여러 가지 일에 너무 낭비되고, 총찰(聰察)은 자잘한 일에까지 지나치게 미치십니다. 뜻이 조정(調停)함에 있으면서도 좋고 싫은 것을 구분함이 없고, 정치가 혹 탕평(蕩平)되면 도리어 악한 세력을 방지함에 소홀하십니다. 대관(大官)에게 융숭한 예우를 하지 않는 것은 아니나, 하교(下敎)가 혹은 엄하고 박절함에 가깝고, 여러 관리들에게 위임을 하지 않은 것은 아니나 죄와 과실이 혹은 규칙(規則)의 조목(條目)에서 말미암는 경우에도 세목(細目)은 들면서 대강(大綱)을 버려두고, 처음에는 팽팽히 당겼다가 끝내는 느슨히 푸는 것을 면치 못하고 있으니, 전하께서 뜻은 부지런히 하였으나 방도는 멀어서 마침내 그 요령을 얻을 수 없는 것입니다. 무엇을 요령이라고 합니까? 하나의 '실(實)'자가 바로 그것입니다. 신은 청컨대, 겉치레를 버리고 실지에 힘쓰는 도리로써 아뢰겠습니다.

전하께서 군사(君師-임금이자 스승)의 지위에 계시며 크게 과업(課業)을 권장하시되 경연의 학술은 한갓 구두(句讀)만을 숭상하실 뿐 자문(諮問)을 하셔서 유익하게 됨을 보지 못하고, 과장(科場)의 과거는 오로지 신속(神速)만을 일삼아, 무성하게 진흥시킨다는 칭송을 듣지 못하니, 이 또한 전하의 계책에 도움이 되겠습니까? 병부(兵部)를 독려하고 훈련을 사열함은 뜻이 병용(並用)하려는 데에 있으나,

갑옷과 궁마(弓馬)를 쓸모없는 물건처럼 보고 여러 군영(軍營)의 조련을 어린애 장난처럼 여기니, 이 또한 위급한 때에 나라를 지키는 간성(干城)이 될 수 있겠습니까? 크게 공정함을 넓히고 인재를 아껴서 조그만 장점도 기록되고, 한 가지 재능도 칭찬받았으니 전하께서 사람을 임용(任用)하심이 넓다고 말할 수 있습니다. 그러나 색목(色目-당파)이 이미 고질이 되어 인사 행정(人事行政)의 추천에는 마침내 분배가 이루어지고 지위(地位)와 문벌(門閥)을 먼저 보고 추천 문서에는 현우(賢愚)를 물으심이 없으니 낭관(郎官) 벼슬에 침체되어 있던 풍당(馮唐-한나라 문제 때의 고위관리)과 같이 불우(不遇)한 자가 아직도 많은데 하북(河北)의 안진경(顔眞卿)이 어떤 형상(形狀)을 하고 있는지 어찌 알겠습니까?

재이(災異)의 경고를 받아 도움을 구하고 임금의 실책을 지적해도 죄를 주지 않으니, 전하께서 간언(諫言)을 구하는 것은 지극하다 하겠습니다. 그러나 임금의 뜻을 거스를까 경계하여 한갓 묵은 이야기만 답습하고, 교묘히 세상을 살면서 뜻을 보신(保身)에만 두고 있으니, 그것은 과연 기절(氣節)이 이미 사라져 일체가 연약해져서 그런 것입니까? 부역(賦役)을 견감하고 진대(賑貸)하면서 숨은 것을 살피지 않음이 없으나 관리는 탐욕하고 백성은 곤핍하니, 혜택이 아래에 미친다고 할 수 있겠습니까? 찡그리고 웃는 것을 반드시 아껴서 경비(經費)에 일정한 법도가 있으나 금전은 없어지고 저축은 모자라니 또한 손익(損益)이 마땅함을 얻었다고 말할 수 있겠습니까? 조정을 바르게 하여 대도(大道)에 이르는 것은 곧 전하께서 고심을 하시는 바이나 덕의(德意)가 창달되지 못하고 보합(保合)은 이룩됨이 없어서 비록 남을 헐뜯고 모함하는 일이 뚜렷이 드러남은 없으나 인심(人心)은 조급한 경쟁에 다투어 달리고, 또한 배척할 만한 권간(權奸)은 없으나 조정의 모습은 날로 세리(勢利)에 나아가며, 논의가 지식(止息)되어 거의 당파가 없다고는 하나 공경하고 협력하는 일은 더욱 멀어졌고, 직무로 분망하여 거의 집에 있을 날이 없으나 편안히 노는 것은 더욱 심하니 전하의 조정이 바르다 할 수 없습니다. 기강을 세워 퇴폐한 풍속을 격려함은 곧 전하의 초기의 정사였으나 단속할 사람이 없어 법금(法禁)은 땅을 쓴 듯이 없어졌으며, 수령의 출척(黜陟-진퇴)은 혹 친소(親疏)에 따라 움직이고 묘당(廟堂-의정부)에는 뇌물이 먼저 행해져서 지위와 봉록의 고하(高下)는 거의 체통이 없어졌으며, 진신(搢紳-고위관리) 사이에 해학(諧謔)이 풍속을 이루고 궁정의 표석(標石)은 조정 의식(儀式)이 질서를 잃은 것을 바로잡지 못하고, 궁궐 문의 방수(防守)는 소원(訴願)하는 백성이 제멋대로 들어오는 것을 막지 못하며, 규찰은 폐단을 끼칠까 지나치게 우려하여 법부(法府)는 드디어 쓸모없는 관사(官司)가 되었고, 교만하고 완고함은 은혜를 믿는 데에서 쉽게 생기고, 소민(小民)은 도리어 관장(官長)을 업신여기니, 전하의 기강이 섰다고 할 수 없습니다."

최현중의 이 같은 상소는 실은 10년 후에 올렸어도 그대로 해당이 될 만큼 조정의 실상은 별다른 개선이 이뤄지지 않았다.

"나는 너희들의 임금이자 스승이다"

정조는 일찍부터 그 자신을 군사(君師), 즉 임금이자 스승으로 칭하기를 즐겼다. 다른 임금들이 간혹 임금이란 군사의 직임을 맡은 자리라는 말을 하기는 했으나 스스로를 군사라고 하여 자부했던 임금은 정조가 거의 유일하다. 정조는 자신을 칭할 때 "군사의 자리에 앉아 있는 내가……"라는 표현을 자주 사용했다. 정조 16년 12월 어느 날 정조가 성균관을 방문했다가 제생들의 무례함을 꾸짖는 장면이다.

"내가 군사의 책임을 지고 있으면서 교화가 그대들에게 비록 행하여지지는 못하였으나 요사이 그대들이 군주 앞에서 절을 하지 않으니 그 죄 어떠한가. 또 대궐 뜰에서 담뱃대를 물고 다니면 그 죄도 가볍지 않은데 그것들을 엄히 다스려야 함을 모르는 바 아니나 그냥 참아두는 것이다. 옛날 정자(程子) 문하에서는 제자가 종일토록 모시고 서 있다가 그가 물러 나갔을 때는 문 밖에 눈이 석 자나 쌓여 있었다 한다. 사도(師道)란 그렇게 엄한 것이니, 이 때문에 그대들에게 오랫동안 대궐 뜰에 서 있게 하여 두려워할 바를 알도록 한 것이다."

그러나 임금의 길과 스승의 길은 다르다는 것이 조선의 오랜 전통이었다. 심지어 국왕권을 더할 나위 없이 강화했던 숙종도 스승임을 자처하지는 않았다. 다만 신하들이 스승보다 군주를 가벼이 여기는 풍조를 가만두지 않았을 뿐이다. 따라서 임금과 스승을 하나의 통합된 존재로 보려는 정조의 시도는 적어도 조선 400년 전통을 그 뿌리에서부터 전복(顚覆)시키려는 무모한 시도였다. 또 선조 즉위 이래 도통(道統)의 맥은 사림이나 산림을 통해 이어진다는 신하들의 성학도통설을 거부하고 군주가 도통을 이어간다는 군주도통설을 제기하는 것이었다.

이미 학문적으로 그 어떤 신하도 자신을 가르칠 수 없다고 자부하고 있던 정조가 이를 현실정치에 전면적으로 들고 나온 시기는 대략 정조 19년과 20년 무렵이다. 박현모는 『정치가 정조』에서 이때 생겨난 '문묘(文廟) 종사 사건'을 군사론 및 군주도통설이 전면에 등장한 계기로 본다.

정조 19년 10월 정조는 남인의 역사적 뿌리를 강화하기 위해 숙종 때의 남인 정승 허적의 관작을 회복하는 조치를 취한다. 채제공의 남인 세력에게 힘을 실어주기 위함이었다. 이에 맞서 노론에서는 영조 때부터 추진해 오던 조헌과 김집의 문묘종사 운동으로 맞섰다. 그러자 정조는 김인후 단독 배향 안으로 맞섰다. 이 과정에서 일부 노론인사들은 정조의 위세에 눌려 김인후 배향 안으로 '전향'하기도 했다. 이 과정에서 정조 20년 8월 10일 정조는 협박을 담은 자신의 군사론을 천명한다.

"주자가 예악형정(禮樂刑政)으로 교(敎) 자의 뜻을 풀이하였으니, 예악으로써 가르치되 그래도 따르지 않으면 부득불 형정으로써 가지런하게 할 것이다. 이것이 바로 사도(師道)요 군도(君道)이다."

결국 정조는 김인후 배향 안을 관철시킨다. 정조의 군사론은 관철되는 듯했다. 그러나 과유불급(過猶不及)이라 했다. 정조의 문제는 대부분 여기서 생겨났다.

신하들, 그중에서도 노론 강경파들의 저항은 직접적이었다. 특히 초계문신 이서구의 저항은 정조에게도 적지 않은 충격을 주었다. 초계문신이란 바로 자신이 선발하고 길러낸 친위세력이나 다름없다고 생각했기 때문이다. 이서구(李書九, 1754년 영조 30년~1825년 순조 25년)는 5세 때 어머니를 여의고 외할머니에게서 자랐으며, 16세부터 박지원(朴趾源)을 만나 문장을 배우기 시작했다. 21세 되던 1774년 문과에 급제했고 이듬해인 1775년부터 5, 6년간은 오로지 학문에만 뜻을 두고, 특히 사서를 탐독하였다. 1785년에 시강원 사서, 1786년에 홍문관 교리 등을 거치며 정조의 총애를 받았다. 한번도 연행(燕行) 길에 오르지는 않았으나, 홍대용(洪大容)과 박지원의 문하에 출입하면서 이덕무(李德懋)·유득공(柳得恭)·박제가(朴齊家) 등 실학파 문사들과 사귀며 학문과 문학을 연마하고 시국을 논하였다. 특히 그는 서출이 아니면서도 이들 서자들과 폭넓게 사귀면서 독창과 개성, 현실문제, 조선의 역사와 자연에 대한 관심을 표현하는 문학을 하게 된다.

정조 21년 윤6월 11일 정조는 이서구가 출사를 거부하고 있다며 강도 높게 비판한다.

"이서구가 과연 어떤 사람인가. 내가 진작시키고 가르쳐서 여기에 이르렀는데, 감히 이런 따위의 습속을 행하려고 하는가. 내가 덕이 없기는 하지만 군사로서의 책임이 나 한 사람에게 달려 있다. 오늘날 조정의 신하들이 만약 풍속을 바로잡으려는 애타는 나의 고심을 안다면 누가 감히 명령대로 따르지 않겠는가."

뒤에서 보게 되겠지만 정조가 흔히 입에 올리는 습속(習俗) 내지 풍속(風俗)은 독특한 의미를 갖고 있다. 신하들이 임금보다는 스승이나 집안, 즉 당색을 더 중시하는 경향을 말한다. 이에 대호군 심환지는 정면에서 정조를 비판한다.

"명령이란 명령은 모조리 따르라는 하교는 아마도 십분 지당하지는 않은 듯합니다. 전하의 성덕(聖德)이 광명하니 무릇 신하들에게 있어서는 찬양하고 흠송(欽頌)하는 것이 마땅하지만, 요임금이나 순임금의 조정에서도 명령을 거부하는 아름다움이 있었습니다. 이번의 이 하교가 신은 어떤지 모르겠습니다."

노련한 반박이었다. 머쓱해진 정조는 "명령대로 따라야 한다고 말한 것은 내가 격해져서 한 말이다"고 한 걸음 물러선다.

"나를 만천명월주인옹이라 불러라!"

재위 말년인 정조 22년(1798년) 12월 3일 정조는 스스로를 만천명월주인옹(萬川明月主人翁)이라 부른다. 자호(自號)였다. 12월 3일이면 동덕회(同德會)가 열리는 날이다. 아마도 측근이 모이는 자리에서 자호를 선포한 듯하다.

"달은 하나뿐이요 냇물의 종류는 일만 개나 되지만 물이 달빛을 받을 경우 앞 시내에도 달이요, 뒷 시내에도 달이어서 달과 냇물의 수가 같게 되므로 시냇물이 일만 개면 달 역시 일만 개가 된다. 그러나 하늘에 있는 달은 물론 하나뿐인 것이다."

달은 국왕인 자신이요, 냇물은 백성과 신료이다. 군사론의 연장선에서 나온 선언이었다. 현실에서 신하들과의 힘 싸움에 힘겨워하고 있던 정조의 입에서 뜻밖의 이야기가 나오고 있었다.

"내가 많은 사람을 겪어 보았는데 아침에 들어왔다가 저녁에 나가고 무리지어 쫓아다니며 가는 것인지 오는 것인지 모르는 자도 있었다. 모양이 얼굴빛과 다르고 눈이 마음과 다른 자가 있는가 하면 트인 자, 막힌 자, 강한 자, 유한 자, 바보스러운 자, 어리석은 자, 소견이 좁은 자, 얕은 자, 용감한 자, 겁이 많은 자, 현명한 자, 교활한 자, 뜻만 높고 실행이 따르지 않는 자, 생각은 부족하나 고집스럽게 자신

의 지조를 지키는 자,
모난 자, 원만한 자, 활
달한 자, 대범하고 무게
가 있는 자, 말을 아끼
는 자, 말재주를 부리는
자, 엄하고 드센 자, 멀
리 밖으로만 도는 자,
명예를 좋아하는 자, 실
속에만 주력하는 자 등
그 유형을 나누자면 천

『어제만천명월주인옹자서』 정조가 스스로를 '만천명월주
인옹'이라 명명하고 그 의의를 쓴 글을 담은 탁본첩.

가지 백 가지일 것이다. 내가 처음에는 그들 모두를 내 마음으로 미
루어도 보고, 일부러 믿어도 보고, 또 그의 재능을 시험해 보기도 하
고, 일을 맡겨 단련도 시켜 보고, 혹은 흥기시키고 혹은 진작시키고,
규제하여 바르게도 하고, 굽은 자는 교정하여 바로잡고 곧게 하기를
마치 맹주(盟主-황제)가 규장(珪璋-원래는 옥그릇을 말하며 비유적으
로는 훌륭한 인품을 뜻한다)으로 제후들을 통솔하듯이 하면서 그 숱
한 과정에서 피곤함을 느껴온 지 어언 20여 년이 되었다.”

여기까지는 그나마 20년 재위를 담담하게 되돌아보는 장면으로 보
아줄 수 있다. 문제는 그 다음부터다.

“근래 와서 다행히도 태극 음양오행의 이치를 깨닫게 되었고 또
사람은 각자 생김새대로 이용해야 한다는 이치도 터득했다. 그리하
여 대들보감은 대들보로 기둥감은 기둥으로 쓰고, 오리는 오리대로
학은 학대로 살게 하여 그 천태만상을 나는 그에 맞추어 필요한 데

이용만 하는 것이다. 다만 그중에서 그의 단점을 버리고 장점만 취하며 선한 점은 드러내고 나쁜 점은 숨겨주고 잘한 것은 안착시키고 잘못한 것은 뒷전으로 하며 규모가 큰 자는 진출시키고 협소한 자는 포용하고 재주보다는 뜻을 더 중히 여겨 양극단을 잡고 거기에서 중(中)을 택했다. 그리하여 마치 하늘에 구천(九天)의 문이 열리듯 앞이 탁 트이고 훤하여 누구라도 머리만 들면 시원스레 볼 수 있도록 만들었던 것이다."

이 말이 새로운 깨달음을 바탕으로 한 새 정치의 지향이나 다짐이면 몰라도 그 무렵 정조의 현실정치가 이런 경지에 이르렀다고 스스로 말하는 것은 참으로 납득하기 곤란한 발언이다. 굳이 이해하자면 이 무렵 『주역』 공부를 끝내고 나서 깨달은 바가 있어 자호를 정한 것 같은데 문제는 머릿속의 이해가 아니라 몸을 통한 실천이었다.

"나는 냇물이 세상 사람들이라면 달이 비춰 그 상태를 나타내는 것은 사람들 각자의 얼굴이고 달은 태극인데 그 태극은 바로 나라는 것을 알고 있다. 이것이 바로 옛 사람이 만천(萬川)의 밝은 달에 태극의 신비한 작용을 비유하여 말한 그 뜻이 아니겠는가? 또 나는, 저 달이 틈만 있으면 반드시 비춰준다고 해서 그것으로 태극의 테두리를 어림잡아보려는 자가 혹시 있다면 그는 물 속에 들어가서 달을 잡아보려는 것과 다를 바 없는 아무 소용없는 짓임도 알고 있다. 그리하여 나의 처소에 '만천명월주인옹'이라고 써서 자호로 삼기로 한 것이다."

사실 이때는 정조 스스로도 자신의 재위 20년 통치가 사실상 실패로 끝나고 있다는 것을 자인하고 있을 때였기에 더욱더 허장성세(虛張聲勢)로 읽힌다.

'마지막 산림' 송환기와 이성보의 정조 거부

정조는 유난히 송시열을 존숭했다. 그 태도는 즉위 초부터 훙(薨)할 때까지 조금도 변하지 않았다. 자연스럽게 송시열의 후손들도 학식이 있을 경우 중용하려 했다. 그 바람에 홍국영과 역모를 도모했던 송덕상의 경우처럼 낭패를 봐야 하는 경우도 있었다. 반면 불러도 불러도 조정에 나오지 않아 송시열 못지않게 국왕의 애를 태우게 한 송환기 같은 후손도 있었다.

'마지막 산림'이라 할 수 있는 송환기와 이성보가 정조 때는 줄곧 출사를 거부하다가 순조 때 비로소 출사하게 된다는 사실은 여러모로 상징적이다. 정조는 영조와 마찬가지로 '산림'의 힘을 인정하지 않았다. 특히 정조는 스스로 군사(君師)를 자처했기 때문에 정신적 스승인 산림을 필요로 하지 않았다. 그것을 산림들이 모를 리 없었다.

송환기(宋煥箕, 1728년 영조 4년~1807년 순조 7년)는 송시열의 5세손이며, 아버지는 송인상(宋寅相)이다. 영조 42년(1766년) 진사시, 1772년 생원시에 합격했으나 학문연마에 전념하며 관직에 나서지 않았다.

정조 3년 10월 3일 좌의정 홍낙순은 초야에 묻혀 있는 인재들을 두루 뽑아 써야 한다며 송시열의 후손인 송환기가 가난에 흔들리지 않고 글을 익히고 있다며 천거했다. 그에 따라 12월 14일 송환기는 경연관으로 천거됐다. 그러나 송환기는 조정에 나오지 않았다. 8년 후인 정조 11년 4월 2일, 영의정 김치인은 송환기에게 6품직을 주어 조정에 나오도록 할 것을 청했다. 이에 정조는 송환기에게 사헌부 지평을 제수한다. 그러나 송환기는 글을 올려 사양했다.

정조 19년 예조참의·이조참의를 번갈아 제수하며 한양으로 올라올 것을 청하자 송환기는 마침내 11월경 한양에 올라온다. 이때 정조는 성균관 좨주를 맡긴다. 통상 산림들이 맡던 상징적인 자리였다. 그러나 얼마 후 송시열과 정적(政敵)이었던 숙종 때의 영의정 허적에 대한 명예회복 조치가 이뤄지자 송환기는 이를 강도 높게 규탄하는 상소를 올렸다. 또 송환기는 사직의사를 표명하며 반발했고 정조는 무마 차원에서 이듬해(정조 20년) 6월 9일 송환기를 예조참판에 제수한다. 송환기의 반발이 계속되는 가운데 정조는 7월 5일 대사헌, 12월 1일 원자 사부로 임명하고 정조 21년 1월 22일에는 공조판서에 제수했다. 도성으로 올라와달라는 정조의 간절한 청이 반복된 이후에야 송환기는 4월 18일 마침내 한양에 올라온다. 정조는 원자의 교육 외에 경연에도 참석해 줄 것을 명했다. 그러나 송환기는 한 번씩 경연과 원자교육에 참여하고는 사흘 만에 고향으로 돌아가버렸다. 여러 차례의 청을 모두 거절하자 정조는 9월 4일 이조판서를 보임하지만 송환기는 거부했다. 이후에도 대사헌·우참찬 등의 자리를 주고 심지어 손자의 관직도 보장해 주겠다고 했으나 송환기는 마지막까지 출사를 거부했다. 송환기의 졸기다.

"그의 학문연원은 대개 남당(南塘) 한원진(韓元震)의 계통에서 나왔는데, 양호(兩湖)의 선비들이 그의 문하에 많이 유학(遊學)하니, 우뚝이 일시에 영수가 되었다."

송환기와 거의 비슷한 길을 걸었던 인물이 이성보(이직보)다. 정조

15년 12월 28일 종9품 동몽교관으로 있던 이성보를 경연관으로 선발했다. 의정부와 이조의 천거에 따른 파격적 선발이었다. 산림(山林)이었기 때문에 가능한 일이었다. 훗날 그는 이름이 정조의 이름자와 겹친다고 하여 스스로 상소를 올려 이직보(李直輔)로 개명한다. 이성보(李城輔, 1738년 영조 14년~1811년 순조 11년)는 이정구(李廷龜)의 후손으로 노론 김양행(金亮行)에게 수학하여 크게 아낌을 받았으며, 1784년(정조 8년) 유일(遺逸)로 천거되어 선공감역(繕工監役)에 임명되었으나 취임하지 아니하고, 그 이듬해 세자익위사 부수(副率)에 올랐다.

이때 경연관을 제안 받았을 때도 이성보는 받아들이지 않았다. 정조 19년 6월 2일 정조는 다시 이성보를 고성군수로 발령낸다. 그리고 6월 16일 이성보를 불러들여 첫 대면을 한다. 이때 조정은 임오의리 문제로 정조와 김종수의 갈등이 극에 달하고 있을 때였다. 이날 대화에서 정조가 대부분 말을 했고 이성보는 "소문대로 성학이 뛰어나니 실천만 제대로 하면 될 것"이라는 수준의 답변을 했다.

그러나 6월 23일 이성보는 직간하는 상소를 올린다.

"아, 오늘날 취하신 거조가 지난 역사책을 들추어볼 때 과연 있었습니까, 없었습니까. 전하의 평소 성학(聖學)에 비추어볼 때 이런 거조야말로 정말 상도(常道)에 어긋난다는 것을 어찌 모르시기야 하겠습니까. 그런데도 대신들이 모조리 쫓겨나고 뭇 신하들이 온통 동요되고 충직한 말이 일체 거부당하고 있으니, 하루가 지나고 이틀이 지나는 사이에 삼강(三綱)이 없어지고 구법(九法)이 사라져버리고 말 것입니다."

'오늘날 취하신 거조'란 정조가 몰래 강화도에 유배중인 은언군을 한양으로 빼돌린 사건을 말한다. 이성보는 사직소를 던지고 고향으로 내려가버렸고 결국 정조도 어쩔 수 없이 7월 2일 사직서를 수리한다.

이듬해(정조 20년) 2월 21일 이조참의로 임명된 송환기와 함께 사헌부 장령에 임명된 이성보도 함께 사직소를 올렸다. 정조는 다시 6월 3일 이성보를 승지로 임명했다가 불과 엿새 만에 예조참의로 발령을 하자 이성보는 문과를 거치지 않은 자신이 예조참의를 맡는 것은 부적절하다는 이유로 조정에 나오지 않았다. 다음달에는 보다 중요한 요직인 이조참의를 맡기지만 이 또한 받아들이지 않았다. 임명과 사양이 거듭되는 가운데 정조 21년 1월 22일 정조는 원자의 보양을 맡게 될 좌우 유선(諭善)으로 각각 윤득부와 이성보를 임명했다. 이때 송환기는 원자 사부로 임명됐다.

이성보가 계속 거부하자 정조는 그해 9월 17일 이성보를 도승지에 보임한다. 그래도 이성보는 꿈쩍도 하지 않았다. 정조의 요청은 집요했고 결국 이듬해(정조 22년) 4월 2일 우유선·이성보는 원자의 강학에 참여한다. 이성보는 행 호군이라는 관직도 겸하게 됐다. 그러나 며칠 후 이성보는 시골로 내려간다. 아마도 덕치(德治)를 권하는 상소를 올린 것으로 보아 정조에게서 덕치의 가능성을 볼 수 없다고 판단해 내려간 것이 아닌가 싶다. 이후에도 계속 관직을 제수하였고 그때마다 이성보는 송환기와 마찬가지로 정중하게 사양했다. 정조 24년 1월 1일 정조는 이성보에게 찬선이라는 관직을 내린다. 2월 2일에는 의정부 좌참찬으로 임명한다. 2월 7일에는 사헌부 대사헌으로 명한다. 그러나 정조가 죽을 때까지 이성보는 결국 조정에 출사하지 않았다. 오히려 이성보는 순조 때에 와서 성균관 좨주를 맡는다.

4장

역모로 얼룩진 집권 전반기

홍계능의 역모와 이복동생 은전군의 죽음

존현각에 든 '도둑'

정조 1년 7월 28일, 정조는 여느 날과 마찬가지로 파조(罷朝-집무종료)하고 나서 경희궁 내 침소인 존현각에서 촛불을 켜놓고 밤늦도록 책을 보고 있었다. 마침 그때는 곁에 있던 내시마저 호위하는 군사들이 제대로 근무를 서는지를 살피러 보내 곁에 아무도 없었다. 갑자기 발자국 소리가 보장문 동북쪽에서 회랑 위를 따라 은은하게 들려왔고, 어좌(御座)가 있는 가운데 방쯤에 와서는 기와 조각을 던지고 모래를 던지어 쟁그랑거리는 소리를 내고 있었다. 정조가 한참 동안 고요히 들어보며 도둑이 들어 시험해 보고 있는가를 살피고서, 친히 내시와 궁궐 하인들을 불러 횃불을 들고 가운데 방위를 수색하도록 했다. 기와 파편과 자갈, 모래와 흙이 이리저리 흩어져 있고 마치 사람이 차다가 밟다가 한 것처럼 되어 있었으니 도둑질하려 한 것이 의심할 여지가 없었다. 실은 도둑이 아니라 자객이었을 것이다. 임금이 있는 궁궐을 도둑질한다는 것은 있을 수 없는 일이기 때문이다. 이날 금위대장 홍국영까지 나서서 샅샅이 뒤졌지만 범인은 종적을 감춘 뒤였다.

그러나 자객사건의 진상은 열흘이 지나 만천하에 드러난다. 8월 11일 밤 실패로 끝난 두 번째 자객 침입 때문이었다. 정조는 지난번 자객침입 사건 직후 처소를 경희궁에서 창덕궁으로 옮겼다. 이날 밤 창덕궁 경추문 쪽을 넘던 자객이 수포군에게 붙잡혔다. 체포된 인물은 전흥문이라는 말단 지방관리로 7월 28일에도 강용휘라는 자와 함께 경희궁을 넘봤던 장본인이었다. 심야에 정조는 창덕궁의 편전인 선정전 뒤에 있는 숙장문 앞에서 친국을 했다. 전흥문은 사건의 전모를 털어놓았다.

"홍술해의 아들 홍상범은, 정조가 즉위하자마자 홍술해와 홍지해를 섬으로 유배 보내고 이어 홍인한·정후겸을 사사하자 정조를 시해하기로 결심하고 자객을 불러 모았다. 먼저 가까운 이웃인 호위군관 강용휘를 포섭하는 데 성공했다. 그리고 강용휘는 돈이 없는 자신에게 1,500문을 주고 또 자신의 여종을 아내로 삼게 해주었으므로 동참하게 되었다.

그때부터 홍상범이 살고 있던 홍대섭의 집에 가면 홍동지라는 사람이 있었는데 홍상범과는 9촌 친척 사이였다. 그 집에서 비밀모의가 있었고 그 자리에는 김흥복이라는 사람도 있었다. 한번은 홍상범이 강용휘에게 함께할 수 있는 사람이 몇이냐고 묻자 강용휘는 20명은 족히 된다고 답했다. 홍상범은 즉시 그 사람들의 이름을 써서 상자 속에 간직했고 날을 정해 대궐에 잠입키로 했다.

7월 28일의 '거사'는 강용휘가 앞장섰다. 강용휘는 표창을 숨기고 전흥문은 칼을 들고 대궐로 들어갔다. 밖에서는 홍상범이 앞서 말한 20명을 거느리고 뒤를 살폈다. 그날 밤 전흥문과 강용휘는 개장국 한 그릇을 먹은 다음 대궐로 들어갔는데 안에서 강용휘는 강계창이라는 별감과 강월혜라는 궁중 나인을 불러 한참 귀에 대고 속삭였다.

이후 두 사람은 존현각의 가운데 방 위 지붕에서 기왓장을 들었다 놨다 하고 모래를 흩뿌리면서 도깨비 시늉을 하며 겁을 주려 했다. 그런데 갑자기 대궐 내가 환하게 밝아지면서 수색작업이 시작돼 서둘러 지붕에서 내려와 보루각 뒤 수풀 속에 숨어 있다가 날이 새고 나서야 자신은 홍원문으로, 강용휘는 금천교를 거쳐 수문통을 제치고 탈출했다. 그리고 강용휘가 다시 홍상범의 집에 모여 재차 도모할 것을 이야기해 이날 들어오려다가 체포된 것이다."

너무나 명백했다. 그 즉시 별감 강계창과 궁인 강월혜가 붙잡혀왔다. 강월혜는 강용휘의 딸이었고 강계창은 조카였다. 궐내에 내통자들을 키우고 있었던 것이다. 특히 강월혜는 고수애라는 상궁과 그의 양녀 복빙이라는 상궁이 이미 자기 아버지 강용휘와 연계돼 있었다고 털어놓았다. 고수애와 복빙이 붙잡혀 왔다. 상궁 고수애는 정순왕후 김씨와 김구주의 심복이었다. 고수애라는 이름을 들었을 때 이미 정조는 상황을 어느 정도 짐작했다.

"별감 고정환(高晶煥-고수애의 집안 사람)이 대궐 안팎에서 폐단을 일으켜 죄가 진실로 용서할 수 없게 되었기 때문에 곤장으로 다스려 징계하고 격려하도록 명했던 것인데, 네가 감히 원망하는 말을 했고, 너의 온 족속이 모두 김구주의 집과 친밀하여 그 김구주를 처분(處分)했을 때에 네가 또한 감히 원망하는 말을 했었다."

고수애는 모든 사실을 인정했다. 이어 강용휘가 붙잡혀왔다. 전흥문의 공초내용과 하나도 틀리지 않았다.

홍계희 집안의 몰락

이튿날 홍상범을 친국할 차례였다. 그런데 전흥문·강용휘의 체포 소식을 듣자 홍상범은 밤새 달려 전라도 쪽으로 숨어버렸다. 홍상범은 아버지 홍술해가 귀양을 가자 전주(全州)에서 숨어 지내며 몰래 상경(上京)하여 더러는 홍대섭의 집에서 자고 더러는 홍신덕의 집에 자면서 홍필해 및 강용휘·전흥문과 함께 새벽이나 밤이면 서로 모여 '불궤(不軌)'를 도모해 왔다. 불궤란 반역이다. 먼저 홍대섭과 홍신덕이 잡혀왔다. 홍대섭은 "홍상범은 전라도로 도망쳤다"고 털어놓았고 홍신덕은 모의가 6월부터 시작됐으며 죽이려 한 사람은 주상이 아니라 도승지라고 말했다. 도승지는 홍국영이다. 그리고 최세복과 박해근이라는 새로운 이름도 털어놓았다. 박해근은 승정원 사령이라는 말단 직책을 지낸 인물이다. 두 사람이 홍상범의 아버지 홍술해의 유배지를 오가며 이번 거사를 기획했다는 것이다. 사건은 조금씩 확대되고 있었다.

최세복과 박해근도 사실을 인정했다. 두 사람에 대한 친국이 한창일 때 의금부 도사가 홍상범을 광진에서 붙잡아왔다. 전라도에 있던 게 아니고 이때 막 광진에서 한강을 건너려다가 체포된 것이다. 홍상범은 처음에는 모른다고 딱 잡아뗐다. 그러자 전흥문·강용휘와의 대질이 이뤄졌고 이때도 두 사람을 모른다고 잡아떼자 두 사람이 "네가 홍판서의 조카 아니냐"며 따지자 결국 홍상범도 자인했다.

이후 관련된 아랫사람들의 공초 결과 귀양 가 있던 홍술해가 도승

지 홍국영에게 보복을 하기 위해 이런 일을 꾸몄다는 사실이 재확인
됐다. 사실 여기까지라면 아직 역모라고 하기에는 곤란했다. 일단 홍
술해의 부인 효임(孝任)이 붙잡혀 왔다. 효임은 점방(占房)이라는 무
당 점쟁이 등을 동원하여 저주를 하고 자객을 사 모아 남편에 대한 복
수를 실행에 옮기려 했다고 털어놓았다. 더욱이 자신의 자식 홍상범
이 전흥문·강용휘 무리를 모집하여 존현각에 들어가 기회를 틈타 범
상(犯上)하는 짓을 하도록 했다고 고백함으로써 효임은 복수의 대상
이 도승지가 아니라 국가, 즉 임금이었음을 처음으로 실토했다. 범상
(犯上), 즉 주상을 죽이려 했다는 것이다. 사건의 성격이 확 바뀌었다.
  이어 홍필해(洪弼海)가 친국장에 끌려왔다. 홍필해는 더 이상 숨기
려 하지 않았다.

  "신은 무과(武科) 출신으로 홍상간의 집에서 먹고 지내면서, 홍상
  간이 복주된 뒤에 아들 홍상범과 조카 홍상길의 무리가 항시 국가를
  원망하는 마음을 품으며 언제나 하는 말이, '기필코 원수를 갚고 싶
  다'고 하는 것을 보아왔습니다."

  홍염해의 아들인 홍상길이 잡혀왔고 약간의 저항을 보이다가 모든
것을 시인했다. 더불어 홍상길은 궁궐 내 연루자를 다그치는 정조의
문초에 '이기동의 족친으로 나인이 된 사람'과 환관 안국래를 털어놓
았다. 일단 여기서 복잡하게 등장하는 홍씨 집안의 인물들을 간략하
게 정리해 두고 넘어가자.
  먼저 해(海) 자 돌림대의 할아버지 홍우전에서 시작한다. 홍우전(洪
禹傳, 1663년 현종 4년~?)은 송시열에게서 수학한 노론계 인물이다.
50대 중반을 넘어선 1719년(숙종 45년)에야 문과에 급제해 사헌부 지

홍계희 가계도

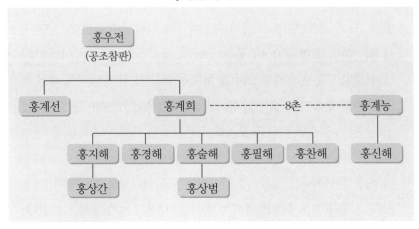

평을 지내지만 소론이 득세했던 경종 때는 수시로 탄핵을 받아 별로 빛을 보지 못했다. 그로 인해 소론에 대한 깊은 원망을 갖게 되었다. 영조의 즉위와 함께 1725년 노론의 핵심인 민진원이 추천하여 다시 관직에 나올 수 있었고 대사간·공조참판 등을 지내며 남구만·윤지완·최석정 등 소론 거물들을 숙종의 묘정에서 출향할 것을 주장하다가 삭탈관직되기도 했다. 한마디로 불행하게 관리생활을 했던 인물이라고 할 수 있다.

홍우전에게는 홍계선·홍계희 등의 아들이 있었는데 홍계희가 중앙정치에서 두각을 나타내면서 아버지의 한을 맘껏 풀어주게 된다. 홍계희(洪啓禧, 1703년 숙종 29년~1771년 영조 47년)는 영조 13년(1737년) 문과에 장원급제해 사간원·홍문관 요직을 거치며 영조 23년 대사성에 오르고 영조 32년에는 한성부판윤을 지냈다. 그러나 아버지의 배경이 미미한 때문이었는지 처음에는 한성부판윤과 경기도관찰사 등 외직을 주로 맡았다.

그는 실학의 원조 유형원의 묘비를 직접 쓴 데서 알 수 있듯이 실무

관료형 인사였다. 영조 36년 한성부판윤으로 있으면서 청계천 준설공사를 주장한 것도 그다. 균역법 실시에도 대단히 적극적이었다. 적어도 정치적으로는 고담준론보다는 실무개혁 지향적이었다고 할 수 있다. 그러나 독자적 배경이 약한 그는 결국 집권당파의 실세에게 기댈 수밖에 없었다. 그 덕분에 이조판서·봉조하에까지 오를 수 있었다. 그 때문인지 『실록』은 그에 대해 대단히 비판적이다. 경기도관찰사로 있을 때 나경언 상소를 일으켜 사도세자를 죽음에 이르게 만드는 데도 적지 않은 역할을 했다. 정확한 실상은 알 길이 없지만 적어도 공식적으로는 영조의 계비인 정순왕후 김씨의 아버지 김한구의 주도 하에 윤급 등과 함께 사도세자를 무고했다는 것이 홍계희에 대한 평가다. 아마도 그가 정조 즉위 때까지 살았다면 정조에 의해 죽음을 당했을 것이다.

이처럼 예고된 비극은 결국 그의 손자대에서 나타나 멸문지화(滅門之禍)를 당하게 된다. 홍계희에게는 홍지해·홍경해·홍술해·홍필해·홍찬해 등의 아들이 있었다. 아들 대부분이 문과에 급제해 홍계희 집안은 번성하는 듯했다. 그러나 사도세자의 죽음에 관계된 이상 번성은커녕, 말할 수 없는 참화를 입게 된다. 이미 복주된 홍상간은 홍지해의 아들이고 홍상범은 홍술해의 아들이다.

"인조반정 때와 같이 해야 한다"

홍상길에 대한 공초가 계속되는 가운데 사도세자와 경빈 박씨 사이에서 난 은전군 이찬(李禶)을 정조 시해 후 새로운 왕으로 추대하려 했다는 충격적인 실토가 나왔다. 단순 복수극이 아니라 시나리오가 있는 '반정(反正)' 모의였다. 주동자는 홍계희와는 8촌지간인 홍계능이었다. 홍상길은 홍계능이 아들 홍신해 및 조카 홍이해와 함께 지난 3~4월경 자신을 불러 이렇게 말했다고 털어놓았다.

"지금의 주상은 국정(國政)을 잘못한 것이 많다. 새로운 임금을 추대하는 일을 하지 않을 수 없으니, 인조반정 때와 같이 해야 한다."

그리고 관련자로 민홍섭과 이택수를 거론했다. 엿새 후에 홍계능에 대한 국문이 이뤄진다. 홍계능은 모든 것을 자복하고 목을 베라고 당당하게 말했다. 이로써 사건의 진상은 대체적으로 드러났다. 홍계능이 정후겸·홍인한의 복수를 위해 전체적인 그림을 그렸고 집안 내 홍씨들이 대거 동원됐으며 얼굴마담으로 은전군 이찬을 내세우기로 한 것이다.

이제 신하들은 이찬을 잡아들여 즉각 처단해야 한다고 야단이었다. 정조는 눈물로 호소했다. 그렇게 할 수는 없다는 것이었다. 여기서 이해하기 힘든 상황이 발생한다. 정조의 만류가 계속되는 가운데 신하들이 윤허도 없이 이찬을 의금부에 잡아 가두었다. 그리고 영의정 김상철은 백관을 거느리고 와서 이찬을 처단할 것을 주청했다. 봉조하 김치인도 나서 "난역의 근본을 끊어버려야 한다"고 청했다.

영의정 김상철(金尙喆, 1712년 숙종 38년~1791년 정조 15년)은 1736년(영조 12년) 문과에 급제해 사헌부 지평과 홍문관 교리를 거쳐 1757년 충청도관찰사에 오르고 이어 대사간·한성부판윤과 이조·형조·병조의 판서를 역임했다. 1766년(영조 42년) 우의정에 이어 좌의정·영의정에 올랐다. 학덕이 뛰어나 영조의 신임을 받았다. 이때 영의정으로 있으면서 집권 초 정조의 권력안정에 기여했고 1781년(정조 5년) 기로소에 들어간 뒤, 중추부 영사가 되었다. 1786년 아들 김우진이 숙종이 소론의 대부 윤선거(尹宣擧)의 문집을 훼손한 병신처분(丙申處分)의 잘못을 지적하고, 소론의 조태구·유봉휘를 옹호한 죄로 제주도에 유배될 때에, 그도 죄를 입어 삭탈관작된다. 정조의 기본노선은 노론이었다.

김치인(金致仁, 1716년 숙종 42년~1790년 정조 14년)은 영의정을 지낸 김재로의 아들로 1748년(영조 24년) 문과에 장원급제해 암행어사로 이름을 날렸고 1762년(영조 38년) 이후 이조·호조·형조의 판서를 지냈다. 1765년 우의정에 올랐고 이듬해 좌의정을 거쳐 영의정이 되었다.

1772년 당파를 조성했다는 죄로 유배되었으나, 반년 만에 풀려나 중추부 영사로 다시 서용되고, 봉조하가 되었다. 정조의 뜻을 받들어 『명의록(明義錄)』 편찬을 주관하고, 1785년에는 『대전통편』 편찬을 주관했다. 정조 때에도 여러 차례 영의정을 맡아 당쟁의 조정에 힘썼고 "성품이 치밀하고 결단력 있는 인물"이라는 평을 들었다.

신하들은 '단의할은(斷義割恩)' 4자로 정조를 압박했다. 사사로운 은정은 잘라내고 의리로써 결단하라는 것이다. 정조와 신하들의 이런 실랑이가 오가는 도중 홍술해는 처형됐다. 8월 17일까지 이찬 처벌에 대한 정승 백관의 44차례에 이르는 요청과 3사의 62차례 상소가 있었지만 정조는 들어주지 않았다.

그런데 또다시 이해할 수 없는 일이 벌어진다. 신하들이 이찬이 있는 의금부로 몰려가 임금을 위해 자진(自盡)할 것을 강요한 것이다. 이찬은 그럴 수 없다고 버텼다. 그러자 신하들은 이찬의 이런 태도를 보더라도 신하로서의 충절이 없는 것이라며 정조를 압박했다. 정조는 눈물을 흘리며 허락했다. 더 이상 신하들의 요구를 버텨낼 힘이 없던 것이다. 은전군 이찬은 자진했다. 이후 9월 11일까지 정확히 한 달

동안 30여 명에 이르는 관련자들에 대한 처형과 유배가 취해졌다. 홍계능의 반정시도는 이렇게 비극으로 끝맺었다.

서명완의 고변사건, "윤약연의 상소야말로 춘추대의다"

1778년 정조는 즉위 2년을 넘기고 있었다. 그러나 정조의 즉위를 인정하지 않으려는 세력들의 저항은 완강했다. 7월 18일 공충도(충청도)관찰사 서유린이 밀계를 올려 서명완이라는 인물이 역모를 고변해 온 사실을 급보했다. 역모였기에 정조가 숙장문으로 직접 나가 친국을 펼쳤다. 이 자리에서 서명완은 맹명원이 심론이라는 글을 썼는데 읽어보았더니 흉측했다는 것이고 또 윤창정과 그 손자 윤범성이 "윤약연의 상소야말로 춘추대의"라고 말했다는 것이다. 윤약연은 홍인한을 풀어줄 것을 청하는 상소를 올렸다가 정조의 국문을 받고 유배를 가서 죽은 인물이다.

맹명원과 윤범성이 붙잡혀왔다. 두 사람 모두 자복했다. 또 관련자들에 대해 캐묻자 윤범성은 한후익과 홍양해의 이름을 털어놓았다. 한후익은 앞서 본 대로 김구주의 수하에 있는 인물이었다. 한후익은 다시 한 번 김구주를 변호하는 상소를 준비하다가 붙잡혀 왔다. 정조는 한후익에게 "너는 윤약연이 억울하다고 해서 소장을 준비했는가 아니면 김구주를 위해서인가"라고 물었다. 한후익의 대답은 약간 모호했다. "김구주는 허다한 죄가 큰 데도 하필이면 홍국영을 공격했다는 이유로 죄를 주어 이 점에 대해 불만을 품고 상소하려 하였다." 여기서도 홍국영이 문제가 되고 있는 것이다.

이어 홍지해 등의 가까운 족속인 홍양해에 대한 공초가 이뤄졌다. 홍양해는 김구주의 스승이었다. 홍양해가 홍지해·홍술해·홍계능 등의 문서를 집에 보관한 것까지 드러났다. 그런 문서는 자기 아들이 갖고 있었던 것이어서 자신은 잘 몰랐다고 하면서도 자신이 국가에 대해 불만을 갖고 있었던 것은 사실이라고 말했다. 이 발언은 대단히 중요하다.

"사람들 사이에 이런저런 유언비어가 떠도는데 그중에 국가에서 지나친 조치가 있었다고도 하고, 국가에서 신하들의 마음을 의심하고 있다고도 하고, 국가에서 염문하는 일이 많다고도 하는데 나도 그 말을 믿었기 때문에 여기저기 하고 다녔습니다."

사실 즉위 초 정조가 보여준 보복행위는 지나친 면이 있었다. 당사자가 아니어도 지나치다고 볼 수 있는 면이 많았다. 살리는 정치가 아니라 죽이는 정치, 융합의 정치가 아니라 배제의 정치를 통해 왕권을 강화하려 했기 때문이다. 게다가 너무 서둘렀다. 아마도 그것은 세손 시절 고립무원의 상태에서 위협을 받아야 했던 심리적 피해의식 때문으로 보인다.

홍양해는 한후익의 상소문을 자신이 대신 지었다는 사실도 털어놓았다. 정조는 다시 유언비어를 어디서 들었느냐고 캐물었다. 이에 홍일원의 아들 홍상관에게 들었다고 답한다. 홍상간 등과 먼 집안인물인 듯하다. 김구주와의 관계에 대해 묻자 홍양해는 "그 아비 때부터 친하게 지낸 사이"라고 답했다. 그러나 정작 정조가 듣고 싶었던 대답, 즉 한양에서 자신과 국가를 비방하는 사람들의 이름은 나오지 않았다. 흉악한 마음을 품게 된 이유에 대해서는 "홍상간·홍상길이 집안사람이라 족친을 생각하는 마음에 국가를 잊어 그렇게 된 것 같다"고 담담하게 답했다.

이어 한후익의 공초 때 이름이 나온 심혁에 대한 심문이 시작됐다. 심혁은 한후익의 매부였고 또 홍양해의 아들이 그의 사위였다. 심혁이 잡혀온 이유는 홍양해가 한후익의 상소를 대신 써줄 때 그의 집에서 작업을 했기 때문이다. 그리고 홍양해와 심혁의 입에서 역모를 꾸미려 했다는 '실토'가 나왔다. 이에 정조는 암살인가 거병인가 그 방법을 물었다. 그러나 이들은 그런 정도까지 나간 게 아니었다. 이런저런 불만 때문에 요즘으로 말하면 정부비판을 한 정도라고 할 수 있다. 결국 이 사건은 한후익·홍양해·심혁 3인을 사형에 처하는 것으로 마무리됐다.

뒤늦게 문제가 되는 홍국영 역모사건

송시열의 후손 송덕상의 유배

홍국영·정민시와 함께 세손을 지킨 트리오의 한 명인 서명선은 정조 5년(1781년) 4월 28일 영의정에 올라 있었다. 이때는 홍국영이 죽은 직후였다. 이날 서명선은 정조에게 홍국영이 살아 있을 때 정조에게 아들이 없는 점을 이용해 역모를 꾸미려 하였고 그 행동대장으로 송덕상을 활용하려 했다는 충격적인 사실을 털어놓는다.

송덕상은 노론이 하늘처럼 떠받들던 송시열의 후손이다. 정조도 송시열 숭배론자였다. 송덕상(宋德相, ?~1783년 정조 7년)은 송시열의 현손으로 영조 29년(1753년) 좌의정 이천보의 천거로 세자익위사 세마에 임명되었으며 잠시 사헌부 지평을 지냈다. 그리고 관직에서 물러나 있다가 정조가 즉위하고 노론의 지지를 얻어내려는 홍국영의 후원을 받아 조정에 나와 동부승지·이조참의·예조참의·한성부좌윤·성

《대로사비명(大老祠碑銘)》_ 송시열의 위패를 모신 사당인 대로사에 세운 비석에 새긴 정조의 친필.

균관좨주 등을 거쳐 정조 3년에는 이조판서에까지 오른다. 그러나 그해 홍국영이 실각하면서 사직을 거둬달라고 상소하는 등 계속 홍국영을 감싸다가 관직에서 쫓겨나기도 했다.

서명선의 논의를 통해 드러난 역모의 실상은 이랬다. 원빈 홍씨가 죽자 홍국영은 후궁간택을 교묘하게 방해해 후사를 볼 수 없도록 한 다음에 자신이 아끼던 상계군 이담(李湛)을 왕으로 추대하려 했다는 것이다. 바로 이 후궁간택 방해공작 차원에서 진행된 상소 올리기를 주도한 것이 송덕상이었다. 실은 홍국영이 주상에게 후궁간택을 청하는 상소를 올리게 해서는 안 된다는 협박성 상소를 직접 쓴 다음 송덕상으로 하여금 대신 올리도록 한 것이었다. 실제로 경연관으로 있던 송덕상은 정조 3년 9월 2일 후사를 잇는 법을 더욱 엄하게 해야 한다는 상소를 올린 바 있다. 이 점을 모를 리 없는 정조는 처음에는 처벌을 반대하다가 서명선의 설명을 다 들은 후에 일단 송덕상의 관작을 삭탈할 것을 명한다.

이후 여러 달 이상 송덕상을 논죄하고 중벌에 처해야 한다는 상소가 이어졌으나 정조는 송시열의 후손이라는 부담 때문에 윤허하지 않고 버텼다. 그런데 9월경 호서유생 연덕윤 등이 4도에 사발통문(沙鉢通文-사발을 엎어서 그린 원을 중심으로 동참자의 이름을 둘러가며 적은 고지문)을 보내 송덕상 구원운동을 펼칠 것을 선동하자 정조도 어쩔 수 없이 송덕상을 삼수(三水)로 정배할 것을 명한다. 삼수갑산하는 바로 그 삼수다.

이택징 해프닝

사람을 쓸 때는 그가 하는 말이 아니라 일을 보고 써야 한다. 정조는 종종 말을 보고서 사람을 썼다가 낭패를 겪는 경우가 있었다. 이택징의 경우가 대표적이다. 정조 6년(1782년) 2월 25일 사헌부 장령 이택징이 군주가 반드시 유념해야 할 15조항에 관해 상소를 올리자 정조는 "근래에 처음 보는 것"이라고 기뻐하며 즉석에서 이택징을 중추부 첨지사로 발탁할 것을 명한다. 이택징이 올린 글은 짤막하면서도 당대의 폐단을 잘 정리한 글이었다.

3개월 후인 5월 26일 공조참의로 자리를 옮김 이택징은 임금이 널리 국정에 관한 의견을 구하는 구언에 따라 다시 글을 올렸다. 그런데 먼저의 상소와 달리 내용이 지나치게 민감했다. 주요 부분을 발췌한다.

"전하께서 등극하신 처음부터 요망스러운 난역들이 차례로 주륙(誅戮)을 받았는데, 선조(先朝-영조) 때 교목세가(喬木世家-권문세가)들의 태반이 무참하게 도륙당하는 속으로 들어가 세도(世道)가 말할 수 없는 지경에 이르렀으며, 그 여파의 걱정이 지금도 그치지 않고 있습니다. 전하께서는 한결같이 '진안(鎭安)' 시키기만을 힘쓰시어 일이 발생하면 그때마다 관전(寬典-관대한 법적용)을 하여 왔는데, 이는 진실로 성덕의 하해 같으신 아량인 것입니다. 신이 비록 어리석고 미련합니다만, 어찌 우러러 성의(聖意)를 헤아리지 못하겠습니까? 그렇기는 하지만 이들은 모두 스스로 천주(天誅)를 간범한 것으로 무릇 거괴(巨魁)와 대특(大慝)에 관계된 것이어서 결단코 오늘날 북면(北面)한 신하로서 하늘을 함께 이고 있을 수 없는 자들인 것으로, 신인(神人)이 함께 통분스럽게 여기는 것이 어찌 천고(千古)의 상홍양(桑弘羊-한나라 때의 대표적인 반역자)에 견줄 정도뿐이겠습니까?"

지금도 조정에 사도세자 죽음이나 세손 위협과 관련된 인물들이 남아 있다는 주장이었다. 두 번째로 중전에 대한 홀대 문제를 언급한다. 이 또한 위험수위를 넘나드는 언급이었다.

"아! 궁위(宮闈)는 매우 깊고도 엄한 곳이어서 진실로 외신(外臣)으로서는 말할 수 있는 것이 아닙니다만, 신이 봄에 대직(臺職-대간)에 있을 적에 빈연(賓筵)에 참여하였는데 그때 직접 대신의 문후(問候-문안인사)는, 먼저 대전(大殿)에 문후하고 그 다음으로 양전(兩殿)에 이르게 한다는 말을 들었습니다. 신은 부복(俯伏)하고 있으면서 놀랍고 의아스럽게 여겼는데, 지금까지도 그 말의 뜻을 이해할 수가 없습니다. 아! 중곤(中壼-중전)의 존엄함은 이것이 신민(臣民)의 국모(國母)인 것인데, 평일 어공(御供)에 관한 범절(凡節)은 한결같이 상제(常制)를 따르고 있으면서 어찌하여 유독 문후하는 상제만 갑자기 폐기하는 것입니까? 그렇다면 이는 군부(君父)는 있으나 국모(國母)는 없는 것이 됩니다. 이렇게 하고서도 신자로서의 예절을 극진히 했다고 할 수 있겠습니까?"

그리고 끝에는 정조가 홍문관보다 규장각 신하들을 지나치게 우대하는 데 대해 비판했다. 즉각 전현직 정승들이 이택징이 제기한 첫 번째 문제와 관련해 자신들이 의심을 받고 있다며 연명으로 상소를 올렸다. 당시 전현직 정승은 영의정 서명선, 좌의정 홍낙성, 중추부영사 김상철, 중추부판사 정존겸·정홍순 등이었다. 5월 29일 정조는 이택징의 상소가 다소

이재협_ 정조 대에 우의정·좌의정·영의정을 지낸 인물로, 정조는 그를 "시기하여 남을 오해하는 마음이 흉중에 없는 것을" 높이 샀다.

부정확한 것도 있고 심한 부분도 없지 않지만 결국 "내가 스스로 반성해야 할 부분"이라고 말한다. 더 이상 문제 삼지 않겠다는 뜻이다. 심지어 정조는 대신들에게 자신이 규장각을 설치하게 된 근본 이유에 대해 조목조목 친절하게 설명하기까지 하였다. 그만큼 이때까지는 정조가 이택징을 좋게 보고 있었다는 뜻이다.

그런데 한동안 뜸했다가 6월 24일 대사헌 이재협이 이택징을 '역적을 비호한 죄'로 성토하는 상소를 올렸다. 이재협(李在協, 1731년 영조 7년~1789년 정조 13년)은 영조 초 무신 난 때 공을 세운 병조판서 이경호의 아들이며 영조 33년(1757년) 문과에 장원급제하였다. 지평·교리 등을 역임한 뒤 1760년에 호서지방의 암행어사로 파견되었다. 이어 중앙으로 돌아와 대사간에 올랐고, 이어 승지로 영조를 보필하였다. 1781년 병조판서가 되고 인릉군(仁陵君)에 봉해진다. 1787년 우의

정과 좌의정을 거쳐 1789년에는 영의정에 올라 정조 중반의 정국에서 중요한 역할을 한다. 그가 죽었을 때 정조는 "그를 발탁해서 수상(首相)까지 지내게 하였으니 어찌 우연한 것이겠는가. 시기하여 남을 오해하는 마음이 흉중에 없는 것을 높이 샀던 것이다. 이제 갑자기 세상을 떠났으니, 애석한 심정을 무슨 말로 다하겠는가"라며 아쉬워했다.

이재협의 상소는 한 마디로 이택징이 홍계희의 잔당이며 복잡한 말장난으로 상소를 꾸며 임금을 농락하려 했다는 것이었다. 같은 날 영의정 서명선은 이유백이란 자가 올린 상소도 이택징과 같은 맥락에서 대신들을 공박하고 있다며 이택징과 이유백의 사전 모의 가능설을 제기했다. 배후에서 조종하는 세력이 있다는 지적이었다. 정조도 이유백의 상소에 대해서는 "흉참스럽다"며 왜 대신들이 서둘러 처벌을 의논하지 않는가라고 따졌다. 또 정조는 사전 모의 가능설에 대해서도 그럴 수 있다며 이택징에 대한 태도를 바꾼다. 6월 25일에는 어떤 이유에서인지는 몰라도 이유백의 동생 이유원이 포도청에 찾아와 이유백과 이택징이 서로 자주 만나 상소를 논의했다고 고발했다.

두 사람은 체포됐고 사흘 후인 6월 28일 경희궁 금상문 앞에서 정조의 친국이 열렸다. 사전 조사 과정에서 모의사실을 알고도 고발하지 않은 대여섯 명의 연루자까지 함께 붙들려 왔다. 친국 결과 조직적 세력은 아니라고 판단한 정조는 하루 만에 친국을 풀고 나머지 조사를 의금부에 넘겼다. 결국 두 사람은 조사 과정에서의 고문 등으로 사망하고 만다. 특히 이택징의 경우 그의 고향 강원도의 이름이 원춘도로 바뀌는 추가조치가 취해졌다. 신망을 주었던 신하의 배신에 정조가 그만큼 분노했다는 뜻이다.

뿌리로 보자면 이택징이나 이유백 사건은 홍국영 실각으로 권력에서 소외된 노론 세력의 반발이었다. 특히 노론 중에서도 홍국영이나 송덕상을 따랐던 무리들의 반발이었다. 실은 이 무렵부터 송덕상·문인방 등이 연루된 전국적 규모의 역모가 발각돼 조정이 발칵 뒤집어진다.

문인방 사건의 실체가 드러나다

정조가 송덕상을 함부로 처벌하려 하지 않은 이유 중 하나는 송시열을 숭배하는 전국 유생들의 반발을 우려한 때문이었다. 송덕상을 삼수로 유배 보내자 1년 가까이 송덕상 해배를 청하는 상소가 곳곳에서 올라왔다. 홍계희의 홍씨 가문의 반발 움직임이 어느 정도 가라앉으려 할 즈음에 송덕상의 송씨 집안의 반발이 시작되고 있었다. 규모나 조직 면에서는 송씨 집안의 파괴력이 훨씬 컸다. 물론 그에 맞서 송덕상의 처형을 요구하는 상소도 만만치 않았다.

이런 가운데 정조 6년(1782년) 11월 20일 중대한 역모사건이 드러나 술사(術士) 문인방(文仁邦)이라는 인물이 체포되었다. 이날 친국이 열렸다. 문인방은 송덕상의 제자라고 했다. 그는 백천식이라는 인물과 『경험록(經驗錄)』 『신도경(神韜經)』 등과 같은 일종의 예언서 같은 것을 탐독하며 이곳저곳을 떠돌아 다녔다고 했다. 이런 공부를 통해 두 사람은 나라에 큰 난리가 날 것으로 믿었고 양양에 사는 기인 이경래를 도원수, 도창국을 선봉장, 박서집을 식량책임자로 삼아 귀양가 있던 송덕상 선생을 위해 성읍을 도륙내고 곧장 도성으로 쳐들어가려는 계획을 세웠다고 털어놓았다. 이중 식량책임자 박서집이 마음을 바꿔 고변을 했다.

서명완의 고변 같은 간단한 사건이 아니었다. 여기서 언급된 백천식·이경래·도창국 등이 모두 압송돼 왔다. 이들은 『정감록』까지 들먹이며 송덕상의 손자 송계유도 역모에 동참했다고 실토했다. 문인방의 최종 조서의 일부다.

"이경래를 도원수로, 도창국을 선봉장으로 삼았습니다. 양양에 그
의 당류와 노복이 많이 있으므로 불시에 갑자기 일어나 먼저 양양 군
수를 죽이고 나서 군기와 병사를 거두어들인 다음 간성(杆城)을 공
격하고 나서 강릉(江陵)으로 들어가고 강릉에서 곧바로 원주(原州)
로 들어가고 이어서 계속 밀고 들어가 동대문을 통해 도성으로 들어
가기로 하였습니다. 일을 성공한 뒤에 송덕상을 대선생(大先生)으로
봉하기로 하였습니다. 거사할 날짜는 이경래와 도창국이 의논해서
갑진년(정조 8년 1784년) 7월과 9월 사이로 정하기로 하였습니다. 이
경래가 말하기를 '우리 일가붙이에 이택징이란 사람이 있고 그 밖에
또 많은 일가붙이가 있으니, 그들과 체결하겠다. 그리고 서울에 있어
서는 내 또한 주선하겠으니, 너는 삼남(三南)으로 가서 힘이 세어 쓸
만한 무리가 있으면 어떠한 조건을 붙여서라도 찾아 모으라'고 하였
는데, 신이 진천(鎭川)에 와서 머물러 있는 것도 이 때문이었습니다.
대역 부도한 짓을 한 것은 사실입니다."

정권이 뿌리에서부터 흔들리고 있었다. 사방에 적이었다. 상당수는
실은 정조 자신이 엄벌주의에 입각한 정치보복을 하면서 만들었다.
주로 홍국영에게 적대적이었던 인물들이 정권 초기에 큰 화를 입어야
했다. 그런데 이제 홍국영 쪽에 섰던 송덕상 세력마저 역모를 꾸미는
단계에 이르렀다. 정조는 문인방 친국 이후 10여 일 정도가 지난 12월
3일 대대적인 사면령을 내린다. 대상자가 3,137명이나 될 정도로 많았
다. 그만큼 다급했던 것이다.
먼저 이미 죽은 장지항, 신회, 한익모의 죄를 사면한다고 했다. 또

홍국영과 노론의 요청을 수용해 단행했던 윤선거·윤증 부자에 대한 관작추탈을 취소했다. 소론을 끌어안겠다는 정치적 신호였다. 그 밖에도 주요 사건에 관계돼 귀양을 가 있던 인물 대부분이 풀려났다. 그것은 실은 정권 초 마구잡이식 보복처벌에 대한 때늦은 바로잡기라고 할 수 있다.

정조의 이 같은 때늦은 반성은 송덕상을 중심으로 한 일파를 처벌할 때 분명하게 드러난다.

"오늘날 조정 신하들이 과연 나의 마음을 이해하고 있는가? 그들의 우두머리에게 먼저 국법을 시행하고 그 나머지 연루된 사람은 모두 우선 사형을 감해 준다. 아! 이번에 내린 처분에 대해 여러 의논들은 필시 너무나 관대하였다고 할 것이다. 그러나 나의 본의는 앞에서 말한 바와 같다."

앞에서 말한 바란 다음과 같은 말이다.

"아! 내가 왕위에 오른 지 6년이 되었으나 정치와 교화가 제대로 정립되지 않아 개과천선하였다는 말은 듣지 못하고 죄에 걸린 자는 날마다 늘어나고 있다. 감옥이 텅텅 비는 교화를 기대할 수 없게 되어 죄수를 보고서 수레에서 내려 눈물짓는 일만 자주 하게 되었으니, 내 거듭 부끄러워서 탄식하고 있다."

이듬해 1월 7일 옥중에서 "더럽게 (조정을 향해) 욕을 해대던" 송덕상은 병으로 죽었다. 그리고 1월 15일 정조는 창덕궁 인정전에 나아가 역적 토벌에 대한 하례를 받고 다음과 같이 유시했다.

"유시를 반포하여 알리는 그 고심은 어리석은 사람을 깨우치려는 데에서 나온 것이고, 성행하는 예언을 물리치는 급선무는 유도(儒道)를 존중하는 것보다 먼저 할 것이 없다. 역적 홍국영과 송덕상은 지레 죽었고 이택징은 대역부도로 결안(結案-최종 조사결과)을 하고 지레 먼저 죽었는데, 역적에 해당하는 법을 시행하였다. 이유백은 임금을 범한 부도로 결안하고 지레 죽었고 권홍징·문인방·이경래는 모두 능지처참을 하였고 백천식은 관서로 내려보내 법을 시행하라고 하였고 이심·신형하는 호남으로 내려 보내 결안을 받게 하였고 김정채는 사형을 감해서 섬으로 귀양 보내고 송환억과 이최중은 모두 사형을 감해 섬으로 귀양 보내되 위리안치시켰다."

여기서 우리가 눈여겨봐야 할 점은 "성행하는 예언"이라는 말이다. 역모나 반란, 혹은 반정 등은 권력투쟁에서 나오는 것이 일반적이다. 앞서 본 홍씨 집안의 계속된 역모도 이런 범주에 속한다. 권력투쟁에 의한 반란은 그나마 기존체제는 인정하는 범위 안에서 일어나는 것이다. 그러나 예언서를 숭상하면서 일어나는 반란은 성격이 전혀 다르다. 새 나라, 새로운 체제를 바라며 일어나는 것이기 때문이다. 어쩌면 이미 조선이라는 체제는 당시 백성을 다스리기에는 한계에 이르렀는지 모른다. 정조라서가 아니라 임금 자체를 인정하지 않으려는 사람들이 늘어나고 있었기 때문이다.

이 문제와 관련해 일단 정조는 "성행하는 예언을 물리치는 급선무는 유도(儒道)를 존중하는 것"이라고 생각했다. 정학(正學)을 통해 극복하겠다는 것이다. 하지만 다른 사람도 아닌 '조선 정학의 원조' 송시열의 현손에게서 예언에 의한 반역의 씨앗이 뿌려졌다는 것은 역사의 아이러니가 아닐 수 없다.

김하재 역모사건의 진실

전 이조참판 김하재의 기행과 죽음

정조 8년(1784년) 7월 28일 이조참판을 지낸 김하재(金夏材)는 영희전 고유제(告由祭)의 헌관(獻官)을 맡고 있었다. 영희전은 태조·세조·원종(인조의 아버지)·숙종 등의 영정을 모신 곳으로 한양 남쪽에 있다고 해서 남별전으로도 불렀다. 고유제란 중대한 일이 있을 때 그 내용을 적어 사당에 올리는 행사를 말한다.

김하재는 제사에 쓸 향을 얻기 위해 향실로 가던 중 소매 안에서 작은 쪽지를 꺼내 예방 승지 이재학에게 건넸다. 이를 받아 읽어본 이재학은 경악하지 않을 수 없었다.

"펼쳐보니, 전부 임금에 대한 욕설로서 역사책에 볼 수 없었던 지극히 아주 참혹하고 아주 패악하고 흉악한 말들이었다."

이재학은 즉시 동료 승지들과 의논한 다음 정조에게 쪽지를 올렸다. 정조도 깜짝 놀라 "한참 동안을 가만히 있었다"고 『실록』은 적고 있다.

"천지에 백성이 생긴 이래로 이렇듯 흉악한 글은 일찍이 없었다. 세상의 온갖 일들은 모두 천리(天理)와 인정(人情)에 벗어나지 않는데, 그도 또한 조선의 신하로서 그 집안으로 말하면 명문가요, 그 벼슬로 말하면 참판이다. 나라에서 그에게 무엇을 잘못하였기에 이런 때를 마침 맞아서 차마 이렇듯 천고에 없는 변고를 저지르는가?"

사실 이때 정조는 어느 때보다 기분이 좋을 때였다. 2년 전에 의빈 성씨와의 사이에서 얻은 원자(문효세자)을 세자로 책봉한 것이 7월 2일이었다. 정조가 "이런 때를 마침 맞아서"라고 한 것은 세자 책봉을 염두에 둔 것이었다.

정조는 영조 51년 1월 3일 왕세손 시절 승지들과 이야기하던 중에 김하재에 대해 "가문이 매우 좋고 집안이 훌륭하니 어디엔들 쓸 수 없겠는가?"라고 극찬까지 한 적이 있다. 김하재의 아버지는 정조 즉위년 영의정을 지낸 김양택이다. 그리고 김양택은 예학의 원조 김장생의 5세손으로 숙종비 인경왕후 김씨의 오빠 김진규의 아들이다. 멀지 않은 왕실 외척이다. 게다가 이 광산 김씨 집안은 대대로 권력을 누리던 노론의 대표적인 벌족 가운데 하나였다.

김하재의 이력을 보면 정조 즉위 후에도 총애를 받은 편이라고 할 수 있다. 김하재는 성균관대사성·이조참의·홍문관부제학·사헌부대사헌·이조참판 등을 역임했고 제주수령을 잘못 추천한 죄로 참판 자리에서 쫓겨나기도 했지만 곧바로 복직됐다. 이 사건이 있기 직전인 6월

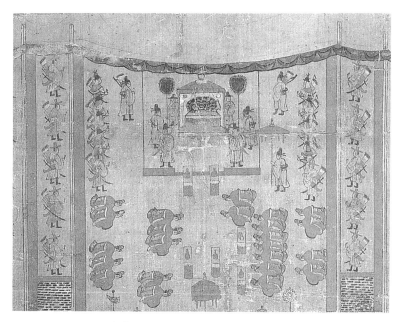

〈문효세자 책봉식〉 1784년에 거행된 문효세자의 책봉식을 그린 병풍 그림.

20일에는 이조참판으로 있다가 사간원 정언 이정도의 탄핵을 받고 그 자리에서 물러나야 했다. 굳이 김하재가 보여준 기행의 원인을 찾자면 참판에서 물러나면서 정조에게 했던 이 말이다.

"스스로 대신(臺臣-여기서는 이정도)이 실정 이외의 것으로 배척함을 듣고는 곧바로 목을 찌르고 배를 갈라서 이런 마음을 밝히고자 하였으나 하지 못하였습니다."

자신의 잘못이 아닌 것으로 퇴출당한 것이 억울하다는 것이다.
대신들이 정조에게 김하재의 쪽지를 보여달라고 하자 정조는 자신을 욕하는 내용이 주를 이루고 있다며 불태워버릴 것을 명했다. 그리고 김하재를 불러 친국한다.

"도대체 무슨 심보로 이렇게 흉악한 이야기들을 글로 적었는가?"

그 대답이 기이하다.

"김일경(金一鏡)이 갑진년(1724년 영조 즉위년)에 죽었는데, 올해
가 바로 갑진년입니다. 신은 김일경을 본받아 나쁜 이름을 만대에 남
기려고 그랬습니다."

이게 무슨 소린가? 김일경은 적어도 영조와 그 후손들 입장에서 보
자면 결코 용서 못할 흉악무도 역적이다. 소론 강경파로서 즉위하기
전 영조를 죽이려고까지 한 인물이기 때문이다. 정조가 도저히 이해할
수 없다고 말하자 김하재는 "영영 벼슬길이 막혀 버릴 것 같아 그랬
다"고 답한다. 정확히 알 길은 없지만 이런저런 스트레스로 인해 정신
병을 일으킨 것일 수도 있다. 국문이 끝나자마자 김하재는 처형되었
다. 그 바람에 영의정에 올랐던 죽은 김양택마저 관작추탈을 당했다.
　정말 이해하기 힘든 사건이다. 김하재는 왜 이런 황당한 죽음을 자
초했을까? 쪽지에는 과연 어떤 내용이 어느 정도로 쓰여 있었는가?
정신이상이라면 죽일 것까지 없는데 친국이 끝나자마자 김하재를 처
형한 특별한 이유라도 있었던 것은 아닐까? 아쉽게도 이런 물음에 대
해서는 더 이상 확인할 길이 없다. 다만 뒤이어지는 사건들을 통해 어
느 정도나마 상황을 추정해 볼 수 있을 뿐이다.

"역적의 변고가 층층이 일어나지 않는 해가 없었다"

정조는 불안했다. 어쩌면 이해할 수 없어서 더 불안했는지 모른다. 거사(擧事)가 있는 역모는 아니었지만 그래서 더 두려웠는지 모른다. 정조는 김하재를 처형한 후인 8월 20일 전 제학 김종수를 부른다. 은밀하게 중요한 논의를 할 때면 부르는 게 김종수였다.

"사람들의 뜻이 안정되지 아니하여 각각 스스로 마음먹는가 하면, 조정의 정사는 뒤섞이어 어지럽고, 나라는 끝없이 안정될 때가 없으므로 역적의 변고는 층층으로 일어나는 데도 사람들은 보통으로 보고 있다. 이는 다름 아니라, 나라와 승부를 겨루고 조정을 멸시하는 소치이다. 국사를 생각할 때 어찌 두렵지 않겠는가? 지금의 방도로서는 오늘날의 풍속을 바꾸고 임금과 신하의 상하 모두가 안으로는 직분을 닦고 밖으로는 역적을 물리치면서 조절하고 보전할 방도를 생각한 다음이라야 그나마 정사를 쇄신(刷新)할 가망성이 있게 될 것이다. 그렇지 않다면, 나라가 어떻게 유지될 수 있겠는가?"

아마도 김종수는 정조의 인재등용에 문제가 있다고 보았는지 이런 말을 한다.

"인재를 등용하는 방도에 대해서는 그 사람의 내력과 장단(長短)을 살피는 데에서 벗어나지 않습니다. 전하의 안목 아래에서는 사물이 진상을 숨기지 못할 것이니, 단지 그 사람의 성실과 불성실만을 살펴서 등용하거나 버려야 할 것입니다. 그의 사람됨이 비록 우수한 재주를 가졌다고 하더라도 조금도 나라를 향하는 정성이 없다면 배척하여 물리칠 것이고, 혹 하나라도 볼 만한 것이 없더라도 오로지 반 푼이나마 나라를 위하는 정성이 있다면 장려하여 등용해야 할 것입니다. 이 역시 오로지 사대부들의 마음을 굳게 단결시키는 데에 달려 있을 뿐입니다."

"인심(人心)과 세상 도리를 수습할 수 없으니, 참으로 작은 걱정거리가 아니다. 지금부터 경 등은 모름지기 뒷날을 위한 좋은 계책을 생각하고 정신을 한데 모아 왕실을 도와 사건의 기미와 조짐을 미리 막고 한마음으로 왕실을 도와 함께 안락을 누린다면 어찌 좋지 않겠는가?"

정권이 흔들리는 위기감을 느낀 정조는 김종수에게 애걸하듯이 부탁을 하고 있다.

김종수의 고변

정조 9년 2월 29일 문외출송이라는 처벌을 받고 도성 밖으로 나가 있던 전 제학 김종수가 위급한 보고를 올렸다. 방금 김하재 문제로 정조와 밀담을 나눴던 그 김종수다. 김종수는 직접 아뢸 수 없어 일단 훈련대장 구선복을 통해 고변할 것이 있다고 했고 이에 정조는 김종수의 관직을 되살려 제학으로 임명하면서 김종수와 구선복 두 사람을 불렀다.

김종수의 고변은 이런 것이었다. 김종수는 집안사람 김종건에게 들은 것이라며 김하재 사건으로 유배를 가 있던 김하재의 조카 김두공이 귀양지의 집주인 하광용과 말을 주고받는 과정에서 "내가 만일 한양으로 올라간다면 많은 사람이 다치게 될 것"이라고 말했다는 것이었다. 한편 김종수는 전 현감 김이용을 도성으로 들어오는 길에서 만났는데 김이용은 자신도 고변할 것이 있다고 말했다고 하였다. 정조는 즉시 김이용을 불러들일 것을 명했다. 김이용의 고변은 간단했다. 자기 주변에서 이율과 양형이라는 인물이 역적모의를 했다는 것이다.

그런데 김종수는 "내가 역모를 고변하는지를 어떻게 알고 나를 만나기 위해 도성 밖에서 나를 기다렸느냐"고 묻는다. 이에 김이용은 길거리에서 주워들었다고 말했다. 이것은 있을 수 없는 일이었다.

김이용의 공초 내용은 대략 이랬다. 그는 외사촌 이경륜을 통해 이율을 알게 됐다. 그런데 정조 즉위년 이율이 상소를 올린 문제로 거리를 두게 되었다. 얼마 전 그의 집을 방문했더니 이율이 세상을 개탄하면서 김구주는 역적이 아니라고 말했다. 또 자신이 과거에 응하지 않는 것은 지금 조정에 간사한 무리가 가득하기 때문이라고 했다. 또 정조 즉위 후 여러 역모사건을 언급하다가 김하재 사건에 이르러서는 "역적에는 공사(公私)의 구별이 있는 법이다. 나라에 도가 없으면, 말과 행동을 조심하고, 나라에 도가 있으면 말과 행동을 바르게 하는 것이다. 말과 행동을 바르게 하는 것은 나라에서 볼 때는 역적으로 되지만 그 집으로 볼 때는 역적이 아니다"고 말했다.

이어진 이율·양형 등에 대한 공초 결과 이율은 한양 명문가의 자식으로 세상에 불만을 품고 있다가 중인 출신의 술객 양형과 연결돼 있다는 사실이 드러난다. 그리고 양형은 홍국영의 사촌동생인 홍복영과도 가까웠다. 홍복영은 몰락한 자기 집안의 복수를 계획하고 있었다. 홍복영의 스승이기도 한 양형은 3월 2일 친국에서 지난해 10월 홍복영이 을사년 3, 4월쯤 군사를 일으키려 한다고 말한 사실을 털어놓았다. 을사년(1785년)은 바로 그해다. 반란이 임박해 있었던 것이다. 양형은 이날 친국을 당하던 중 장형을 견디지 못하고 죽었다.

흥미로운 것은 이 사건과 무관할 수도 있는 김하재의 조카 김두공이 함께 친국을 받아 김하재가 글을 쓸 때 옆에서 도운 것으로 드러나 주살되었다는 점이다. 적어도 김하재와 김두공은 실체가 있는 역모에 대한 처벌이라기보다는 주상을 모독한 괘씸죄라고 할 수 있다.

고구마 줄기처럼 끝없이 나오는 연루자

기본적인 조사가 끝나자 한양의 이율·양형, 경상도 하동의 홍복영과 문양해, 문양해의 아버지 문광겸, 평안도의 주형채 등이 핵심인물로 드러났다. 그러나 조사과정에서 이해 못할 일이 한두 가지가 아니었다. 오백 살 먹은 신선이 등장하는가 하면 땅임금이라는 신선도 이번 역모와 관련돼 있다는 이야기까지 나왔다.

우선 3년 전에 있었던 문인방 사건을 떠올리기에 충분했다. 첫째는 예언과 관련된 역모였다. 여기서도 『정감록』이 등장했다. 둘째 홍국영과 홍복영이 연결되어 있었다. 셋째 이율의 발언이 사실이라면 김구주의 잔존세력과도 연계됐을 가능성이 있었다. 다만 이율의 경우 홍국영과는 반대노선을 걸었다는 점이 특이할 뿐이다.

한 달 반의 수사와 판결이 끝나고 정조 9년 4월 14일 역적 토벌에 관한 유시를 발표한다. 여기서 정조도 "두 가지 일이 동시에 내 귀에 들어왔다"며 우연의 일치로 김하재의 일과 홍복영·이율·양형의 역모 사건이 함께 처리되었다는 점을 밝힌 후 최종결과를 말한다.

"역적 김하재는 전에 이미 능지처사(凌遲處死)하였고, 이괄·신치운의 관례에 따라 형률을 적용하였다. 김두공·이율·문양해는 모두 능지처사하였고, 주형채는 군문(軍門)에 효시(梟示)하였다. 양형과 문광겸은 빨리 폐사(斃死)하였고, 홍복영은 사실을 알고도 고발하지 않은 죄로 결안하여 다시 하동부(河東府)로 내려보내어 사형에 처하게 하였다. 주형로와 오도하는 사형을 감하여 귀양 보내도록 하여 옥사를 끝마쳤다."

그런데 이 사건은 1년 후 엉뚱한 방향으로 비화된다.

상계군 이담 역모사건

왕대비의 언문하교와 시위용 단식

정조 10년(1786년) 5월 문효세자가 죽었다. 정조의 대를 이을 외아들이 죽은 것이다. 9월 14일에는 세자의 친어머니이자 출산을 앞두고 있던 의빈 성씨도 갑자기 사망했다. 이런 슬픔을 채 가누기도 전인 11월 20일 정조의 이복동생 은언군의 아들 상계군 이담이 의문의 죽음을 당하였다. 정조가 받은 충격은 말할 수 없을 정도였다.

"종실(宗室)인 담(湛)이 죽었다. 담은 은언군(恩彦君) 이인(李裀)의 장자인데, 홍국영이 일찍이 나의 생질이라고 불렀던 자이다. 원빈(元嬪)의 상례 때에 대전관(代奠官-상례나 제례 때 임금이나 왕세자를 대신하여 젯술을 드리는 관리)이 되어 완풍군(完豊君)으로 일컬어졌는데, 홍국영이 실패하자 상계(常溪)로 호칭을 고쳤다가 이때에 이

206

르러 갑자기 죽었는데 독살 당하였다고 떠들썩하였다.”

처음에는 아무 일 없이 지나가는 듯했다. 정조도 예를 갖춰 장례를 치러줄 것을 명했다. 그러나 상계군이 죽은 지 20일이 지난 12월 1일 정순왕대비 김씨가 언문으로 된 하교를 빈청에 내리면서 조정은 벌집 쑤신 듯 발칵 뒤집어졌다. 사안의 중요성을 감안해 원문을 대부분 싣는다.

“아녀자가 조정의 정사에 간여하는 것은 아름다운 일이 아니다. 그러나 나라가 망하려는 때를 당하여 성상이 위태롭고 나라가 위험한 것을 눈으로 직접 보고도 별것 아닌 작은 혐의를 지킨 채 끝내 한마디 말도 하지 않는다면 종사(宗社)의 죄인이 될 뿐만이 아니라, 하늘에 계신 선대왕의 영령이 어떻게 생각하시겠는가?

미망인(未亡人)이 병신년(1776년 정조 즉위년) 이후로 고질을 앓다가 근년에 와서는 날로 더욱 심해져서 조석 사이에 죽을 염려가 있었으나, 진실로 성상의 독실한 효성에 감격하여 종사를 위해 모진 목숨을 보존해 왔다. 그런데 지금 한 번도 평소 가슴에 쌓인 것을 말하지 않았다가 하루아침에 죽어버릴 경우 내가 눈을 감지 못할 한은 말할 것도 없거니와 진실로 열성조와 선대왕을 돌아가 뵈올 면목이 없다. 그렇기 때문에 부득이 이렇게 언문의 전교를 내리게 되니, 이 일은 오로지 종사를 위하고 성상을 보호하여 대의(大義)를 밝히려는 데에서 나온 것이니, 깊이 살펴보도록 하라. 병신년과 정유년(1777년 정조 1년) 이후로 괴변이 거듭 발생하였는데, 기해년(1779년 정조 3년)에 이르러 홍국영과 같은 흉악한 역적이 또 나와 감히 불측한 마음을 품었다. 그리하여 주상의 나이 30이 채 차지도 않았는데 감히 왕자를 둘 대계(大計)를 저지하고 상계군 담을 완풍군으로 삼아 가동궁(假東宮)이라고 일컬으면서 흉악한 의논을 마음대로 퍼뜨렸다. 주상이 그의 죄악을 통촉하고 그 즉시 쫓아내자, 흉악한 모의가 더욱 급해져서 밤마다 그의 집에 상계군을 맞이하여 놓고 널리 재화를 풀어 무식한 무리들과 체결하였으므로 잠깐 사이에 변이 일어나게 되었다.

그렇기 때문에 미망인이 할 수 없이 언문의 전교를 반포하여 왕자를 두는 도리를 조정에 유시하였는데, 이후로 홍국영이 흉악한 꾀를 부리지 못하게 되었던 것이다. 하늘에는 두 개의 해가 없는 법이고 나라에는 두 임금이 없는 법이니, 진실로 조금이라도 사람의 마음이 있는 자라면 누군들 이를 모르겠는가? 하늘이 돈독히 도우시고 오르내리는 선왕의 영령들께서 도우셔서 임인년(1782년 정조 6년)에 원자가 탄생하였는데, 이는 실로 종사의 무궁한 경사로써 태산과 반석과 같은 나라의 형세를 믿을 수 있게 되었다.

그런데 천만 뜻밖에 5월에 원자가 죽는 변고를 만나 성상이 다시 더욱 위태로워졌으나 그래도 (궁빈이 다시 임신을 해) 조금은 기대할 수 있는 소지가 있었는데, 또 9월에 상의 변고를 당하였다. 궁빈(宮嬪) 하나가 죽었다고 해서 반드시 이처럼 놀라고 마음 아파할 것은 없지만, 나라에 관계됨이 매우 중하기 때문이다. 두 차례 상의 변고에 온갖 병증세가 나타났으므로 처음부터 이상하게 여기었는데 필경에 이 지경에 이르고 말았다. 이를 생각하면 가슴이 막히고 담이 떨려 일시라도 세상에 살 마음이 없었다. 나와 같은 병으로 연명하여 부지할 수 있었던 것은 오직 미음을 마셨기 때문인데 이것까지 들지 않고 날짜를 표시해 놓고서 죄다 봉해서 놔두었다. 비록 미음을 든다고 대전(大殿)에 말하기는 하였으나 지금의 병세는 실로 부지하기 어렵다."

단식(斷食)을 하겠다는 것이다. 왕대비는 추가로 하교를 내렸다.

"이 언문의 전교는 대신만 보아서는 아니 된다. 누구를 막론하고 임금의 원수와 나라의 역적을 토벌하는 자가 있으면 나의 병이 곧 나을 수 있을 것이니, 이 뜻을 승정원에 전하라."

정조에 대한 경고였다. 그 즉시 영의정 김치인, 중추부판사 서명선, 좌의정 이복원, 우의정 김익 등이 왕대비에게 글을 올려 문제가 된 인물들을 처벌할 테니 단식은 중단해 줄 것을 청했다. 그러나 이미 정치의 세계를 누구보다 잘 알던 왕대비는 우회적으로 거부의사를 밝힌다.

"이미 죽은 사람[已無之物]을 토벌하면서 경들의 입을 빌려서 하려고 하지 않았는데 경들은 이처럼 예사롭게 여기고 있다. 내가 탕약을 들고 안 들고는 경들이 염려할 바가 아니다."

즉 이미 죽은 홍국영을 처벌하자고 자신이 이런 난리를 피우는 것으로 생각한다면 오산이라는 경고였다. 정조에게 뭔가를 요구하고 있었다. 정조도 알고 있었다. 그것은 다름 아닌 상계군의 아버지, 즉 정조의 이복동생 은언군을 처벌하라는 것이다. 여기서 왜 갑자기 은언군이 등장하는 것일까? 이는 차후에 밝히기로 한다.

'이미 죽은' 홍국영·송덕상·이담에 대한 공허한 처벌논의

왕대비가 승부수를 던진 다음날 영의정 김치인은 계사를 올려 이들 3인을 사후에라도 처벌해야 한다고 역설했다. 더불어 은언군과 그 아들들을 한양에서 살도록 해서는 안 되고 정승을 지낸 김상철의 아들 김우진은 지금도 남아 홍국영과 송덕상을 편드는 일을 하고 있으니 마땅히 처벌이 있어야 한다고 했다. 정조는 은언군 문제가 언급되자 불같이 화를 내며 계사를 태워버리도록 승지에게 명한다.

같은 날 대사헌 윤승렬과 대사간 박천행도 글을 올려 은언군과 그 아들들을 추국해야 한다고 계사를 올렸고 정조는 이 계사도 태워버리라고 명한다. 계사의 일부다.

"역적(홍국영)과 서로 내통하면서 집에서 지시한 자는 그의 아비인(䄄)이었는데, 그의 아비와 아우들이 태연히 있으니, 화란의 근본이 여전히 그 전처럼 존재한 것입니다. 생각이 여기까지 미치니 차라리 죽고 싶습니다. 죄를 하나하나 세어가며 형벌을 시행할 수 없지만 결단코 소급해 법을 시행하지 않을 수 없습니다. 신들은 역적 담의 관작을 삭탈하고 그의 아비와 아우들은 추국청을 설치하여 내막을 캐낸 다음 시원스럽게 법을 시행해야 한다고 여깁니다."

12월 3일에는 약원 도제조 홍낙성이 일곱 번 뵙기를 청하고 그 밖에도 3사, 승지 등이 다섯 번이나 뵙기를 청했지만 정조는 모두 물리쳤다. 집권 초 신하들에게 일방적으로 밀려 은전군을 죽게 한 정조로서는 더 이상 물러설 수 없었는지 모른다. 그런데도 영의정을 필두로 한 신하들의 요청이 계속되자 정조는 인간적 호소를 하기도 했다.

"경들도 외로운 나로 하여금 하나뿐인 서제(庶弟)를 보존하게 해야 할 것이다. 이를 천리나 인정으로 비추어볼 때 어찌 두말을 할 수 있는 일이겠는가?"

정조에게는 원래 모두 3명의 이복동생이 있었다. 사도세자와 숙빈 임씨 사이에 은언군과 은신군이 났고 사도세자와 경빈 박씨 사이에 은전군이 났다. 그런데 은신군은 이미 영조 말 왕대비의 오빠 김구주의 무고로 제주도에 유배되었다가 영조 45년(1769년) 세상을 떠났다. 은전군은 정조 즉위 초 역모에 연루되어 사사되었다. 정조에게는 이제 피붙이 동생이라고는 은언군 하나뿐인데 왕대비와 신하들은 힘을 합쳐 은언군을 죽이려 하고 있었다.

그러나 왕대비는 단호했다. 이 정도로는 그냥 넘어갈 수 없다는 내용의 언문 하교를 다시 내린 것이다. 조사의 방향까지 일일이 정하고 있었다.

"조정에서 하는 일이 왜 이처럼 한심스럽단 말인가? 겉으로만 크게 떠벌리고 내용을 조사하는 방법은 지나쳐버렸으니, 오늘날 신하들의 죄는 나라에 관계될 뿐만 아니라, 결단코 그들을 아끼는 마음이 있어서 그런 것이다. 내가 무슨 마음으로 탕약과 수라를 들겠는가?"

한마디로 추국청을 열어 낱낱이, 샅샅이 뒤지고 파라는 엄명이었다. 같은 날 정조는 약원 도제조 홍낙성을 비롯한 대신들을 불러 일정한 타협안과 함께 배수진을 친다. 이미 정조도 왕대비의 단식과 동시에 맞대응하는 단식을 하고 있었다.

"경들이 내가 이 서제(庶弟) 하나를 보존할 수 있게 한다면 나도 정성껏 자전에게 청하면 결말을 짓겠다는 분부가 있을 수도 있을 것이다. 그런데 경들이 끝내 듣지 않으므로 나 역시 다시 자전에게 청하지 않는 것이다. 내가 음식을 먹지 않은 지 지금 며칠째이다. 경들이 이 말을 듣고도 어떻게 차마 전처럼 언급한단 말인가?"

정조는 속으로 말하고 있었다. '그대들은 왕대비의 신하들인가 나의 신하들인가?' 사실 살아 있는 자가 누구라고 왕대비는 자신의 입으로 말하지 않았다. 영의정 김치인의 계사에서부터 은언군의 이름이 등장했다. 이 점을 들어 정조는 살아 있는 자가 반드시 은언군인지 어떻게 아느냐고 신하들에게 따졌고 영의정 김치인은 "죽은 사람 말고 역모에 관련된 자가 은언군 말고 누가 있겠느냐"고 반문했다. 이에 정조는 절규하듯 말한다.

"결단코 그렇지 않다. 결단코 그렇지 않다. 경들이 만약 이 앞에서 듣고서 따르지 않고 물러갈 경우 나라가 망하더라도 나는 차마 그렇게 할 수 없다."

신하들도 물러서지 않았다. 대의(大義)가 왕대비에게 있다며 사적인 정을 끊으라고 압박했다. 정조는 이번에는 눈물로 호소한다.

"내가 비록 민첩하지 못하나 400년의 왕업을 물려받아 밤낮으로 걱정하고 두려워하였는데 차라리 말하고 싶지 않다. 나의 처지는 다른 사람과 다른데, 지금 만약 또 서제 하나를 보존하지 못한다면……."

더 이상 말을 잇지 못했다. 정조는 밀리고 있었다.

상계군의 외할아버지 송낙휴의 고변

이런 가운데 12월 5일 이담의 외할아버지 송낙휴가 상복을 입은 채로 대궐로 달려왔다. 정조는 일단 전현직 정승들에게 빈청에서 송낙휴의 이야기를 들은 뒤 자신에게 보고하라고 했다. 이때 영의정은 김치인이었다. 송낙휴의 말은 이랬다.

"담이 살아 있을 때 스스로 말하기를 '김 정승이 살면 나도 살 것이고 김 정승이 죽으면 나도 죽을 것이다'고 하였습니다. 구이겸(具以謙)이 황해 병사로 있을 때 후히 선물을 바치고 편지에 자신을 소인(小人)이라고 지칭한 것을 일찍이 목격하였습니다. 담은 평소에 병이 없었는데, 김 정승에 대해 말한 후 며칠 있다가 갑자기 죽었으니, 의심스럽습니다."

여기서 '김 정승'이란 김상철이고 구이겸은 구선복의 아들이다. 김상철(金尙喆, 1712년 숙종 38년~1791년 정조 15년)은 영조 말 영의정을 지냈고 정조 집권 초에도 좌의정을 거쳐 영의정을 지냈다. 그것은 홍국영의 사람이었다는 뜻이다. 그러나 홍국영이 정조 3년 물러날 때 줄타기를 잘해 살아 남았고 이듬해 4월에는 홍국영 처벌상소가 올라오자 앞장서서 홍국영 처벌을 주장했다. 이때 정조는 "홍국영의 허물은 내가 알고서 방치해 그런 것이기 때문에 내 허물인데 어찌 처벌하겠는가?"라고 은근한 면박을 주기도 했다. 그런데 실제로 중추부 영사로 있던 김상철은 이담이 죽기 사흘 전 아들 김우진 문제로 삭탈관작을 당했다. 그리고 11월 20일 이담은 독살설의 의혹을 남기고 죽은 것이다.

결국 12월 6일 추국청이 설치되고 정조의 친국이 열렸다. 정조는 자신이 신뢰하는 김종수를 의금부 판사로 임명했다. 이 자리에서 김상철의 아들 김우진이 이담의 결혼 때 혼수를 지원하는 등 내밀한 관계를 맺고 있었다는 사실이 새롭게 드러났다. 구이겸의 경우에도 이담과 품계가 같은 데도 스스로를 '소인'이라 칭한 것은 분명 딴 뜻이 있어서라는 송낙휴의 증언을 재확인했다. 곧바로 구이겸을 불러 정조는 다그친다.

"기해년(1779년 정조 3년) 이후로 담이 흉악한 역적질을 한 것을 아녀자도 알고 있는데, 편지에 소인이라고 일컫고 선물을 많이 바쳤으니, 그 마음이 어디에 있다는 것을 길가는 사람도 알 것이다."

정곡을 찌르는 질문이었다. 당시에는 역적에게 성을 붙여 부르는 것은 금지돼 있었다.

"은언군 인에게는 전부터 지방의 병사들이 으레 해마다 문안드렸고 역적 담에게는 애당초 편지로 문안을 드린 적이 없었는데, 세찬(歲饌)을 가지고 간 자가 서울에서 선물을 바치고 왔습니다. 그래서 그 이유를 물었더니 '서울의 의논이 그의 아비만 찾아보고 그를 찾아보지 않으면 안 된다고 하였기 때문에 찾아가 선물을 바치었다'고 하였습니다."

문제는 '서울의 의논'이 누구에 의한 것이냐는 점이다. 구이겸은 그것은 모른다고 잡아뗐다. 이담의 어머니 송씨는 구이겸의 6촌 형제 구명겸의 조카였다. 그리고 구이겸은 구명겸의 아들을 양자로 삼았다. 참고로 구선복의 손자 구민화는 화길옹주와 결혼한 영조의 부마 능성

214

위였다. 이런 점을 들어 정조는 '서울의 의논'이란 구명겸이라고 단정했다.

12월 7일 왕대비는 일단 화를 누그러트리고 타협안을 제시했다.

"죄인을 잡아냈다고 하는데 관상을 본 일과 반정(反正)한다는 등의 일을 속 시원하게 밝혀내어 나라의 형세를 안정시켜라. 그러면 탕약을 들겠다."

상황은 왕대비가 제어하고 있었다.

추국은 계속됐다. 구명겸이 붙잡혀 왔다. 그런데 구명겸을 문초하는 과정에서 '이율'이라는 이름이 다시 등장한다. 1년 전 구명겸의 5촌 아저씨 구선복이 수사했던 바로 그 이율이다. 구명겸이 이율과 내통한 기록들이 가택수사에서 드러났다. 구명겸은 "명례동에 살 때 이율과 이웃해서 살았고 인척지간이기 때문"이라고 해명했다.

"이율에게 사주(四柱)를 써서 지리산의 이인(異人-술사)에게 보낸 적이 없느냐"는 물음에 술사의 요청이 있어 그랬다고 시인했다. 이미 구명겸은 생사의 갈림길을 넘고 있었다.

"이른바 이인이란 삼도(三道)에서 군사를 일으킨 역적의 괴수이다. 네가 이율과 내통하여 사주까지 물어보았으니, 네가 음모에 참여하였다는 것은 묻지 않아도 알 수 있다."

지리산 이인이란 『정감록』을 바탕으로 비밀결사를 만들었던 문양해였다. 그러나 수사는 지지부진했고 이날 역적의 우두머리를 찾아내지 못했다는 이유로 두 명의 포도대장이 갈리기도 했다.

12월 8일 문제의 구선복에 대한 추국이 열렸다. 특별한 내용은 나오지 않았다. 그러나 결국 다음날 구선복은 능치처참하고 구명겸은 남문 밖에 3군을 모아놓고 목을 베어 효시하라는 판결이 내려졌다. 김우진은 제주도에 위리안치하기로 했다. 일단 이것으로 추국청은 해체됐다. 그러자 12월 11일부터 추국청 해체를 철회하고 이인과 이담에 대한 처벌을 강행해야 한다는 신하들의 상소와 주청이 이어졌지만 정조는 무시했다.

정조는 단식에 들어갔다. 신하들은 왕대비를 동원해 정조의 마음을 바꿔보려 했지만 정조는 묵묵부답이었다. 상황은 뒤집어졌다. 정조가 키를 잡았다. 결국 12월 14일 영의정 김치인은 이인에 대한 처벌을 완화할 것을 청하는 상소를 올린다. 그것은 왕대비가 한 걸음 물러선 것이나 다름없었다. 12월 24일 정조는 역적을 토벌한 것에 관한 교서를 발표한다. 현재의 수준에서 사건을 마무리 짓기로 했다는 뜻이다. 결국 은언군을 강화도에 유배 보내는 선에서 정조는 왕대비 및 신하들과 타협을 맺었다고 할 수 있다. '강화도령' 철종이 훗날 등장하게 된 것도 그 때문이었다. 철종은 은언군의 손자이기 때문이다.

이후에도 정조 11년 6월 충주와 제천을 중심으로 유언비어가 돌고 역모의 움직임이 있어 원주의 김동익, 정진성과 제천의 유득겸 등이 주살당하는 일이 있었지만 크게 위협적인 수준은 아니었다. 정조 자신도 즉위 12년을 넘기고서야 정국이 안정됐다고 말한 바 있듯이 적어도 이때에 이르러 정조의 권력은 비로소 안정기에 접어들기 시작했다고 할 수 있다.

5장

가까스로 틔운 개혁의 물꼬

'불세출의 인물'로 극찬 받은 채제공

채제공을 특지로 우의정에 제수하다

개혁(改革)의 내용이 무엇이었느냐의 문제는 별개로 하더라도 정조는 분명 집권 이전부터 강력한 개혁의지를 갖고 있었다. 그러나 개혁은 의지만으로 되는 게 아니다. 원대한 비전과 치밀한 준비 그리고 이를 뒷받침할 수 있는 강력한 현실세력과 리더(군주) 자신의 굳건한 의지와 노련한 리더십이 모두 조화되었을 때 겨우 추진할 수 있는 게 개혁이다.

24년 재위를 감안할 때 적어도 전반기 12년은 개혁에 관한 한 정조는 성공적이지 못했다. 나름의 비전과 강력한 의지는 일찍부터 갖고 있었지만 준비가 치밀하지 못했고 자신을 뒷받침할 현실세력 또한 강력하지 못했다. 젊은 혈기만 너무 앞세웠고 학문적 자신감에서 나오는 정조 특유의 근본주의적인 접근 태도는 역설적으로 사태의 근본을 놓치게 만드는 주요한 요인으로 작용했다. 요즘 식으로 말하자면 '아마추어리즘'에서 크게 벗어나지 못했다는 뜻이다.

사도세자 문제나 세손 즉위 방해문제를 너무 일찍 전면에 내세우면서 폭넓은 지지를 이끌어내는 데도 실패했다. 홍국영 세력을 통해 영조 말에 형성된 김구주·정후겸·홍인한 등 3대 기득권 세력을 제거했으나 그 방식이 너무 급진적이어서 10년 가까이 계속되는 반란·역모 등 반발의 빌미를 스스로 제공했고 그렇게도 믿었던 '귀근(貴近)' 홍국영마저 정조 4년 '역모'를 꾸미다가 실각하면서 자신을 지지해 줄 세력을 원점에서부터 다시 만들어야 하는 치명적인 시행착오까지 겪었다. 조금 심하게 평가하자면 집권 전반기 동안 정조가 시도해 본 개혁 조치는 집권 6개월째 설치한 규장각이 전부였다고 해도 과언이 아니다. 그러나 정조는 이런 시행착오를 통해 정치를 배웠고 권력을 이해했다.

해마다 이어지던 반란과 역모가 어느 정도 진정되고 정조가 국정에 대한 자신감을 보이기 시작한 해는 1788년(정조 12년)이다. 정조는 그해 2월 11일 우의정 이성원을 좌의정으로 올리고 중추부 지사 채제공을 전격적으로 우의정에 임명한다. 『실록』은 "특별히" 우의정에 제수했다고 강조하고 있다. 실제로 정조는 어필(御筆)로 우의정 제수를 명하면서 사관에게 북치고 피리 부는 군악대를 앞세워 자신의 뜻을 채제공에게 전하도록 명했다. 형식적으로도 다른 정승들이 추천하는 복상(卜相) 절차를 생략한 전격적인 결단이었다. 당시 조정이 이 조치에 대해 얼마나 놀랐는지는 그날 다른 신하들이 보인 격한 반응에서 쉽게 확인할 수 있다.

그날 입직 승지인 조윤대와 홍인호는 명을 받들 수 없다며 정조의 전교를 다시 갖고 들어와 면담을 청했다. 다른 사람도 아닌 어명을 받드는 승정원의 승지가 어명을 받들 수 없다고 반기를 든 것이다. 정조는 즉석에서 두 사람을 파직하고 무관인 오위장(五衛將) 안대진을 가(假) 승지로 명한 다음 전교를 채제공에게 전하도록 했다. 잠시 후 도승지 심풍지, 우승지 윤행원, 동부승지 남학문이 입대를 청하자 모두 파직토록 명했다. 그런데 심풍지 등은 합문 앞에서 물러가지 않고 계속 입대를 청했다. 이에 분노한 정조는 그들에게 다시는 관직에 임명하지 않는 불서용(不敍用)의 법을 적용토록 지시했다. 이어 홍문관 교리 신대윤, 부교리 이우진, 수찬 김희채 등이 입대를 청하자 모두 파직시켰다.

"이렇게 강력히 간쟁하는 것은 해괴하고 패악스러운 행동이다."

잠시 후에는 이조판서 오재순이 어명을 받들려 하지 않았다는 이유로 파직을 명했다. 채제공의 우의정 임명 사실을 다른 판서들에게 전하지 않고 버티다가 계속되는 정조의 다그침 때문에 어쩔 수 없이 명을 전했다는 것이다. 오재순(吳載純, 1727년 영조 3년~1792년 정조 16년)은 대제학 오원(吳瑗)의 아들이다. 1755년(영조 31년) 영조의 할머니인 명안공주(明安公主-현종의 딸)의 손자라는 이유로 배려를 받아 특명으로 6품에 올랐다. 도사에 이르렀으나 사직하고 학문에 전념하다가 1772년 문과에 병과로 급제하였다. 이듬해 승지를 거쳐, 홍문관 부제학 및 대사헌을 역임하였다. 정조의 총애도 깊어 1790년 이조판서에 올랐고 그후에도 홍문관과 이조를 오가며 중책을 맡았다. 그는 학문에 뛰어나 제자백가에 두루 통하였고, 특히 『주역』에 뛰어났다. 이처럼 아끼는 오재순도 파직할 만큼 정조는 화가 나 있었다. 정조는 자신이 채제공을 임명하게 된 배경에 대해 전교를 내렸다.

"정승을 임명하는 것이 얼마나 중한 일인데 어찌 한순간인들 허술하게 헤아렸겠는가. 오늘의 거조는 이미 여러 해 전부터 마음속으로 등용하기로 결정했던 일이다.…… 내가 대동(大同)과 태화(太和)의 정치를 하고자 하는 일념으로 자나 깨나 마음에 맺혀 있는 것은 제신들도 일찍이 알고 있는 바이고, 더구나 이 대신을 끝내 불우(不遇)하게 할 수 없다는 것을 제신들도 모르는 바가 아니다. 그렇다면 오늘 승정원과 홍문관의 일이 어찌 형식에 가깝지 않은가."

1799년(정조 23년) 채제공이 죽었을 때 정조는 안타까워하면서 채제공을 "이 대신에 대해서는 실로 남은 알 수 없고 나 혼자만이 아는 깊은 계합(契合)이 있었다", "불세출의 인물", "타고난 인격이 우뚝하고 기력이 있어 무슨 일을 만나면 주저 없이 바로 담당하여 조금도 두려워하거나 굽히지 않았다", "그 기상을 시로 표현할 경우 시가 비장하고 강개하다"고 극찬을 했다. 그리고 이때의 우의정 제수와 관련해서도 "내가 즉위한 이후로 참소가 여기저기서 빗발쳤으나 뛰어난 재능은 조금도 꺾이지 않았는데, 극히 위험한 가운데서 그를 발탁하여 재상 지위에 올려놓았었다"고 회고했다. 도대체 채제공은 어떤 인물이었기에 정조는 이렇게 극찬을 했고 다른 신하들, 특히 노론 벽파에서는 죽기를 각오하고 우의정 제수를 반대한 것일까?

사도세자를 구하다

채제공은 한미한 집안에서 나고 컸다. 채제공이 기호남인으로서의 정체성을 갖게 되는 데는 영조 때 남인 청류의 지도자인 오광운과 강박에게서 학문을 익힌 것이 결정적 계기였다. 이후 채제공은 조선 성

기호남인 학통(채제공을 중심으로)

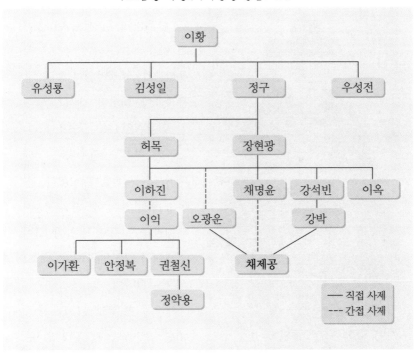

리학의 정통은 이황에서 출발해 정구와 허목을 거쳐 이익으로 이어진다는 견해를 갖게 된다. 이이(노론)나 성혼(소론)을 출발점으로 보는 서인과는 애당초 세계관 자체가 달랐다.

오광운(吳光運, 1689년 숙종 15년~1745년 영조 21년)은 동복 오씨로 집안 대대로 남인의 전통이 강했다. 숙종 초 복창군 3형제와 밀접하게 연결되었던 그 동복 오씨 집안이다. 숙종 45년(1719) 문과에 급제해 연잉군(훗날의 영조)의 서연관이 되어 영조와 인연을 맺었고 영조 4년(1728년) 3월 이인좌의 난이 일어날 것을 예견하고 대비토록 해 영조의 큰 총애를 받았다. 이후 뛰어난 학식과 분명한 처신으로 숙종 때 남인의 거두 허목의 학맥을 잇는 청남 세력의 지도자로 떠올랐고

채제공_ 사도세자의 폐세자 시도를 목숨을 걸고 반대한 일을 계기로 영조와 정조의 특별한 사랑을 받았다. 1790년 좌의정이 되면서 3년에 걸치는 독상(獨相)으로서 정사를 오로지하기도 하였다. 이 시기에 이조 전랑의 자대제(自代制) 및 당하관 통청권의 혁파, 신해통공 정책 등을 실시하였으며, 반대파의 역공으로 진산사건(珍山事件)이 일어나기도 하였다.

1729년에는 상소를 올려 당론과 관계없이 당인(黨人) 중에서 명류로 지칭된 인물들을 등용할 것을 주장하였다. 이후 홍문관제학·대사헌·대사간을 거친 오광운은 1740년(영조 16년) 소론인 원경하·정우량과 함께 다시 대탕평론을 제시했다. 실학자 유형원 등과 가까웠으며 채제공을 길러내 남인의 맥이 정계에서 다시 이어지는 데 크게 기여했다.

채제공(蔡濟恭, 1720년 숙종 46년~1799년 정조 23년)은 1743년 문과에 급제해 승문원 권지부정자에 임명되면서 관직 생활을 시작하였다. 글 짓는 데 뛰어나 남인이라는 핸디캡에도 불구하고 영조의 총애를 받았고 1758년(영조 34년) 도승지에 오르게 된다. 채제공이 영·정조와 특별한 인연을 맺게 되는 것은 바로 이때 도승지로 있던 그가 영조의 폐세자 시도를 목숨을 걸고 막은 일 때문이었다.

이천부사로 나가 있던 채제공이 승지가 되어 조정으로 돌아온 것은 영조 34년 2월 23일이다. 그리고 4개월 후인 6월 11일 영조는 채제공을 도승지로 임명한다. 8월 13일 도승지 채제공은 영조가 주로 문무과 장원급제자들을 접견하던 창경궁 내 함인정으로 급히 달려왔다. 전날 밤 영조가 작성하라고 명한 문서를 자기 손으로는 도저히 작성할 수 없다며 달려온 것이다.

"삼가 어제 저녁에 내리신 초책(草冊-초벌로 간략하게 적은 문서) 에다 기주(記注)할 만한 사실을 써넣으라는 명령을 보았는데, 전하 께서 어찌하여 이와 같은 조처를 내리십니까? 쓰지 않는다면 이것은 임금의 명령을 어기는 것이요, 이를 쓴다면 이것은 신하의 직분 상 절대로 감히 할 수가 없는 짓입니다. 신 등은 죽음을 무릅쓰고 문서 를 돌려드릴까 합니다."

그 문서란 다름 아닌 기행(奇行)을 일삼고 있는 세자를 폐위시키겠 다는 명을 담은 것이었다. 채제공은 어명(御命)을 받들 수 없다고 항 명을 한 것이다. 오랜 침묵이 흐른 끝에 영조는 "지신사(도승지)의 말 이 옳다. 내가 마땅히 이를 받아들이겠다" 하였다. 영조는 정조가 세 손으로 있을 때 이 일을 기억하며 "채제공은 진실로 나의 사심 없는 신하이고 너의 충신"이라고 여러 차례 강조했다.

이후 채제공은 대사간·대사헌·경기도관찰사를 지냈고 1762년 모 친상을 당해 관직에서 물러나 있을 때 사도세자의 죽음이 있었다. 이 때 그가 관직에 있었다면 사도세자의 죽음을 막아냈든가 그 자신이 죽든가 했을 가능성이 컸다.

1764년 관직에 복귀해 개성유수·예문관제학·비변사당상을 거쳐 안악군수로 재임했는데 부친상을 당하여 다시 관직에서 물러난다. 그 리고 1767년부터 홍문관제학·함경도관찰사·한성부판윤을, 1770년부터는 병조·예조·호조 판서를 두루 역임하고, 1772년에는 세손우빈객이 되어 정조와 깊은 뜻을 나누게 된다. 정조가 왕세손으로 대리청정한 뒤에는 호조판서·좌참찬으로 활약하였다.

대역죄 및 홍국영 사건에 연루돼 고난의 세월을 보내다

1776년 3월 영조가 죽자 채제공은 윤동섬과 함께 장례를 총지휘하는 국장도감 제조로 임명됐다. 그리고 잠시 호조판서를 거쳐 형조판서로 있던 4월 1일 기이한 사건이 일어난다. 정조가 즉위하던 날 "나는 사도세자의 아들"이라고 선포한 때문인지 이를 틈타 권력을 잡으려는 세력의 움직임이 포착됐다. 사도세자를 뒤주에 넣어 죽인 영조의 임오조치를 정면으로 비판하며 새 임금 정조의 총애를 얻어보려는 세력의 준동이었다. 적어도 『실록』에는 그렇게 기록돼 있다. 그러나 아무리 "사도세자의 아들"임을 선포한 정조라 하더라도 선대왕 영조의 결정을 정면으로 뒤집는 조치를 집권 한 달도 안 돼 받아들인다는 것은 있을 수 없는 일이었다.

사건의 전말은 이랬다. 정조가 세손으로 국왕 수업을 받고 있던 동궁 시절 조재한이 불령한 무리들과 함께 임오년의 의리(사도세자는 억울하게 죽었으니 복수를 해야 한다는 주장)를 내세워 은밀하게 환관 이홍록·김수현 등과 결탁했다. 조재한은 소론 정승이었던 조현명의 후손이다. 이후 이홍록 등은 세손이 후원을 거닐거나 하면 다가와 유혹과 위협, 자기 세력의 추천 등을 일삼았다. 어린 나이였지만 정조는 이들을 꺼렸다. 영조가 죽자 조재한은 지방유생 이일화, 이덕사, 유한신 등을 사주하여 동시다발로 임오년의 일을 성토하는 상소를 올리게 했다. 외형적으로 보면 정치적 입장은 정조와 크게 다르지 않았지만 그 세력의 성격은 전혀 별개였다. 이미 정조는 자기 세력을 동원해 아버지를 죽음으로 몰아간 세력의 숙청을 구상하고 있었다. 조재환 식의 섣부른 행동은 자칫 자신의 구상을 망쳐놓을 수 있었다.

"이는 선대왕을 모함하는 대역(大逆)이다."

정조는 금상문에 나아가 이덕사와 그의 조카 이준배를 친국했다. 이준배는 이덕사의 상소를 대신 써준 죄로 잡혀 왔다. 이후 10여 명이 복주됐다. 문제는 환관 김수현의 공초에서 채제공의 이름이 나왔다는 데 있었다.

김수현이 구상·이수진·이만식·조종현 및 채제공·조노진·이창임·목조환 등의 이름을 일찍이 이홍록에게서 들었다고 공술하였다. 이에 구상·이수진·이만식·조종현은 극구 변명하고 자복하지 아니하였다. 또 정조는 김수현에게 '남한당(南漢黨)·북한당(北漢黨)·불한당(不漢黨)'이라는 말이 있다는데 그것이 무엇이냐고 물었다. 영종(영조) 말년 분당(分黨)의 조짐이 생겨 김한구(金漢耉)와 친밀한 사람을 '남한당'이라 하고, 홍봉한(洪鳳漢)과 친밀한 사람을 '북한당'이라고 하였으며, 북한당이나 남한당에 들지 않은 사람들을 '불한당'이라 하여 서로들 표방했는데, 이홍록과 김수현이 이를 들어 임금에게 고했기 때문이었다. 김수현이 송재경·김상묵·심이지를 곧 불한당의 사람이라고 공술하였는데, 정조는 채제공·송재경·김상묵·심이지의 이름을 추안(推案)에서 빼버리도록 명하였다. 정조는 사건의 수위를 조절하고 있었다. 대신 한 달여가 지난 5월 11일 일단 채제공을 형조판서에서 면직시켰다. 그를 보호하기 위한 정조의 배려였다. 조선시대 때 역모에 이름이 연루되는 것만으로도 목숨을 부지하기 어려웠던 것을 감안한다면 대단히 관대한 조처였다. 오히려 그것을 지적하던 사헌부·사간원 관리들이 파직 당했다.

한 달여가 지난 6월 22일 정조는 채제공을 병조판서로 임명한다. 오히려 전면배치를 한 것이다. 그러나 채제공은 이듬해 5월 28일 경연에서 과격한 발언을 했다가 정조로부터 오만하다는 지적을 받고 병조판서에서 쫓겨난다. 채제공은 개혁 성향의 인물들이 대개 그러하듯 직선적 성격의 소유자였다.

집권 초 정조는 홍국영·채제공·김종수 등 몇 안 되는 인물을 복심으로 삼아 살얼음을 걷듯 정국을 풀어가고 있었다. 자기 사람이 너무 부족했다. 채제공은 파직 열흘 만에 한성부판윤을 맡아 조정에 복귀했고 이후 창경궁 수궁대장·형조판서·홍문관제학·의금부판사 등을 두루 돌아가며 맡았다.

정조 6년 1월 5일 영의정 서명선과 우의정 이휘지는 정조를 대면한 자리에서 최근 다시 병조판서로 임명된 채제공을 파직시켜야 한다고 주청했다. 특히 이휘지는 홍국영이 권좌에서 물러나 있으면서도 "채제공이 주장하는 의논이 매우 옳다. 내가 마땅히 힘을 합쳐서 성취해야겠다"고 채제공을 편들었다며 홍국영과 채제공의 불궤 연계설까지 제시했다. 불궤(不軌)란 역모다. 이에 정조는 중추부 판사 정존겸의 의견을 청한다. 정존겸도 '온 나라의 공의(公議)'라며 서명선과 이휘지를 거들었다. 그러나 정조는 "이미 지나간 일이므로 더 이상 문제삼지 말라"고 명한다.

정존겸(鄭存謙, 1722년 경종 2년~1794년 정조 18년)은 우의정 정치화의 5대손으로 이재(李縡)의 문인이다. 1751년(영조 27년) 문과에 급제했고 1754년에는 횡성현감으로 나갔다가 다시 내직으로 들어와 교리·승지 등을 지냈다. 승지로 있을 때인 1761년 4월 사도세자가 영조 몰래 관서지방을 유람, 순행하고 돌아오자 영조는 세자의 서유(西遊)에 관여한 심발(沈發)·유한소(兪漢蕭)·이수득(李秀得) 등을 파면시켰는데 이때 그도 파면되었다. 그뒤 다시 등용되었으나 1772년 노론의 당론을 주장하였다 하여 북청으로 정배되었다가 이듬해 풀려 관계에 복귀하여 이조판서를 지냈다. 1775년 홍인한을 탄핵하는 상소를 올려 세손을 보호하였고 1776년(정조 즉위년) 시파(時派)로서 우의정에 발탁되고 이듬해 좌의정에 올랐다. 1791년 영의정에 이어 중추부영사로 치사(致仕)하고, 봉조하로 기로소에 들어갔다. 철저한 시파로서 정조의 두터운 신임을 받던 인물이었다.

　같은 날 대사헌 이갑, 이조참의 심염조, 이조참판 김문순 등이 글을 올려 채제공을 멀리 유배 보낼 것을 청했고 다음날에는 채제공이 억울하다며 대응상소를 올렸다. 그런데 이날 대사간 이의행이 "우의정(이휘지)이야말로 홍국영의 가인(家人)이었는데 자신의 악행을 숨기기 위해 홍국영과 채제공의 연루를 이유로 채제공을 내치려 하는 것은 대신으로서의 체모를 잃은 것"이라는 상소를 올리면서 상황은 미묘하게 돌아간다. 일단 정조는 채제공을 관직에서 물러나도록 하는 한편 더 이상 채제공 문제에 대한 상소를 올리지 못하도록 금령을 내렸다.

　2년 후인 정조 8년 윤3월 21일 정조는 채제공을 공조판서로 복직시킨다. 그런데 이번에도 공조참판 김문순이 채제공 밑에서는 일을 할 수 없다며 출근을 거부하고 계속 상소를 올리자 6월 5일 김문순을 파직하고 불서용의 명을 내렸다. 6월 9일에는 영의정 정존겸, 좌의정 이복원, 우의정 김익 등 전현직 정승들이 연명으로 상소를 올려 채제공을 처벌할 것을 청했으나 정조는 받아들이지 않았다. 정조가 볼 때 전현직 정승들의 상소는 '참소(讒訴)'에 지나지 않았다. 그럼에도 정조는 채제공을 일선에서 물러나게 할 수밖에 없었다. 다시 상황을 살피기로 한 것이다.

다시 2년이 지난 정조 10년 9월 7일 정조는 채제공을 평안도 병마절도사로 임명한다. 원래는 참모총장 격인 도총관에 임명하려 한 것인데 채제공이 조정 실력자들의 견제 때문에 극구 사양하자 일단 지방 사령관으로 명한 것이다. 그것도 사도세자의 묘소에 들렀다가 오는 도중에 길에서 우연히 만난 채제공을 보고 내린 결정이었다. 경희궁으로 돌아오자 뒤늦게 이를 알게 된 병조판서 이명식이 간쟁을 하자 "경은 늙었어도 발이 매우 빠르구나"라며 웃어넘겨버렸다.

그러나 거의 모든 조정 신하가 벌 떼처럼 들고 일어났다. 9월 10일에는 채제공의 절도사 임명에 반대한다는 이유로 좌의정 이복원, 우의정 김익, 그리고 행 부사직 이성원 등을 그 자리에서 파직해 버렸다. 심지어 정조는 채제공을 탄핵하는 상소를 받았다는 이유만으로 승지를 자르기도 했다. 이런 우여곡절을 거치며 채제공은 한직인 중추부 지사로 1년여 세월을 보내다가 정조 12년 마침내 우의정 제수를 받은 것이다. 어쩌면 정조는 숙종 때처럼 남인으로의 환국(換局)을 추진하고 싶었는지 모른다. 그러나 환국을 단행했을 때 정권을 담당할 만한 인재풀이 남인에게는 없었다. 결국 절충 방안으로 채제공 한 명을 비호하다 보니 나머지 거의 모든 정파가 등을 돌리는 극한상황을 자초할 수밖에 없었다.

채제공을 위한 정조의 변명

정조는 채제공을 우의정에 제수한 그 다음날 그동안 채제공을 비판하다가 삭직된 관리들을 모두 복귀시키라고 명한다. 탕평을 위한 대

230

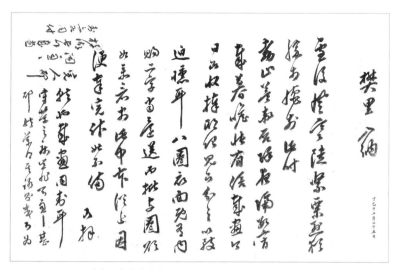

〈정조가 채제공에게〉_ 채제공이 영의정에서 물러나 수원성역을 담당할 무렵 정조가 보낸 편지.

타협 조치를 취한 것이다. 그리고 2월 15일 채제공 문제에 대한 자신의 솔직하고 정확한 견해를 공개적으로 밝힌다. 그로 인한 소모적인 논쟁을 막아보려는 시도였다.

> "대체로 말하는 자들이 우상(右相-우의정)에 대해 비난하는 것이 바로 세 가지 일인데, 첫째는 국초(鞫招)이고, 둘째는 흉언(凶言)이고, 셋째는 가인(家人)의 설이다."

국초란 정조 즉위 초 조재한 등이 옥사를 당할 때 그의 이름이 나온 것을 말한다. 흉언은 채제공이 사석에서 정조를 욕했다는 소문이다. 가인의 설은 채제공이 홍국영의 작은아버지 홍낙빈과 함께 불궤를 도모했다는 소문으로 홍낙빈의 가인의 입에서 나온 것이다. 이 세 가지에 대해 정조는 조목조목 논리적으로 해명하고 비판했다. 정조의 반박논리다.

첫째, 국초의 경우 김수현·이만식의 공사(供辭)에 모두 자기들끼리 스스로 서로 주고받은 말일 뿐 우상은 애당초 관여한 바가 아니라고 하였다. 대개 이만식은 우상과 기맥(氣脈)이 서로 가깝기 때문에 저에게 유리하게 하기 위해서 우상을 판 것이고, 수현은 또 만식에게 들은 것을 부풀려 허풍을 친 것이니, 이것이 어찌 까닭 없이 무함을 입어 점점 애매하게 된 것이 아닌가. 사실이 이러한 데 불과하고, 우상 이외에도 가리켜 거명된 자가 몇 사람이 있었으나, 그들의 심적(心跡)을 논해 보건대 일은 함께 하였으나 생각이 서로 달랐기 때문에 모두 국안(鞫案)에 기록하지 말라고 명했던 것이다. 사실이 이렇고 보면 국초에 관한 건(件)은 절로 거짓으로 귀착된다.

둘째, 흉언으로 말할 것 같으면 을미년(1775년 영조 51년)에 갑자기 근거 없는 말이 홍국영의 입에서 전해져서 평소 자기와 관계가 좋지 않던 사람들을 의심했는데, 국영은 끝내 누구에게 듣고 누가 전했다는 것을 분명히 말하지 않고 말의 뿌리를 죽은 사람에게 돌렸다. 끝내는 간악한 형상이 숨김없이 다 드러났기 때문에 내가 이에 대해 엄히 배척하고 깊이 분변했고, 또 우상을 입대시켜 이 일로 이야기를 나눈 적이 있었다. 만약 흉언이 조금이라도 신빙성이 있었다면 내 몸에 관계된 일일 것인데 어찌 우상 한 사람을 위해 법을 굽혀 보호하고 사사로이 비호하여 전장(典章-법률)을 무너뜨리고 윤강(倫綱)을 무시하였겠는가. 그러나 그 뒤로 흉언이란 두 글자가 온 세상에 전파되어 와전(訛傳)에 와전이 거듭되어 사람들의 의심이 점점 격렬해졌으니, 만약 내가 말을 하지 않는다면 누가 해명할 수 있겠는가. 왕의 말을 믿을 수 없다고 한다면 그만이지만 그렇지 않다면 이 건도 거짓으로 귀착된다.

셋째, 가인의 설로 말할 것 같으면 최초의 성토가 고상(故相-세상을 떠난 정승) 이 판부(李判府-이휘지)에게서 나왔는데, 그 차자에 '길가에서 들은 떠돌아다니는 말을 아뢰었다' 하였으니, 이는 이 판부사도 이를 거짓으로 여긴 것이다. 그렇다면 이는 많은 말을 기다리지 않고도 변별할 수 있다. 더구나 홍낙빈은 이때 먼 변방으로 귀양 가서 낙빈의 집에는 단지 부녀와 노복만이 있었을 뿐이니, 이른바 가인은 부녀자가 아니면 노복이었을 것이다. 이것이 얼마나 큰일인데 부녀자나 노복과 상의하였겠는가. 이 한 건도 거짓으로 귀착된다.

그러나 세 가지에 대한 정조의 이같은 해명은 그리 명쾌하지 못하다. 여전히 의문의 여지를 남긴다. 오히려 이런 잘못을 넘어설 만한 무언가를 정조는 채제공에게서 보았기에 감싸주려 했는지 모른다. 그것은 사도세자에 대한 채제공의 기여를 높이 평가한 때문이거나 정조 말대로 남들은 보지 못한 특출한 능력을 그에게서 읽어낸 때문이거나 혹은 그 두 가지 다 때문일 수 있다.

오랫동안 품었던 꿈으로의 도약

개혁의 출발점, 탕평책

20대 중반에 왕위에 오른 만큼 정조는 비교적 준비된 국왕에 속했다. 조선의 역대 국왕들을 돌아보면 충분한 학식과 경험을 축적한 후에 왕위에 오르는 것과 시대상황에 떠밀려 별다른 준비도 없이 왕위에 오르는 것에는 분명 큰 차이가 있다. 태조나 태종, 세조 등은 산전수전을 다 겪은 다음에 왕위에 올랐기 때문에 왕권 또한 탄탄했다. 반면 반정으로 열아홉에 즉위한 중종은 공신세력들이 제거되는 재위 20년 전후까지 껍데기만 국왕이었다고 해도 과언이 아니다. 그런 점에서 정조는 비슷한 나이에 왕위에 오른 세종과 마찬가지로 학식은 갖췄으되 정치경험은 일천했다. 세종이 즉위 8년이 지나서야 조금씩 왕권을 장악하기 시작했다면 정조의 경우 채제공을 우의정에 제수하던 즉위 12년이 돼서야 본격적인 왕권을 행사하려 하고 있었다.

무엇보다 정조의 지향은 세종과 마찬가지로 '문치(文治)'였다. 정통 성리학으로 무장한 군주라면 극히 당연한 목표였다. 이런 문치의 의지는 즉위년에 그 자신이 주도해서 '규장각'을 설립한 데서 드러난다. 정조의 왕권강화 의지는 분명했다. 정조는 왕과 신하는 본질적으로 다르다는 인식을 갖고 있었다. 신권(臣權) 중심의 군신공치(君臣共治)를 중시하는 노론 보수성향의 학자들로부터 학문수련을 받았음에도 정조의 이 같은 강한 국왕론은 영조의 영향, 본인의 기질과 성향 등이 더욱 강하게 작용한 결과로 보인다. 그런 점에서 정조는 이미 왕권을 신권보다 중시하던 남인과 통하는 면이 있었다. 즉위년 9월 16일 정조는 외척 김구주 등을 제거한 직후 승지 유언호를 불러 이런저런 이야기를 나누던 중 임금의 역할에 대해 다음과 같이 강조한다.

"임금의 교화는 천지의 우로상설(雨露霜雪)과 같아서 모든 사물을 이루지 않은 것이 없으니, 그 늦추고 조이며 바로잡는 것은 오직 한 사람이 어떻게 인도하고 통솔하느냐에 달려 있을 뿐이다."

사실 탕평책은 이론만 놓고 보면 좋은 듯하지만 실상은 그렇지 못할 수도 있다. 탕평이란 당론을 인정치 않고 어느 당파에서건 뛰어난 인물을 쓰면 된다는 것이다. 이렇게 될 경우 인물을 쓰는 잣대는 오로지 국왕의 식견에 놓여지게 된다. 노론의 경우 극소수를 제외하면 탕평에 동의한 적이 없었다. 탕평론은 주로 소론의 박세채에서 시작해 남인의 오광운 등으로 이어지면서 숙종 때부터 시작해 영정조 시대까지 소론이나 남인의 지론으로 자리 잡았다. 특히 영조 말기부터는 소론이 완전히 소탕되다시피 했기 때문에 탕평론은 미약한 남인의 지지만 받고 있었다고 해도 과언이 아니다.

정조의 탕평 의지는 당연히 일찍부터 시작됐다. 집권하자마자 폭풍우처럼 휘몰아쳤던 척리제거로 어느 정도 안정기반을 확보했다고 '착각'한 정조는 즉위년 9월 22일 색목(色目-당파)의 분쟁을 엄격하게 금하는 하교를 발표했다. 척리제거 못지않게 색목철폐 또한 세손 시절부터 정조가 구상했던 정국운영의 중대한 원칙이었음을 보여주는 대목이다.

"아! 선대왕 50년 탕평의 정치와 교화가 융성하고 지극하지 않은 것은 아닌데, 아! 저 이른바 소론이란 자들은 과연 그 심지(心志)를 한결같이 하고 정신을 모아서 조금도 속이고 은폐하는 일이 없다는 것인가? 회니(懷尼-노론과 소론이 갈리게 되는 송시열과 윤증의 논쟁)의 싸움은 비록 사문(斯文)에 관계되나 굳이 조정에서 논란할 필요가 없다는 뜻에서 덮어두고 논하지 않는 것이 옳다."

정조는 일단 당쟁의 큰 뿌리를 송시열과 윤증의 충돌에서 찾았다. '회니논쟁'이란, 회덕에 살았던 송시열과 니산에 살았던 윤증이 윤증의 아버지 윤선거의 묘갈명을 송시열이 써준 문제로 충돌하면서 노론과 소론이 결정적으로 갈라지게 된 사건을 뜻한다. 정조는 뒤에 보게되겠지만 한편으로는 철두철미한 송시열주의자였다. 참고로 숙종은 말년의 정치적 필요에 따른 노론 수용을 제외한다면 전반적으로 소론지지자였다. 영조의 경우 탕평을 했다고는 하지만 태생부터 경종을 지지했던 소론과는 뜻을 합칠 수 없었다. 정조는 이어 영조 시대에 대한 진단으로 넘어간다.

"신축년·임인년의 의리에 이르러서는 곧 이 충역(忠逆)이 관계되는데 인심이 각각 다르고 갈라진 의논이 일치되지 아니하여 을해년(1755년 영조 31년) 이후로는 무릇 그 조정의 신하가 임금이 있는 연석(延席-경연)에서는 꺼리고 숨기면서도 오히려 다시 조정에서 비등(沸騰)하여 수십 년 동안 고질적인 폐단이 되어와서 구제할 수가 없게 되었다. 내가 등극한 이후로 새로운 역신이 연달아 나오게 되어 엄격히 징토(懲討)하느라 다른 데에 정신이 미칠 겨를이 없었다. 때문에 조정의 신하들은 반드시 말하기를, '신축년·임인년의 지나간 일은 이미 선천(先天)에 속했으니 비록 색목에서 벗어나지 않았다 한들 무엇을 논할 것이 있느냐?'고 하는데, 이는 결코 그렇지가 않다. 선대왕께서 정무에 시달릴 때부터 지난 겨울에 이르기까지 어찌 일찍이 노론과 소론으로 권병(權柄)을 잡게 하지 않았던가? 윤양후(尹養厚)가 온 세상을 마음대로 농락하여 온 것이 그것이고 정후겸이 사특한 것에 빠진 것도 또한 그것이다. 만약 한결같이 번지도록 버려둔다면 또한 어찌 벌판을 불태우는 지경에 이르지 않겠는가?"

신축년은 경종 원년(1721년)이고 임인년은 경종 2년(1722년)으로 경종과 연잉군을 둘러싼 소론과 노론의 격렬한 정치투쟁의 시기를 말한다. 여기서 정조는 그 스스로 노론의 입장을 지지하면서도 당시 공론이 일치되지 않았다는 점은 인정한다. '을해년'이란 당시 영조가 그해 2월 '나주 괘서사건'이 일어난 것을 계기로 소론과 관련된 역모들이 연이어 발생하면서 소론에 대한 대대적인 탄압을 가한 소위 '을해처분'을 말한다. 그리고 뒷부분에서 척리들의 준동을 당쟁의 맥락에서 보려 한 점도 특기할 만하다. 홍봉한·홍인한 형제는 노론 외척당 중에서 탕평파였고 정후겸을 중심으로 한 정우량·정휘량 등은 소론 외척당 중에서 탕평파였다. 그 이유에 대해 정조는 이렇게 설명한다.

누구보다 사태는 정확하게 파악하고 있었다.

"대저 탕평 한 가지 일은 선대왕께서 깊이 고심하여 온 사안인데 어찌 일찍이 지난 때의 규모와 비슷한 점이라도 있겠는가? 특히 당시에 받들어 돕던 신하들이 실로 성의(聖意)를 우러러 체득하지 못하고 오직 미봉책으로만 일을 삼아서 심지어 사람 하나를 추천하는 것에도 저쪽과 이쪽을 참작하여 조정(調停)하는 계획을 삼아왔다. 때문에 행하여 온 지 오래지 않아서 차츰 더욱 폐단이 생기고 다만 족히 척리와 권간(權奸)이 정치를 혼란시키고 사람을 구속시키는 바탕으로 삼아왔다. 아! 탕평이란 곧 편당(偏黨)을 버리고 상대와 나를 잊는 이름인데, 세상에서 전하는 바 '탕평의 당이 옛날 당보다 심하다'는 말이 불행하게도 실상에 가까웠다. 혹은 선대왕의 성지(聖志)가 성대하여 오랠수록 더욱 굳건히 한 것이 아니었다면 그 흐르는 폐해가 어찌 한정이 있었겠는가?"

실은 영조를 정면으로 비판하고 있다. 실질탕평이 아니라 형식탕평에 흘러 결국 영조의 탕평은 친왕세력을 중심으로 한 나눠먹기식 잡탕 인사정책에 지나지 않았다는 것이다.

"대개 충역(忠逆)이 이미 나누어지고 시비(是非)가 크게 정하여진 뒤에는 이른바 노론도 또한 나의 신자(臣子)이고 이른바 소론도 또한 나의 신자이다. 위에서 본다면 균등한 한 집안의 사람이고 다 같은 한 동포이다. 착한 사람은 상을 주고 죄가 있으면 벌을 주는 것에 어찌 사랑하고 미워하는 구별이 있겠는가? 그 정황을 살펴보건대 오늘날의 당파가 다른 사람들은 자못 진(秦) 나라와 월(越) 나라가 서로 간섭하지 않는 것과 같으니, 이와 같이 하고서 나라가 능히 나라답게 되겠는가? 옛날 제갈량(諸葛亮)은 오히려 말하기를, '궁중(宮中-왕실)과 부중(府中-조정)이 함께 일체(一體)가 되어야 한다'고 하였다. 더구나 한 하늘 아래, 한 나라 안에서 함께 한 사람을 높이며 같이 한 임금을 섬기는 경우이겠는가? 더구나 이제 세월이 이미 오래되었고 의리가 더욱 굳어졌으니, 어찌 털끝만큼의 앙금이라도 그 사이에 낄 수 있겠는가?"

처방 또한 정확했다. 문제는 이를 현실 속에서 어떻게 실천할 것인가였다. 여기서 정조는 늘 한계를 드러냈다.

탕평의 좌절

앞서 본 대로 정조는 집권 초기 이 같은 탕평 구상을 본격적으로 추진할 수 없었다. 우선 정조 자신이 말한 대로 "내가 등극한 이후로 새로운 역신이 연달아 나오게 되어 엄격히 징토(懲討)하느라 다른 데에 정신이 미칠 겨를이 없었기" 때문이다. 그렇게 10년 가까이 흘렀다. 물론 그 중간에 간혹 탕평의지를 밝힌 적은 있다. 정조 6년 1월 13일 좌의정 홍낙성이 홍국영 연루설이 제기된 채제공을 벌해야 한다고 하자 오히려 채제공에게 병조판서를 시킬 의향을 갖고 있던 정조는 그 근거의 하나로 탕평론을 끌어들인다.

"내가 바야흐로 탕평의 정치를 하기 위해 모든 용사(用捨-사람을 쓰고 버림)에 있어 색목을 마음속에 두지 않고 있다. 옛날에도 금은동철(金銀銅鐵)을 뒤섞어 하나의 그릇을 만든다는 말이 있는데, 지금 조정의 형세는 각각 하나의 그릇을 만들고 있으니 당초 논할 수도 없는 것임은 물론, 뒤섞어 하나로 만든다는 것은 기대조차 할 수 없게 되었다."

사실 이 말은 6년 전 자신이 한 탕평 다짐이 제대로 실현되지 못하고 있다는 것을 스스로 인정하는 것에 다름 아니다. 2년 후인 정조 8년 7월 7일 정조가 이례적으로 후손을 위한 자신의 큰 계책이라는 것을 발표하는데 여기서도 여전히 탕평 실현이 여의치 못함을 실토하고 있다. 후손들을 위한 조언이라기보다는 신하들을 향한 애절한 호소로 읽힌다.

"아! 금일의 조정은 아무 일도 아닌 것을 가지고 어찌하여 사건으로 만드는가? 대저 언론이 서로 과격하고 거조(擧措)가 전도되어 역순(逆順)이 순식간에 갈라져서 파란(波瀾)이 사방에서 일어나고 있다. 심지어는 한집안 안에서도 혹은 칼을 잡고, 취향을 달리하려는 처지인데, 너무 취모멱자(吹毛覓疵-입으로 털을 불어서 흠을 찾아낸다는 뜻)하여 이른바 더불어 화평하고 안정하는 기상과는 불행하게도 상반되고 있으니, 그것이 어찌 상서로움을 불러오고 복을 가져오겠는가? 이것이 내가 많은 사령(辭令)을 내려서 지금까지 거듭 고하지 않을 수 없는 까닭이다. 무릇 사람들이 길(吉)한 경사의 날에 그릇을 깨뜨리려고 하지 않는 것은 그 유사한 일이 일어나는 것을 꺼리기 때문이다. 하물며 사람은 사람들과 동류가 되고, 나는 억조창생(億兆蒼生-만백성)의 임금이 되는 데야 더 말할 것이 무엇이 있겠는가? 그러므로 나는 근일(近日)에 더욱 사람마다 자기 위치를 찾고 일마다 원만히 해결되도록 하려고 하는 것이니, 이것은 대체로 후손에게 계책을 물려주려는 뜻에서 나온 것이다. 아! 그대들 여러 신하들이 만일 이 뜻을 깊이 몸받는다면 과격한 논쟁을 화평(和平)으로 바꾸고 전도된 것을 안정으로 바꾸는 것은 바로 순간적인 일이 될 것이니, 무엇이 어렵겠는가? 이로부터 조정이 안정되고, 이로부터 만백성이 안정되며, 이로부터 나의 자손들이 편안하게 됨으로써 천만년토록 나라의 터전이 안정된다면, 이 어찌 여러 신하들의 소원이 아니겠는가?"

다시 2년 후인 정조 10년 10월 24일 영의정 김치인이 사직의사를 밝히자 만류하면서 정조는 명시적으로 그동안 자신이 추진해 온 탕평책이 실패로 돌아가고 있음을 인정하는 발언을 한다.

"경은 한번 생각해 보라. 지금이 과연 어떤 때인가? 조정은 날로 분열되어 가고 인심은 안정될 기미가 없어서 우리 선대왕께서 50년 동안 시행한 탕평의 정치를 만회할 가망이 없으니, 그 이유는 무엇이겠는가? 조정에 노(老) 성인이 없어서 그런 것이 아니겠는가? 내가 경을 생각하는 것도 이 때문이고 경을 나오게 하려는 것도 이 때문으로, 때가 나올 때라서 그만둘 수만은 없는 것이다. 경이 만약 이미 물러났다고 자처한 채 구제하는 책임을 생각지 않는다면 이는 나 한 사람을 저버린 것뿐만 아니라, 나라를 생각하는 경의 선친의 마음으로 볼 때 자신에게 후손이 있다고 말씀하시겠는가?"

노론 벽파 중에서 청명당 지도자로 분류되던 김치인(金致仁, 1716년 숙종 42년~1790년 정조 14년)은 숙종 때 우의정을 지낸 김구의 손자이자 영조 때 영의정을 지낸 김재로의 아들이다. 할아버지 김구는 소론

박세채의 탕평론을 수용해 노론과 소론의 조정에 힘쓴 반면 아버지 김재로는 일찍부터 노론파의 영수로 떠올라 영조 즉위 초 소론계 인물들인 유봉휘·이광좌 등을 탄핵하고 영조에 대해 부정적이던 소론의 영수 김일경을 사사시키는 데 결정적 기여를 했다. 그러나 기본적으로는 영조가 추진했던 탕평에 동의했다. 그 때문에 노론 강경파로부터 한때 비난을 받기도 했다. 청렴하면서도 학식이 깊어 영조 집권 전반

김치인_ 1748년(영조 24년) 문과에 장원급제해 암행어사로 이름을 날렸고, 1762년 이후 이조 호조 형조의 판서를 지냈다. 정조 때에도 여러 차례 영의정을 맡아 당쟁의 조정에 힘썼으며 "성품이 치밀하고 결단력이 있는 인물"이라는 평을 들었다.

기에 노론 정권을 안정시키는 데 핵심적인 역할을 했다. 정조가 선친 운운한 것은 김재로를 염두에 둔 것이다. 노론이지만 외척당에 속하지 않았고 굳이 분류하자면 6촌간인 김종수와 함께 노론 청명당 중에서도 중도파였다고 할 수 있다. 노선만 놓고 보면 홍국영도 여기에 속했다.

　김치인은 정조 즉위 후에도 중추부 영사와 영의정을 교대로 맡아가면서 주로 당쟁 조정에 힘을 썼다. 탕평을 중시했던 가풍을 이었다고 할 수 있다. 그 때문인지 노론 벽파의 시각이 고스란히 반영된 『실록』의 그의 졸기에는 찬사와 비난이 함께 들어 있다.

"그는 주도면밀하고 과감한 성격이었으며, 국가의 전고(典故)에 대하여 잘 알았다. 스스로 옳다고 믿기를 좋아하였고, 대체(大體)에 대해서는 제대로 알지 못하였다. 김재로가 영종(영조의 원래 묘호) 초기에 탕평책을 극력 주장하다가 크게 사류(士類-산림)들에게 비난을 받았는데, 김치인이 조정에 올라서고부터는 자못 사류들과의 사이에서 주선을 해주어, 세상 사람들은 '아버지의 허물을 덮어주었다'고들 말하였다."

'아버지' 사도세자와 '개혁의 기수' 채제공

정조 12년 2월 15일 정조가 '우의정' 채제공을 위한 장문의 해명을 내놓았지만 조정의 반발은 그칠 기미를 보이지 않았다. 바로 다음날 좌의정 이성원이 그와 관련하여 사직상소를 올렸고 2월 17일에는 채제공이 자신의 문제로 조정이 시끄럽다며 자신에 대한 우의정 제수를 없었던 일로 해줄 것을 청했다. 2월 19일 정조는 3정승을 불러 직접 상호협력을 권유키로 했다. 그러나 채제공은 병을 이유로 나오지 않았고 영의정 김치인과 좌의정 이성원만이 들어왔다. 정조는 두 사람에게 다음과 같이 당부했다.

"이번 일은 바로 조정의 큰 거조로서 선조(先朝)에서도 일찍이 하지 않았던 일을 지금 내가 하였으니 만약 뒷갈무리를 잘하지 않는다면 나와 경들이 책임을 면하기 어려울 것이다. 그리고 우상이 본디 온화하지 못하니 경들이 모름지기 조절하고 억제하여 한계와 법도를 넘지 못하게 하라."

이에 대해 김치인은 그 자리에서 "신은 늙어서 감당할 수 없습니다"라고 즉각 기부했다. 그런데 열흘이 지난 2월 29일 정조와 3정승과의 대화를 보면 김치인이 많이 누그러졌음을 알 수 있다.

"우정승이라고 해서 어찌 조정을 할 만한 소지가 없겠습니까?"

이후 적어도 채제공의 우의정 임명과 관련된 공세는 한층 누그러졌다.
이제 궁금해지는 것은 이런 우여곡절을 겪으면서까지 정조가 채제공을 정승으로 앉히려 한 이유다. 우의정에 오른 채제공은 한동안 몸을 낮춰 노론 전현직 정승들과 화해에 힘쓰는 모습을 보여줬다. 그 때문인지 8월 18일에는 그를 한사코 반대했던 중추부 판사 김익도 채제공과 한자리에 나와 정조의 해명이 있은 뒤에 자신의 오해가 풀렸음을 인정했다. 그에 대한 화답 차원에서 정조는 채제공 탄핵에 앞장섰다가 파직된 전 사헌부 지평 이익훈을 홍문관 교리로 복직시키라는 특명을 내린다.
그해 말 형조판서 윤시동이 채제공이 영남유생을 내세워 조정을 압박하고 있다며 탄핵을 시도했다가 오히려 자신이 불서용이라는 처벌을 당했고 이어 이듬해 4월 27일에는 채제공이 윤시동을 역공하는 등의 논란이 있기는 했지만 채제공에 대한 정조의 총애는 더욱 깊어만 갔다. 어지간한 중요 국사는 영의정이나 좌의정이 아닌 우의정과 논의해서 결정해 버렸다. 윤5월 10일에는 이조참판 김문순이 채제공이 천거한 인물을 승인해 주지 않자 정조는 김문순을 함경도 온성부사로 좌천시켜 버렸다.
이런 채제공을 통해 정조가 우선적으로 추진한 일은 '아버지' 사도세자의 한을 풀어주는 일이었다. 노론 인사들과 이런 일을 추진한다는

244

것은 아무래도 예상치 못한 반대에 부딪힐 공산이 컸기 때문이다. 채제공은 과거 사도세자의 폐세자를 목숨을 걸고 막았던 인물 아닌가?

즉위하면서 기세 좋게 "나는 사도세자의 아들이다"고 선포했지만 "그래서?"라는 반론이 제기될 경우 정조는 쉽지 않은 결정 앞에 놓일 수밖에 없었다. 결국 정조는 영조를 부정하려는 움직임을 역모로 몰아 처단하는 한편으로 사도세자를 죽이는 데 협조했거나 세손 시절 자신을 위협했던 세력들도 가차없이 숙청하는 길을 선택했다. 그것이 성공적이었는지는 여기서 평할 성격이 아니다.

정조는 즉위 닷새 후인 1776년 3월 10일 자신이 양자로 들어갔던 효장세자를 진종(眞宗)으로 추존하고 사도세자도 '장헌세자'로 이름을 바꿔 추숭했다. 마음 같아서야 친아버지 장헌세자를 추존왕으로 올렸으면 좋겠지만 자칫하면 선대왕 영조를 부정함으로써 자신의 정통성마저 허물어진다는 것을 정조가 몰랐을 리 없다. 게다가 '사도세자 사건'은 진상 자체가 불투명했기 때문에 정조의 시각에서 보는 사도세자 사건('임오의리')을 관철하는 일이 우선과제였다. 실제로 즉위년 8월 영남유생 이응원 부자가 홍봉한 무리들이야말로 사도세자를 죽게 만든 장본인이라며 이들을 주살해야 한다고 상소를 올렸다가 정조로부터 "어리석은 짓이 아니면 미치광이 짓"이라는 비난을 받고 대역죄로 주살됐다.

다시 즉위 보름째인 3월 20일. 이날 정조는 장헌세자 추숭에 이어 수은묘(垂恩墓)라 부르던 사도세자의 봉호(封號)를 영우원(永祐園)이라고 높여 부르고 사당을 경모궁(景慕宮)이라 이름 지었다. 봉호와 사당의 이름에는 아버지를 그리워하는 아들 정조의 효심이 고스란히 담겨 있다. 영우원은 지금의 서울 청량리 근처에 있었다.

배다리로 물길을 건너 찾은 아버지

정조는 해마다 4월이면 한 번도 거르지 않고 영우원에 전배(展拜)하고 경우에 따라서는 그곳에서 하룻밤을 보내고 오기도 했다. 사실 정조는 즉위 초부터 아버지의 묘 자리에 대해 불만이 많았다. 일찍부터 길지로 옮기고 싶었다. 다만 여러 풍수학설을 검토한 결과 기유년(1789년 정조 13년)이 상길(上吉)이라 하여 이때까지 가슴 졸이며 기다려왔다. 논의의 물꼬를 튼 것은 즉위 13년 7월 11일 올라온 금성위 박명원의 상소였다. 그것은 실은 정조 자신이 올린 상소나 마찬가지였다. 금성위(錦城尉) 박명원(朴明源)은 영조와 영빈 이씨(사도세자 친어머니) 사이에서 난 큰딸 화평옹주의 남편으로 정조의 친고모부였다. 화평옹주는 화완옹주의 친언니다. 그러나 화평옹주는 생전에 사도세자를 끔찍이 아껴 화완옹주와는 관계가 전혀 달랐다.

이미 봉호는 올린 상태이고 임금이 아버지의 묘를 옮기겠다고 하는데 이를 반대할 신하는 없었다. 정조는 풍수에도 해박했다. 그는 이미 그 자신이 검토해 온 여러 대안지에 대한 장단점을 일일이 열거한다.

"첫째 충청도 문의(文義)의 양성산은 예로부터 명당소리를 듣긴 했지만 답답하게 막힌 기색이 있고 왕실 묘 자리로는 적절치 않다. 둘째 황해도 장단(長湍) 백학산(白鶴山) 아래의 세 곳은 국세(局勢)가 각각 협소하고 힘이 없고 느슨하다. 셋째 경기도 광릉(光陵-세조릉) 좌우 산등성이 중의 한 곳은 문의의 자리와 함께 찬양되는 곳이지만 마음에 들지 않는다. 특히 그중 한 곳은 절터이니, 신당(神堂)의 앞이나 불사(佛寺)의 뒤나 폐가(廢家) 또는 고묘(古廟)에 묘를 쓰는 것은 옛사람들이 꺼린 바다. 넷째 경기도 용인(龍仁)의 좋다고 운운하는 곳도 역시 그러하다. 이 밖에 한양 남쪽 헌릉(獻陵-태종릉)

화성_ 천도설과 관련해서 행궁건설까지는 국왕의 지극한 효도에서 나온 것으로 볼 수 있지만 그 행궁을 위해 도시와 성곽까지 건설했다는 것은 불필요한 국력 소모라는 비난을 받을 소지가 크다.

인근의 이수동(梨樹洞)과 황해도 후릉(厚陵-정종릉) 인근의 두 곳, 강릉(康陵-명종릉) 백호(白虎-우측) 쪽, 가평(加平)의 여러 곳도 마음에 드는 곳이 한 곳도 없다."

지금까지는 서론이다. 실은 효종 때부터 사대부나 술사들 사이에 최고 명당으로 회자돼 오던 곳에 영우원을 천장(遷葬)하기로 정조는 이미 마음을 먹고 있었다.

"오직 수원(水原) 읍내에 봉표해 둔 세 곳 중에서 관가(官家) 뒤에 있는 한 곳만이 전인(前人)들의 명확하고 적실한 증언이 많았을 뿐더러 옥룡자(玉龍子-신라 말 고려 초 풍수의 대가였던 도선의 호)가 말한 바 있는 반룡농주(盤龍弄珠-용이 누워서 여의주로 놀고 있는 최

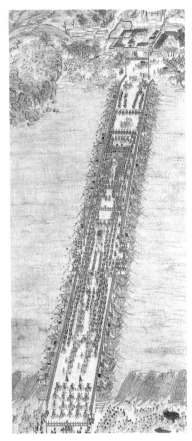

《원행을묘정리의궤도》 사도세자의 묘소를 현륭
원이라 하며, 정조는 재위 기간 동안 10여
차례 수원의 현륭원을 다녀왔다. 이 그림
책은 그 가운데 을묘년(정조 19년 1795년)
의 행차 보고서인「원행을묘정리의궤(園幸
乙卯整理儀軌)」를 간편하고 보기 쉽게 정리
하여 만든 것이다.

고의 명당)의 형국이다. 연운(年
運)과 산운(山運) 그리고 본인의
명운이 꼭 들어맞지 않음이 없으
니, 내가 하늘의 뜻이라고 한 것
이 바로 이를 이름이다."

이어 왕실 내에서도 장차 능이
나 원으로 쓰기 위해 미리 지정해
놓은 3대 길지가 전해져 왔는데
하나는 홍제동으로 영릉(寧陵-효
종릉)이 들어섰고 또 한 곳은 건
원릉(健元陵-태조릉) 오른쪽 등
성이로 원릉(元陵-영조릉)이 들
어섰고, 한 곳은 이때 자신이 정
한 수원 읍에 있는 그곳이라고 말
한다.

"수원의 묏자리에 대한 논의
는 기해년『영릉의궤(寧陵儀軌)』
에 실려 있는 윤강(尹絳)·유계
(兪棨)·윤선도(尹善道) 등 여러
사람과 홍여박(洪汝博)·반호의
(潘好義) 등 술사들의 말에서 보아 알 수 있다. 그러나 그 시말로 말
하면 윤강의 장계(狀啓)와 윤선도의 문집 중에 실려 있는 산릉의(山
陵議) 및 여총호사서(與摠護使書)보다 자세한 것이 없다. 내가 수원

에 뜻을 둔 것이 이미 오래여서 널리 상고하고 자세히 살핀 것이 몇 년인지 모른다. 옥룡자의 평(評)이 그 속에 실려 있는데, 그의 말에 '반룡농주의 형국이다. 참으로 복룡대지(福龍大地)로서 용(龍)이나 혈(穴)이나 지질이나 물이 더없이 좋고 아름다우니 참으로 천 리에 다시없는 자리이고 천 년에 한 번 만날까 말까 한 자리다'라고 하였다."

이것으로 수원으로의 천장은 결정됐다. 물론 명당 자리로 옮기고 이름을 현륭원으로 바꾸기는 했지만 그 이상의 조치는 따르지 않았기 때문에 노론 쪽에서도 내놓고 강한 반대를 펼치지는 않았다. 이 작업은 그해 10월 7일 정조가 직접 사도세자의 지문을 지어 올림으로써 완료됐다. 하지만 노론 벽파로서는 정조의 말 한마디, 행동 하나하나에 긴장하지 않을 수 없었다.

정조와 왕대비의 두 번째 충돌

정조는 일단 현륭원으로 옮기는 일이 거의 마무리돼 가던 9월 27일 소론의 이재협을 영의정으로, 남인의 채제공을 좌의정으로, 노론의 김종수를 우의정으로 제수하는 인사를 단행했다. 전형적인 탕평인사였다. 좌의정이란 3정승 중에서 최고의 실권을 갖는 자리다. 그런데 채제공은 좌의정에 오른 그날 당장 어려운 숙제를 맞게 된다. 왕권 강화를 위한 다양한 수단을 구사하고 있던 정조가 당시 새로운 숙제를 던져 놓았기 때문이다. 이 일을 어떻게 처리하느냐에 따라 채제공의 위상은 다시 달라질 수 있었다.

9월 27일 정조의 3정승 교체가 갖는 의미를 알려면 전날 일어난 일을 먼저 보아야 한다. 9월 26일 왕대비(정순왕후)는 3정승에게 언문 전교를 내려 강화에 유배 중이던 은언군 이인이 한양에 들어와 자기 집에 버젓이 살고 있다며 이인을 당장 강화로 돌려보내고 이인의 강화도 탈출을 묵인한 강화유수 윤승렬의 목을 베지 않는다면 매일 들이는 탕약을 받지 않겠다고 선언했다. 정조 10년 언서(諺書)로 상계군 이담 문제를 제기해 은언군 이인을 강화로 유배 보낸 왕대비다. 다시 정조와 왕대비의 권력투쟁이 시작된 것이다.

이런 전교가 있자 정조는 바로 다음날 자신이 가장 신뢰하던 채제공을 좌의정에, 김종수를 우의정에 전면배치한 것이다. 좌의정에서 영의정으로 올라간 이재협 또한 정조의 총애를 받았던 소론 준론의 시파(時派-친왕파)였다. 사실 은언군이 강화에서 한양으로 올 수 있었던 것은 정조의 은밀한 명이 있었기 때문이다. 당시 현륭원 이전을 앞두고 있었다. 은언군도 사도세자의 아들이다. 함께 제사를 올리지는 못해도 유배지에 그대로 둔다는 것은 정조로서는 아버지에 대한 도리가 아니라고 생각했을 것이다. 실은 그보다 더 큰 구상에 따른 결정이었다.

이후에도 종종 은언군은 한양에 들어왔고 조정이 발칵 뒤집어지면 다시 강화로 보내는 일이 반복됐다. 이와 관련해 정조는 정조 19년 6월 20일 김종수에게 이렇게 말한다.

"하고 또 해서 눈에 익고 귀에 익숙하게 되면 은언군이 왔다갔다 하더라도 그다지 문제 삼지 않게끔 될 것이다."

4개월 후인 10월 17일에는 돈녕부 영사 김이소에게 이렇게 말한다.

"기필코 사람들이 보는 데에 익숙하고 듣는 데에 면역이 생기게 만들고야 말 것이다."

그 첫 번째 시도가 정조 13년 9월에 있었고 정순왕대비의 반발이 있었고 3정승의 교체가 있었다. 채제공은 정조와 정순왕대비의 피 말리는 두 번째 파워게임의 한가운데에 놓이게 됐다.

다시 9월 26일이다. 정순왕대비의 언문 하교가 내렸다는 소식을 접한 정조는 2품 이상 신하들을 불러 이렇게 말한다. 허겁지겁하던 3년 전의 정조와는 전혀 딴판이다. 노회함이 흠뻑 묻어난다.

"요즈음 나의 심정이 비로소 편안하고 어제는 잠도 편하게 잘 잤다. 이게 어찌 다만 질병이 몸에서 떠난 때문만이겠는가. 자교(慈敎-대비의 명)가 비록 엄중한 것이기는 하나, 지금에 와서 감히 받들 수 없다는 점을, 경들 또한 생각하였을 것이다. 내가 이번 일을 하고 나서 나름대로 마음속에 잘 생각해 둔 것이 있으니, 경들이 아무리 이래도 어찌 조금이라도 들어줄 리가 있겠는가."

아버지 사도세자의 죽음을 생각할수록 왕대비에 대한 분노를 참을 수 없는 정조였다. 이제 정치에 힘이 붙기 시작했고 자기 사람들도 적지 않게 생겼다. 왕대비쯤은 무시하고 갈 생각이었는지도 모른다. 영의정을 지낸 중추부 영사 김치인이 당장 은언군을 강화로 돌려보내 화(禍)의 기미가 번져가지 않도록 미리 조처를 취할 것을 청했으나 일언지하에 거절했다. 정조는 현륭원 천장이 공식적으로 마무리될 때까지는 은언군을 한양에 머물게 할 셈이었다. 이어 아직 우의정에 임명되지 않은 규장각 제학 김종수도 상소를 올려 강화유수 윤승렬과 정조의 밀명을 전한 내수사 관리를 처벌할 것을 청했다. 정조는 강화유수가 무슨 죄가 있냐며 거부했다. 명은 자신이 내린 것이기 때문이다.

별다른 조치가 없자 왕대비는 다시 언문으로 엄한 분부를 내렸다.

"조정 신하들이 두 마음을 품고서 나라의 역적을 토죄하지 않아서
야 되겠느냐!"

이때 정조는 창덕궁에 머물고 있었다. 왕대비의 재촉에 놀란 대신
과 3사의 신하들이 정조를 만나기 위해 찾아왔으나 정조는 궁문을 닫
아버렸다. 반나절 동안 신하들은 궁문을 밀치고서라도 들어가려 했고
정조는 조금도 물러설 기미를 보이지 않았다. 이후 신하들이 선화문
앞에서 관을 벗고 대죄하자 정조는 청대를 청한 신하 모두를 삭직하
고 문외출송하라고 명했다.

왕대비도 만만치 않았다. 먼저 대신들이 일단 임금에게는 알리지
않은 채 은언군을 강화로 돌려보낸 다음 임금께 대죄토록 하라고 분
부를 내렸다. 영의정 김익 등은 왕대비의 분부에 따라 포도대장과 의
금부 당상에게 은언군을 압송토록 명했다. 이 소식을 전해 들은 정조
도 가만있지 않았다.

"어찌 이와 같은 변괴가 있단 말인가. 당장 중사(中使-환관)를 보
내어 표신(標信)을 지니고 또 상방검(尚方劍-군무에 관한 전권을 위임
받았음을 상징하는 검)을 내리어 그가 가서 호위하게 하되 누구를 막
론하고 만약 은언군에게 손을 대는 자가 있거든 마음대로 처리하도
록 하라. 대신 역시 사람이거늘, 어찌 국법을 무서워하지 않는단 말
인가."

252

그래도 불안했던지 정조는 직접 가마를 타고 은언군을 따라나서려 했다. 정조가 돈화문을 나섰다는 이야기를 들은 왕대비도 만만치 않았다. 중사를 보내 말로 전하기를 "수레를 움직여 어디로 가는가? 궐내 뜰 한가운데서 주상의 환궁을 기다리겠다"고 통첩했다. 놀란 신하들은 정조의 앞길을 막고서 간절하게 빌었다. 정조도 누그러질 기색은 전혀 없었다.

"그가 성 안에 머물러 있게 하는 일이 불가할 게 뭐 있기에 경들이 이러는가. 내가 천고에 윤리를 손상하는 일을 저지르도록 할 셈인가. 내 곧장 그가 간 데까지 따라가겠다. 비록 강화까지라도 그를 따라갈 것이다."

중추부 영사 정존겸은 상황이 어떻든 간에 일단 왕대비의 심정을 헤아려서라도 환궁해 줄 것을 청했고, 정조는 "이런 판국에서는 왕대비의 하교라도 받아들일 수 없다"고 반박했다. 밀고 당기면서 가마는 조금씩 나아갔다. 이때 우의정 채제공이 "대신들이 가마 앞에 엎드리면 전하께서도 가마를 타고 대신들을 짓밟지는 못할 것"이라고 말하자 정조는 "그러면 걸어서라도 가겠다"며 가마에서 내리려 했다. 정조와 대신들의 실랑이가 한창이던 바로 그 순간 왕대비의 언문 교서가 전달됐다.

"이 일은 국가와 종사를 위한 것인데도 주상께서 이러하시니, 나는 사제로 물러가 살겠다."

대궐을 나가겠다는 최후통첩이었다. 정조는 가마를 돌릴 것을 명했다. 적어도 이날만 놓고 보면 정조는 명분과 실리 양면에서 왕대비에게 참패했다.

정조의 반격

창덕궁으로 돌아온 정조는 먼저 왕대비의 명을 받는다고 임금의 명은 무시한 의금부 지사 김상집과 의금부 동지사 이병정·남현로를 유배토록 명했다. 이어 좌우 포도대장도 유배를 명했다. 그런데 이때 다시 이해하기 힘든 일이 일어난다. 승정원에서 포도대장 유배를 명한 전교를 받들지 못하겠다고 나선 것이다. 명을 받들지 않은 승지 이조승·이서구·홍인호를 찬배하라고 명했다. 그러나 이 명을 받은 승지 조윤대가 거행할 수 없다고 버티자 그 자리에서 삭직해 버렸다. 조윤대 삭직의 명을 받들기 위해 승지 정대용이 들어가자 "너는 승지가 아니란 말이냐"고 크게 화를 내며 정대용도 유배를 시켜버렸다.

잠시 후 전현직 정승들이 차자(箚子-약식 상소)를 올려 자신들의 죄를 청했다. 왕대비의 명만 받들고 임금의 명을 제대로 받들지 못한 데 대한 벌을 받겠다는 것이었다. 정조는 분을 참을 수 없었다.

"내가 자전의 마음을 감동시키지 못하여 감히 들을 수 없는 하교를 받게 되었고, 길가에서 허둥지둥 의장을 돌려 세우게 됨을 면하지 못하였다. 스스로 처음의 심정을 돌아보건대, 차라리 아무 말도 하고 싶지가 않다. 경들의 이번 행동은 결코 신하로서 감히 할 수 있는 바가 아니었다. 경들이 비록 자교 때문이었다고 둘러대나 조정은 체모가 있는데 행동을 어찌 그처럼 할 수 있는가. 대신은 나라를 몸받아 안위(安危)를 책임지고 있는 자들인데 일을 당해 처신함에 있어 이와 같이 그릇되게 하였으니, 통탄스럽기 그지없다. 윤승렬에 대한 일은 자교가 비록 이와 같기는 하나, 내 마땅히 만회할 방도를 생각할 것이다. 경들이 아뢴 바는 또한 불성실한 태도에 가깝다."

무원고립(無援孤立). 정조는 극도의 위기감과 불안감을 느꼈다. 저들은 왕대비의 신하인가 임금의 신하인가? 정조는 복심 김종수를 불렀다. 이때 김종수는 규장각 제학으로 수어사를 겸하고 있었다. 그리고 김종수에게 수어사 외에 훈련도감, 어영청, 금위영, 총융청 4영(營)과 좌우 포도대장도 겸하도록 하였다. 오늘날로 따지면 국방장관을 제외한 3군사령관 및 수도방위사령관, 경찰청장을 모두 겸직토록한 극단적 조치였다.

다음날 정조는 영의정 김익과 중추부 판사 서명선을 유배토록 하고 명했다. "임금의 엄중한 명이 있다는 것을 조금이나마 알게 하라"는 명과 함께였다. 그리고 규장각 제학 김종수를 부른다.

"내가 믿고 의지하는 바는 경 한 사람뿐이다."

얼마 후 이재협·채제공·김종수를 각각 3정승에 임명하는 복상이 있었다. 9월 28일 어느 정도 마음의 안정을 찾은 정조는 좌의정 채제공과 우의정 김종수를 불러 향후 대책을 논의한다. 그러나 이 일에 대해서는 채제공 또한 자신으로서는 처음 보는 정조의 잘못된 결정이라고 지적했다. 김종수도 대신과 당상관들에 대한 처벌을 취소할 것을 청했다. 정조는 김종수의 청을 받아들였다. 그리고 9월 29일 정조는 창덕궁을 떠나 창경궁으로 이어(移御)했다. 왕대비와 함께 창덕궁에 머물고 싶지 않다는 항의의 표시였을 것이다. 이날 김종수가 우의정

이 됐으니 다른 관직은 풀어줄 것을 청했으나 정조는 규장각 제학 및 수어사 등을 그대로 겸하라고 말한다. 김종수에 대한 정조의 총애가 어느 정도였는지 알 수 있다.

직접 연결된 것 같지는 않지만 현륭원 천장은 이 같은 왕대비와의 처절한 권력투쟁을 겪어가며 이뤄낸 것이라고 할 수 있다. 다만 그것은 흔히 생각하듯 기득권 세력과 개혁 세력의 대립이 아니라 공의(公義)와 사은(私恩)의 충돌이었다. 왕대비가 공의를, 정조가 사은을 고수했다. 결국 정조는 사도세자의 문제에 관한 한 늘 명분에 있어 불리할 수밖에 없었다.

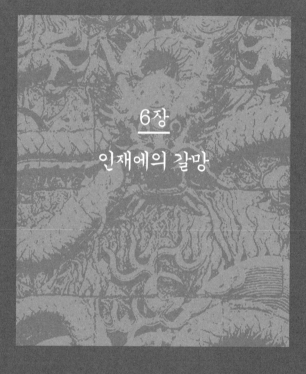

6장

인재에의 갈망

'문치(文治)의 나라',
제2의 세종대왕을 향한 바람

규장각을 설립하다

규장각(奎章閣) 설립은 대리청정할 때부터 정조가 마음속에 품고 있던 야심적인 기획의 하나였다. 그는 내외척의 공세와 위협에 시달리며 척리로부터 벗어난 정치를 하겠다고 수없이 다짐했다. 그러기 위해서는 자신을 헌신적으로 뒷받침해 줄 신진기예들이 필요하다고 판단했고, 세종 때의 집현전을 본뜬 규장각 설립을 구상하게 된다.

사실 집권 초기는 홍국영과 손잡고 홍씨, 김씨 그리고 정후겸 세력을 소탕하느라 정신이 없을 때였다. 그런 와중에도 즉위 직후인 즉위년 3월부터 규장각 설립을 밀어붙여 내외척 상층부에 대한 숙청작업이 일단락된 9월 창덕궁 북쪽 후원에 규장각을 세웠다.

기관의 성격은 집현전과 달랐다. 집현전의 기능은 홍문관이 계속 잇고 있었고 정조가 세운 규장각은 일차적으로 많은 글과 글씨를 남

긴 영조의 어제(御製) 문서들을 보관하고 정리하고 연구하는 데 그 핵심기능이 있었다. 이런 성격의 기관은 세조 때 양성지가 건의하여 세우려 한 적이 있고 규장각이라는 이름도 그때 정해졌다. 그러나 당시는 건의로만 끝나 실현은 보지 못했다.

숙종 때에 와서 역대 군주의 어제·어서들을 체계적으로 보관하기 위해 왕실 업무를 주관하는 종정시에 작은 각을 세우고 숙종이 직접 '규장각'이라는 글씨를 써서 달았다. 그러나 그때는 보관 업무에 치중했기 때문에 별도의 관리들을 두지 않았다.

정조도 그래서 처음에는 '어제각(御製閣)'이라고 했다가 마침 숙종의 글씨도 남아 있어 이름을 '규장각(奎章閣)'으로 바꾸었다. 그리고 창립 관원을 선발해 업무를 관장토록 했다. 규장각 제학에는 황경원·이복원, 직제학에는 홍국영·유언호가 임명됐다. 실세 홍국영을 어린 나이에도 불구하고 규장각에 배치했다는 것 자체가 규장각에 걸고 있는 정조의 기대를 보여주기에 충분했다. 규장각은 제학·직제학·직각(直閣)·대교(待敎)로 모두 6명의 관원이 배치됐다.

초대 규장각 관장격인 황경원(黃景源, 1709년 숙종 35년~1787년 정조 11년)은 영조 16년(1740년) 문과에 급제하여 승문원에서 관리 생활을 시작했다. 이후 고문에 밝고 문장이 뛰어나다 하여 높은 평가를 받았고 대사성·대사간·대사헌 겸 양관 제학을 지냈다.

비교적 무난한 품성이었으나 당쟁의 소용돌이를 피해가지는 못했다. 이조참판으로 있을 때인

황경원 조선 후기의 문신·예학자로 영조 때 호조·이조 참판 겸 양관 대제학 등을 지냈고, 정조 즉위 후 대제학에 임명되나 나가지 않았다. 서예에 뛰어났으며, 예학(禮學)에 정통하고 고문(古文)에도 밝아, 오원·이천보·남유용 등이 그를 따르지 못했다고 한다.

영조 37년(1761년) 스승인 노론의 이론가 이재의 상언(上言)이 문제가 되는 바람에 연좌되어 거제도 등지로 유배를 가야 했다. 그러나 얼마 후 풀려나 영조 때는 형조·예조·공조 판서 등을 두루 지냈다. 그리고 이때 정조의 부름을 받았고 이후 이조판서·중추부판사 등을 지내며 정조의 학문적 자문역을 하면서 측근으로 활약하게 된다. 훗날 사촌동생 황승원도 규장각에서 정조와 인연을 맺고 측근이 된다.

이복원과 유언호는 세손 시절부터 정조를 지극정성으로 모셨던 신하다. 유언호(兪彥鎬, 1730년 영조 6년~1796년 정조 20년)는 영조 37년(1761년) 문과에 급제해 주로 사간원과 홍문관의 직책을 역임했고 1771년(영조 47년)에는 영조가 산림세력을 당론의 온상이라 공격하

유언호_ 영조가 산림세력을 당론의 온상이
라 공격하여, 이를 배척하는 『엄제방유곤
록』을 만들자, 항의성 상소를 올렸다가 경
상도 남해에 유배되었고 1772년에는 청명
류사건에 연루되어 흑산도로 유배되었다.
그러나 정조가 세손 시절부터 극진히 보필
하여 정조 즉위 후에는 지극한 예우를 받
았다.

여, 이를 배척하는 『엄제방유곤
록(儼提防裕昆錄)』을 만들자, 권
진응(權震應) 등과 함께 항의성
상소를 올렸다가 경상도 남해에
유배되었다. 1772년 홍봉한 중심
의 척신 정치를 제거하는 것이
사림정치의 이상을 실현하는 것
이라 생각한 정치적 동지들의 모
임인 청명류사건(淸名流事件)에
연루되어 흑산도로 유배되었다.
그러나 당시 왕세손이던 정조를
춘궁관(春宮官)으로서 열심히 보
호하였으므로 정조 즉위 후에는
지극한 예우를 받았다. 정조 4년
(1780년) 한성부판윤을 거쳐 정
조 11년(1787년)에는 우의정에 오르고 이듬해에는 영조를 비판한 남
인 조덕린이 복관되자 이를 강도 높게 비판하다가 제주도로 유배되기
도 했다. 3년 후 풀려난 그는 1795년 좌의정에 오르지만 이듬해 세상
을 떠났다. 순조 2년 정조 묘에 배향되었다. 그만큼 정조를 위한 공이
컸다는 뜻이다. 전형적인 외유내강형 인물이었다는 호평이 있다.

초계문신제, 규장각을 인재양성 기관으로 확대개편하다

이처럼 일단 역대 국왕들의 어제(御製) 저술과 친필을 보관 정리하
기 위한 규장각을 설립했지만 정조의 본뜻은 세종을 본받아 인재양

성기관으로 한 단계 끌어올리는 데 있었다. 소수의 친위세력만으로 조정을 둘러싸고 있는 반대세력들을 제압해 가며 자신이 원하는 정치를 펼치려면 장기적으로 신진 친위세력들이 필요하다고 보았기 때문이다.

그 구체적인 방안으로 정조는 문과 급제를 통해 관리의 길에 들어선 젊은 세대의 문신들을 직접 평가하고 가까이 하기 위하여 정조 5년 2월 초계문신제를 실시한다. 초계문신(抄啓文臣)이란, 의정부 정승들이 추천해서 올린 문신들이라는 뜻이다. 정조 자신은 이를 세종 때부터 1년 정도 휴가를 주어 자유롭게 독서를 하도록 했던 사가독서제(賜暇讀書制)의 전통을 이어받은 것이라고 했다.

통상 37세 이하의 당하관 중에서 의정부가 선발하여 본래 직무를 면제하고 사서삼경과 국정현안 연구에 전념하게 하면서 한 달에 두 차례 구술고사〔講〕와 한 차례 필답고사〔製〕로 성적을 평가하였다. 이 과정에서 당파가 형성되는 것을 막기 위해 거의 대부분 정조가 친히 강론에 참여하거나 직접 시험을 보여 채점하기도 하였다. 기간은 대략 3년이었고 40세가 되면 졸업시켜 이때 익힌 바를 국정에 적용토록 하였다. 정조 때는 1781년(정조 5년)부터 1800년까지 10차에 걸쳐 모두 138인이 선발되었다.

우선 선발방식과 관련해 사가독서와 초계문신을 간략히 비교해 볼 필요가 있다. 문풍(文風) 진작을 위해 세종이 변계량의 의견을 받아들여 실시한 사가독서제의 경우 비교적 자유로웠다. 끝나고 나서 이이의 『동호문답(東湖問答)』처럼 국정 현안에 대한 나름의 총론적 진단을 제출하는 정도의 조건이 있었을 뿐이다. 그러나 초계문신의 경우 사실상 정조가 스승이 되어 사서삼경은 말할 것도 없고 국정 현안 하나하나에 대한 자신의 생각을 심어주려 한 것이다.

또 하나 선발된 인재들이 과연 정조가 기대한 대로 국가의 발전에 큰 기여를 했는가 하는 것이다. 일단 조선 중기까지의 사가독서는 수많은 인재를 길러냈다는 데 재론의 여지가 없을 만큼 성공적이었다는 평가를 받고 있다. 그러나 문풍 진작보다는 정조 자신의 취향에 맞는 관리를 길러내는 데 더 큰 비중이 있었던 초계문신제의 경우 헌종 때 잠시 실시된 것을 제외하고는 정조의 아들인 순조 때도 실시되지 않은 것으로 보아 그다지 성공적이지 못했던 것은 아닌가 하는 생각을 지울 수 없다.

개략적으로나마 10차례에 걸쳐 선발된 초계문신들의 면모를 살펴보자(괄호 안은 생전에 올라간 최고관직이다).

정조 5년의 제1차 초계문신은 영의정 서명선이 뽑았고 거기에는 서정수(이조판서) · 이시수(좌의정) · 홍이건 · 이익운(예조판서/남인) · 이종섭 · 이동직(관찰사) · 이현묵 · 박종대 · 서용보(영의정) · 이집두(예조판서) · 김재찬(영의정) · 이조승 · 이하석 · 홍인호(관찰사) · 조윤대(이조판서) · 이노춘(예조참판) 등 16명이 포함됐다.

정조 7년의 제2차 초계문신은 좌의정 홍낙성이 뽑았고 이현도 · 정만시 · 조제로 · 이면긍(6조판서) · 김계락(우참찬) · 김희조 · 이곤수 · 윤행임(예조판서) · 함종인 · 이청 · 이익진(사헌부 지평) · 심진현 · 서형수(관찰사) · 신복 · 이유수 · 강세륜 등 16명이 포함됐다. 제1차에 비하면 관직이 덜 화려하다.

정조 8년의 제3차 초계문신은 다시 영의정 서명선이 뽑았고 이서구(홍문관 교리) · 정동관 · 한치응(병조판서) · 한상신 · 이형달 · 홍의호(봉조하) · 한흥유 등 7명이 포함됐다.

정조 10년의 제4차 초계문신은 영의정 김치인이 뽑았고 정만석(우의정) · 송상렴 · 김조순(순조의 장인) · 홍낙정 · 장석윤 · 이상황(영의정)

등 6명이 포함됐다. 여기서 주목
해야 할 인물은 김조순이다. 김
조순(金祖淳, 1765년 영조 41년~
1832년 순조 32년)은 이이명·조
태채·이건명과 함께 경종 초 연
잉군(영조)의 왕세제 책봉을 관
철시켰다가 김일경 등이 이끄는
소론에 의해 죽게 된 노론 4대
신 중의 한 명인 김창집의 4대
손으로 노론의 적통을 잇는 인
물이었다. 정조 9년(1785년) 문
과에 급제해 초계문신으로 선

김조순_ 정조 때 초계문신에 선발된 곧은 성
격의 소유자로 딸이 순조와 혼인을 하게 되
면서 순조 즉위 후 핵심요직에 제수되었으나
사양했다.

발됐으며 당쟁에 대해 비판적이었다. 1800년(정조 24년) 승지로 있다
가 딸이 정조의 아들 순조와 혼인을 하게 됨에 따라 정조가 죽고 순조
가 즉위하자 병조와 이조 판서 등 핵심요직에 제수되었으나 사양했
다. 순조 2년 총융사를 지냈고 같은 해 딸이 순조의 비(순원왕후 김씨)
로 봉해지자 훈련대장·호위대장 등을 지내며 안동 김씨 세도정치의
기초를 다진다. 특히 그는 노론시파로서 순조 초 정권을 장악했던 심
환지와 정순왕대비 김씨의 노론벽파를 제거하는 데 결정적 기여를 하
였다. 특히 행정에 밝아 백성의 고통을 덜어주는 데 효과적인 정책을
다양하게 내놓았으며 권력의 전면에 나서지 않아 비교적 좋은 평가를
받았다.

　정조 11년의 제5차 초계문신도 영의정 김치인이 뽑았고 유경·윤영
희·윤광안(판서)·이희관·신서 등 5명이 뽑혔고 정조 13년의 제6차
초계문신은 좌의정 이성원이 뽑았고 서영보(이조판서)·정약용(동부

승지)·심규로·서유문(이조참판)·윤인기·심능적·심상규(우의정/심염조 아들)·이래면·김희순(이조판서)·이기경(이조좌랑)·박윤수(좌참찬)·김이교(우의정)·안정순·이래현·유한우 등 15명을 뽑았다. 눈에 띄는 인물은 단연 정약용이다.

정조 14년 제7차 초계문신은 '남인 정승' 좌의정 채제공이 조득영(우참찬)·윤시눌·김경·최벽·신성모·송지렴·이희갑(병조판서)·정노영·김이재(이조판서)·이명연·서유거·박종순·한용택·엄기·정약전(병조좌랑/정약용의 형)·김달순(우의정)·홍수만·윤행직·박종경 등 19명을 뽑았다.

정조 16년의 제8차도 채제공이 이조원(한성부 판윤)·김희화(공조판서)·이위달·남공철(영의정/정조의 스승 남유용의 아들)·한기유·이운항·권기·임경진·심○·민치재 등 10명을 뽑았다.

정조 18년의 제9차는 영의정 홍낙성이 최광태·오태증·김근순(부제학)·권준·이존수(좌의정)·조만원(형조판서)·서준보(이조판서)·조석중·이면승(이조판서/이면긍의 아우)·유태좌·홍낙준·유원명·김조락·윤치영·구득로·송면재(형조판서)·신현·정취선·강준흠(승지)·홍주명·황기천·이동만·신봉조·김희준·김처암·이영발·홍석주(좌의정/홍낙성의 손자) 등 역대로 가장 많은 27명을 뽑았고 김이영·김계온·이상겸은 정조의 특명으로 추가되었다.

마지막인 제10차는 정조 24년(1800년)에 영의정 이병모가 이영하·여동식·김매순(예조참판)·김기은·신위(이조참판)·윤일달·심영석·조정화·오연상(도승지)·김순·조종영(우참찬)·윤정열·조정석 등 13명을 뽑았고, 김석현이 특명으로 추가되었다.

이들 중 초창기에 뽑힌 이시수·서정수·서용보 등 일부는 정조 후기에 중책을 맡아 활약상을 보이지만 대부분은 순조 때 고위직에 올라 세도정치의 위세를 부리거나 희생자가 된다.

규장각과 박지원

『양반전』『허생전』등으로 우리에게도 익숙한 조선 후기 최고의 문장가인 박지원(朴趾源, 1737년 영조 13년~1805년 순조 5년)은 전형적인 영·정조 때의 인물이다. 노론 명문가인 반남 박씨 집안으로 할아버지 박필균은 돈녕부 지사를 지냈고 아버지 박사유는 벼슬을 하지 않았다. 어려서 할아버지에게서 양육되었고 1752년(영조 28년) 전주 이씨 보천(輔天)의 딸과 혼인하면서 학문에 정진하게 되었으며, 특히 보천의 아우 양천(亮天)에게서 사마천(司馬遷)의 『사기(史記)』를 비롯해 주로 역사서 공부를 통해 문장 쓰는 법을 터득하였다고 한다. 처남 이재성과 더불어 평생의 문우로 지내면서 서로에게 학문의 조언자가 되었다.

29세 때인 1765년 처음 과거에 응시하였으나 뜻을 이루지 못했으며, 이후로 과거시험에 뜻을 두지 않고 오직 학문과 저술에만 전념하였다. 1768년에 한양의 백탑(白塔) 근처로 이사를 하게 되어 박제가·이서구·서상수·유득공·유금 등과 이웃하면서 학문적 교유를 가졌다. 또 이때를 전후하여 홍대용·이덕무·정철조 등과 실학의 한 방향인 이용후생(利用厚生)에 대하여 자주 토론하였다.

정조의 즉위가 이뤄진 것도 이 무렵이다. 당시의 국내정세는 홍국영이 세도를 잡아 벽파에 속했던 그의 생활은 더욱 어렵게 되고 생명의 위협까지 느끼게 되어 결국 황해도 금천(金川) 연암 골짜기에서 은거하게 되었는데 그의 아호가 연암으로 불려진 것도 이에 연유한다. 그는 이곳에 있는 동안 농사와 목축에 대한 장려책을 정리하였다.

1780년(정조 4년) 처남 이재성의 집에 머물고 있다가 삼종형 금성위 박명원이 청의 고종 70세 진하사절 정사로 북경을 갈 때 수행(1780년 6월 25일 출발, 10월 27일 귀국)하여 압록강을 거쳐 북경과 열하를 여행하고 돌아왔다. 이때의 견문을 정리하여 쓴 책이 『열하일기(熱河日記)』다. 삼종형 박명원은 영조의 딸이자 사도세자의 친누이 화평옹주와 결혼했고 특히 화평옹주가 사도세자를 아꼈기 때문에 정조는 박명원을 귀하게 대했다.

박지원이 규장각의 각신, 초계문신, 검서관 들과 가까이 지내면서 다양한 형태의 사상과 문장에서 영향을 주게 되는 것도 이때부터다. 흥미롭게도 규장각의 각신, 초계문신, 검서관 들과 두루 친하며 학문적 교유를 할 수 있었던 거의 유일한 인물이 박지원이었다.

『영조와 정조의 나라』를 쓴 박광용 교수는 박지원이 노론 청명당의 인물들과 가까웠다고 본다. 주로 노론 내 강경파의 맥을 이으면서 홍봉한과 정순왕후 김씨로 대표되는 노론 외척당에 대해 비판적이었던 청명당에는 유언호·윤시동·남유용·조돈·심이지·황승원·윤득부 등이 속해 있었고 노론 온건파에서 전향한 김치인과 김종수도 여기에 참여했다. 청년기 정조의 세계관을 형성한 남유용과 김종수가 청명당에 들어 있는 것도 우연은 아니다.

김종수의 경우 정조 집권과 함께 홍국영과 밀착하면서 박지원과는 거리를 두었고 나머지 청명당 인사들은 대부분 박지원과 가까웠다. 그런데 김종수는 박지원과 아주 가까웠던 유언호와는 "죽음을 같이 하기로 맹세한 동지"였다. 그리고 심이지의 경우 어유구의 사위였는데 어유구의 형제 어유봉은 박지원의 장인 이보천의 스승이자 장인이었다.

박광용 교수에 따르면, 박지원은 정조 즉위 초 홍국영의 미움을 사위기에 빠진다. 청명당의 경우 홍국영도 영조 때의 홍봉한이나 정순왕후 김씨와 마찬가지로 노론 외척당이 행태를 답습하고 있다며 비판적으로 보았기 때문에 홍국영은 청명당의 영수인 홍낙성을 미워했고 박지원도 홍낙성의 무리로 보았다는 것이다. 그가 연암 골짜기로 피신할 수 있었던 것도 홍국영의 움직임을 미리 간파한 친구 백영숙의 통고와 유언호의 경제적 도움이 있었기 때문이었다. 당파적으로 보자면 박지원은 노론 중에서도 시파(時派)에 가까웠다. 박지원의 제자들에 관한 박교수의 언급이다.

"규장각 검서관으로 유명한 이덕무·박제가·유득공·성해응·이서구는 연암을 학문적 지도자로 받는 연암학파의 대표자들이다. 각신으로는 연암의 제자인 이서구·남공철·김조순이 대표적이다. 이들은 노론의 차세대 지도자 그룹이었다. 소론 문벌 출신인 서유구 이상황도 연암학파에 포함된다. 이들 중 남공철·서유구·이상황·김조순·김매순·심상규 등은 초계문신으로 규장각에서 교육을 받기도 했다."

정조는 이들과 함께 청나라의 서양학·고증학·경세학·기술학 등 당대 동아시아 최고의 학문을 간접적으로나마 공부할 수 있었던 것으로 보인다. 그러나 훗날 문체반정에서 보여주듯 정조의 북학에 대한 이해는 늘 제한적이었다. 그는 초지일관 정학(正學), 즉 성리학으로 북학과 서학 모두를 극복해야 하고 또 할 수 있다고 믿었기 때문이다.

금난전권을 철폐한 대결단, 신해통공

화폐경제와 도시의 발달

17세기 말 18세기 초에 걸쳐 숙종의 단호한 의지에 따라 조선은 급격하게 화폐경제 사회로 바뀌기 시작했다. 전국적으로 공인된 시장만 1,000여 개가 넘을 만큼 농업 생산력이 크게 증가해 생산물의 종류도 다양화됐다. 자연스럽게 한양에서도 특권을 보장받은 시전(市廛) 상인 외에 일반 상인이 급격하게 늘어났는데 이런 일반 상인을 시전 상인과 구별하여 난전(亂廛)이라 불렀다. 시전 상인이란 한양 종로에 있던 육의전 상인으로 조정에서 필요로 하는 물건을 독점적으로 제공하던 일종의 관허(官許) 특권 상인이었다.

정조가 집권한 18세기 후반으로 접어들면서 점차 지방에서 상업으로 큰 돈을 모은 거부들이 생겨났고 이들은 하나둘 한양으로 진출해 시전 상인을 위협하기 시작했다. 이에 기득권을 가진 시전 상인들은

270

정부 관리들과 결탁해 치열한 로비활동을 벌였고 영조 초기부터 난전 금지법에 대한 이야기가 나오기 시작했다. 그것이 금난전권(禁亂廛權)이다. 그리고 영조대와 정조대 전반기에는 난전 금지법에 따라 시전 상인들의 금난전권이 인정되는 추세였다.

그에 따른 폐단은 생산력 증가와 유통경제의 활성화에 따라 더욱 심각해져만 갔다. 우선 시장의 자유로운 거래활동을 제약한다는 점에서 다수의 불만이 폭발직전에 이르렀다. 게다가 소수의 시전 상인만이 유통망을 장악함으로 인하여 재화의 유통이 억제됐고 그에 따라 물가는 폭등해 소비자가 겪어야 하는 고통도 그만큼 커졌다. 또 권력층과 연계된 무리가 임의로 시전을 열어 금난전권을 행사하면서 군소 상인을 불법적으로 갈취하는 일까지 비일비재했다. 한마디로 수요도 늘고 공급도 늘어나는데 시전 상인의 유통독점으로 인하여 재화유통이 병목현상을 일으키고 있었던 것이다.

영조 때 이미 이런 문제가 심각했다. 그래서 역대 한성부윤들은 형조에서 직접 난전을 단속할 것이 아니라 현장을 정확히 알고 있는 한성부가 융통성 있게 난전을 단속할 수 있도록 해달라는 청을 여러 차례 올렸고 영조도 이에 대해서는 긍정적 반응을 보였다. 영조 17년 9월 한성부윤 이보혁이 절충안으로 시전이 갖고 있는 특권을 축소하는 방안을 내놓은 것도 그런 맥락에서다.

시전의 상인들은 판매가 보장돼 있었기 때문에 보수적인 활동을 보였다. 반면 난전의 상인들은 새로운 시장을 개척하지 않을 수 없었기 때문에 아무래도 공격적인 활동을 보였다. 거래하는 상품의 품질이나 다양성에 있어서도 시전을 능가하기 시작했다. 정부로서도 서둘러 대책을 마련하지 않을 경우 중대한 사태에 직면할 수도 있었다.

채제공의 비장한 제안

조정의 최고 실세인 좌의정에 오른 채제공은 정조 15년(1791년) 금난전권의 폐단에 관해 정조에게 보고한다. 이미 두 사람 사이에서는 이 문제를 어떻게 다룰 것인지에 관해 충분한 조율이 돼 있었을 것이다. 당시의 문제점을 정확히 알고서 대안을 제시하는 채제공의 말에는 비장미까지 묻어난다.

"우리나라의 난전을 금하는 법은 오로지 육전(六廛-시전에서 다루는 상품이 6종이었기 때문에 육전이라고도 했다)이 위로 나라의 일에 수응하고 그들이 이익을 독차지하게 하자는 것입니다. 그런데 요즈음 빈둥거리며 노는 무뢰배들이 삼삼오오 떼를 지어 스스로 가게 이름을 붙여 놓고 사람들의 일용품에 관계되는 것들을 제각기 멋대로 전부 주관을 합니다. 크게는 말이나 배에 실은 물건부터 작게는 머리에 이고 손에 든 물건까지 길목에서 사람을 기다렸다가 싼값으로 억지로 사는데, 만약 물건 주인이 듣지 않으면 곧 난전이라 부르면서 결박하여 형조와 한성부에 잡아넣습니다. 이 때문에 물건을 가진 사람들이 간혹 본전도 되지 않는 값에 어쩔 수 없이 눈물을 흘리며 팔아버리게 됩니다.

이에 제각기 가게를 벌여놓고 배나 되는 값을 받는데, 평민들이 사지 않으면 그만이지만 만약 부득이 사지 않을 수 없는 경우에 처한 사람은 그 가게를 버리고서는 다른 곳에서 물건을 살 수가 없습니다. 이 때문에 그 값이 나날이 올라 물건값이 비싸기가 신이 젊었을 때에 비해 3배 또는 5배나 됩니다. 근래에 이르러서는 심지어 채소나 옹기까지도 가게 이름이 있어서 사사로이 서로 물건을 팔고 살 수가 없으므로 백성이 음식을 만들 때 소금이 없거나 곤궁한 선비가 조상의 제사를 지내지 못하는 일까지 자주 있습니다. 이와 같은 모든 도거리 장사를 금지한다면 그러한 폐단이 중지될 것이지만 입을 다물고 있는 것은 단지 원성이 자신에게 돌아올까 겁내는 것에 지나지 않습니다.

옛사람이 말하기를 '한 지방이 통곡하는 것이 한 집안만 통곡하는 것과 어찌 같으랴' 하였습니다. 간교한 무리가 삼삼오오 떼 지어 남몰래 저주하는 말을 피하고자 도성의 수많은 사람의 곤궁한 형편을 구제하지 않는다면, 나라를 위해 원망을 책임지는 뜻이 어디에 있겠습니까. 마땅히 평시서(平市署-도량형 관리 및 물가정책을 담당하던 기구)로 하여금 20, 30년 사이에 새로 벌인 영세한 가게 이름을 조사해 내어 모조리 혁파하도록 하고, 형조와 한성부에 분부하여 육전 이외의 곳에서 난전이라 하여 잡아오는 자들에게는 벌을 베풀지 말도록 할 뿐만이 아니라 반좌법(反坐法-잡아온 자를 거꾸로 벌하는 법)을 적용하게 하시면, 장사하는 사람들은 서로 매매하는 이익이 있을 것이고 백성도 곤궁한 걱정이 없을 것입니다. 그 원망은 신이 스스로 감당하겠습니다."

신해통공(辛亥通共)이었다. 이렇게 해서 조정에서는 향후 한양의 상거래에서는 정부의 국역(國役)을 담당하면서 정부의 재정에 크게 기여하는 전통적인 육의전의 특권만 존속시키고 나머지 군소 시전이 갖고 있던 금난전권을 엄금했다. 이로 인해 조선의 상업은 급격하게 발전하게 된다.

서얼에게 열어 준 관직의 길

서얼허통의 전사(前史)

양반 중심의 신분제 나라 조선에서 서얼허통(庶孼許通)의 문제가 조정에서 본격적으로 논의된 것은 명종 때다. 당시는 문정왕후의 남동생 윤원형이 실권을 잡고 있을 때였기 때문에 애첩 정난정과의 사이에서 낳은 아이들의 미래를 위해 윤원형은 서얼허통을 제도화했다. 명종 11년(1556년)의 일이다. 그러나 윤원형이 죽고 나서 서얼허통은 다시 금지됐다.

이 문제가 다시 조정에서 논의되기 시작한 것은 선조 16년(1583년) 이이가 사회개혁을 위한 방안의 하나로 이 문제를 다시 제기하면서부터다. 그러나 조정에 워낙 반대세력이 많아 별다른 진척을 보지는 못했다.

임진왜란은 서얼허통에 중대한 계기를 마련해 주었다. 1592년 5월 선조는 일부 장교에 대해 서얼 출신이 진출할 수 있는 길을 열어줄 것을 명한다. 그러나 전쟁이 끝나고 문신들의 반대가 계속되자 선조는 다시 서얼이나 공사 노비들이 무과에 응시할 수 있는 기회를 박탈해 버린다.

반정을 일으킨 인조는 본인이 후궁 출신이어서인지 서얼허통에 대해 적극적이었다. 인조는 인조 3년(1625년) 11월 13일 상당히 강한 톤으로 서얼허통에 대해 결론을 내릴 것을 비변사에 촉구했다.

> "서얼을 금고(禁錮-관직 진출의 길을 막는 것)하는 것은 천하에 없는 일이다. 재주를 품고 헛되이 늙게 하는 것은 왕정(王政)에 애석히 여기는 바이니 한 번 변통하는 것은 그만둘 수 없을 듯하다. 조정의 의논이 일치하지 않아 갑자기 변경하기가 어렵다고 하지만 이미 의논한 것을 바로 그만두는 것도 어린애 장난 비슷하게 된다."

그만큼 신하들의 반대도 거셌다. 그러나 일단 서얼의 경우 일정한 돈을 지불하고 정부로부터 허락을 받아 허통이 된 뒤에는 관직 진출의 길이 열렸다. 오히려 효종 때에 가면 허통이 되지 않은 서얼들까지 과거에 응시하고 관직에 진출한다 하여 이에 대한 단속을 촉구하는 상소가 올라올 지경이었다. 서얼허통은 적어도 무과에 관해서는 현종을 거쳐 숙종 때까지도 이어졌다. 숙종 2년(1776년) 2월 8일 영의정 허적이 숙종에게 아뢰어 재가를 받아낸 말이다. 허적은 남인이었다.

> "서얼을 막는 것은 우리나라의 그릇된 인습입니다. 선조 때의 명신(名臣) 이이가 벼슬길에 통하게 하려고 하였으나, 풍속을 갑자기 바꾸기 어려웠기 때문에 값을 받고 허통하는 일을 한 것입니다. 허통

하는 이 일은 지금 갑자기 의논하기 어려우나, 속여서 무과(武科)에 참여한 자에게 값을 받는다면 말은 옳습니다."

그 자신이 무수리 어머니를 두었던 영조는 아무래도 서얼허통에 대해 가장 적극적일 수밖에 없었다. 영조 21년(1745년) 7월 12일 내린 하교에 그의 이 같은 생각이 고스란히 들어 있다.

"오늘 대관(大官)으로부터 겸춘추(兼春秋)에 이르기까지 모두 입시하였는데, 겸춘추의 아들이 영의정의 아들보다 나은 자도 있겠으나, 단지 문벌(門閥)의 고하(高下)로 인하여 재주 있는 사람이 많이 쓰이지 못하고 능력 있는 사람이 수용되지 못하여 띠집에서 억울함을 품은 자가 많으니, 어찌 개탄스럽지 않겠는가? 중인과 서얼 중에도 역시 양반보다 우수한 자가 매우 많은데, 혹은 과제(科第-과거)에 뽑혔어도 저지하고 억제하여 등용하지 않고 있다. 중국에서는 비록 노예라도 급제하면 한림(翰林)이 되는데, 이는 모두 우리나라의 규모가 매우 좁아서 그렇게 된 결과이다. 그러나 국조(國朝)의 성헌(成憲-『경국대전』)을 가지고 말한다면 중인·서얼과 사부(士夫)를 어찌 혼용(混用)할 수야 있겠는가?"

즉 중인과 서얼을 위한 관직진출의 길을 열어주는 게 백번 마땅하지만 기존의 관례와 법이 있으니 그 범위 내에서 서얼의 진출을 적극 모색하라는 지시였다. 그러나 역설적으로 그 자신이 출신에 대한 콤플렉스를 갖고 있었기 때문에 더 이상 적극적으로 밀고나가지는 못했다.

정조의 인본주의 정신

정조는 서얼허통에 대해서 즉위 초부터 적극적인 입장을 개진했다. 그것은 영조의 뜻을 받는 것임과 동시에 정조 자신의 인간관 혹은 인재관과도 직결돼 있었다. 그것은 다름 아닌 인본주의였다. 정조는 즉위 한 돌이 막 지난 1777년(정조 1년) 3월 21일 인사를 책임지는 이조와 병조에 명을 내려 서얼의 관직 진출을 위한 절목(일종의 매뉴얼)을 구체적으로 만들어 올리도록 했다.

> "옛날 우리 선조대왕(宣祖大王)께서 하교하기를, '해바라기가 해를 향하여 기우는 데 있어 방지(旁枝)를 따지지 않는 것인데 인신이 충성을 바침에 있어 어찌 반드시 정적(正嫡-적자)에게만 해당하겠는가?' 하였으니, 위대한 성인(聖人)의 말씀이었다. 그런데 우리나라에서는 국가를 설립한 규모(規模)에 있어 명분(名分)을 중히 여기고 지체와 문벌을 숭상하여 요직(要職)은 허통시켜도 청직(淸職)은 허통시키지 않는 것으로 이미 옛사람이 작정(酌定)하여 놓은 의논이 있다. 지난해 대각(臺閣)에 통청하게 한 것은 실로 선대왕께서 고심(苦心)한 끝에 나온 조처였는데 그 일이 구애되는 데가 많아 도리어 유명무실(有名無實)한 데로 귀결되어 중도에 그만두게 되었다.
>
> 아! 필부(匹夫)가 원통함을 품어도 천화(天和)를 손상시키기에 충분한 것인데 더구나 허다한 서류(庶流)의 숫자가 몇 억(億) 정도뿐이 아니니 그 사이에 준재(俊才)를 지닌 선비로서 나라에 쓰임이 될 만한 사람이 어찌 없겠는가? 그런데도 전조(銓曹-이조와 병조)에서 이미 통청한 시종(侍從)으로 대하지 않았고 또 봉상시(奉常寺)나 교서관(校書館)에 두지 않았으므로 진퇴(進退)가 모두 곤란하고 침체를 소통시킬 길이 없으니, 바짝 마르고 누렇게 뜬 얼굴로 나란히 죽

고 말 것이다.

아! 저 서류도 나의 신자(臣子)인데 그들이 제자리를 얻지 못하게 하고 또한 그들의 포부도 펴보지 못하게 한다면 이는 또한 과인(寡人)의 허물인 것이다. 양전(兩銓)의 신하들에게 대신(大臣)에게 나아가 의논하여 소통시킬 수 있는 방법과 권장 발탁할 수 있는 방법을 특별히 강구하게 하라. 그리하여 문관(文官)은 아무 관(官)에 이를 수 있고 음관(蔭官)은 아무 관(官)에 이를 수 있으며 무관(武官)은 아무 관(官)에 이를 수 있도록 그 계제(階梯)를 작정(酌定)하여 등위(等威)를 보존할 수 있도록 그 절목(節目)을 상세히 마련하여 사로(仕路)를 넓히도록 하라."

이렇게 해서 상세하게 절목까지 마련했으나 역시 오랜 관습의 벽은 높고 두터웠다. 정조 9년(1785년) 2월 17일 정조는 다음과 같은 하교를 내린다.

"서류를 벼슬길에 소통시키는 일은 정유년(1777년 정조 1년)의 절목(節目)을 아직도 준행하지 않고 있으니, 조정에서 신용을 잃은 것이 크다. 그들이 실망하는데 우선 그들을 내버리면 벼슬길을 소통시켜주는 본의에 매우 어긋나는 것이며, 또 요직에 허통시킨다는 하나의 조항이 이름만 있을 뿐이고 실속이 없는 것으로 되는 것이다. 문신(文臣) 가운데 3조(三曹-호조·형조·공조)의 낭관(郎官)을 지낸 사람은 겨우 한두 사람에 그치고, 음관(蔭官) 가운데 판관(判官)은 전혀 임명되거나 의망(擬望-추천)되었다는 말을 듣지 못하였다. 오늘의 정사에서부터 시작하여 한결같이 정유년의 절목에 따라 뜻을 다해 명확히 실시하도록 하라. 근래에 모든 일을 맡겨도 그 성과가 없

278

으리라는 것을 환히 알고 있다. 3조(三曹)의 낭관과 해당 관사의 판관은 비록 현재 빈자리가 없다고 하더라도 그 자리를 만들게 하고, 서자 무리를 의망에 추천하고, 후보자〔望〕로 올릴 적에도 혹은 비교하여 따지지 말고, 통틀어 다같이 의망에 올리도록 하라. 이렇게 한 다음에야 비로소 요직을 허락한다고 말할 수 있을 것이니, 전조에서 잘 알도록 하라."

그러나 이 또한 지지부진하기는 마찬가지였다. 특단의 조치가 없고서는 수백 년 이어져온 폐습이 하루아침에 없어지기는 어려운 일이었다.

노론의 특권, 전랑통청권을 혁파하다

왕대비와의 충돌 파문이 어느 정도 가라앉기 시작한 정조 13년 12월 8일 그 여파로 좌의정에서 물러나 중추부 판사로 있던 채제공을 불러 정조는 다음과 같이 묻는다.

"지난번 전랑 망단자(望單子-3배수로 후보를 추천한 3망의 내용을 기록한 종이) 중에 그 전에 의망된 사람이 까닭 없이 제외되었는데, 내 몹시 의혹스럽다."

즉 이조전랑 후보와 관련해 누군가의 입김이 작용해 혼선을 빚고 있는 것이 아닌가 하는 의문을 제기한 것이다. 이에 대해 채제공은 다음과 같이 답한다.

"신 등은, 매번 출세하기에 급급해 하는 것이 유행이 되다시피 하고 염치가 날로 없어지는 것을 보고, 내심 전랑과 한림에 대한 제도를 복구한 다음에야 혹시 이런 폐단을 바로잡을 수 있을 것이라고 여겼습니다. 그런데 전랑에 대한 옛 제도를 다시 설치한 뒤에는 단지 다투는 단서가 나날이 심해지고 사의(私意)가 날로 자라는 것만 볼 뿐이었습니다."

즉 원래 자신은 전랑 통청권을 복구하는 게 더 좋을 것이라고 여겼는데 정조 초 막상 통청권이 복구되고 나니 더 큰 정쟁거리가 되고 있다는 것이었다. 이에 정조는 입시해 있던 서유린·정창순·심이지 등에 물으니 이들도 당장 혁파하는 것이 좋겠다고 했다. 이날로 전랑 통청권은 없어졌다.

전랑 통청권 혁파가 갖는 의미는 적어도 정조와 노론의 역학관계만 놓고 본다면 대단히 중대한 것이었다. 간단히 말하면 당하관 청직(淸職)의 인사권을 이조전랑에게 주는 것이 통청권이다. 이는 선조 때 이미 당쟁의 씨앗이 될 만큼 조선시대 관리사회의 오랜 쟁점 중 하나였다. 간단히 말하면 통청권을 인정한다는 것은 신하들이 그만큼 권한을 갖는다는 것이고 그것을 인정하지 않는다는 것은 왕권이 강하다는 뜻이다. 영조는 이미 영조 17년(1741년) 전랑 통청권을 혁파한 바 있다. 그래야 영조가 구상했던 탕평책도 가능했다. 이렇게 해서 통청권은 전랑이 아니라 판서와 참판에게로 옮아갔다. 그것은 곧 왕권강화를 뜻했다.

이때 혁파된 전랑 통청권은 즉위한 지 2개월밖에 안 된 정조 즉위년 5월 복구됐다. 이것은 즉위 초 정조가 총애했던 홍국영이 노론의 지지를 얻어내기 위해 추진한 것으로 그만큼 당시 정조의 입지는 취약했다는 뜻이다. 동시에 정조 13년 12월에 와서야 자기 뜻대로 전랑 통청권을 혁파했다는 것은 이때에 이르러 정조가 왕권장악에 대한 어느 정도의 자신감을 갖기 시작했다는 것을 의미한다. 정조는 조금씩 자신이 구상했던 개혁을 향해 조금씩 조금씩 나아간다.

중인과 서얼의 한을 풀어주다

앞서 본 대로 선조·인조·영조 등도 원론적 차원에서 서얼 차별에 대한 완화 내지 금지에 관한 의지를 여러 차례 밝혔다. 그러나 중요한 것은 강력한 실천의지와 실질적인 점검이었다. 바로 이 점에서 정조는 한 걸음 더 나아갔다. 그것은 대부분 그의 개혁의지가 절정에 이르렀던 정조 15년에 집중적으로 이뤄진다.

이해 4월 15일 이조에서 한양 5부의 행정을 책임지는 부령(部令-오늘날의 구청장)에 서얼 출신을 추천할 수 없다고 말하자 정조는 이렇게 반박한다.

"이와 비슷한 처지로서 문관에게는 육조의 낭관이 되도록 허락하면서 음관에게는 부령 자리를 아낀다면 옳겠는가. 부령은 비록 각별히 골라야 하는 자리이긴 하나 어찌 수령보다 더하겠는가. 또 묘령(廟令)·침령(寢令)과는 그 체모가 다른데 그런데도 구애를 받는다면 규정을 정한 본의가 아니다."

이 말을 볼 때 적어도 정조 9년에 내렸던 하교도 상당 부분 실효를 거두고 있었다는 점을 간접적으로 확인할 수 있다. 제도화 못지않게 중요한 것이 의식화였다. 이 점에 대해서도 정조는 기회를 놓치지 않았다.

부령에 서얼 출신을 추천토록 한 바로 다음날 정조는 성균관 대사성 유당에게 전교를 내린다. 유당(柳戇, 1723년 경종 3년~1794년 정조 18년)은 노론 인사를 많이 길러낸 이재의 문인으로 영조 29년(1753년) 문과에 급제했다. 1756년(영조 32년) 사헌부 지평이 되어 숙종 때 소론의 영수로 탕평책을 최초로 제시한 박세채(朴世采)를 문묘에 배향하자는 의논에 반대하다가 삭직되었다. 이후 벼슬을 멀리하고 초야에서 지내다가 1776년 정조가 즉위하자 홍문관 부수찬으로 다시 등용되었다. 정조 4년(1780년) 홍국영이 실각하자 그 일파라는 무고를 받아 다시 파직돼 오랜 기간 관직에서 물러나 있어야 했다. 그러나 1788년(정조 14년) 정조의 특지로 관직에 복귀해 중추부 동지사·대사성·형조참판 등을 거쳐 공조판서에까지 이르게 된다. 이날 유당에게 내린 정조의 전교다.

"나이에 따라 차례를 정하는 일은 선조(先朝)에서 신칙하신 것이 과연 어떠했던가. 그런데 근래 들으니 서얼을 남쪽 줄에 따로 앉게 했다고 한다. 일반 백성 가운데서도 준수한 자가 모두 태학에 들어가면 왕공귀인(王公貴人)도 그들과 더불어 나이에 따라 차례로 앉게 하는 것이니, 서얼의 지체는 비록 낮으나 똑같은 반족(班族-양반)이다. 또 성인이 사람을 가르칠 때 단지 그 사람의 어진가 어질지 않은가 하는 것만 볼 뿐 그 문벌의 귀천은 따지지 않았는데, 당당한 성균관이 어찌 유독 서얼만 따로 남쪽 줄에 앉게 하고 같은 줄에 있지 못하게 한단 말인가. 또 이미 태학에 들어오는 것을 허락하고서 어깨를 나란히 하는 것을 허락하지 않으려는 것은 의리에 근거가 없는 것이다. 식당에서 나이대로 앉게 하는 것이 조정의 관작이나 개인 집의 명분과 무슨 관계가 있겠는가. 그런데도 남쪽 줄에 따로 앉게 하거나 혹은 끝줄에 내려앉게 하니, 이는 천만부당한 일이다. 경의 직책이 대사성이니 그것을 바로잡고 고치는 것이 경의 책임이 아닌가."

이는 정치적 맥락을 고려하지 않은 정조의 인간관, 인재관이 그대로 드러난 전교다. 오히려 당시 상황에서는 상당히 급진적이었다고 할 수 있다. 특히 "식당에서 나이대로 앉게 하는 것이 조정의 관작이나 개인 집의 명분과 무슨 관계가 있겠는가"라는 대목은 조정 안팎에서 적지 않은 반발을 불러 일으켰던 것으로 보인다. 그래서 적어도 개혁에 관한 한 정조를 이끌었다고 할 수 있는 좌의정 채제공이 적극 나서서 가정에서의 적서 차별은 그대로 인정해야 할 것이라는 타협안을 내놓게 된다. 20여 일이 지난 5월 8일 대신들과 함께 있는 자리에서였다.

"태학의 식당에서 신분의 귀천을 따지지 않고 똑같이 나이의 순서 대로 앉게 한 것은 실로 모든 사람을 똑같이 대우하는 정치입니다. 조정에 있어서는 재주가 중심이 되어야 하니, 서얼이라 해서 재주가 있는데도 그의 진출을 막아버리는 것은 하늘이 인재를 이 세상에 낸 뜻이 아닙니다. 다만 집안에서는 적자와 서자가 엄연히 차등이 있으니, 역시 이 점은 문란하게 해서는 안 됩니다. 한양에 사는 사람들이야 스스로 식견이 있을 뿐만 아니라 적자의 집이 꼭 모욕을 당하는 일이 없어 별다른 문제는 없을 것이나 먼 지방의 경우 태학에서 나이 순으로 앉히는 일 때문에 집안의 분의(分義)를 문란케 해도 무방하다 여긴다면 그 폐단은 이루 다 말할 수 없을 것입니다. 그러니 이 문제를 한 차례 분명히 효유하여, 조정과 개인 집의 경우는 각기 정해진 한계가 있다는 것을 분간해 깨우치는 일을 그만둘 수 없을 듯합니다."

속도조절을 염두에 둔 채제공의 지적에 정조도 수긍했다.

"경이 아뢴 말이 매우 좋다. 학교는 학교이고 가정은 가정이다. 만약 이 일을 끌어다가 저 일에 적용하여 분쟁의 단서를 만든다면 지금백 년을 내려온 잘못된 풍습을 바로잡으려는 좋은 뜻이 도리어 폐단을 만드는 빌미가 될 것이니, 그래서야 되겠는가."

정조는 다시 6월 4일에는 서얼과 중인에게도 기사장(騎士將-금위영·어영청의 정3품 무관직) 추천을 허통하도록 명령하였다. 이에 대해『실록』 사관의 평이 의미심장하다.

"주상이 이미 태학의 식당에서 나이 순서대로 앉도록 명하고 또전조(銓曹)에 신칙하여 문관은 돈령 도정(敦寧都正-정3품 직)에, 음관은 부령(部令-정3품 직)에 의망하게 하였는데, 이때에 와서 또 이런 명을 내렸다."

문신들의 불만이 느껴지는 사평(史評)이다. 그러나 정조로서는 어쩌면 이 무렵 정치하는 보람을 가장 크게 느꼈을지도 모른다. 그럼에도불구하고 정조가 추진한 서얼허통책은 그 규모가 너무나 미미했다.

미래의 브레인 '규장각 검서관'에 서얼 출신을 발탁하다

정조가 규장각을 설치한 것은 즉위하던 1776년 9월이었다. 원래는역대 임금이 쓴 글이나 책을 봉안하는 기능만 다루는 기관으로 출범했지만 처음부터 정조는 세종 때의 집현전을 염두에 두고 있었다. 미래의 인재를 길러내는 기능과 자신의 구상을 충실하게 따라줄 친위세력을 키우려는 것이었다.

규장각 각신은 총 6명으로 출범했지만 시간이 지날수록 서적의 수집, 편찬, 경연관 등의 업무가 늘어나면서 정조는 3년 후인 정조 3년(1779년) 업무 보좌역인 검서관(檢書官)을 신설한다. 노론의 정신세계를 바탕으로 하면서도 소론과 남인을 두루 포괄하는 대통합의 정치를 목표로 하고 있었던 정조가 신진인사들을 가까이에서 키우기 위해 생각해 낸 자리였다고 할 수 있다.

여기서 유명한 '4검서(四檢書)'가 탄생한다. 이덕무·박제가·유득공·서이수가 그들이다. 그중 우리에게 친숙한 이덕무·박제가·유득공의 활약상을 간략히 정리해 둔다. 서이수도 서자 출신으로 행적은 이들과 크게 다르지 않았다.

이덕무(李德懋, 1741년 영조 17년~1793년 정조 17년)는 통덕랑(通德郎-정5품 품계) 이성호(李聖浩)의 서자로 경사(經史)에 두루 해박하였다. 이미 청년기에 4가(四家-이덕무·박제가·유득공·이서구)의 공동시집 『건연집(巾衍集)』(1779년)이 북경에서 간행되어 그의 명성이 청조에까지 알려졌다. 특히 한양 원각사(圓覺寺) 근처 박지원(朴趾源)의 집을 중심으로 그를 비롯한 북학파 인물들이 수시로 만나 이용후생의 방법을 토론하며 북학사상을 형성하였다. 그러나 그는 현실적인 개혁방책을 탐색하기보다는 고염무 등과 같은 명말 청초의 고증학자들에 심취하여 고증학적 연구에 주로 관심을 쏟았다.

38세 때(1778년) 사은사(謝恩使) 심념조(沈念祖)를 수행하여 연경에 들어가 저명한 청나라 학자들과 교유하였다. 이듬해 박제가 등 서얼 출신 학자들과 함께 규장각 검서관에 임명되었으며, 그후 14년간 근무하면서 정조가 주도하는 각종 도서편찬에 참여하여 『도서집성(圖

書集成)』『국조보감(國朝寶鑑)』『대전회통(大典會通)』등 많은 서적의 정리와 교감에 종사하였다. 특히 시문에 능하여 규장각 경시대회(競詩大會)에서 여러 번 장원하였고, 51세 때 사옹원(司饔院) 주부(종6품)가 된다. 훗날 문체반정이 일어나자 청나라의 비속한 문체를 썼다는 이유로 박지원 박제가 등과 함께 정조에게 일종의 반성문격인 자송문(自訟文)을 지어 바치기도 했다.

우리에게는 『북학의(北學議)』의 저자로 익숙한 박제가(朴齊家, 1750년 영조 26년~1815년 순조 15년)는 승지를 지낸 박평(朴坪)의 서자로 날 때부터 신분적 차별을 받았으나, 일찍부터 시(詩)·서(書)·화(畵)로 명성을 얻었다. 19세 무렵부터 북학사상의 선구적 인물인 박지원을 스승으로 따르며, 이덕무·유득공 등과 가까이 살면서 교유하였다. 최근에는 이들의 교유를 다룬 책들이 유행처럼 발간되고 있다.

29세 때인 1778년 청나라 사신으로 가는 채제공의 수행원으로 연경에 가서 전성기를 구가하고 있던 건륭(乾隆)시대 청조(清朝) 문물을 접하고 돌아와 명저 『북학의』를 저술하였다. 이 책은 이때의 견문을 토대로 조선의 사회적 폐단을 성찰하고 농기구·수레 등 기구의 개량과 사회제도의 개혁방안을 제시하였다. 그리고 이듬해 정조의 서얼허통 정책에 따라 이덕무·유득공·서이수 등과 함께 검서관으로 선발돼 '4검서'로 이름을 날리게 된다.

이후 박제가는 규장각 도서를 읽고 많은 서적을 교정하면서 정약용 등과도 사귀었다. 37세 때(1786년) 왕명에 따라 올린 구폐책(救弊策)의 상소에서 신분 차별을 타파하고, 상공업을 장려하여 국가를 부강하게 하고 국민의 생활을 향상시켜야 하며, 이를 위해 청나라의 선진 문물을 받아들일 것을 주장하였다.

41세 때(1790년) 청나라 사신으로 가는 황인점(黃仁點)을 따라 두 번 째 연행길에 오르고, 돌아오는 길에 압록강에서 다시 왕명을 받아 세 번째 연경에 파견되었다. 1794년에는 무과에 장원 급제하기도 하였다. 순조 원년(1801년) 이덕무와 함께 네 번째 연행길에 올랐지만, 돌아오자마자 노론 벽파가 주도한 정조의 측근 세력에 대한 숙청작업에 휘말려 흉서 사건(凶書事件)의 혐의를 받고 함경도 종성에 유배되었다가 1805년에 풀려났으나 곧 죽었다. 추사 김정희(金正喜)가 그의 실학을 계승하였다.

유득공(柳得恭, 1749년 영조 25년~1807년 순조 7년)은 진사 유혼(柳璱)의 서자로 서울에서 태어났다. 영조 때 진사시에 합격했으나 서자라는 이유로 문과에 응시하지 못했고 이후 박지원 문하에서 비슷한 처지의 인재들과 교류하며 실학사상을 연마해 갔다. 30세 때인 1779년 검서관으로 뽑혀 당대 지식사회로부터 이덕무·박제가·서이수와 함께 '4검서'라는 이름을 얻었으며 이후 제천·포천·양근(楊根-양평) 등지의 군수를 지냈고 중추부 첨지사(僉知事)에까지 올랐다. 첨지사면 정3품 당상관 직이었다.

그는 북학파의 실학자였으나 우리 역사의 연구에 관심을 보였고, 시인으로서 탁월한 능력을 발휘하였다. 특히 그의 대표작 『발해고(渤海考)』는 그가 검서관으로 있으면서 궁중에 비장된 우리나라와 중국, 일본의 사료를 광범하게 섭렵하여 그동안 매몰된 발해의 역사를 고증한 결실이다. 그는 통일신라가 삼국의 통일을 완성한 것으로 보지 않고 북조(北朝)의 발해와 남조(南朝)의 통일신라가 대치되는 것으로 보았다. 이른바 남북국(南北國) 시대의 이분화체제로 파악하고 있다. 따라서 그는 고려 시대의 역사가들이 통일신라를 남조로, 발해를 북조로 하는 국사체계를 세우지 않음으로써, 고구려의 옛땅을 되찾을 수 있는 명분을 영원히 잃게 되었다고 강조한다.

7장

혁명보다 어려운 개혁:
천주학의 도래와 문체반정

요원의 불길처럼 퍼져가는 천주학

가톨릭에 입문한 최초의 조선인 이승훈

조선에 서양문물이 전래되기 시작한 것은 적어도 정조 시대보다 150여 년 앞선 인조 때였다. 이미 인조의 아들 소현세자는 병자호란 때 인질로 심양에 끌려가 그곳에서 아담 샬을 비롯한 청나라 주재 서양인들과 접촉해 상당 수준의 서양인식을 갖고 있었다. 이후 간헐적으로 북경으로 가는 사신들을 통해 한문으로 번역된 기독교나 과학기술 관련서들이 조선에도 수입됐다.

정조도 어릴 때부터 청나라에서 들어온 세계지도 등을 즐겨 보며 조선이라는 나라가 대륙 한 귀퉁이에 있는 작은 나라라는 사실을 잘 알고 있었다. 다만 정조뿐 아니라 당시 많은 조선의 식자들은 서양에 대한 총체적 인식에는 이르지 못했고 전통적 사상을 바탕으로 하면서 단편적인 서양의 지식들을 호기심 차원에서 받아들였을 뿐이다.

이런 점에서 이승훈은 주목할 만한 인물이다. 세계관의 밑바닥, 즉 성리학을 버리고 그 자리에 천주학(가톨릭)을 대입시킨 최초의 조선인이 바로 그이기 때문이다. 이승훈(李承薰, 1756년 영조 32년~1801년 순조 1년)은 남인 집안 출신으로 이가환(李家煥)의 생질이자 정약용(丁若鏞)의 매부이기도 하다.

25세 때인 1780년(정조 4년) 진사시에 합격하였고 학문연구에 힘쓰던 중 서학(西學), 그중에서도 특히 수학과 과학에 흥미를 느끼게 되었다. 1783년(정조 7년) 부친 이동욱이 서장관(書狀官-조선시대 중국에 보내던 사신행차의 정관으로 기록관이라고도 한다)으로 북경에 사신이 되어갈 때 군관으로 동행하였다. 이때 이벽(李蘗)의 권유에 따라 북경 천주당을 방문하여 서학에 관한 문답을 하다가 자원하여 천주교에 입교한 뒤 영세 받고 천주교 교리서적과 과학서 등을 가지고 귀국하였다. 이후 이벽과 같이 천주교를 연구하여 수표교 근처 이벽의 집에서 천주교 입교를 원하는 이벽·정약용·정약전·권일신 등에게 세례(洗禮)를 행하였다. 또 누구보다 적극적이었던 이벽의 전교로 새로이 입교한 교인들과 같이 1784년 명례방(오늘날의 명동)의 중인 역관 김범우(金範禹)의 집에서 정기적으로 신앙집회를 갖다가 1785년 추초적발사건(秋曹摘發事件-가톨릭 교도들이 미사를 보다가 형조의 관원들에게 적발된 사건)이 일어나자 가족들의 권유로 한때 교회활동을 멀리하였다.

다음해 다시 적극적인 신앙생활을 하기로 결심하고 자생적인 조선 교회라고 할 수 있는 가성직제(假聖職制)를 조직하였으며 1787년에 정약용 등과 같이 성균관 근처 반촌에서 천주교를 강술하였다. 1789년(정조 13년) 평택현감으로 부임하여 한동안 교회활동을 멀리하다가 이듬해 조선 교회의 밀사로 북경 주교를 만나고 온 윤유일을 통해 조상

제사는 천주교에서 금하는 것임을 알게 되었다. 이로 인해 보유론(補儒論), 즉 유교를 보완하는 하나의 학설로서 천주교를 믿었던 그는 신앙생활에 회의를 느끼게 된다. 하지만 정조 15년(1791년) 신해박해(辛亥迫害)가 일어나자 권일신과 함께 체포된 이승훈은 관직을 삭탈당했다. 또 3년 후에는 조선에 잠입한 주문모 신부가 체포되자 관련자로 지목받아 예산으로 유배를 가기도 했다. 결국 정조가 죽고 순조가 즉위해 1801년 노론 벽파에 의한 신유박해가 시작되자 그는 이가환·정약용·홍낙민 등과 함께 체포되어 서소문 밖 형장에서 참수를 당하게 된다.

천주교 포교의 양대 거점 : 경기도 천진암과 한양 명례방

정조의 시대는 태평성대(太平聖代)와는 거리가 멀었다. 말 그대로 내우외환(內憂外患)의 시대였다. 정조 즉위 후 안으로 일반 백성은 『정감록』 등과 같은 예언서에 귀를 기울이기 시작했고 남인을 중심으로 한 소외된 지식계층은 밖으로 서학, 그 중에서도 천주학에 깊은 관심을 쏟았다. 모두 조선에, 조선왕실의 지도이념에 절망하고 있었다는 뜻이다. 오늘날의 표현을 동원하자면 정조가 고수하려 한 성리학적 세계관은 무너져 내리고 있었고 새로운 패러다임의 출현에 목말라 하는 사람들이 급속도로 늘어가고 있었다.

1779년(정조 3년)부터 천진암 주어사(走魚寺)에는 일찍부터 한역된 서학서(西學書)를 통해 천주학의 교리를 알게 된 권일신과 이벽이 중심이 되어 강독모임이 생겨났다. 이벽(李檗, 1754년 영조 30년~1786년 정조 10년)은 무신 이부만의 둘째아들로 형 이격과 동생 이석도 무신이었지만 그 자신은 유학에 조예가 깊었다. 원래는 천진암이 있는 경

천진암 가톨릭 신자였던 이벽과 권철신 등이 우리나라 최초로 가톨릭 교리를 강론하던 곳.

기도 광주에 살다가 한양의 수표교 근처로 이사 가면서 남인 계통의 소장학자인 이승훈·정약전·정약종 등과 친교를 맺으면서 서학에 관심을 갖게 됐다. 그래서 1783년 친구인 이승훈이 아버지를 따라 북경에 간다고 하자 천주교에 대한 본격적인 지식을 알아오도록 권했으며 이승훈이 세례를 받고 오자 수표동 자기 집에서 권일신·김범우 등과 함께 이승훈으로부터 세례를 받은 다음 본격적인 전교에 나선다. 이때만 해도 사제만이 세례를 줄 수 있다는 것을 몰랐기 때문에 이승훈이 '세례'를 주는 실수를 저지른 것이다.

권일신(權日身, ?~1791년 정조 15년)은 실학자 이익의 제자인 권철신의 동생이자 안정복의 사위로 이승훈이 북경에서 돌아온 직후 이벽의 권유에 의해 천주교에 입교해 이승훈·이벽·김범우 등과 함께 명례방 신앙집회를 주도하며 자생적인 조선 가톨릭의 초창기 멤버로 활약했다.

중인 신분의 역관이던 김범우는 이승훈이 북경으로 갈 때 함께 간 인연으로 이승훈과 함께 천주교 세례를 받았으며 명례방 그의 집은 정기집회 장소였다. 그 때문에 1785년 봄 그의 집에서 갖던 집회가 '을사추조(형조) 적발사건' 때 연행돼 다른 사람들은 훈방 처리됐으나 장소를 제공하고 신앙을 굽히지 않았던 그는 충청도 단양으로 유배되어 이듬해 사망했다. 그만이 유배형을 받게 된 것은 실은 다른 사람들은 주로 양반 자제였고 그는 중인 신분이라는 점도 작용했다. 그의 동생 김현우·김이우도 그를 따라 천주교에 입교했다가 1801년 신유박해(辛酉迫害) 때 순교했다.

서양 선교사에 의한 직접 선교도 아닌 자발적이면서도 간접적인 입교였음에도 불구하고 이승훈·이벽·권일신·김범우 등의 권유를 통해 천주교에 발을 들여놓은 조선인 신자들의 신앙심은 대단했다. 요원의 불길이라고 했던가? 그것은 당시 조선에 대한 실망 내지 절망에 비례했다. 그 대표적인 경우가 부유한 양반 가문 출신의 윤지충이다. 윤지충(尹持忠, 1759년 영조 35년~1791년 정조 15년)은 전라도 진산(珍山) 출신으로 부유한 양반 가문에서 태어나, 25세 때인 정조 7년(1783년) 진사가 되었다. 이듬해 겨울 한양에 올라와 명례방 김범우의 집에서 처음으로 천주교 서적을 빌려 보았고, 3년 후 사촌인 정약용 형제들에게서 교리를 배워 입교하였다. 정조 13년(1789년) 북경에 가서 견진성사(堅振聖事)를 받고 귀국했으나 천주교에 대한 박해가 심하여 시골에 숨어 신앙을 지켰다.

정조 15년(1791년) 그의 어머니 권씨(權氏)의 상을 당하자, 교리를 지키기 위하여 제사를 지내지 않고 신주(神主)를 불살랐다. 이러한 사실은 곧 친척과 유림에게 알려져 불효자라는 지탄을 받게 되었고, 끝내는 관가에 고발당해 체포되었다. 이어 진산군수 신사원이 중앙조정에 그를 고발하여, 그를 따르던 외사촌 권상연(權尙然)과 함께 전주감영에서 참수되어 순교하였다. 세례명은 바오로이다. 이 사건을 신해박해 또는 진산사건(珍山事件)이라 한다. 정조 때 일어난 유일한 천주교 박해 사건이다.

당시 천주교 입교자 중에 눈길을 끄는 두 여성이 있다. 먼저 강완숙(姜完淑, 1760년 영조 36년~1801년 순조 1년)은 충청도 양반의 딸로 남성 못지않은 학식을 갖추었고 스스로 유·불·도의 서적과 서학서를 검토한 끝에 천주신앙을 이해하고 천주교인이 되었다. 위험을 무릅쓰고 투옥된 교인들을 돌보고 활발하게 전교 활동을 펴 많은 사람에게 천주 신앙을 전파하였다. 그후 보다 철저한 신앙생활을 위하여 한양 후동(後洞)으로 이주했다.

1796년에 을묘실포사건(乙卯失捕事件-중국인 주문모 신부를 체포하려다 실패한 사건)으로 당국의 추적을 받게 된 주문모 신부를 자신의 집에 은신시키고 주신부의 사목 활동 뒷바라지를 하는 한편 여회장의 직책을 맡아 전교와 신심생활에 모범을 보였다. 당시의 사회사정으로 신앙을 위해 가정을 떠날 수밖에 없었던 여성 교우들을 자신의 집으로 받아들여 일종의 수도생활인 공동신앙생활을 영도하였다. 경희궁에서 유폐생활을 하고 있던 은언군 부인 송씨(宋氏)와 며느리 상계군 부인 신씨(申氏) 등 왕족에게도 전교하였다가 1801년의 신유박해로 체포되어 심한 악형을 당했다. 옥중에서도 수도에 힘쓰며 함께 투옥된 교인들을 격려하다가 7월에 서소문 밖에서 처형되었다. 이때 아들 홍필주(洪弼周)도 함께 처형되었다.

이순이(李順伊, 1781년 정조 5년~1802년 순조 2년)는 선조 때의 유학자 이수광(李睟光)의 7대손인 이윤하(李潤夏)의 장녀로 권철신·권일신의 여동생인 모친 권씨를 따라 어려서부터 천주교를 신봉했다. 장성하면서 보다 철저한 교인이 되고자 동정을 지켜 신앙생활을 다할 것을 맹세했으나 당시 사회 분위기가 동정녀생활(童貞女生活)은 어려웠으므로 주문모 신부의 허락을 얻어 전주신앙공동체(全州信仰共同體-전주교회)의 창설자인 동시에 지도자인 유항검(柳恒儉)의 장남 유중철과 동정부부(童貞夫婦)가 되었다. 전주의 시댁에서 수정(守貞)하며 신앙생활에 힘쓰던 중 1801년의 신유박해로 시집 식구들과 함께 체포되어 한양으로 압송되어 취조 받은 후 전주로 다시 이송되어 숲정이(현 전주 해성중학교 일대)에서 참수 당하였다.

천주학에 대한 정조의 인식과 대응

이승훈이 북경에서 세례를 받고 온 이듬해인 정조 9년(1785년) 사헌부 장령 유하원이 서학 문제와 관련된 상소를 올렸다. 그런데 거기에는 서학에 대한 강력한 대응과 함께 영남지방에 유행하고 있는 기이한 풍습을 엄단해야 한다는 건의가 들어 있었다.

"서양의 책들이 처음에는 관상감의 역관 무리들로부터 흘러 들어오기 시작한 지 여러 해가 되었는데, 백성을 속이는 일이 날로 심해지고, 그것을 믿는 무리가 많아졌습니다. 그들이 말하는 도(道)라는 것은 하늘이 있다는 것만 알고, 임금이나 부모가 있는 줄을 알지 못할 뿐만 아니라, 천당이니 지옥이니 하는 말로써 백성을 속이고 세상을 현혹시키니, 그 해독은 홍수나 맹수보다도 심합니다. 마땅히 법사(法司-형조와 한성부)로 하여금 더욱 금지하기를 더하여야 할 것입니다.
또 영남지방의 신령스러운 아이[靈童]에 대한 말도 심히 허황된 것입니다. 50년 전부터 바닷가 한 고을에서 시작되었는데, 상주(尙州)·선산(善山) 등의 고을에 이르기까지 집집마다 그것을 받들고 제사를 지내며, 2월부터 월말에 이르기까지 농사를 폐지하고 사람과 손님을 드나들지 못하게 하니, 요사스럽고 황당하기가 무당보다 더 심합니다. 마땅히 도신(道臣-관찰사)을 시켜 중단시켜야 할 것입니다."

이에 대해 정조는 당장 그리하라고 명한다. 그러나 조정의 명에도 불구하고 천주학에 대한 신봉자는 하루가 다르게 늘어갔다. 3년 후인 정조 12년 8월 2일 사간원 정언 이경명이 올린 상소에는 당시 천주교가 민중에게 얼마나 큰 호응을 얻고 있었는지를 단적으로 보여준다.

"오늘날 세속에는 이른바 서학이란 것이 진실로 하나의 큰 변괴입니다. 근년에 성상의 전교에 분명히 게시(揭示)하였고 처분이 엄정하셨으나, 시일이 조금 오래되자 그 단서가 점점 성하여 한양에서부터 먼 시골에 이르기까지 돌려가며 서로 속이고 유혹하여 어리석은 농부와 무지한 촌부(村夫)까지도 그 책을 언문으로 베껴 신명(神明)처럼 받들면서 죽는다 해도 후회하지 않으니, 이렇게 계속된다면 요망한 학설로 인한 종당의 화가 어느 지경에 이를지 모르겠습니다."

이경명의 상소는 정조가 처음으로 서학의 문제를 심각하게 생각하기 시작하는 계기가 됐다. 바로 다음날 정조는 3정승과 비변사 당상을 불러 서학의 문제를 토의한다. 여기서 서학 내지 천주학에 대한 정조의 기본적인 태도가 드러난다. 한 마디로 유연하고 관대한 입장이었다. 먼저 정조가 "서학의 폐단이 어느 정도인가"라고 묻자 좌의정 이성원이 "신은 그 학설에 대해서는 잘 모릅니다마는, 종전에 금지처분을 내렸는데도 여전히 그칠 줄을 모른다면 다시 엄금하지 않을 수 없습니다"고 말한다. 그러나 남인을 중심으로 서학 신봉자가 늘고 있는 상황이므로 남인을 대변하던 우의정 채제공의 답변은 달랐다.

"이른바 서학의 학설이 성행하고 있으므로 신이 『천주실의(天主實義)』라는 책을 구해 보았더니, 바로 이마두(利瑪竇-마테오 리치)가 문답한 것으로, 인륜을 손상하고 파괴하는 설이 아님이 없어 양묵(揚

墨-양주와 묵적)이 도리를 어지럽히는 것보다 자못 심하였습니다. 게다가 거기에는 천당과 지옥에 관한 설이 있어 지각없는 촌백성이 쉽게 현혹됩니다. 그러나 그것을 금지하는 방도 또한 어렵습니다."

정조의 대답도 채제공을 따르고 있었다.

"나의 생각에는 우리의 도[吾道]와 정학(正學)을 크게 천명한다면 이런 사설(邪說)은 일어났다가도 저절로 없어질 것으로 본다. 그러니 그것을 믿는 자들을 정상적인 사람으로 전환시키고 그 책을 불살라 버린다면 금지할 수 있을 것이다."

정조는 성리학의 본래 정신을 회복하려는 노력을 펴는 한편 천주학에 빠진 사람들에 대해서는 개과천선(改過遷善)의 기회를 주고자 했다. 이런 태도는 원칙적으로는 처음부터 끝까지 견지되었다. 논의과정에서 엄단해야 한다는 주장이 계속 제기되자 정조는 이렇게 말했다.

"사람들의 귀를 현혹시키는 것이 어찌 서학뿐이겠는가. 중국의 경우 육학(陸學) · 왕학(王學) · 불도(佛道) · 노도(老道)의 부류가 있었지만 언제 금령을 설치한 적이 있었던가. 그 근본을 따져보면 오로지 유생들이 성인의 글을 열심히 읽지 않은 데서 말미암은 일일 뿐이다."

그러면서 정조는 보다 심층적인 원인에 관심을 돌린다.

"근래 문체(文體)가 날로 더욱 난잡해지고 또 소설을 탐독하는 폐단이 있으니, 이 점이 바로 서학에 빠져드는 원인이다. 우리나라의 문장은 나라를 세운 이후로 모두 육경(六經)과 사자(四子)에 오랫동안 노력을 쌓은 속에서 나왔으므로, 비록 길을 달리한 때가 있었지만 요컨대 모두 경학(經學) 문장의 선비들이었다. 그런데 근일에는 경학이 쓸은 듯이 없어져서 선비라는 자들이 장구(章句)에 좋은 글귀를 따다가 과거볼 계획이나 하는 데 지나지 않고, 그렇지 않으면 또 이러한 이학(異學)의 사설(邪說)에 빠지고 있으니 어찌 크게 탄식할 만한 일이 아닌가. 경들은 영상에게 왕복(往復)하여 모름지기 사기(士氣)를 배양(培養)해서 폐습을 변화시킬 방도를 생각하라. 이른바 서학에 대해서는 서울과 지방의 유사(有司)의 신하에게만 맡겨 잘 금지하도록 하라."

여기서 학자 군자 정조의 깊은 학식과 예리한 안목이 유감없이 발휘된다. 문체가 난잡해지고 소설을 탐독하는 폐단이 서학에 빠져드는 원인이라는 진단은 문제의 핵심을 건드린 것이다. 식자들의 문체가 난잡해지고 고위관리들까지 소설을 탐독하게 된 것은 실은 북경에서 다양한 장르의 책들이 조선에 소개된 때문이었다. 거기에는 자유분방함이 있었고 숨 막힐 듯한 조선의 정치상황에 염증을 느끼던 젊은 식자들은 매료될 수밖에 없었다. 이런 매력이 있었기 때문에 한번 이런 문화를 접한 사람들은 자연스럽게 서학에 대해서도 개방적인 입장을 보이는 경향이 있었다.

물론 수학이나 자연과학에 관한 한역 서적들도 신선한 충격을 주었고 그 또한 서학에 대해 우호적인 태도를 갖게 하는 데 결정적인 영향을 주었다. 이승훈의 경우도 1784년 북경에서 천주교에 입교하고 돌아올 때『기하원본』과 같은 수학책과 과학책을 함께 갖고 왔다.

일단 정조 12년 8월 6일 정조와 비변사는 이경명의 상소로 제기된 천주학의 문제에 대해 다음과 같은 방침을 정한다. 먼저 관련 서적들은 모두 찾아내 불태운다. 분서(焚書)였다. 이어 사대부들이 한 명이라도 오염되지 않는다면 어리석은 백성은 절로 따를 것이니 사대부들이 경학에 더욱 힘쓸 수 있도록 하는 방안을 마련한다. 대신 중앙조정 차원에서 서학에 대한 금지령을 내리는 데 대해서는 정조는 소극적이었다. 지방관청에서 사안별로 처리토록 하라는 것이었다. 그러나 정조의 이 같은 온건론은 3년 후 '충격적인' 사건이 발생하면서 강경책으로 전환되고 만다.

진산사건의 결과

1791년, 이 한 해는 정조의 재위 기간 중에서도 가장 의욕적으로 개혁을 추진했던 때다. 2월에 금난전권을 철폐하는 신해통공을 단행했고 4월에는 서얼허통 조치를 취했다. 그리고 정조가 야심 차게 밀어붙인 탕평정치도 자리잡아가는 듯 보였다. 그러나 겉만 그러했고 속에서는 노론과 남인, 벽파와 시파의 갈등이 끓어오르고 있었다.

이런 상황에서 10월 20일 대사간 신기가 상소를 올려 당면한 국정 현안 4가지를 지적한 다음 덧붙여서 전라도 천주교인 문제를 보고했다. 신기는 초계문신 출신이었다. 당시 상황을 알기 위해 먼저 국정현안 4가지가 무엇이었는지부터 간략히 살펴보자.

"첫 번째는 조정의 기강이 무너진 문제입니다. 흉악한 괴수와 역적은 아직도 처단되지 않았는데 3사(三司)의 계사는 이미 휴지가 되었고, 탐관오리들이 전혀 법을 겁내지 않아 백성의 재물이 개인의 주머니 속으로 들어갑니다. 이름이 나라의 죄인 문서에 오른 자도 사건이 오래되면 곧 죄명을 씻을 계책을 품고, 한 시대에 버림받은 자들도 세월이 조금 지나면 감히 분수 밖의 기대를 갖습니다. 어약(御藥)은 관계되는 바가 막중한데 가삼(家蔘)을 가짜로 만들어도 끝내 적발하지 않으며, 연경의 사행(使行)에는 본디 금지하는 물품이 있는데 금은보화를 마치 당연히 들여올 것처럼 가져옵니다.

　　……

두 번째는 양반들의 풍속이 무너진 문제입니다. 명문거족들은 애당초 남의 모범이 되는 행실이 없어 공적인 모임이나 사적인 집회에서 농지거리나 지껄입니다. 경조사에 서로 축하하고 위문하는 것은 예속(禮俗) 중에서도 가장 간단한 예절인데 혹 폐지하기도 하고, 어려움에 처한 사람을 서로 구제하는 것은 향약(鄕約)의 두터운 의리인데 끊겨 그런 말을 들을 수 없습니다. 고을 수령을 한 번만 지내도 많은 토지와 가옥을 두는데 그중에 약간 청렴하다는 소문이 난 자는 고지식하다고 지목하며, 처음 대각에 들어간 자는 우유부단한 것을 다투어 배우면서 조금이라도 바른말을 하려는 자가 있으면 긴요하지 않은 일이라고 지목합니다.

　　……

세 번째는 백성의 생계가 궁핍한 문제입니다. 바닥난 관청의 창고는 올해가 지난해보다 심하고 어려운 민간의 살림은 오늘이 어제보다 한층 더합니다. 좁쌀과 멥쌀, 명주실과 삼실은 값이 비싼 것이 물론 당연하고 고기와 소금, 땔나무와 나물 또한 값이 크게 뛰어오릅니다. 부유한 자들은 베푸는 의리를 모르고 이웃과 친척들 간에 빌리고 빌려주는 길이 끊겼으니, 선비가 어찌 곤궁한 속에서도 꿋꿋하게 독서를 할 수 있고 관리된 자가 어찌 청렴하여 탐욕스럽지 않을 수 있겠으며 기본 재산이 없는 자가 어찌 못하는 짓이 없을 수 있겠습니까.

......

네 번째는 조정에 인재가 적은 문제입니다. 우리나라에서 선비를 뽑는 법은 오로지 과거 시험에만 의존하고 벼슬에 제수하는 규정은 그저 문벌만을 앞세웁니다. 옛날 번영을 누리던 시대에는 과거 시험으로 합격한 사람 가운데도 간혹 경전에 대해 조예가 뛰어난 선비가 있었고, 문벌이 좋은 집안에서도 역시 재능이 있는 사람이 많았습니다. 그러나 근래에 접어들면서 풍속이 옛날 같지 않아 과거에 합격하기 전에는 정문(程文-과거볼 때 사용하는 일정한 격식의 문장)을 익히는 것을 목적으로 삼다가 일단 합격한 뒤에는 책을 무용지물로 봅니다. 부형들이 자제에게 일러주는 것은 살림을 윤택하게 만드는 계책에 지나지 않고 선배가 후생을 권고하는 것은 처세하는 방법일 따름입니다. 간혹 약간 시속의 테두리를 벗어난 자가 있더라도 역시 모두 큰소리나 치고 빈말이나 하여 사리와는 거리가 먼 부당한 말뿐입니다. 그러니 문장과 정사에서 그 인품과 벼슬이 서로 어울리는 그런 사람이 과연 있겠습니까. 더구나 내관과 외직을 막론하고 아침에 임명했다가 저녁에 갈아버리므로 자신이 맡은 직무와 규례조차 오히려 두루 알지 못하는데 공사간의 이해문제를 어찌 헤아릴 수 있겠습니까. 만일 변방에 사건이 발생하여 국가의 안전이 당장 위협받게 된다면 그에 대응하는 조치에 전혀 대책이 없을 것이니, 비록 나라에 인재가 없다고 말해도 좋을 것입니다."

재위 15년째를 맞은 정조로서는 사실 이런 지적만으로도 민망한 일이 아닐 수 없었다. 그러면서 신기는 전라도 진산에 사는 천주교도 윤지충과 권상연의 제사 폐지 문제는 대단히 심각한 사안인데도 조정에서는 임금의 눈치나 살피며 대충 넘어가려 하고 있다고 정면으로 비판했다.

윤지충은 앞서 본 대로 천주교에 입교한 후 조상의 신주를 불태워 땅에 묻었으며 정조 15년 모친 권씨가 세상을 떠나자 위패를 불태우고 상례도 치르지 않았다. 마침 같은 동네에 살던 그의 외종형 권상연도 숙모의 죽음에 대해 같은 행동을 보임으로써 관아에 고발됐고 이때 조정에까지 알려지게 된 것이다. 서학 문제에 관한 한 정조는 원칙적으로 해당 지방관서에서 처리토록 하였다. 그러나 유교의 마지막 보루라고 할 수 있는 제사와 위패를 거부하고 훼손했다는 것은 묵과할 수 없는 행위였다

대사간 신기의 상소가 올라온 지 닷새 후인 10월 25일 정조는 좌의정 채제공을 불러 윤지충·권상연 문제를 논의한다. 그런데 이날 채제공은 3년 전에 비해 훨씬 전향적으로 두 사람은 물론 천주교까지 옹호하고 나선다. 그것은 채제공이 천주교에 더 우호적인 생각을 갖게 됐기 때문이라기보다는 지난 3년 동안 남인 세력이 꾸준히 늘어난 데 대해 노론들이 천주교를 빌미로 남인을 공격하려 하고 있다고 보았기 때문이다.

"지금 사특한 설을 중지시키고 편벽된 이론을 막는 책임은 오로지 경에게 달렸다. 어떻게 하면 그들이 저절로 일어났다가 저절로 소멸되어 모두 스스로 새롭게 되는 길을 얻게 할 수 있겠는가?"

"지금 그 학술에 대해 특별히 시행할 방도가 없고 또 근거를 잡아 조사할 만한 형적도 없습니다. 오직 드러나는 자부터 다스려 그 책을 태워버리고 그 사람들을 사람답게 만들면 자연 수그러들 것입니다."

"비록 그 책을 물이나 불 속에 던져 넣는다 하더라도 만약 몰래 감추어 두는 자가 있으면 어찌 모두 수색할 수 있겠는가."

"진시황의 형법으로도 오히려 서책을 전부 금지하지 못했는데, 몰래 감추어두는 것을 어찌 다 금지시킬 수 있겠습니까. 그리고 금지령을 너무 엄하게 세워 사형으로 처결한다면 도리어 법이 시행되지 않을 것입니다. 그러니 금지 조항을 명백하게 보여주어 스스로 사라지도록 하는 것보다 좋은 것이 없습니다. 모든 일은 지나치면 문제를 일으키는 법이니, 우선 내버려두고 따지지 않는 것이 좋겠습니다."

이에 정조는 앞으로 이와 관련된 문제가 생길 경우 모두 좌의정 채제공 당신의 책임이라고 못을 박았다. 그러고 나서 11월 10일 평택현감 이승훈과 양평 사람 권일신이 서학에 연루된 것으로 드러나 붙잡혀 와서 문초를 받았다. 조금씩 사건이 확대되기 시작했다. 이틀 후에는 정조의 최측근 중 한 명으로 전라도관찰사로 나가 있던 정민시가 그동안 이 사건에 대한 조사결과를 정조에게 보고했다. 그 내용은 채제공이 말한 것보다 훨씬 심각했다.

"형문을 당할 때, 하나하나 따지는 과정에서 피를 흘리고 살이 터지면서도 찡그리거나 신음하는 기색을 얼굴이나 말에 보이지 않았고, 말끝마다 천주의 가르침이라고 하였습니다. 심지어는 임금의 명을 어기고 부모의 명을 어길 수는 있어도, 천주의 가르침은 비록 사형의 벌을 받는다 하더라도 결코 바꿀 수 없다고 하였으니, 확실히 칼날을 받고 죽는 것을 영광으로 여기는 뜻이 있었습니다."

정조는 채제공이 거짓말을 했다고 판단했다. 그리고 바로 다음날 윤치충과 권상연은 사형에 처하도록 명했다. 그러면서 정조는 "더 이상 이 문제로 왈가왈부하지 말라"고 엄명을 내린다. 그러나 홍문관원들이 나서 이승훈과 권일신도 국문할 것을 청하자 이승훈은 평택현감에서 내쫓고 권일신에게는 유배형을 내렸다. 한 달여가 지난 12월 16일 정조는 채제공을 좌의정에서 파직시켰다. 외형적인 이유는 '정승의 체모를 잃었기 때문'이었지만 실은 윤지충·권상연 문제로 위기에 처한 채제공을 구하기 위한 정조의 은밀한 배려였다. 그만큼 이 문제로 인한 노론 벽파의 공세가 거셌다는 뜻이기도 하다.

이로 인해 춘추관이나 홍문관이 소장하고 있던 서학 관련 서적은 말할 것도 없고 민간에서 소유하고 있던 서학서들도 수색하여 소각되었다. 정조의 본의야 어떠했든 이 일로 인해 정조는 외래문물에 분서(焚書)를 가한 군주라는 오명(汚名)도 덮어써야 했다.

정조의 이 같은 문제 처리방식과 관련해 『정치가 정조』에서 박현모 교수는 이렇게 지적한다.

"정조는 천주교 문제를 공론정치 차원에서 진지하게 개진할 수 있는 소중한 기회를 급히 차단하고 순전히 정치 기술적 차원에서 대응하였다. 당쟁에 대해서 일종의 '정신적 외상(trauma)'을 가지고 있었던 정조는 어떤 문제가 공론화되는 것을 몹시 두려워하고 서둘러 차단하려는 행태를 보였다."

천주교 문제뿐만 아니라 실은 대부분의 중요한 정치적 문제에 대한 정조의 태도가 그랬다.

조선 임금 최초로 안경을 끼다

우리나라에 언제 안경(眼鏡)이 전래됐는지는 분명치 않다. 선조 때

일본에 통신사로 갔던 김성일이 안경을 갖고 들어왔다는 이야기가 있지만 문서상으로는 그리 분명치 않다. 적어도 『실록』만을 놓고 본다면 안경은 정조 때 들어왔다고 봐야 한다. 정조 23년(1799년) 5월 5일 정조는 좌의정 이병모와 서학 문제에 대해 논의하던 중 이런 이야기를 한다.

  "몇 년 전부터 점점 눈이 어두워지더니 올봄 이후로는 더욱 심하여 글자의 모양을 분명하게 볼 수가 없다. 정사의 의망에 대해 낙점을 하는 것도 눈을 매우 피로하게 하는 일인데, 안경을 끼고 조정에 나가면 보는 사람들이 놀랄 것이니, 6월에 있을 몸소 하는 정사도 시행하기가 어렵겠다."

즉 정조는 개인적으로는 이 무렵 안경을 쓰기 시작했던 것 같고 조정에는 쓰고 나가지 않았다. 처음 보는 신하들이 우습게 생각할지 모른다고 생각했기 때문일 것이다. 실제로 두 달 후인 7월 7일에도 정조는 정승들과 접견하는 자리에서 비슷한 말을 한다.

  "나의 시력이 점점 이전보다 못해져서 경전의 문자는 안경이 아니면 알아보기가 어렵지만 안경은 200년 이후 처음 있는 물건이므로 이것을 쓰고 조정에서 국사를 처결한다면 사람들이 이상하게 볼 것이다."

안경은 분명 서구문물이다. 안경에 대한 정조의 이 같은 태도는 서구문화 전반에 대한 정조의 태도를 상징적으로 보여주는 것이라 해도 과언이 아니다. 필요성에는 공감하면서도 남을 의식하지 않을 수 없었던 것이다.

경화사족(京華士族)과 '북학(北學)'의 확산

경화사족의 형성

양난을 거치며 국가라고 부르기에도 창피할 만큼 피폐해진 조선은 숙종 대를 거치며 농업 생산력이 획기적으로 늘어나고 특히 화폐경제가 자리잡으면서 상업문화가 급격하게 확산되고 도시화가 진행됐다. 영조 대에 이르면 도시 집중 현상은 더욱 강화돼 '귀경천향지풍(貴京賤鄕之風)', 즉 한양을 높게 생각하고 시골을 낮춰보는 풍조가 생겨났고 정조 대에 이런 경향은 심화됐다.

흥미로운 점은 경화사족(京華士族)의 형성이 영조가 추진했던 탕평책과 깊이 관련을 맺고 있었다는 사실이다.

"영조 대를 통하여 이재·송명흠·박윤원 등 서울 주변 핵심 산림의 문인과 제자들은 점차 산림처사적 입장을 청산하고 탕평정국에

호론·낙론 계보도

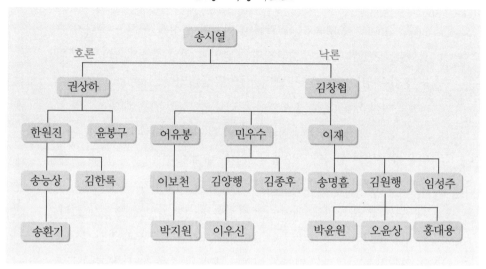

참여하여 경화사족 관료로 전환하였다. 이 같은 추세는 정조가 사림의 청론 세력을 정치적 기반으로 삼으면서 더욱 가속되었다."(유봉학,『정조대왕의 꿈』)

경화사족의 부상은 지방에 근거를 두고서 막강한 정치적 영향력을 행사했던 산림세력의 퇴조를 의미한다. 게다가 영조나 정조 모두 왕권강화를 위해 산림의 입김을 최대한 배제하려 하면서 이 같은 경향은 더욱 심해졌다.

도시는 자유다. 도시화는 노론, 소론, 남인 각각에도 분화(分化)를 가져왔다. 같은 노론이라도 한양의 노론과 시골의 노론이 달랐고 소론이나 남인도 사정은 마찬가지였다. 영조 때의 성리학 논쟁이라 불리는 호락(湖洛) 논쟁이라는 것도 따지고 보면 충청도〔湖西〕와 한강〔洛水〕 일대 지식인 간의 논쟁이었다. 한원진·윤봉구 등이 지방을 대표하는 호론을 이끌며 인성(人性)과 물성(物性)은 다르다고 주장했고 이재·김원행·송명흠 등은 낙론을 이끌며 인성과 물성은 같다고 주장했다. 남인의 경우도 영남지역의 남인과 한양 주변의 남인으로 나뉘어 각각 영남(嶺南)과 경남(京南)으로 불리었다.

호론이나 낙론 모두 송시열에 뿌리를 두고 있었다. 대체적으로 호론의 경우 송시열의 제자인 권상하의 문인들이 따랐고 낙론의 경우 같은 송시열의 제자인 김창협의 문인들이 따랐다.

정조 시대의 당쟁과 주요 인물들을 보다 정확하게 이해하려면 이재·김원행·박윤원에 대해서는 간략하게나마 알아둘 필요가 있다. 이재(李縡, 1680년 숙종 6년~1746년 영조 22년)는 숙종의 장인 민유중의 외손자로 왕실과도 인연이 있었다. 1707년(숙종 33년) 문과에 급제해 사가독서(賜暇讀書)한 뒤 이조정랑·홍문관부교리·성균관대사성 등을 거쳐 1716년 동부승지와 호조참의를 지내고 다시 홍문관 부제학이 됐다. 이 무렵 노론과 소론 사이에서 『가례원류(家禮源流)』 저작권 시비가 일어나자 노론의 입장에서 소론을 공격하였고, 이후 노론의 중심인물로 활약하였다. 그 뒤 함경도관찰사·대사헌 등을 거쳐 도승지가 되었다가 경종 즉위와 함께 소론이 집권하면서 삭직되었다. 1722년 임인옥사(壬寅獄事) 때 자신에게 학문을 가르쳤던 큰아버지 이만성이 옥사하자 벼슬을 그만두었다. 1725년(영조 1년) 영조가 노론의 지원에 힘을 입어 즉위한 후 부제학에 복직하여 대제학·이조참판 등을 지냈으나, 1727년 정미환국(丁未換局)으로 다시 소론 중심의 정국이 형성되면서 문외출송되었다. 이후 용인의 한천에 살면서 임성주·김원행·송명흠 등 많은 학자를 길러내어 훗날 북학(北學)사상 형성의 토대가 되었다. 노론 가운데 준론(峻論)의 대표적 인물로서 대명의리론(大明義理論)과 신임의리론(辛壬義理論)을 내세우면서 중앙정계와 학계를 배후에서 움직였고, 영조의 탕평정치에 대해 강력히 반대하여 영조가 산림(山林) 또는 반탕평론의 선봉으로 지목하여 비난하였다. 18세기 학문·사상 논쟁인 호락논쟁(湖洛論爭)에서 인물성동론(人物性同論)을 주장한 낙론(洛論) 계열의 대표적 인물이다.

인성과 물성을 같다고 본 것은 중대한 의미가 있다. 그것은 인간은 누구나 성인이 될 수 있다는 인식과, 인간과 사물의 본성은 동등한 것이므로 사물의 본성을 이해하는 일도 인간에 대한 연구와 대등하다는 인식은 훗날

이재_ 노론의 중심 인물로 대명의리론(大明義理論)과 신임의리론(辛壬義理論)을 내세우면서 중앙정계와 학계를 배후에서 움직였다. 영조에 의해 산림(山林) 또는 반탕평론의 선봉으로 지목되어 비난을 받았다.

낙론을 바탕으로 근대적 사고의 뿌리인 북학사상이 생겨나는 기반이 되었다. 비록 주자학의 틀을 부정한 것은 아니지만 새로운 사상이 싹틀 수 있는 단서를 제공한 것은 분명하기 때문이다.

할아버지 김창협의 제자인 이재의 학문을 계승한 김원행(金元行, 1702년 숙종 28년~1772년 영조 48년)은 김상헌의 후손으로 아버지는 승지 김제겸이며, 어머니는 밀양 박씨로 이조판서 박권의 딸이다. 당숙인 숭겸(崇謙)에게 입양하여 김창협(昌協)의 손자로 널리 알려졌다. 일찍부터 종조부 김창흡에게 배웠고, 이재의 문하에 들어가 수학하였다.

1722년(경종 2년) 신임사화 때 본가의 할아버지 김창집이 '노론 4대신'으로 사사되고, 생부 제겸을 비롯하여 친형제인 성행(省行)·탄행(坦行) 등이 죽거나 유배당하자, 벼슬할 뜻을 버리고 학문에 전념하였다. 1725년(영조 1년) 본가의 할아버지·아버지·형 등이 신원된 후에도 시골에 묻혀 살며 학문연구에만 몰두하였다.

1759년 왕세손을 교육할 적임자로서 영조의 부름을 받았으나 상소하여 사퇴하였다. 1761년 공조참의·사성(司成), 뒤에 찬선(贊善)에 임명하였을 때도 역시 사양하였다. 조선 후기의 집권계층에 속한 노론의 혁혁한 가계의 후예이고, 학통을 잇는 존재가 되어 조야에 큰 영향력을 미치는 학자의 지위에 올랐다.

당시의 사회는 정치적으로 산림을 중시하였는데, 그는 유수한 산림의 한 사람으로 나라 안에서 명망을 한 몸에 받았다. 당시의 행세학(行勢學)은 송시열을 종장(宗匠)으로 받드는 성리학이 주조를 이루고 있었으나, 그 학파 자체 내에서도 '낙론'과 '호론'의 대립이 있었다. 그 발단은 김창협과 권상하(權尙夏)의 학설에서 시작된 것이다.

김창협의 이론을 이어 권상하의 제자인 이간(李柬)이 이재와 함께 낙론의 중심이 되고, 권상하의 이론을 이어 그의 제자 한원진(韓元震)이 호론의 중심이 되었는데, 김창협의 손자이자 이재의 문인인 김원행은 낙론을 지지하는 대표적인 학자였다. 그의 사상은 대체로 김창협의 학설을 답습하여 주리(主理)와 주기(主氣)의 절충적인 입장에서 있었다. 학설을 종합해 보면, 심(心)을 이(理)라고도 하지 않고 기(氣)라고도 하지 않으며, 이와 기의 중간에 처하여 이기(理氣)를 겸하는 의미를 지닌 것으로 여겼다. 이것은 바로 이황의 주리설과 이이의 주기설을 절충한 김창협 학설의 계승이었다. 나라에서 정통적 학자로 추대 받아 산림의 지위에 있었던 그의 문하에서 수많은 순수 성리학자가 배출되었고, 한편 몇 사람의 실학자도 배출되었다. 그의 학통을 이은 제자로는 박윤원·오윤상·홍대용·황윤석과 그의 아들 김이안 등이 있다.

순조의 외할아버지 박준원의 친형인 박윤원(朴胤源, 1734년 영조 10년~1799년 정조 23년)은 어려서부터 총명하여 책을 읽으면 한 번에 수십 줄씩 읽었다고 한다. 김원행과 김지행(金砥行)의 문하에 들어가 학문을 깊이 연구하여 학자들로부터 크게 추앙받았다. 1792년 학행으로 천거되어 선공감역(繕工監役)에 임명됐으나 사퇴하였으며, 1798년 원자(元子─훗날의 순조)를 위하여 강학청(講學廳)이 설치되자 서연관(書筵官)에 임명되었으나 역시 거절하였다. 집이 가난하여 비와 바람을 피할 수 없는 형편이었지만 끝내 벼슬하지 않고 학문연구에 전념하였다. 당시 소개되던 서학의 폐해가 도교나 불교보다도 크다고 하여 배척하고 오직 경전의 훈고와 성리학에 몰두하였다.

김창협·이재·김원행으로 이어지는 학통을 계승한 적전(嫡傳)으로, 다시 문하의 홍직필(洪直弼)에게 전수하여 신응조(申應朝)·임헌회(任憲晦)·조병덕(趙秉德) 등으로 이어지는 조선 후기 성리학의 중요한 학파를 형성하였다. 동문의 오윤상(吳允常) 등과는 많은 학문적 논란과 교류가 있었다. 북학의 경향보다는 정통 성리학 쪽으로 기울었던 인물로 낙론 내 보수파 내지 우파라 할 수 있다. 그의 문인으로는 홍직필을 비롯하여 이재의(李載毅)·정도일(丁道一)·어석중(魚錫中) 등 다수가 있다.

기존체제에 실망한 노론의 신진 엘리트 홍대용

우리가 흔히 수구(守舊)로 생각하는 노론의 젊은 엘리트들에게서 청나라에 들어온 서구문물에 대한 개방적 수용의 물결이 생겨난 것은 결코 우연이 아니다. 그들은 이래저래 집안 어른들의 연행(燕行-북경 사신 방문)에 따라갈 기회가 많았고 이 무렵 북경은 다양한 서구문물이 집중적으로 들어오고 있을 때였다. 1960년대와 70년대 박정희가 주도한 서구화가 결국은 일본화된 서구문물이었다고 한다면 정확히 200년 전의 개방물결은 청나라화된 서구문물이었다고 할 수 있다. 보수의 한복판에서 새로운 시대의 싹이 나고 있었던 것이다. 그것을 상징하는 인물이 김원행의 제자인 홍대용이다. 홍대용(洪大容, 1731년 영조 7년~1783년 정조 7년)은 노론 집안 출신으로 아버지는 목사를 지낸 홍억이다. 여러 번 과거에 응시했으나 실패하고 1774년(영조 50년) 음보(蔭補)로 세손익위사 시직(侍直)이 되었고, 이듬해 선공감 감역을 거쳐 1776년(정조 즉위년) 사헌부 감찰, 1777년(정조 1년) 태인현감, 1780년(정조 4년) 영천군수가 되었다.

어려서 학문은 유학자 김원행에게 배웠고 일찍부터 박지원·박제가 등과 친교를 맺으며 실학에 대한 관심을 키워갔다. 특히 35세 때인 1765년(영조 41년) 숙부가 서장관으로 청나라에 갈 때 군관(軍官)으로 수행하여 따라갔다. 그때 북경의 현실을 보고 큰 충격을 받아 귀국한 후에도 그때 만난 청나라 학자 엄성·반정균·육비 등과 서신교환을 계속 하면서 북학의 이론을 정립해 나갔다. 한마디로 사상적 전환을 한 것이다. 그는 당시까지도 청나라를 오랑캐로 인식하며 청의 문물을 배격하는 유학자들을 비판하면서 나라가 발전하기 위해서는 적극적으로 청을 비롯한 서양의 우수한 문물을 받아들여야 한다고 주장하였다.

북경 방문 당시 홍대용은 천주당(天主堂)에 가서 서양문물을 견학하고 독일인 선교사 할레르슈타인 등과 필담으로 대화를 나누며 천문학적인 지식의 기초를 익혔다. 북경 방문은 그에게 새로운 과학의 세계를 열어주는 직접적인 계기가 되었으며, 북경에서 보고 들은 것이 모태가 되어 북학사상의 근원으로 작용하였다. 그리하여 북학파의 선구자로서 지구의 자전설(自轉說)을 설파하였고, 균전제를 토대로 하는 경제정책의 개혁, 과거제도를 폐지하여 공거제(貢擧制)에 의한 인재 등용, 신분차별의 철폐와 모든 아동에게 교육시켜야 한다는 교육기회의 균등부여 등 혁신적인 개혁사상을 제창하였다. 나아가 동양의 화이론(華夷論)을 부정하면서 모든 나라들이 중심임을 강조하여 민족의 주체성을 강조하고, 인간과 자연은 동일한 가치를 지닌 존재임을 강조하였다. 수학에도 관심을 가지고『주해수용(籌解需用)』이라는 수학서를 저술하는 등 사회 사상가이자 과학사상가로서 당대의 뛰어난 학자였다.

이처럼 노론의 자제인 홍대용도 조선의 현실에 비판적일 수밖에 없었다. 의미있는 것은 선진 외국과의 비교를 통해 조선의 한계를 들여다보았다는 사실이다. 돌이켜보면 홍대용의 길이야말로 한 나라가 새로운 문물을 받아들여 새로운 국가로 나아갈 수 있는 가장 합리적이고 현실적인 길이었는지 모른다.

베스트셀러『열하일기』의 충격파

안정복에 따르면 청나라에서 한역된 서양 서적이 조선에 도입되기 시작한 것은 선조 말년부터이며 이미 영조 때에 이르면 고관대작 명유(名儒)라도 읽지 않은 이가 없을 정도였다고 한다. 특히 천문학과 수학을 중심으로 한 과학 서적들은 상당한 수준으로 소화하고 있을 정도였다.

여기에 홍대용이 보다 폭넓은 서양의 학문과 지식을 체계적으로 받아들이면서 조선에서 북학(北學)이라고 불리는 새로운 물결이 생겨나게 된다. 그 기폭제가 된 인물이 『열하일기』의 저자 박지원이다.

박지원의 주변에는 처남인 이재성과 북학의 창시자 홍대용 외에 한 세대 아래인 이서구·서유구·김매수와 같은 양반 외에 이덕무·박제가·유득공과 같은 규장각 검서관들이 몰려들었다. 이재성은 박지원의 처남이자 절친한 벗으로 박지원이 세상을 떠나자 그 학통을 이어가게 된다.

1780년 집안 형님 박명원을 따라 북경을 눈으로 보고 온 박지원은 3년 후 이를 정리하여 26권 10책으로 된 『열하일기』라는 방대한 책을 낸다. 그 시절에는 북경을 방문하고 돌아오면 책 한 권을 낼 정도로 연행록(燕行錄)이 유행이었지만 박지원의 『열하일기』는 내용과 형식(문체) 모든 면에서 압권(壓卷)이었다. 따라서 찬사도 컸고 비난도 컸다. 먼저 내용면에서 보면 그것은 평범한 기행문이 아니라 조선사회 개조론이었다. 박지원은 기행문·소설·대담집 등 다양한 장르를 통해 청나라의 문물을 상세하게 소개하면서 이용후생(利用厚生)만이 조선을 구할 수 있는 비전임을 역설했다.

게다가 문체가 자유분방하고 발랄했다. 딱딱한 성리학적 글쓰기에 짓눌려 있던 젊은 사대부들로부터 폭발적인 반응이 터져 나왔다. 시대착오적인 조선 중화주의와 북벌론에 대한 비판은 특히 이들 노론 젊은이들을 사로잡았다. 신진 사대부라면 『열하일기』에 심취하지 않는 이가 없었고 누구나 그것을 흉내 내려고 했다. 요즘 식으로 표현하자면 『열하일기』 신드롬이었다.

당시 이 신드롬에 휩쓸린 젊은이 중의 한 명이 바로 정약용이었다. 그는 남인이었지만 당시 『열하일기』에서 시작된 북학 열기는 당파를 넘어 경화사족 젊은이들에게 확산되고 있었다. 훗날 자신이 서학에 빠져든 데 대한 이유를 밝히면서 정약용은 이렇게 말한다. 정조 21년 6월 21일 그가 정조에게 올린 반성문 성격의 상소에서다.

"이때에는 원래 일종의 풍기(風氣-유행)가 있었는데, 천문(天文) 역상(曆象) 분야, 농정(農政)·수리(水利)에 관한 기구, 측량하고 실험하는 방법 등에 대하여 잘 말하는 자가 있었으며, 유속(流俗)에서 서로 전하면서 해박하다고 했으므로 신이 어린 나이에 마음속으로 이를 사모하였습니다. 그러나 성질이 조급하고 경솔하여 무릇 어렵고 교묘한 데 속하는 글들을 세심하게 연구하고 탐색할 수 없었기 때문에 그 찌꺼기나 비슷한 것마저 얻은 바가 없이, 도리어 생사(生死)에 관한 설에 얽히고 남을 이기려 하거나 자랑하지 말라는 경계에 쏠리고 지리·기이·달변·해박한 글에 미혹되었습니다."

정약용이 서학에 빠져들게 된 계기가 바로 북학에 대한 매력에서 시작되었음을 스스로 밝힌 글이다. 그것은 비단 정약용에만 해당되지 않았다. 그럴수록 기성 정치권이나 학계는 우려의 눈으로 바라볼 수밖에 없었다.

문체반정—서학과 북학, 두 마리 토끼를 잡아라

공공문서에 스며든 박지원의 문체

정미년(1787년 정조 11년)에 이상황과 김조순이 예문관에서 함께 숙직하면서 당송(唐宋) 시대의 각종 소설과 『평산냉연(平山冷燕)』 등의 서적들을 가져다 보면서 한가롭게 시간을 보내고 있었다.

『평산냉연』은 청나라의 베스트셀러 통속소설로 필명 적안산인(荻岸山人)이 지은 것으로 되어 있다. 평(平) · 산(山) · 냉(冷) · 연(燕)은 모두 작중 주인공의 성(姓)이다. 대학사(大學士) 산현인(山顯仁)의 딸 산대(山黛)의 시가 천자의 칭찬을 받고, 냉강설(冷絳雪)이라는 재녀(才女)가 시녀(侍女)가 되었다는 소문이 널리 퍼졌다. 평여형(平如衡)과 연백함(燕白頷)이란 두 청년이 두 여인에게 시의 창화(唱和)를 요청하지만, 풍기를 문란케 하였다고 고발된다. 그러나 두 청년은 수석과 차석으로 과거에 합격했기 때문에 천자의 권유로 '평'은 '산'과,

'연'은 '냉'과 결혼하게 된다는 재자가인(才子佳人)의 통속적인 스토리다.

운문(韻文)의 시대가 가고 산문(散文)의 시대가 열리고 있었다. 서양에서는 근대에 들어서면서 운문과 산문의 교체가 이뤄졌다. 크게 보자면 근대에 대한 싹이 트려고 했다고 볼 수 있다.

이때 정조가 우연히 입시해 있던 주서(注書)를 시켜 이상황과 김조순이 무엇을 하고 있지를 살펴보게 하였는데 두 사람이 때마침 그러한 책들을 읽고 있었다. 정조는 그것을 가져다 불태워버리도록 명하고서는 두 사람을 경계하여 경전에 전력하고 잡서들은 보지말도록 하였다. 즉 정조는 최후의 중세인이기는 해도 최초의 근대인이 될 수는 없는 정신세계를 갖고 있었다.

그마나 정조는 일정하게나마 새로운 문체에 대해 이해하려는 입장을 갖고 있었기 때문에 이상황과 김조순을 파직하는 선에서 사건을 확대하지 않았다.

소위 '문체반정(文體反正)'이라 부르는 사건이 본격적으로 조정을 뒤흔드는 사안으로 불거진 것은 그로부터 5년 후인 임자년(1792년 정조 16년)이었다. 이때는 정조의 개혁의지가 가장 강할 때였다. 그해 10월 19일 정조는 사신으로 청나라에 가는 박종악과 대사성 김방행을 접견한 자리에서 패관문체의 심각성을 지적하였다. 그리고 그들에게 귀국할 때 수행원들이 패관문체로 된 책을 반입하지 않도록 철저하게 관리 감독할 것을 명한다. 정조는 박지원 등으로부터 시작된 패관문체와 새로운 글쓰기가 문풍을 비속하게 만들고 있다고 보고 있었다. 게다가 탁월한 지식인답게 정조는 "문풍(文風)과 세도(世道)가 밀접하게 관련되어 있다"는 것을 꿰뚫고 있었다. 세도를 바로 잡는 데 온 정력을 쏟았던 정조로서는 근치(根治)를 위해서는 문풍을 바로 잡아야 한다고 보고 있었던 것이다.

사신으로 떠나는 신하들에게 정조는 느닷없이 "성균관의 시험지 중에 만일 한 글자라도 패관잡기에 저촉되는 것이 있으면 그것이 아무리 주옥 같을지라도 빼버리고 그 사람의 이름을 확인하여 다시는 과거를 보지 못하게 할 것"을 명했다. 실제로 그런 일이 있었던 것이다. 얼마 전 유생 이혹이 정조가 내린 제목에 응해 올린 글에서 패관소설체로 썼다가 처벌당했다.

이런 경고가 무색하게도 불과 닷새 후인 10월 24일 초계문신 남공철이 국정현안에 관한 대책문을 작성하면서 패관문자를 인용해 정조는 남공철을 파직시켰다. 남공철은 어릴 때 자신에게 학문을 가르친 남유용의 아들로 남공철이 과거에 급제했을 때 자기 일처럼 좋아할 만큼 아꼈던 신하였다. 그러면서 정조는 이상황·김조순도 다시 옛 문체대로 반성문을 써 올리도록 했다. 그리고 다시 관직을 부여했다. 정조는 "문제는 허물을 고치는 것이 중요하다"고 강조한다.

정조의 문체관

이 같은 논란이 있은지 열흘여가 지난 11월 6일 소론으로 정조의 총애를 받고 있던 홍문관 부교리 이동직이 문제의 상소를 올린다. 이동직(李東稷, 1749년 영조 25년~?)은 양녕대군의 후손으로 1775년(영조 51년) 문과에 급제해 승문원에서 경력을 쌓았다. 정조의 총애를 받아 1783년(정조 7년) 초계문신으로 선발됐고 1784년부터 홍문관에서 일했다. 노론의 핵심인물인 김종수를 탄핵하는 언론활동을 폈으며, 이때 정조의 문체반정 시책에 적극 동조해 박지원이 쓴 『열하일기』가 문체가 저속하다는 이유로 적극 공격하였다. 이후 대사헌·관찰사 등을 두루 거치게 된다.

이날 이동직은 채제공과 이가환 등을 탄핵하였는데 정조는 무엇보다 이가환 탄핵에 대해 적극적으로 옹호하는 비답을 내린다. 먼저 이동직 상소의 일부다.

"이가환(李家煥) 같은 자는 채제공에게 빌붙어 그의 후원을 받아 왔으면서도 역모의 진상이 낭자하게 드러난 오늘까지 그의 당여(黨與)로서의 처벌에서 빠져 있으니 그에게 있어서는 행운이라 할 것입니다. 그런데도 그는 외람되이 벼슬자리에 머물러 있으면서 대각의 바른 논박도 무시하고 대신들이 소를 올려 배척하는 데도 아랑곳하지 않고 의기양양하게 염치 불구하고 부임하여 갔으니, 그 방자하고 기탄없는 것이 비록 그들이 늘 하는 버릇이라고는 하지만 도대체 인간의 수치스러운 일을 모르는 자들이라 하겠습니다. 국가에서 전후로 인재 선발을 하면서 단지 문장 한 가지만을 보고 하였지만 괴이한 귀신 같은 무리라면 비록 하찮은 재예(才藝)가 있다고 치더라도 그것을 가지고 죄를 가릴 수는 없는 것입니다. 하물며 그들의 문장이라는 것이 학문상으로는 대부분 이단(異端)·사설(邪說)들이고 문장이래야 순전히 패관소품(稗官小品)을 숭상할 뿐입니다. 누구나 알고 있는 경전(經傳)을 언제나 별 쓸모없는 것으로 보고 있으니 그들 문장은 문장이라고 말할 수도 없습니다. 이단을 물리치고 정도를 지키는 이때에 그러한 무리들을 그냥 내버려두고 논의하지 않을 수 없습니다. 신은, 가환에게 성균관을 관리하도록 제수한 명을 아울러 환수하고 이어 사판에서 그 이름을 삭제하여 세도를 위하고 명기(名器)를 소중히 여기는 뜻을 보여주어야 한다고 생각하는 바입니다."

이 무렵 정조는 남인에서는 채재공을 이어받을 인물로 이가환을 키워가고 있던 중이었다. 그런데 그가 총애하는 이동직이 이가환을 공박하고 나선 것이다. 정조는 일단 이동직이 중요한 문제를 제기했다며 "그대는 가환의 문체가 경전을 쓸모없는 것으로 여긴다는 말로 애기를 삼았는데 그것이 바로 내가 한마디 하고 싶으면서도 못하고 있던 문제였다. 그런데 그대가 그 말을 하니 참으로 이른바 가려운 곳을 긁어주는 격이다"고 칭찬을 해준다. 그러나 본론은 그 다음에 나온다.

"저 가환으로 말하면 일찍이 좋은 가문의 사람이 아닌 것도 아니었지만 백 년 동안 벼슬길에서 밀려나 수레바퀴나 깎고 염주 알이나 꿰면서 떠돌이나 시골에 묻혀 지내는 백성으로 자처하였던 것이다. 그러자니 나오는 소리는 비분강개한 내용일 것이고 어울리는 자들이라곤 우스갯소리나 하고 괴벽한 짓이나 하는 무리일 것 아닌가. 주위가 외로우면 외로울수록 말은 더욱 편파했을 것이고 말이 편파적일수록 문장도 더욱 괴벽했을 것이다. 그리하여 오채(五采)로 수놓은 고운 문장은 당대에 빛을 보고 사는 자들에게 양보해 버리고 『이소경(離騷經)』이나 『구가(九歌)』를 흉내 냈던 것인데 그것이 어찌 가환이 좋아서 한 짓이겠는가. 조정이 그를 그렇게 만든 것이다."

물론 정조가 이가환의 문체에 동의한 것은 아니다. 박지원의 문체에 대해서도 마찬가지다. 그러면서도 정조는 일관되게 문제의 원인을 신진세력이 아니라 기존세력에서 찾았다. 기존세력이 그릇된 길을 가고 있기 때문에 신진세력이 나쁜 길에 접어들었으므로 기존세력이 정도(正道)를 걸으면 자연스럽게 신진세력도 바른 길로 나아오게 될 것으로 보았다. 정조가 진정 그 사회를 바꿔보려 했다면 그것은 철저하

322

게 보수(保守)의 정도를 회복하는 개혁이었다. 정조를 보수혁명가라고 불러도 되는 것은 그 때문이다. 문체반정은 그의 그 같은 시대인식과 처방이 집약적으로 드러난 조치였다.

8장

영남 만인소, 그후:
시파와 벽파로 갈린 지식인들

왕실 친인척들을 다시 중용하다

반(反) 척신의 원칙을 버리다

정조 15년(1791년) 한 해를 각종 개혁 조치로 숨 가쁘게 보낸 정조에게 임자년(1792년 정조 16년) 새해가 밝았다. 문체반정이 일어나게 되는 그해다. 1월 2일 정조는 출사를 거부하고 있던 산림 이성보를 경연관으로 임명하면서 널리 인재를 구하고자 하는 자신의 뜻을 전교한다. 그 말이 대단히 절박하다.

"옛사람은 경전을 다반(茶飯)으로 여기고 명의(名義)를 고기처럼 여겼는데, 지금 사람들은 예의를 버리고 이욕(利欲)을 멋대로 부려 우리 도(道)는 외로워지고 이단(異端)은 날로 성해지는 것이 날이 갈수록 심해져 마치 불이 타오르는 듯 물이 범람하는 듯하다. 내 눈으로 독서하는 선비와 행실을 닦는 사람을 오랫동안 보지 못하였으니,

어찌 너무 높은 데서만 구하여 그렇겠는가. 또 생각해 보건대, 비록 수준을 낮추어 구하더라도 마치 나무에 올라가 물고기를 구하는 것처럼 찾기 어려우니, 이는 다름이 아니다. 부흥시키고 권면하는 방도가 잘못되었기 때문이니, 내가 매우 부끄럽다."

자신이 펼치고자 하는 국정을 뒷받침할 인재가 태부족하다는 한탄이었다. 정조의 이런 한탄은 20여 일 후인 1월 21일 공석 중이던 우의정을 임명하면서 나타났다. 원래는 좌의정 채제공이 후보자로 정존겸·홍낙성·이복원·유언호를 복상(卜相)했다. 그러자 정조는 충청도 관찰사 박종악을 추가로 포함시켰다. 이를 가복(加卜)이라고 한다. 이런 경우 십중팔구 국왕이 가복한 사람이 정승을 맡게 돼 있었다. 정조는 이날 채제공을 불러 자신이 박종악을 가복한 이유를 말한다.

"질박(質朴)함이 많고 문식(文飾)이 적은 자가 제일이며, 글을 읽은 후라야 정치의 기본체제를 알 것이며, 남을 해치거나 이기려고 하지 않은 뒤라야 영욕과 이욕에 마음이 흔들리거나 빼앗기지 않을 수 있다. 속담에 '지혜 있는 장수가 복 있는 장수만 못하다' 하였으니, 이 또한 격언(格言)이다. 전례로 말하더라도 정승을 뽑을 때에 일찍이 자급(資級)에 구애받지 않고 오직 적격자를 뽑았으니, 반드시 숭록(崇祿-정1품)이나 숭정(崇政-종1품)의 자급에서 뽑을 필요가 없고 비록 자헌(資憲-정2품)이나 정헌(正憲-정2품)의 자급이라도 사람이 적합하면 구애될 필요가 없다. 내 뜻은 충청 감사에게 있다."

우선 박종악이 어떤 인물인지를 알아야 정조의 파격적인 우의정 발탁이 갖는 정확한 의미를 알 수 있다. 박종악(朴宗岳, 1735년 영조 11년~

328

1795년 정조 19년)은 반남 박씨로 1766년(영조 42년) 문과에 급제해 이듬해 사간원 정언이 되고 홍문관에서 경력을 쌓은 다음 1775년(영조 51년) 승지를 거쳐 대사간에 오른다. 1777년(정조 1년) 형 박종덕(朴宗德)이 홍국영의 권세에 맞서다가 파직되자 연좌(連坐)되어 경상도 기장현으로 유배되었다가 오랫동안 기용되지 못했다. 1790년(정조 14년) 도총관에 특임되어 관직에 복귀했고 경기도관찰사로 나갔다가 또 파직되기도 했다. 그뒤 파주목사로 다시 기용된 다음 충청도관찰사로 나가 있다가 이때 우의정에 제수된 것이다. 2년 후 정조의 최측근인 김종수가 정치적 곤경에 처하자 그를 신구(伸救-죄 없음을 밝혀 사람을 구원함)하다가 충주로 귀양 갔으나 곧 풀려나와 중추부 판사가 되고, 진하사(進賀使)로 청나라에 갔다가 이듬해 돌아오는 도중에 평안도 정주(定州)에서 병사하였다.

정조는 채제공에게 정승의 4가지 조건을 이야기했다. 사람이 질박하고 학문을 알아야 하며 남을 이기려고 하지 않아야 하고 복이 있는 사람이어야 한다. 이런 설명과 관계없이 채제공은 이미 정조가 박종악을 뽑아 올린 이유를 알고 있었다. 물론 박종악은 4가지 조건을 두루 갖춘 인물이다. 그러나 그것은 그냥 선비의 조건일 뿐이지 정치의 정점에 있는 정승의 조건일 수는 없다. 실은 1월 2일 경연관 이성보에게 널리 인재를 구한다는 요지의 전교를 한 것도 박종악을 우의정에 제수하려는 준비단계의 일환이었다.

원자(훗날의 순조)를 낳은 수빈 박씨와의 관계

정조의 정비인 효의왕후 김씨는 자식을 낳지 못했다. 이어 홍국영의 여동생 원빈 홍씨가 후궁으로 들어왔지만 일찍 죽었고 정조 4년 화

빈 윤씨를 후궁으로 들였지만 그 역시 딸을 하나 낳았지만 어려서 죽
었고 더 이상 자식을 낳지 못했다. 오히려 윤씨의 나인이었던 의빈 성
씨가 정조의 눈에 들어 1782년(정조 6년) 아들을 낳으니 문효세자였
다. 그러나 문효세자는 5세 때(1786년 정조 10년) 의문의 죽음을 당하
게 된다.

이듬해 왕대비의 재촉으로 노론 집안인 반남 박씨 박준원의 딸을
후궁으로 맞아들였고 수빈 박씨는 3년 후인 1790년(정조 14년) 6월 아
들을 생산한다. 그 아이가 훗날의 순조다. 묘하게도 박종악이 오랫동
안 관직에서 물러나 있다가 정조의 특명에 의해 전격적으로 복귀한
시점이 1790년 5월 27일이다. 직책도 대단히 중요한 무관직인 정2품
도총관이다. 박종악이 수빈 박씨와 가까운 친척은 아니었지만 외척강
화라는 장기적 포석차원에서 이런 결정을 내린 것으로 볼 수 있다. 이
점을 확인시켜주는 것은 나흘 후 다시 특지를 내려 수원부사 김사목
을 전격적으로 이조판서에 임명한 것이다.

김사목(金思穆, 1740년 영조 16년~1829년 순조 29년)은 형조판서를
지낸 김효대의 아들이다. 김효대는 숙종의 계비인 인원왕후 김씨의 친
조카로 외척이라 할 수 있다. 김사목은 인원왕후의 집안인 관계로 과
거가 아닌 음보(蔭補)에 의해 김제군수까지 지냈고 영조 48년(1772년)
문과에 급제해 동부승지를 지냈고 정조 7년 병조참판을 역임했다. 그
리고 이때 수원부사로 있다가 전격 이조판서로 발탁됐다. 이후 김사
목은 정조의 뜻에 부응이라도 하듯 순조 즉위 후 병조와 예조판서를 지
내고 순조 8년(1808년)에는 우의정, 1819년에는 좌의정에까지 올랐다.
이때 그의 나이 80세였다. 그는 당쟁이 난무하는 와중에도 근면·성
실·청렴으로 영조·정조·순조의 총애는 물론이고 조정 신하들로부터
도 존경을 받았다고 한다.

정조가 외가나 할머니(왕대비) 집안 같은 가까운 외척을 다시 불러들일 수 없었던 것은 집권 초 이들 집안을 뿌리 뽑듯 숙청을 해버렸기 때문이었다. 즉 부르려야 부를 만한 인물들이 거의 없었다. 그래서 결국 아들의 외가, 먼 왕실 외척부터 하나둘씩 조정으로 불러들이기 시작한 것이다. 왕위에 오르고 20년이 되어갈 때쯤에야 필요악과도 같은 왕실 외척의 효용에 눈을 뜬 것이라고 할까? 이후 이런 경향은 신하들과의 권력투쟁이 격심해지는 데 비례해 강화돼 간다. 그것을 개혁의 후퇴로 볼 것인지 현실권력의 속성에 대한 때늦은 통찰로 볼 것인지는 보는 사람 각자의 몫이다.

한편 그해 3월 5일 정조는 여러 대신들을 불러 이런저런 이야기를 하던 중 우의정 박종악에게 다음과 같이 말한다.

"경의 집안이 나에게는 은인(恩人)이다. 경이 새로 복상된 뒤로 내가 비록 깊숙한 구중궁궐에 있으나 반발하는 논의도 대략 알고 있다. 복상의 결과가 나오자 사람마다 모두 흡족하게 여기지는 않은 듯하나 경은 모름지기 터럭만큼이라도 동요하지 말고 오직 국사(國事)만을 잘 보살피기를 생각하고, 또한 옛날 어려웠던 시절을 잊지 않는 의리를 생각하라."

조선조에서 반남 박씨의 중흥을 이룬 인물은 태종 때 좌의정을 지낸 박은이다. 그러나 박은은 세종의 장인인 심온을 사사하는 데 깊이 관여했기 때문에 이후 그 후손들은 별다른 혜택을 누리지 못했다. 반남 박씨가 다시 조선의 중앙정치에 등장하는 것은 선조가 의인왕후 박씨와 혼인을 하면서부터다. 그리고 정조 때 수빈 박씨가 왕통을 잇게 될 원자(순조)를 생산하면서 반남 박씨는 조선의 명문가로 떠오르게 된다.

우선 순조의 외할아버지 박준원은 판서에까지 오르고 순조 초 병권을 장악한다. 순조의 외삼촌, 즉 수빈 박씨의 형제들은 화려한 관직 생활을 보낸다. 박종경은 이조·병조·판서를 거쳐 좌참찬에까지 오르고 박종래는 이조·형조·호조 등 5판서 직만 돌아가면서 스무 차례 역임했으며 박종보도 호조판서를 지낸다. 앞서 보았던 박종악도 멀기는 하지만 같은 반남 박씨로 종자 돌림이었다.

혜경궁 홍씨 집안에 대한 정조의 태도 변화

정조 집권 초 멸문지화를 겪는 홍씨 집안

영조 말 세손의 집권을 누구보다 간절히 바란 사람은 세손의 친어머니 혜경궁 홍씨였다. 영조가 하루아침에 세손을 사도세자의 아들이 아니라 효장세자의 아들이라고 선포하는 바람에 법적인 어머니의 지위까지 잃어야 했던 혜경궁 홍씨로서는 아들이 집권하게 되면 이런 문제도 다 해결되고 자기 집안도 크게 번성하리라 기대했다. 다만 작은아버지 홍인한이 도에 지나칠 정도로 정후겸 등과 어울리며 반(反)세손 움직임을 보인 것이 못내 걸릴 뿐이었다. 두 사람은 '삼불필지(三不必知)'로 세손을 압박했던 장본인이다.

두 사람은 정조의 즉위와 함께 유배를 가야 했다. 그리고 7월 사사당한다. 혜경궁 홍씨는 『한중록』에서 유배형에서 사형으로 벌이 더해진 데는 그해 5월 조정에 들어온 김종수의 역할이 컸다고 단정한다.

『한중록』 혜경궁 홍씨가 6권 6책으로 집필한 자전적 회고록으로, 『한중만록(閑中漫錄)』이라고도 불린다.

"병신년(1776년) 5월에 김종수가 들어온 후 홍국영을 꾀어 홍가(홍인한)를 극악한 역적으로 만들려고 몰래 꾸민 일들이 더욱 끔찍하였다."

실제로 김종수는 세손에게 척리배척의 정신을 심어준 장본인이기도 했다. 당시 홍씨는 억울한 마음 이를 데 없었으나 혹시라도 아들 정조에게 부담을 줄까 하여 낯빛도 바꾸지 않으려 애썼다. 그러나 속마음은 타들어가고 있었다.

"지금은 즉위한 지 초년이시고, 국영에 의해 주상의 총명이 막혀 가리셔서 주상이 이런 과한 거동을 하시지만 머지않아 깨달으실 날이 있을 것이다."

홍국영과 김종수 커넥션이 힘을 합쳐 마땅히 가장 큰 권세를 누려야 할 자기 집안을 압박했다고 본 것이다. 공교롭게도 홍국영이나 김종수 모두 혜경궁 홍씨 집안과 친척지간이었다. 멀기는 해도 혜경궁 홍씨와 홍국영은 모두 선조의 딸인 정명공주의 남편 영안위 홍주원의 후손이다. 혜경궁 홍씨의 아버지 홍봉한과 홍국영의 할아버지 홍창한이 8촌이었다. 따라서 홍씨와 홍국영은 11촌간이었다. 김종수의 경우 홍씨의 5촌 고모의 아들이다.

즉위 초 김구주·정이환 등 반대파는 말할 것도 없고 성균관 유생들까지 나서 홍봉한을 극형에 처해야 한다는 상소가 연일 올라왔다. 정조는 어머니 혜경궁 홍씨를 놀라게 할 수 있다며 홍봉한에 대한 사법 처리를 최대한 늦추었다. 정조 1년 6월 19일 홍씨의 오라버니, 즉 정조의 큰외삼촌인 전 참찬 홍낙인이 세상을 떠났다. 정조도 "외숙 중에서 가장 가상히 여긴 인물"이라고 추억했던 인물이다. 그리고 이듬해인 정조 2년(1778년) 2월 9일 홍문관 부교리 남학문이 상소를 올려 홍낙임의 역모 연루설을 지적했다. 이에 정조는 2월 21일 친국을 벌여 홍낙임을 특별히 석방했다. 혜경궁 홍씨의 동생 홍낙임(洪樂任, 1741년 영조 17년~1801년 순조 1년)은 1769년(영조 45년) 문과에 장원으로 급제하여 홍문관에 등용되었다. 그뒤 사간원 정언 등을 거쳐 승지에 오르지만 정조 즉위와 더불어 홍씨 집안이 핍박을 받으면서 어려운 세월을 보내야 했다. 결국 정조가 죽고 순조가 즉위한 지 1년째 되는 1801년 신유박해 때 체포되어 제주도로 유배되었다가 그해 5월 사사된다.

홍낙임이 친국을 받고서야 겨우 풀려났던 정조 2년 12월에는 관직에서 물러나 있던 홍봉한이 죽었다.

혜경궁 홍씨 입장에서 보자면 억장이 무너질 일이었다. 작은아버지 홍인한의 정치적 실수로 인해 가장 큰 권세를 누리고도 남음이 있는

자기 집안이 오히려 멸문(滅門)의 화를 입어야 했던 것이다. 홍씨에게
는 오빠 낙인과 동생 낙신·낙임·낙윤이 있었는데 낙인은 죽고 낙임
은 사실상 죄인이었기 때문에 낙신이 집안을 이끌어갔다. 그러나 낙
신이나 낙윤도 모두 과거에 급제했음에도 불구하고 관직에 나올 엄두
를 못 내고 숨죽여 지내야 했다.

"아버지 3년상을 마치자 3형제는 별같이 흩어졌다."

외할아버지 홍봉한에 대한 뒤늦은 복권

정조는 1784년(정조 8년) 8월 3일 홍봉한의 죄를 풀어 용서하고 시
호(諡號)를 내릴 것을 명한다. 같은 날 김구주에 대해서도 유배지를
섬에서 육지로 옮기는 완화조치를 취했다. 그가 뒤늦게 홍봉한을 '복
권시키는 이유'를 보면 홍봉한에 대한 정조 자신의 집권 초 처분에 문
제가 있었다는 것이 절로 드러난다.

"김구주·정이환 등이 전후로 상소하여 논(論)한 것은 무릇 세 가
지인데, 그중 하나는 모년(某年)의 일이다. 내가 차마 다시 거론하지
못하고 상소에 대한 비답 가운데에서 이미 선대왕(先大王)이 손잡고
한 하교를 되뇌였으니, 다시 더 변명할 필요가 없다. 또 하나는 인삼
(人蔘)에 대한 일인데, 그때 도제거(都提擧)가 상소하여 봉조하를 위
하여 변명하였으니, 그 말도 또한 이미 헛소리였다. 나머지 하나는
사적(私的)으로 만났을 때 이야기한 일인데, 여기서 이러이러 하다
는 말의 줄거리에 대해서도 또한 상소의 비답 가운데에서 상세히 언
급하였다. 어찌 마음먹은 바가 있었겠는가? 실로 다른 뜻은 없었던

것이다. 사석(私席)에서 조용한 때에 마음속에 품고 있던 생각을 죄다 말하지 않은 것이 없었지만, 그것은 너무 지나치게 걱정하는 마음에서 후일을 가상해서 논한 것이다. 아! 이로써 죄인을 삼는다면, 봉조하(홍봉한)가 기꺼이 심복(心服)하겠는가?"

정조는 나아가 홍봉한과 홍인한은 별개로 처리해야 함을 이야기한다.

"심지어 홍인한의 범죄를 가지고 봉조하 집안의 흠집으로 삼고 헐뜯기를 마지않는다면, 역시 그렇지 않은 점도 있다. 착하고 나쁜 것의 구별이 동기(同氣)와는 아무 관계가 없는 것은 예로부터 이미 그러하였다. 비록 지향하는 바에 대해 논의하는 사이에도 왕왕 서로 갈라져서 차이가 생기는 것이 거의 타인(他人)과 같은 것이다."

실은 정조에게 아쉬운 점이 바로 이 대목이다. 그의 이 같은 인식은 집권 초에 정확히 갖고 있어야 했다. 그런데 젊은 나이에 홍국영·김종수 등과 의기투합해 척리를 물리쳐야 한다는 명분에 지나치게 경도돼 홍봉한 집안이나 정순왕대비 집안과 등을 돌린 것은 자신의 중요한 정치적 자산을 스스로 내친 것이나 다름없었다. 집권 초반기의 잦은 반란과 후반기의 힘겨운 권력투쟁을 돌이켜볼 때 섣부른 외척 제거론은 실은 자신의 개혁추진을 위한 중요한 동력의 하나를 스스로 제거한 결과를 가져왔다는 점에서 정조 정치의 한계를 보게 된다. 정조보다 열 살 어릴 때 즉위한 숙종이 어머니의 5촌 아저씨 김석주를 동원해 왕권을 강화했던 것과는 극명한 대조를 이룬다.

곧이어 정조는 홍봉한 집안의 장손인 홍낙인의 아들 홍수영에게 음보로 하여 벼슬을 내렸다. 이에 대한 『한중록』의 기록이 의미심장하다.

"수영을 종손이라 하여 벼슬을 시키시니 성은이 갈수록 지극하시기를 두 손 모아 빌 뿐이었다. 그러나 수영이의 태도가 서먹서먹하여 불안하니 기쁘지가 않았다."

정조는 홍씨 집안의 마음을 전혀 얻지 못하고 있었던 것이다.

김종수에 대한 혜경궁 홍씨의 저주 섞인 고발

앞서 본 대로 김종수는 혜경궁 홍씨의 5촌 고모의 아들이다. 자신과는 6촌이었다. 흥미로운 것은 홍씨가 자기 집안의 멸문과 관련해 홍국영보다 김종수를 더 증오하고 있다는 사실이다.

"실은 죄를 10가지로 나누어 의논하면 국영의 죄악은 3, 4가지이고 종수의 죄악은 6, 7가지였다."

혜경궁 홍씨는 이 점을 누누이 정조에게 말했고 정조는 그때마다 "알고 있습니다"고 할 뿐 별다른 조치를 취하지는 않았다. 홍씨가 홍국영에 대해 "국영이는 처음에 사사로운 원한으로 거짓을 꾸며 사람을 함정에 빠뜨리고 걸핏하면 역적으로 몰아 죽였다. 이것이 선왕(정조)의 성덕에 누가 되게 하였으니 이 죄가 하나이다"고 인식하고 있었던 점을 감안할 때 김종수에 대한 부정적 시각이 어느 정도였는지를 쉽게 짐작할 수 있다.

여기서 굳이 정조가 채제공 못지않게 총애했던 김종수에 대한 혜경궁 홍씨의 '비방'을 상세하게 살펴보려는 것은 정조의 인사(人事)에 혹시라도 중대한 결함이 있지 않았는가 하는 본질적인 의구심 때문이다.

338

"종수가 스스로 '명론(名論-홍봉한 배척을 명분으로 내건 노론의 청류 명류론)을 하노라' 하였지만 처음에는 후겸이를 따라 벼슬을 꾀하였다."

"저(종수)는 본디 이익을 보면 달려드는 버릇이 있었다. 종수는 후겸이에게 붙으려고 하였지만 후겸이가 받아들이지 않자 분을 못 이겨 이를 갈고 있었다. 그래서 국영이를 붙들어 국영이의 교활하고 악한 짓을 돕지 않은 것이 없었다."

"종수는 병신년(1776년) 초부터 국영이와 일을 했고, 이 일이란 국영이를 꾀어 제가 싫어하는 무죄한 사람을 죽인 것이다. 그 죄는 국영이보다 더하다."

"종수 제가 일생 동안 나라에 직언 한 번 한 일이 없고, 그른 일을 바르게 한 적도 없다. 한다고 하는 것이 '홍가(洪家) 치기'와 '옥사(獄事) 내는 일'에만 힘을 다해 달려들었다. 만고에 이런 사갈(蛇蝎-뱀과 전갈) 같은 독물이 또 어디 있겠는가?"

군이 김종수에 대해 이렇게 자세하게 '고발하는' 이유에 대해 혜경궁 홍씨는 "세상이 국영의 일은 거의 다 알지만 종수의 일은 오히려 모른다. 국영은 헛껍데기요, 종수는 실로 골자"이기 때문이라고 밝힌다.

왕실 외척에 대한 태도를 바꾸다

정확한 시기를 밝히지 않았지만 혜경궁 홍씨는 『한중록』에서 "국영이가 없어지고 선왕이 예전 일을 점점 후회하시며 외숙들을 돌아보고 기대하는 뜻이 해가 지날수록 더하여 심지어 숙제(叔弟-홍낙임)는 문장필한(文章筆翰-문장이나 글씨로 이름이 난 사람)으로 세상에 쓰이지 못함을 더욱 아깝게 여겼다"고 밝히고 있다. 정조는 홍씨 집안에 대해서뿐만 아니라 훗날 자신의 처가(수빈 박씨 집안)와 아들의 처가(김조순의 안동 김씨)에 대해서도 극히 호의적인 태도를 보인다. 의리탕평책에 바탕을 둔 우현좌척(右賢左戚), 즉 현자를 가까이 하고 척리를 멀리하겠다는 집권 초의 구상이 바뀌어가고 있음을 의미했다.

유봉학 교수는 이를 다음과 같이 정리했다.

"결국 정조는 자신의 24년 정국운영을 실패한 것으로 자인하였다. 할아버지 영조의 탕평정치가 척족의 발호를 초래하였기에, 그 한계를 의식하며 그를 극복하려 표방하였던 의리탕평과 우현좌척의 원칙을 스스로 부인하기에 이른 것이다. 거대한 사림세력에 둘러싸여 고단한 위치에 있었던 국왕은 왕권 강화를 위해 탕평을 추진하면서 언제나 측근세력을 키우고자 하였다. 그러나 측근에게 실망하게 되면서 정조의 탕평정치도 영조 대 탕평정치의 귀결이 그러하였듯이 결국은 외척의 중용이라는 수순을 밟아가고 있었다. 외척 세도정치는 왕권강화를 지향하였던 영정조 대 탕평정치의 한계가 노출된 결과이자 필연적 귀결이었다."

탕평정국을 깨버린 영남 만인소

큰 일은 사소한 데서 시작된다

정조 16년은 조정에 약간의 소란이 있기는 했지만 외형적으로는 비교적 별탈없이 흘러가고 있었다. 4월 18일 사간원 정언 유성한이 경연에 더욱 열심히 임할 것을 청하는 상소를 올렸을 때만 해도 그것이 정국을 완전히 뒤집어 엎게 될 사건의 단초라고는 누구도 생각지 못했을 것이다. 문제는 상소의 뒷부분에 정조를 비방하는 풍문들이 있다는 것을 덧붙인 데서 시작됐다.

열흘이 지난 4월 29일 사간원에서 상소를 올려 유성한의 처벌을 주청했다. 그러나 정조는 그리 크게 문제 삼을 일이 아니라며 받아들이지 않았다. 같은 날 대사간 홍인호가 유성한 처벌을 주청하자 오히려 홍인호를 파직시켜버렸다. 4월 30일에는 좌의정 채제공도 상소를 올려 유성한 처벌을 주청했다. 한마디로 '은밀하게 임금을 범하려 했다'

는 것이었다. 이해할 수 없는 것은 별다른 내용도 없어 보이는 상소 하나를 놓고 한 달 가까이 조정이 발칵 뒤집어질 만큼 큰 소란을 빚었다는 사실이다.

얼마 후 윤4월 초가 되면 어느새 유성한의 이름 앞에 '역적(逆賊)' 자가 붙어 있다. 그리고 정조도 처음에 유성한의 상소를 받고서 '근래에 이런 글은 없었다'고 칭찬했던 대목은 기록하지 말 것을 명했다. 정조는 정확한 물증도 없이 글의 막연한 맥락으로 처벌하는 것은 있을 수 없는 일이라고 맞서고 있었다.

"홍인한·정후겸 등 여러 역적이 내가 정사를 보는 일을 가지고 나를 핍박하였을 때도 나는 오히려 한마디도 가타부타 말하지 않았다가 그들의 자취와 정상을 알아낸 뒤에 이르러 내가 부득이하여 처결하였다."

이에 우의정 박종악은 유생들의 말에 따르면 유성한이 집에서 흉악한 말을 거침없이 해댔다고 하니 문초를 하는 것이 좋겠다고 하자 정조는 윤허하지 않았다. 어느새 사건이 눈덩이처럼 커지고 있었다.

윤4월 10일 대사간 임시철이 "김이소가 유성한과 사적인 편지를 주고받은 정황이 있다"며 거듭 유성한의 처벌을 청하다가 오히려 자신이 파직 당했다. 김이소는 정조의 총애를 받던 인물로 이때 이조판서였다. 같은 날 홍문관 부수찬 최현중은 "지방수령으로 나갔다가 상소 파문으로 삭직된 유성한의 후임으로 사간원 정언에 임명된 윤구종이 의도적으로 유성한 탄핵을 피하고 있다"며 같은 무리이니 처벌할 것을 주청했다. 그러면서 윤구종은 경종의 원비인 단의왕후 심씨의 능인 혜릉(惠陵)을 지나가면서 말에서 내리지 않는 잘못도 저지른 적이 있는 인물이라고 덧붙였다. 뜻밖에 정조는 윤구종이 정말 그랬다면 죽음을 면할 수 없는 죄를 저지른 것이라며 윤구종에 대해서만 엄히 심문할 것을 명한다.

윤4월 14일 윤구종을 조사하던 의금부 판사 홍억 등이 급히 면대를 청했다. 이에 정조는 전현직 대신들과 각신, 3사의 신하들을 모이도록 했다. 홍억의 보고는 충격적이었다. 윤구종이 "내가 전날 공초에서 신하로서의 절개를 지킬 마음이 없었다〔無臣節〕고 한 것은 바로 내가 의릉(懿陵-경종과 선의왕후 어씨의 능)에 신하 노릇을 하지 않으려는 마음이 있다는 것이다"고 둘러댔다는 것이었다. 여기에는 약간의 설명이 필요하다. 의금부에서는 정조가 경종에 대해 신하로서의 절개를 지킬 마음이 없었다고 윤구종이 말한 것으로 몰아세우자 윤구종은 이런 식으로 변명을 했다는 것이다. 정조의 눈치를 본 것이다. 그러나 정조로서는 어느 쪽이건 용납하기 힘든 말이었다. 사실 이때 윤구종은 정신이 오락가락하고 있었다.

"이게 무슨 흉악한 말인가. 이게 무슨 흉악한 말인가. 천지간의 사람으로서 어찌 이처럼 극악한 역적이 있단 말인가. 더없이 존엄한 곳에 대해 함부로 말하고, 심지어 임금을 욕하는 말까지 하였으니, 이 흉악한 말을 들음에 내 마음의 분함이 어떠하겠는가. 하늘이 낸 선왕(先王)의 효성과 우애는 동방에 사는 자로서 누군들 흠앙하지 않겠는가. 그런데 그가 어찌 감히 이토록 흉악한 말을 하는가. 하늘에 계신 선왕의 영혼이 밝게 내려다보신다면 놀라움과 통분함이 어떠하겠는가."

그런데 윤구종은 형벌을 받던 중 죽어버렸다. 일이 이상하게 돌아가고 있었다. 당시 맥락은 윤4월 17일 채제공이 올린 두 번째 상소에서 비교적 명확하게 드러난다. 채제공은 은근히 정조의 아픈 곳을 건드리면서 동시에 남인을 슬쩍 선동하고 있었다. 남인의 경우 사도세자가 억울하게 죽었다는 정조의 생각을 절대적으로 지지하는 당파였다.

"금일 조정 신하들은 어쩌면 그리도 의리에 어둡습니까. 대저 경묘(景廟-경종)는 4년간 왕위에 올랐던 임금이고, 선세자(先世子-사도세자)는 14년간 정사를 보던 왕세자였습니다. 우리 동방에 사는 사람의 할아버지나 아버지가 누가 경종의 조정에 신하 노릇을 하지 않았겠으며 낮은 사람이나 높은 사람을 막론하고 누가 선세자 앞에서 북면(北面)을 하고 섬기지 않았겠습니까.

불행하게도 사대부들 사이에 문호(門戶)가 갈라져 자기에게 이롭게 하기를 국가 호위하는 것보다 먼저하고 당파 비호하기를 임금 높이는 것보다 중히 여깁니다. 그리하여 경종에 있어서는 윤구종과 같은 극악한 역적이 감히 신하 노릇을 하지 않겠다는 말을 멋대로 하였고, 선세자에 있어서는 유성한과 같은 흉악한 역적이 목이 메는 것으로 인하여 식사를 폐지할 수 없다는 등의 말로 은근히 위(정조)를 핍박하였습니다. 아, 마음은 하나뿐입니다. 한 사람의 마음으로 저에게 충성하고 여기에 역심(逆心)을 품는다는 것은 천하에 이런 일이 없습니다. 경종에게 신하 노릇을 하지 않는 자가 어찌 선대왕(先大王)에게 충성할 리가 있겠으며, 선세자를 무함하는 자가 어찌 우리 전하를 사랑하고 받들 리가 있겠습니까. 구종과 성한이 역적질한 조건은 비록 다르지만 그 마음은 한 꿰미에 꿰어놓은 것 같으니, 국가가 역적을 다스리는 법에 있어서 하나는 엄하게 하고 하나는 느슨하게 할 수 없는 것이 명백합니다.

우리 전하께서는 지극히 인자하여 생명 아끼는 것을 우선으로 하시므로 스스로 천벌에 저촉된 흉악한 무리들을 비록 부득불 법에 따라 처벌하였으나 처리하는 과정은 끝내 고식지계(姑息之計)에 가까웠습니다. 비록 유사 이래 없었던 흉악한 역적인 김하재와 같은 자도 아직까지 그들의 소굴과 근거지를 타파하지 않아서 구종과 성한 같은 무리가 잇달아 생겨나게 되었습니다. 구종과 성한은 비록 올빼미나 악한 짐승과 같은 심보를 지니고 있지만 그들은 본래 미천하고 한미한 무리일 뿐이니, 참으로 그들의 소굴과 근거지에서 익숙히 보고 들은 것이 아니라면 어찌 감히 믿는 구석이 있는 것처럼 독살스럽게 지극히 흉악한 말을 이처럼 기탄없이 멋대로 하겠습니까. 근일 이래로 조정의 신하들이 같은 목소리로 성토하는 것은 모두 구종의 역적질에 있고 성한에 대해서는 마치 잊어버린 것처럼 하니, 신은 모르겠습니다만 선세자의 역적이 경종의 역적에 미치지 못하여 그런 것입니까? 구종을 과형(剮刑)이나 책형(磔刑)으로 처벌하기도 전에 갑자기 지레 죽었다고 보고하니, 천지(天地)와 신인(神人)의 울분은 천고(千古)에 맺히게 되었고 국문할 수 있는 것은 성한만이 있을 뿐입니다. 만약 처음처럼 하루이틀 늦추어준다면 왕법(王法)은 이로부터 땅을 쓸어낸 듯이 남아 있지 않을 것입니다. 설령 법을 적용하더라도 그들의 소굴과 근거지를 조사하지 않고 예전처럼 고식적으로만 한다면 성한은 비록 주벌을 당하더라도 장차 몇 명의 성한이 아래에서 눈썹을 치켜올리고 기세를 부릴지 모르겠고 의리는 밝혀질 날이 없을 것이니, 어찌 마음이 아프지 않겠습니까. 성한을 잡아다 국문하여 엄히 그들의 소굴을 조사하소서."

채제공으로서도 사도세자의 죽음에 책임이 있는 노론 벽파를 차제에 붕괴시키려 했는지 모른다. 정조는 여전히 영조와 사도세자, 노론과 남인 사이에서 갈등하고 있었다. 원래 사도세자와는 아무런 관련도 없이 시작된 유성한의 상소 한 장이 여기까지 흘러온 것이었다. 이후에도 열흘 가까이 유성한 처벌을 강력하게 청하는 상소가 올라오고 있던 중에 충격적인 사건이 발생한다.

영남 유생 이우에 의해 시작된 만인소

윤4월 27일 영남 유생 이우가 10,057명의 이름으로 된 상소를 올렸다. 영남 만인소(萬人疏)로 불리는 그것이다. 만인소의 골자는 다음과 같았다. 예전에도 그랬지만 유생이 올리는 상소는 목숨을 건 것이기 때문에 에둘러 말하는 것이 없이 모든 것이 직설적이었다. 그 상소는 이렇게 시작했다.

"아, 신들은 한 폭의 의리를 마음속에 간직하고 있는 지 이미 30여 년이 되었으나 사람을 대했을 때에는 감히 입을 열지 못하고 가슴을 치면서 다만 죽고 싶을 뿐이었습니다. 매번 『시경』을 읽을 때마다 '한없이 멀고 푸른 하늘아 이렇게 만든 사람 누구이던가'라고 한 곳에 이르러서는 책을 덮고 탄식하지 않은 적이 없었습니다."

'30년 전'이라는 대목에서 정조는 가슴이 철렁 내려앉았을 것이다. 아버지 사도세자가 '억울한 죽음'을 당한 게 정확히 30년 전이었기 때문이다.

"근일 한양에서 온 자를 통해 비로소 유성한이 겉으로는 임금으로

하여금 경계하게 한다는 이름에 핑계대고 속으로는 부도한 마음을 이루려고 전하 앞에 상소를 올렸다는 말을 들었습니다. 아, 신들이 여러 가지로 조심하여 비록 감히 사람들을 대해 입을 열지 못하였으나, 나름대로 생각하건대 전하가 신들에게는 군부(君父)이니, 어느 일을 숨기며 어느 말을 다하지 못하겠습니까. 더구나 의리란 천하의 공변된 물건이니, 비록 백대가 되더라도 공의(公議)를 기다릴 것입니다. 지금 성명(聖明)께서 위에 있으면서 모든 이치를 다 조명하고 있는데, 신들이 끝내 위에 한 번도 아뢰지 않는다면 어찌 신들의 평생의 한이 되지 않겠습니까. 이에 감히 발을 싸매고 문경 새재를 넘어 피를 쏟는 듯한 정성으로 대궐문에 부르짖으니, 우리 성상의 마음을 슬프게 하는 것이 천만 죽을죄가 되는 것을 모르는 바는 아니지만 사소한 행실을 삼가는 것은 오히려 작은 일에 속하는 것이고 큰 의리는 다른 것을 돌아볼 겨를이 없습니다. 오직 전하께서는 굽어 용서하고 살펴주소서."

여기까지는 서론이다. 이제 본론으로 들어간다.

"대저 무인년(1758년 영조 34년)과 기묘년(1759년 영조 35년) 이후 5년 동안에 그들은 재주를 부리지 않은 바가 없고 수단을 시험하지 않은 바가 없었으니, 서로 체결하고 결탁한 자로는 강충(江充)과 같은 자가 몇십 명이나 되는지 모르겠습니다. 심지어는 상소로 세자를 욕하는 자도 있었고 급서(急書)로 고자질하는 자도 있었으니 이에 끌고 따르며 호응하였습니다. 그래서 세자의 기후가 혹 수심에 차고 우울할 때가 있으면, 이에 도리어 이것을 가지고 또 이야깃거리로 삼아 안팎에서 서로 선동하고 더욱 교묘하게 참언을 투입하여 원근(遠

近)을 현혹시키고 더욱 시급히 소문을 퍼뜨려 끝내는 차마 말할 수 없는 변고를 일으켰습니다. 이것도 부족하여 건도(乾道)가 회복할까 염려하고 전하께서 영명(英明)한 것을 몹시 걱정하여 그들이 이미 사용했던 기술로 다시 이미 숙달된 수단을 시험하여 마침내 을미년(1775년 영조 51년)과 병신년(1776년 영조 52년/정조 즉위년)에 지령 이처럼 뭉친 여러 추악한 자들이 있게 되었던 것이니, 동방에 살고 있는 모든 사람들이 누가 이 무리와 함께 같은 하늘 아래에서 사는 것을 한스럽게 여기지 않는 자가 있겠습니까."

사도세자 살해나 세손 위협 문제와 관련해 정조 자신이 이렇게 말할 수는 없었지만 반드시 누군가가 대변해 주기를 바랐던 바로 그런 인식이었다.

"아, 신들은 곧 영종대왕께서 50년간 길러낸 자들입니다. 생각건대 우리 장헌세자께서 영종의 후사로서 영종의 마음을 전수받고 영종의 명령을 받들어 여러 정치를 대리한 것이 14년간이었으니 신들의 사랑하고 추대하는 마음이 영종을 사랑하고 추대하는 것과 어찌 차등이 있겠습니까. 더구나 영남 사람으로서 세자시강원에서 가까이 모신 자가 그간 많이 있었는데, 돌아와서 말하기를 '세자의 학문이 고명(高明)하여 강론할 때에는 대부분 정미(精微)한 곳에 나아가고 예의바른 용모는 장엄하여 아랫사람을 접할 때에는 은의(恩義)를 곡진히 한다'고 하였으니, 신들이 목을 빼고 목숨을 바치기 원한 것은 세자의 타고난 천성이 진실로 그러했던 것입니다. 영종의 지극히 인자한 성품으로서 종묘를 부탁할 곳이 있는 것을 기뻐하고 국운이 무궁하게 됨을 경사스럽게 여긴 것이 어찌 끝이 있었겠습니까. 그런데 일종의 음흉하고 완악한 무리들이 세자의 가차 없는 사색(辭色)에 남몰래 두려운 마음을 품고 이에 조정의 권력을 잡은 당여로서 비밀리에 국가의 근본을 요동시키려는 계책을 이루고자 하였습니다. 음모를 빚어내는 것은 귀신도 헤아릴 수 없었고 사람을 배치해 둔 것으로 세자의 좌우가 모두 적이 되어 오로지 속이고 과장된 거짓말로 하늘을 속이는 묘방(妙方)으로 삼아, 없는 일을 지적하여 있다고 하면서 흉측한 계책을 부리고 흰 것을 변환시켜 검다고 하여 진실을 모두 변환시켰습니다. 하늘이 비록 높지만 못된 기운이 때로 장애가 되고 태양이 비록 밝지만 무지개가 때로 침범하는 것이니, 이는 하늘도 면할 수 없는 바입니다."

사도세자 사건에 대한 완벽한 재인식이 만인소 안에 있었다. '과연 노론 벽파 사람들은 이 글을 본다면 어떻게 생각하고 앞으로 나를 어떤 식으로 대할 것인가?'

"아, 억세어서 법을 두려워하지 않는 무리들이, 소굴이 이미 깊고 근본이 이미 견고해져서 공공연히 흉악한 말을 멋대로 하기를 마치 아비는 전해 주고 자식은 물려받는 것처럼 하였기 때문에 금일에 이르러 유성한의 상소가 나오게 된 것입니다. 그 상소가 비록 강학(講學)을 권면한 것 같지만 권면하는 곳에서는 모두가 희미하게 헤아릴 수 없는 말이 있고, 비록 임금의 잘못을 진달한 것 같지만 임금의 잘못을 진달하는 곳에서는 모두가 전일의 습관대로 기만하는 것이었습니다. 저 성한은 일개 미천한 부류일 뿐이니 그가 비록 사나운 짐승과 같은 심보를 가졌다 하더라도 진실로 익히 듣고 보아서 예사로운 일로 여기지 않았다면 홀로 어찌 멋대로 흉악한 입을 열고 종족이 침

몰당하는 것을 생각하지 않았겠습니까. 이는 반드시 믿는 바가 있어 그랬을 것입니다."

17년 재위 기간 동안 정조가 누구에게도 맘껏 해보지 못한 이야기들이 이어진다.

"성상께서 즉위함에 미쳐서는 해가 중천에 떠 있는 것과 같았으니, 온 나라가 바라는 바는 오직 삼가 천벌을 시행하고 흉악한 무리들을 과감히 없애버려 의리를 밝히는 데 있었는데, 어찌하여 17년 동안 조정에 있는 신하 중 건의하여 세자의 무함을 밝혀 씻어내자고 청한 자가 한 사람도 없었단 말입니까. 비록 전하의 다함이 없는 효성으로서도 또한 통쾌히 여러 역적들의 형을 바루지 않았으니, 대성인(大聖人)이 생각한 바를 벼룩이나 이처럼 보잘것없고 어리석은 자가 헤아릴 바는 아니지만, 초가집 밑에서 마음속으로 탄식한 것이 없지 않았습니다. 근일 비로소 두 노신이 연명하여 상소한 데에 대한 비답을 삼가 보았는데, 비답에 '지난번 등극(登極)하였을 초기에 차례차례 대대적으로 처벌을 시행하여 요행히 이미 죽은 흉악한 자들을 제외하고는 일찍이 그 형벌을 용서하지 않았고, 가까운 친척이라 하여 팔의(八議)의 규정에 적용시키지 않았다'고 하였습니다. 신들이 읽어본 이후에 비로소 전하께서 옛 역적을 제거하는 의리에 엄격하지 않은 적이 없었고 또 천하의 대법을 전하고 인륜을 만대에 수립하는 데에 열중하지 않은 적이 없었음을 알았습니다. 아, 훌륭합니다. 신들과 같이 우물 안에 앉아 있는 자들이 어찌 능히 하늘의 광대함을 알겠습니까. 그러나 신들은 나름대로 전하의 이 조치가 지극히 아름답기는 하지만 지극히 잘 되지는 않았다고 생각합니다.

350

신들도 이 말이 한 번 나오면 유성한의 무리들이 우리를 역적으로 몰아낼 것을 잘 알고 있습니다. 그러나 충신이 되는지 역적이 되는지는 전하께서 반드시 통찰할 것이고, 후세에 역사의 붓을 잡은 자도 반드시 판단하는 것이 있을 터이니, 신들이 또 무엇을 두려워하겠습니까. 오직 전하께서 특별히 유의하여 선세자의 무함당하심이 참소하는 역적에게서 연유했음을 명백히 변명하여 팔도에 알리고, 허다한 역적에게 미처 시행하지 못한 형벌을 바로잡아 윤리와 강상을 굳건히 바로세우며, 유성한과 같이 지극히 흉악한 자는 그의 소굴과 근거를 심문하여 화(禍)의 근본을 근절하면 종묘사직에 어찌 매우 다행스럽지 않겠으며 신민(臣民)들에게도 어찌 매우 다행스럽지 않겠습니까.

　아, 전하께서 선세자(사도세자)의 역적을 다스리는 것은 천지가 허여한 바이고 신명도 살펴보는 바이니, 마땅히 그 죄를 명시하고 명백히 그 죽임을 가하여 온 나라 사람들이 모두 아무개는 어느 해의 극악한 역적으로 극형을 당하였고 아무개는 어느 해의 수종자로 그 다음의 형벌을 받았다는 것을 알게 한 뒤라야 의리가 세상에 크게 밝아질 수 있고 형정(刑政)이 후세에 법이 될 수 있을 것입니다. 지금은 그러하지 않아 전하의 마음은 비록 어느 해의 역적을 다스린 것이라고 하지만 죽은 자도 자기의 죽음이 어느 해의 죄로 연유한 것인지 모르는데 더구나 조정에 있는 신하가 어떻게 알겠으며, 또 더구나 먼 지방에 사는 신들과 같은 자가 더욱 어떻게 알겠습니까. 전하께서는 의리를 밝혔다 하지만 사람들은 밝혔다 여기지 않고 전하께서는 형정을 거행했다 하지만 사람들은 거행했다 여기지 않으니, 어찌 애석한 일이 아니겠습니까. 사람들이 혹 말하기를 '전하께서는 선조(先朝) 때에 있었던 일이기 때문에 감히 선세자의 역적을 토죄(討罪)한다고 드러내놓고 말하지 못한다'고 합니다. 신들은 죽을죄를 무릅쓰고 매우 그렇지 않다고 생각합니다. 삼가 듣건대 선대왕(영조)께서도 모년(某年-임오년) 뒤에는 즉시 뉘우치면서 매번 그때에 당나라 때 태자를 지키기 위해 자기 배를 갈랐던 안금장(安金藏)과 같은 자가 한 사람도 없었던 것을 눈물을 흘리며 탄식하였고, 선대왕의 안색에 수심이 가득하여 오래도록 말을 하지 못했다고 합니다. 또 삼가 듣건대, 전하를 앞으로 나오게 하고 전교하기를 '너의 원수는 김상로(金尙魯)이다' 하였다고 하니, 이로 말하면 선대왕께서 그때의 간신(諫臣)을 추후 생각하고 당시의 참소한 역적을 몹시 미워한 것이 이와 같았습니다. 전하께서 비록 모년의 의리를 천지에 세워 법을 범한 여러 흉적들을 법대로 다스린다 하더라도 이는 실로 선대왕의 본심(本心)을 받드는 것이 되지 어찌 선대왕의 지극히 자애로운 덕에 손상이 되겠습니까. 오직 전하께서 처치한 것이 은밀하여 알기 어렵기 때문에 흉악한 무리의 잔당이 오히려 흉악을 멋대로 부려 선세자를 무함하는 사람이 있으면 도리어 충신이라 하고 선세자를 옹호하는 자가 있으면 곧바로 역신(逆臣)이라고 하였습니다. 그러므로 충신과 지사(志士)들은 말하려고 하다가 즉시 입을 다물고 눈물을 흘리려고 하다가 즉시 자제하였으니, 이는 다름이 아니라 의리가 밝혀지지 않은 까닭입니다. 『춘추(春秋)』의 의리는 어버이를 위하여 휘(諱)하고 높은 이를 위하여 휘하니, 높은 이와 어버이에게는 설령 휘할 수 없는 일이 있더라도 오히려 휘하는데, 더구나 무함하는 말로 기필코 세상에 드러내려고 한 자는 『춘추』의 의리로 논한다면 사람마다 죽일 수 있는 대상이 되지 않겠습니까.

대저 근년 이래로 법망이 매우 소활하여 비록 극악한 역적과 대단히 악한 자라도 전하께서는 혹시 다른 사람들까지 체포할까 염려하여 서둘러서 그 사람만 처벌하고 말았습니다. 비록 김하재와 같이 군신(君臣)이 있은 이래로 일찍이 없었던 흉악한 자라 하더라도 한 번도 그 도당을 신문하지 않고 끝내 법을 적용하여 마치 입을 막아버리고야 만 것처럼 하였으므로 인심은 징계하거나 두려워할 줄 모르고 국가의 기강은 날로 무너져 지금은 수습하지 못할 지경에 이르렀습니다. 순임금은 대성인(大聖人)으로서 삼간 것은 오직 형벌뿐이었는데도 오히려 '호종(怙終)의 경우는 처벌한다'고 하였으니, 호(怙)란 믿는 데가 있는 것이고 종(終)이란 두 번째 범법한 것입니다. 지금이 유성한의 무리가 소굴을 의지한 것은 믿는 데가 있는 것이요, 무인·기묘년의 일이 있었는데도 그치지 않아 을미·병신년의 역적이 있었고, 을미·병신년의 일에서 그치지 않아 김하재와 같은 역적이 있었으며, 김하재와 같은 역적에서 그치지 않아 이율(李瑮)·구선복(具善復)이 있었고, 이율과 선복에서 그치지 않아 이에 유성한이 있었으니, 이는 다만 두 번째 범하는 것이라고만 말할 수 없습니다. 만약 순임금이 다스린다 하더라도 용서하지 않을 것이 명백합니다. 그런데 전하께서는 방치해 둔 채 신문하지 않았으므로 대신과 3사(三司)가 법에 의해 간쟁하고 논란하였으나 윤허를 내리지 않았고 노신과 성균관 유생들이 상소하여 논단하여도 한결같이 윤허를 아끼고 있습니다. 걸핏하면 순임금의 마음을 법받는다는 전하로서 형벌을 쓰는 데 이르러서는 어쩌면 이토록 같지 않단 말입니까. 실로 평일 전하에게 바라던 바가 아닙니다. 비록 그러나 신들이 산을 넘고 물을 건너 천릿길을 와서 서로 거느리고 울부짖으며 호소하는 것은, 다만 하나의 유성한 때문이 아니고 실은 유성한의 소굴과 근거가 염려되기 때문이며, 단지 소굴과 근거가 염려되기 때문만이 아니고 세자의 무함이 지금까지 해명되지 않음이 통한스럽기 때문입니다. 더구나

전하께서 영남을 돌보아주신 것이 저처럼 절실하고 영남을 예로 대
우함이 저처럼 지극하니, 영남의 진신(搢紳-사대부)과 유생들은 모
두가 전하를 위하여 목숨을 바쳐 보답하겠다는 뜻을 가지고 있습니
다. 만약 목숨을 바쳐 보답하려고 한다면 선세자를 위하여 무함을 변
명하는 것이 단연코 제일의 의리이니, 신들이 어찌 차마 자신과 집안
을 생각하여 몇십 년 동안 맺힌 회포를 한 번 죽을 각오로 곧바로 진
달하지 않겠습니까."

정말 이대로라면 노론과 함께 정치를 해나간다는 것은 더 이상 있
을 수 없었다. 아니, 그동안 이런 인식을 갖고서도 힘에서 밀린다는
이유로, 아니 핑계로 노론과의 정면대결을 피해온 자신이야말로 비명
에 간 아버지에게 큰 죄인이라는 생각이 밀려들었을 것이다. 조정에
큰 폭탄이 떨어진 형국이었다.

만인소에 대한 정조의 대응
만인소를 받아본 정조가 이날 승지 임제원을 불러 소두(疏頭-주동
자)가 누구인지를 묻자 임제원은 영남 유생 이우라고 답한다. 그리고
홍문관원을 지낸 고 이완의 사촌동생이자 교관을 지낸 이광정의 아들
이라고 답했다. 일단 정조는 임제원을 시켜 유생들에게 다음과 같이
유시하도록 명했다.

"이미 글로 형용할 수 없으므로 이지영(李祉永)의 상소에 비록 비
답을 내리지 않았으나 너희들이 천리 먼 길을 왔기 때문에 전(殿)에
임하여 불러 보는 것이니, 소두는 전에 올라와 읽어 아뢰도록 하라."

그리고 어느 정도 명망 있는 집안의 후손 대여섯 명도 함께 들어오라고 했다. 이에 몇 명이 따라 들어오자 정조는 각자 자신의 집안 소개를 하도록 시켰다. 먼저 유학(幼學) 이경유(李敬裕)가 나섰다.

"신은 고(故) 이조판서 봉조하 이관징(李觀徵)의 5대손이고 고 참판 이옥(李沃)의 현손(玄孫)이며 고 수찬 이만유(李萬維)의 증손입니다."

이런 식의 인사가 끝나자 정조는 이우에게 위에서 본 장문의 만인소를 직접 읽도록 명했다. 이우가 상소를 다 읽자 정조는 마음을 억제하느라 목이 메어 소리를 내지 못하여 말을 하려다가 말하지 못하였다. 이러기를 여러 차례 반복하고 한동안 침묵이 흘렀다. 다시 뭔가를 말하다가 중단하고 슬픔을 삼킨 후 한마디 한마디 이어가기 시작했다. 만인소에 대한 정조의 답변이자 17년 통치에 대한 정조 자신의 가감 없는 회고라는 점에서 이 또한 다소 길지만 전문을 꼼꼼히 읽는 것이 통치자 정조를 정확히 아는 데 도움을 준다.

"차마 문자로 기록할 수 없기 때문에 대면하여 말하려고 하였으나, 또한 어찌 차마 너희들의 상소를 들을 수 있겠는가. 그러나 너희들이 천릿길을 발을 싸매고 올라왔고 1만여 명이 연명(聯名)하였으며 또 막중한 일이니, 내가 어찌 한 번 보는 것을 어렵게 여겨 한마디 말을 내리지 않겠는가. 만약 한마디 말도 없다면 너희들이 억울해 할 뿐만 아니라 영남의 몇만 명의 인사(人士)들이 달려든다 해도 장차 그 의혹을 풀 수 없을 것이다. 다만 정신이 혼미하여 다 말하기는 어려우니, 그 대략만을 말하겠다. 내가 애통함을 머금고 참아온 지가 이미 30년이 지났고 왕위에 올라 예(禮)를 거행한 지도 20년에 가깝다. 허다한 세월에 어느 날인들 근심을 품지 않은 날이 있겠는가마는, 이미 감히 의리로 명백히 말하지도 못했고 또한 능히 형벌을 통쾌히 실시하지도 못했다. 평일에 독서한 것이 학력(學力)에 바탕이 되었다는 것이 아니라 이 일에 이르러서는 스스로 몸소 실천하고 마음으로 체득한 이치가 조금 있다고 여겨진다. 40년 동안 강구한 것은 바로 이 의리이니, 가령 순임금과 주공(周公)이 이 처지에 놓였다면 어떤 투철한 견해가 있었을지 모르겠으나 나의 식견으로서는 평소 강론하여 결정한 것에서 벗어나지 않는다.

진실로 너희들의 상소 중에 말한 바와 같이 비록 죄로 처벌을 받은 자도 자기 죄가 무엇인지 알지 못한다면 보고 들은 당세의 사람들과 전해 듣는 후세의 사람들이 장차 무엇을 가지고 나의 본심을 알겠는가. 영남은 본래 시례(詩禮)의 고장으로 불려왔고 열조(列朝)에서 돌보고 대우한 것이 다른 도(道)와는 달라, 건국 이래로 큰 의리에 관계된 일이 있을 적에는 참여시키지 않은 적이 없었다. 무신년의 일(영조 초에 일어난 영남 중심의 반란)은 비록 한 도(道)의 수치였으나 이는 또한 의리를 잘못 보아 스스로 역적에 돌아가는 것을 모른 데서 나온 것이다. 그때에도 또한 속이고 선동하는 무리들이 금일보다 심한 자가 있었기 때문에 끝내 온 도를 그르치는 데 이르게 되었다. 너희들의 상소는 의리에서 나왔으니, 비록 차마 세밀하게 분석하지는 못하겠으나 이미 대궐 앞의 작은 자리를 빌려 나왔는데 어찌 한마디 말이 없을 수 있겠는가. 천지가 생긴 이래로부터 군신(君臣)과 부자(父子)의 윤리가 있었으니 나의 사적인 마음 상태로 어찌 한 푼이라도 가리고 막을 마음이 있었겠는가. 그러나 그 일은 지극히 말하기 어렵고 그 말은 감히 말할 수 없는 것이다. 천하의 일에는 경법(經

法)과 권도(權道)가 있으니, 권도[權]라는 한 글자에 대해서 성인(聖人)보다 한 등급이 낮은 자는 비록 통달한 도에 대하여 섣불리 의논할 수 없으나 나는 이 일에 대하여 스스로 헤아려 알맞게 정해둔 것이 있다. 그러나 반드시 다 말하려고 한 즉 또한 감히 하지 못할 바가 있으니, 차라리 천하 후세에 비방을 받을지언정 어찌 감히 다 말할 수 있겠는가.

김상로는 이미 선조(先朝)의 하교가 있었고 문녀(文女)의 죄는 상로와 같았기 때문에 즉위하던 초기에 한 번 처리했던 것이니, 이는 다만 대체(大體)와 의리에서 나왔으며, 그 나머지 여러 역적들은 을미년과 병신년 사이에 스스로 천벌을 범하여 거의 모두 처벌되었다. 비록 홍인한을 처분한 것으로 말하더라도 이미 팔의(八議)의 대상에 들어 있었고 또 그의 '군이 알 필요가 없다[不必知]'는 세 글자는 문득 '있었을지도 모른다[莫須有]'는 등의 근거 없는 말과 같았는데, 끝내 사형을 받은 것은 그 당시의 범죄 때문만이 아니라 홍인한의 죄는 바로 역적 구선복과 같기 때문이었다. 비록 말하고 싶으나 모년(某年) 모월(某月)의 일을 내가 어찌 차마 말하겠는가.

역적 홍계희로 말하면 한 집안의 부자 형제, 남녀노소, 노비의 무리들까지 모두 법에 복주되지 않은 이가 없었던 것은 주벌이 생긴 이후로 없었던 일이니, 이는 한(漢)나라의 삼족(三族)을 멸하는 법과 다를 것이 없다. 옛적 서연에서 일찍이 역적 계희를 지적하여 강충과 같다고 하신 분부가 있었으니, 역적 계희의 죄는 여기에서 알 수 있다. 비록 병신년(정조 즉위년) 가을의 죄악을 가지고 말하더라도 비수를 끼고 다니고 흉물을 파묻은 일이 모두 역적 계희의 집안에서 나왔으니, 이는 천고에 듣지 못했던 바이다. 인한과 계희는 특별히 큰 자들이고 그 나머지 처벌해야 할 만한 자들은 거의 모두 제거하였다.

역적 선복으로 말하면 인한보다 더 심하여 손으로 찢어 죽이고 입으로 그 살점을 씹어 먹는다는 것도 오히려 성에 차지 않는 말에 속한다. 매번 경연에 오를 적마다 심장과 뼈가 모두 떨리니, 어찌 차마 하루라도 그 얼굴을 대하고 싶었겠는가마는, 그가 병권을 손수 쥐고 있고 그 무리들이 많아서 갑자기 처치할 수 없었으므로 다년간 괴로움을 참고 있다가 끝내 사단으로 인하여 법을 적용하였다. 전후 흉악한 역적들을 끝내 성토하고 처벌하지 못한 것은 실로 선조 시대에 있었던 일이라서 말하기 곤란하기 때문이었는데 의리가 이로 인하여 어두워질까 나름대로 염려해 왔다.

병신년 봄의 옥사(獄事)에 대해 사람들이 더러 의심하는데 재한(載翰)의 무리가 극악한 역적이 된 것은 이미 한 번의 상소가 있기 전부터였다. 공공연히 뇌물이 오가고 내시들과 결탁하였으며 더구나 결탁한 자는 바로 효충(效忠)·국래(國來) 등 흉악한 내시들로서 계희·상로 등 여러 역적들이 일찍이 결탁했던 자들이다. 온갖 계책으로 찔러보고 여러모로 부추겨 혹은 감언이설로 달래고 혹은 위협하는 말로 두려움을 조성하였으니, 내가 비록 어린 나이였지만 어찌 이무리들의 음흉한 심보를 알지 못하였겠는가. 장차 선조에게 아뢰어 그들의 간악한 실정을 밝히려고 하면 그들은 또한 감히 나를 폐하고 다른 사람을 세운다는 등의 흉악한 말로 공공연히 욕을 하였으니 그들의 심보를 알기 어렵지 않았다. 대저 복(復)이란 한 글자는 선대왕의 신하로서 감히 말하지 못하는 바였고, 죽인다〔殺〕는 한 글자는 봉조하의 처지로서 제의할 수 있는 것이 아니었다. 설령 대대적으로 처벌을 시행하고 명백하게 말하여 숨기지 않는다면 하늘에 계신 선대왕의 영혼은 비록 저 세상에서라도 기뻐하겠지만 밝게 오르내리는 경모궁의 영혼이 또한 어찌 두려워하고 불안해 하는 마음이 없겠는

358

가. 진실로 이와 같다면 내가 후일에 지하에 가서 절하고 뵈올 면목이 없을 것이다. 어버이 마음으로 자기의 마음을 삼은 즉 그렇게 하지 않을 수 없는 점이 있다. 재한의 무리는 나의 죄인일 뿐만 아니라 바로 경모궁의 죄인이고, 또 경모궁의 죄인일 뿐만 아니라 바로 선대왕의 죄인이다. 병신년의 처분을 어찌 그만둘 수 있었겠는가. 영남지방에서 도현(道顯)이 나타난 것은 또한 처분의 외면에 나타난 대략에 대해서 의심을 하고 이 일의 본뜻은 전혀 몰라서 그랬던 것이다. 대저 정(情)이 있는 곳에 이치도 또한 있는 것이니, 이치에는 정이 없는 이치가 없고 정에는 이치가 없는 정이 없다. 나의 주관은 스스로 정(情)과 이치에 어긋나지 않는다고 여기지만 또한 일마다 정과 이치에 합하는지 어떻게 알겠는가.

근일 유성한의 일에 대해서도 또한 헤아려보았다. 임금이 어찌 사적인 원수가 있겠는가마는 옛적에는 또한 임금의 원수니 국가의 역적이니 하는 말이 있었다. 유성한의 상소 중 학문에 힘쓰라는 조항이 하나같이 인한과 선복처럼 나의 원수가 되는지의 여부를 끝내 확정 짓지 못하였다. 아직 법을 적용하지 않은 것은 이 때문이다.

(자네들에 앞서 먼저 올라온) 이지영의 상소 중 정휘량과 신만에 관한 일은 본 사실을 알지 못한 듯하다. 신광수(申光綏)는 비록 추후로 벌을 적용하였으나 신만은 반드시 그 아들과 같이 악한 짓을 하였다고는 못한다. 만약 당시(사도세자 사건 당시)의 정승이라 하여 용서할 수 없다면 이는 또한 그렇지 않은 것이 있다. 최익남(崔益南)이 다만 김 영부사(金領府事-김치인)만을 논죄한 것과 무엇이 다르겠는가. 정휘량은 역적 나경언을 국문하자고 청한 차자(약식 상소)에서 사람들이 말하지 않는 바를 말하였으니, 또한 그 마음을 알 수 있다. 그리고 신사년(1761년 영조 37년) 가을에 이 사람이 아니었다면 일이

장차 헤아릴 수 없는 지경에 이르렀을 것이다. 나의 본뜻은 원수나 역적을 제외하고는 죽은 뒤에 추후로 논죄하고 싶지 않다. 역적 나경언은 국청을 설치하기 전에 이미 액정서(掖庭署)에서 심문할 때 흉서(凶書)를 얻었으니, 수색해 냈다는 한 조항은 금오랑(金吾郞)과는 무관하다. 삼포(三浦)에서 배를 띄우고 논 것은 바로 김양택과 홍인한 등이 한 짓이었으므로 모두 이미 처벌을 하였다. 지영이 또한 어떻게 그때의 일을 다 알겠는가. 나도 또한 상세히 다 알지 못하는데, 40, 50세 이하의 후생들로서는 알지 못하는 것이 괴상할 것이 없다. 사람들이 이미 감히 말하지도 못하고 또 차마 제기하지도 못하니, 참으로 세월이 점점 멀어질수록 의리가 더욱 어두워져서 백대(百代) 후에 나의 본심을 알지 못할까 염려된다. 그러므로 근일 여러 신하들이 상소로 제기하는 말에 차마 들을 수 없고 감히 말할 수 없는 곳도 하지 말도록 할 수 없는 것은 참으로 만부득이해서 그런 것이다. 혹자는 말하기를 '인한에게 굳이 알 필요가 없다라는 말이 없었고 선복이 만약 먼저 죽었다면 장차 그들의 죄를 바로잡을 수 없었을 것이다' 하니, 이 말이 근사한 듯하나 또한 그렇지 않은 것이 있다. 인한에게 비록 을미년의 범죄가 없더라도 어찌 처분할 방도가 없겠으며, 선복도 또한 어찌 스스로 죽기를 기다렸겠는가.

영남은 바로 국가의 근본이 되는 지역으로서 위급할 때에 믿는 곳이니, 내가 영남에 바라는 것은 다른 도(道)에 비할 바가 아니다. 나의 본뜻이 대략 이와 같으니, 너희들은 모름지기 나의 본뜻을 가지고 돌아가 온 도의 인사(人士)들에게 말해 주는 것이 옳겠다."

한 편의 드라마를 보는 듯하다. 그러나 현실은 드라마가 아니다. 이한 편의 드라마로 인해 30년 동안 철저하게 닫아두었던 판도라의 상자는 마침내 열리고 말았다. 한 치 앞도 볼 수 없는 안개정국이 시작됐다.

만인소 후폭풍

당장 바로 다음날 부사직 윤시동이 글을 올려 윤구종·유한성 등을 의망(추천)한 장본인이 바로 자신이라며 처벌을 달게 받겠다고 대죄했다. 별도의 친분은 없었고 서류상 검토해 보니 별다른 하자가 없어 추천을 했다는 해명도 덧붙였다. 정조는 사직하지 말라고 명한다. 윤시동은 정조가 아끼던 노론 벽파 계통의 신하였다.

마침 5월은 사도세자가 세상을 떠난 때로 정조는 매년 5월이면 경모궁을 참배하며 아버지에 대한 사무치는 그리움에 젖어들곤 했다. 5월 1일 정조는 당초 만인소를 접수하지 못하게 했던 수문장과 당직 승지를 파직시켰고 5월 2일 영남 유생 이우를 의릉 참봉에 제수했다. 그것은 당시 이조참판으로 있던 김희가 정조의 의중을 미리 파악해 올린 일종의 아부였다. 그 때문에 김희는 노론계 식자들로부터 많은 비난을 받아야 했다.

같은 날 병조판서 이병모도 가세했다. 사도세자를 정치적으로 복권시키려는 정조의 기미(機微)를 알아차렸기 때문일까? 이병모는 노론계 인사였다. 그는 집안에서 내려오는 이야기를 토대로 "문녀(文女)가 안에서 도모하고, 홍계희가 밖에서 선동하여 박치원(朴致遠)·윤재겸(尹在謙) 등이 흉서(凶書)·흉계(凶計)를 만들어내고 이현중(李顯重)이 연석에서 아뢰어 한 꿰미에 꿰어놓은 것처럼 했으니, 아, 어찌 차마 말할 수 있겠습니까?"라며 지금이라도 박치원·윤재겸·이현중을 처벌해야 한다고 말했다. 사도세자 사건과 관련해 관련자들의 이름이 이렇게 실명이 거론된 것은 정조 즉위 후 처음 있는 일이었다.

이때부터 유한성을 처벌해야 한다고 올라오는 상소는 유한성과는 별로 상관없는 일종의 충성맹세문으로 바뀌어 있었다. 5월 5일 사직 서유린은 추가로 김양택의 이름을 거론하면서 징토하는 의리를 천명해야 한다고 말했다. 의리(義理)의 이름으로 사도세자를 복권하자는 것이었다. 같은 날 부사직 변득양도 글을 올려 "저들의 소굴을 천토해야 한다"고 역설했다.

조정의 이런 분위기에 힘을 얻어 5월 7일 영남 참봉 이우는 전보다 숫자가 더 늘어난 10,368명의 서명을 받은 두 번째 만인소를 올렸다. 요지는 '선분변후처벌(先分辨後處罰)', 즉 먼저 사리를 분별하여 의리를 밝힌 다음 그에 따라 처분을 해야 한다는 것이었다. 5월 11일 정조는 유성한과 관련된 상소를 더 이상 올리지 말 것을 전교했다. 정조로서는 충분히 '무력시위'를 한 셈이었기 때문에 더 이상 논란이 돼봤자 득이 될 게 없다고 판단한 때문이다. 이어 이우를 비롯해 만인소에 동참했던 몇몇 유생들에게는 적당한 관직을 제공하도록 명한다.

두 차례에 걸친 영남 만인소 사건의 불똥은 엉뚱한 데로 번져간다. 5월 24일 우의정 박종악이 두 차례 사직상소를 올리자 그를 파직해 버린 것이다. 그의 큰아버지 박명원이 사도세자 사건에서 부정적인 역할을 한 것처럼 지목됐기 때문이다. 박종악은 그 점을 상소에서 해명하고 오히려 김종수야말로 이 모든 사건의 배후에 있는 장본인이라고 비난했다. 일종의 물귀신 작전이었다. 그것은 정조에게 선택을 강요하는 것이기도 했다. 이때 김종수는 우의정을 지낸 후 관직에서 물러나 있었다.

"김종수는 천성이 험악하고 처신이 간특하여 뱃속에 가득 찬 것은 모두 사욕뿐이요 발언과 행사가 모두 화심(禍心)뿐인데 자칭 사류(士類)라 하여 마음을 속이고 세상을 속였습니다. 만년에는 역척(逆戚-홍인한·김구주 세력)에게로 돌아가 벼슬을 얻고 잃는 것에 대한 염려만 하였습니다. 홍국영이 정권을 잡자 노예처럼 굽실거리고 파리나 개처럼 아첨하며, 심지어는 그의 형 홍종후(洪鍾厚)에게 권하여 글을 올려 홍국영을 유임시키기를 청하면서 홍국영을 천고의 기남자(奇男子)라고 하였으니, 이런 일은 거간꾼만도 못한 짓인데 어찌 사대부의 소행이라 하겠습니까. 아주 작은 원한으로 반드시 남의 가족을 멸망시키고자 하고 성세(聲勢)를 떨치게 되면 반드시 자기가 위복(威福)을 짓고자 하였습니다. 권세 부리기를 오직 미치지 못할 듯이 하고 같은 무리는 옹호하고 다른 당(黨)은 공격해 부딪치기만 하면 반드시 부수어버립니다. 이는 그에게 있어 오히려 하찮은 일에 속합니다. 오늘날 스스로 도망한 도적을 숨겨주는 숲과 참새를 몰아넣는 숲이 되는 자는 누구입니까. 일찍이 한후익을 심복으로 삼아 한후익이 역적질을 하였고, 지금 윤구종이 신하 노릇을 하지 않는 일은 바로 김종수의 창귀(倀鬼) 노릇을 한 것이며, 유성한의 부도(不道)한 말 역시 종수가 효시가 됩니다. 아, 종수는 춘방(春坊)에 있을 때부터 치우치게 은우(恩遇)를 입어 보필하는 반열에 두었으니 예대(禮待)의 후함과 위임의 두터움이 어떠하였습니까. 그런데 그 역시 사람일 뿐인데 조금이라도 은덕을 갚을 생각은 전혀 하지 않고 단지 채우기 어려운 큰 욕심을 두어 성한과 구종 같은 자를 애지중지하여 길러서 긴밀하게 모의하고 난만(爛漫)하게 관통(關通)하였습니다. 그러니 두 역적은 종수의 괴뢰가 되고, 종수는 두 역적의 두뇌가 되어 죄악이 두 역적보다 더 극심하고 큽니다."

그러나 정조는 김종수의 손을 들어준다. 박종악은 파직하고 김종수에게는 위로의 말을 전했다. 실상은 어떠했는지 알 수 없지만 일단 정조는 박종악이 무고(誣告)를 했다고 판정한 것이다.

사실 영남 만인소 사건은 조정 내에서 노론에게 밀리고 있던 정조가 영남 남인을 끌어안아 자기 세력을 확대하려는 원대한 구상에 따른 것으로 봐야 한다. 정조는 이미 3월 초 규장각의 이만수를 안동으로 보내 도산서원에서 별시를 실시한다. 영조 때 무신난이 있은 후 영남에 대한 중앙조정 최초의 배려였기 때문에 응시자가 7,000여 명에 이르렀다. 이런 분위기 조성에 이어 채제공이 배후에서 여론을 조직해 두 차례의 만인소 사건을 유도해 낸 것이다. 그것은 노론의 분열을 이끌어내기 위한 정조의 노회한 정치술수로 볼 수 있다. 즉 노론 중에서도 사도세자 사건에 비교적 관련성이 적은 그룹들을 자기 세력으로 끌어들이기 위한 고도의 책략이었다.

동시에 이를 계기로 아버지의 문제를 자기 시각에서 보도록 하는 '임오의리'의 공론화를 이뤄낸다면 정조로서는 꽃놀이패였다. 이 점에서 정조는 분명 성공을 거뒀다. 노론·소론·남인 등의 색채가 약화되는 대신 정조의 사도세자 사건인식을 따르는 시파(時派)와 그것을 따를 수 없는 벽파(僻派)로 정치권은 나눠졌다.

그러나 아버지 사도세자 문제를 전면에 내세우면서 정조는 미래에서 과거로 회귀할 수밖에 없었고 공론보다는 사은(私恩)에 치중하면서 명분도 잃어야 했다.

9장

국시(國是)를 바꾸려는 시도

"장헌세자는 억울하게 죽었다"

새로운 도발, 화성 건설 구상

정조의 왕권이 신하들의 세력 관계를 어느 정도나마 자기 뜻에 따라 좌우할 수 있게 된 것은 정조 16년이 그 기점을 이룬다고 할 수 있다. 집권하자마자 10년 가까이 역모와 반란이 이어졌기 때문에 그에 대비하느라 자기 뜻을 제대로 펼 수 없었다. 그리고 정조 12년을 전후해 조금씩 조정이 안정되자 정조는 이슈별로 신하들과 논쟁하고 힘싸움을 벌이며 조금씩 자기 세력을 확대하다가 정조 16년 영남 만인소 사건을 계기로 본격적으로 주도권을 장악했다. 노론 벽파 일부를 제외한 노론·소론·남인이 대거 정조 편에 가담했다. 게다가 10월의 문체반정으로 정조의 정치적 기반은 더욱 튼튼해졌다.

정조 16년(1792년) 겨울 정조는 부친상을 당해 시묘살이를 하고 있던 정약용을 은밀하게 불렀다. 3년 전 한강에 주교(舟橋)를 만들 때 성공적으로 일을 처리한 기억을 떠올려 그에게 화성 신도시 건설이라는 거대한 프로젝트를 맡긴 것이다. 조정에서는 문체반정으로 노론과 남인의 갈등이 한창일 때였다.

정약용이 신도시 설계를 위한 공부에 한창이던 정조 17년 1월 12일 수원 현륭원 행차에 나섰던 정조는 수원 현지에서 수원부의 호칭을 화성(華城)으로 바꾸고 부사(府使)를 유수(留守)로 승격시켰다. 고려의 수도였던 개성부 유수와 같은 격으로 높인 것이다. 그리고 같은 날 초대 유수로 한동안 관직에서 물러나 있던 채제공을 앉혔다. 흥미로운 것은 당시 개성부 유수는 정조가 채제공의 뒤를 이을 남인의 인물로 염두에 두고 있던 이가환이 맡고 있었다.

이가환(李家煥, 1742년 영조 18년~1801년 순조 1년)은 천주교인 이승훈의 외숙이며 학문적 교우로는 정약용·이벽·권철신 등 초기 천주교 신자가 많았다. 1777년(정조 1년) 문과에 급제해 1780년 비인현감이 되었다. 1784년에 생질인 이승훈이 북경에서 돌아오고, 동료학자들이 서학에 관심을 가졌을 때 그는 천주교에 대한 학문상의 관심과 우려를 가지고 이벽과 논쟁을 벌이다가 도리어 설득되어 천주교인이 되었다. 그러나 1791년 신유박해 때 정조의 뜻을 받아들여 교리연구를 중단하고, 광주부윤(廣州府尹)으로서 천주교를 탄압하였고, 그뒤 대사성·개성유수·형조판서를 지냈다. 1795년 주문모 신부 입국사건에 연루되어 충주목사로 좌천되었는데, 그곳에서도 천주교인을 탄압하다가 다른 문제로 파직되었다. 그 뒤 다시 천주교를 연구하여 1801년(순조 1년) 이승훈·권철신 등과 함께 순교하였다. 천문학과 수학에 정통하여 그 자신이 "내가 죽으면 이 나라에 수학의 맥이 끊어지겠다"라고 할 만큼 수학의 대가였다.

노론 신하들은 뭔가 심상치 않은 기운을 느꼈을 것이다. '작년 영남

만인소 이후 한동안 들끓었던 임오년 사건의 재평가 움직임이 다시 시작되는가?'

정국을 뒤흔든 채제공의 상소 한 장

이들의 불안은 4개월쯤 지나서 현실로 나타난다. 정조의 남인 복심(腹心) 채제공이 작심을 한 상소를 올렸기 때문이다. 이때 채제공은 영의정이면서 화성 유수였다.

"대체로 나라가 나라꼴이 될 수 있는 바탕은 오직 의리뿐입니다. 의리가 행해지면 그 나라는 다스려지고 의리가 행해지지 않으면 그 나라는 어지러워집니다. 이는 꼭 식견 있는 사람만이 알 수 있는 것이 아닙니다. 천지간에 사는 모든 사람이 누군들 이와 같은 이치를 모르겠습니까. 아, 오늘날의 국가에 대해서 겉모습만으로 말한다면 성명하신 전하께서 임어해 계시고 사방 팔역이 다 평안하니 다스려진 나라라고 이르는 것이 참으로 타당할 것입니다. 그러나 그 속을 관찰해 본다면 당연히 행해져야 할 의리가 행해지지 않은 지가 그럭저럭 18년이 되었습니다.

신이 기유년(1789년 정조 13년) 현륭원(顯隆園)을 옮길 즈음에 우리 성상께서 입으신 소맷자락에 흐른 눈물이 피로 변하여 점점이 붉게 물든 것을 우러러 보았습니다. 일찍이 옛 글에서 혈루(血淚)라는 두 글자가 있는 줄은 알았지만 그것을 직접 목격하지는 못했었는데 부득이하게 군부의 소맷자락에서 직접 그것을 보았던 것입니다. 아 하늘이여, 이것이 무슨 까닭입니까. 신은 전하께서 제왕의 효성으로 몸소 증자(曾子)·민자(閔子)와 같은 효도를 행하시는 것은 본디 알지만, 진실로 원통함이 하늘에 사무치고 맺힌 한을 펴지 못한 그런 경우가 아니라면 눈에서 흘러내리는 눈물이 어떻게 참으로 피를 이루는 지경에 이르겠습니까. 그런데도 전하께서는 가슴속에 가라앉히고 또 가라앉히고 억제하고 또 억제하여 의리가 크게 천명되지 못하게 하시는 것은 단지 혹시라도 선대왕의 훌륭한 덕에 털끝만큼이라도 관계됨이 있을까 염려하신 때문입니다. 신이 어리석어 죽을죄를 짓사오나, 신은 그렇지 않다고 생각합니다.

선대왕께서 이미 전하를 위해 큰 괴수로서 원수가 되는 자들에 대하여 이름을 들어 말씀하였으니 선대왕께서 확연히 느껴 깨달았음을 이로 미루어 대략 헤아릴 수 있습니다. 선대왕께서 느껴 깨달으심이 이미 이와 같이 정녕하였고 보면 전하께서 속히 천토(天討)를 거행하시어 사도 세자의 무함 입은 것을 깨끗이 씻어내는 일이야말로 비록 성인에게 질정해 보더라도 어찌 의심의 여지가 있겠습니까. 아, 당시 여러 역적들의 참소와 무함 가운데도 세자를 일러 화리(貨利)와 성색(聲色)을 탐한다는 말과 말 달리며 사냥하기나 즐긴다는 말을 만들어낸 경우는 그 죄가 참으로 하늘에 사무친 것입니다. 그런데도 전하께서 이를 선왕조에 속한 일이라 하여 꾹 참고 발설하지 않으신 것은 그런 대로 할 말이 있을 수 있겠습니다. 그러나 신이 수십 년 동안 마음을 썩이고 뼈에 사무치는 아픔으로 마치 살고 싶지 않은 것 같았던 까닭은 바로 여러 역적 무리가 무함하였던 일들은 곧 천고에 차마 말할 수 없는 일이었는데도 아직까지 미처 눈을 부릅뜨고 용기를 내서 그 거짓들을 소상하게 변파하여 천하 만세에 알리지 못한 때문이었습니다.

신이 수원 유수가 되면서부터 한침(漢寢)의 의관(衣冠)을 가까이 모시고 구령(緱嶺)의 생학(笙鶴)을 아련히 바라보면서 우러러 의지하는 나머지에 늘 처연한 생각이 들었습니다. 그리고 일전의 기신(忌辰)에는 신도 제사지내는 반열에 참여하였는데, 촛불이 흔들리고 솔바람이 이는 사이에 절을 하고 꿇어앉았노라니 아련히 떠오르는 선세자의 성음과 모습과 숙연한 탄식이 마치 보는 듯 듣는 듯하였습니다. 신이 이에 눈물을 삼키며 속으로 혼자서 말하기를 '선세자를 직접 섬겼던 이 몸이 늙어서도 아직 죽지 않았으니, 침원(寢園)을 돌볼 사람이 이 몸 밖에 다시 몇 사람이나 있겠는가. 당시의 일을 직접 보아 선세자의 원통함을 환히 알면서도 좌고우면하면서 머뭇거리는 것만을 일삼아 지난 여름에 한 장의 상소를 올린 뒤로는 끝내 다시 속마음을 다 기울여 말씀드리지 못하고 예사롭게 세월만 보내고 있구나. 이는 곧 선대왕의 끝없는 은혜를 저버린 것이요, 우리 전하께서 다시 살려 주신 큰 덕을 저버린 것이며, 또 내 자신의 일편단심을 저버린 것이니, 조석 간에 죽어서 땅에 들어가게 되면 무슨 말을 우리 선대왕에게 아뢰며 무슨 말로 우리 선세자를 위로하겠는가' 하였습니다.

이렇게 생각을 하고는 신이 굳게 결심한 것이 있었으니, 그것은 바로 선세자에 대한 무함이 깨끗이 씻겨져서 징계와 토죄가 크게 시행되기 이전에 신이 만일 다시 관복을 찾아 입고 반열의 한가운데에 선다면 이는 의리를 잊어버리고 부귀를 탐하는 것이라는 것이었습니다. 전하가 신을 영의정에 발탁시킨 뜻이 어찌 신을 부귀하게 해 주려고 그런 것이겠습니까. 그것은 반드시 신으로 하여금 의리로써 마음을 가지고 의리로써 임금을 섬겨 온 세상을 의리의 테두리 안으로 들어가게 하도록 하려고 하신 것입니다. 그렇다면 신이 전하를 섬기는 일 가운데서 이 큰 의리를 버려두고 다시 어디에다 손을 쓰겠습니까."

사도세자 사건에 대한 재평가를 명확하게 요구한 것이다. 정확히 영남 만인소와 같은 맥락이었다. 이어 채제공은 정조에게 처리방향도 제시한다.

"신이 지난 섣달에 용서를 받고 돌아와서 충심을 다하여 상소를 올리고 머리를 짓찧으며 쟁론할 적에 조정에서 방관하는 자들 중에 신을 일러 미치광이요 어리석은 자라고 하지 않은 자가 드물었습니다. 그러나 신의 한결같은 고심은 사직에 대한 깊고 원대한 염려를 하는 것이었고 흉악한 무리들이 넘보지 못하도록 조짐을 막는 것이었습니다. 신이 그제 사관에게 붙여 아뢴 말 중에 '구구하게 가지고 있는 생각〔區區秉執〕'이란 것이 바로 이 두 가지 의리입니다. 왕께서 그것을 행하시기를 신은 날마다 바랄 뿐입니다.

다음으로 요사이의 일을 가지고 본다면 전하께서는 의리의 제방을 아무 어려움도 없이 무너뜨려버리셨습니다. 그리하여 천지간의 극악무도한 자들의 지친과 인척들이 모두 갓의 먼지를 털고 벼슬길에 나와 벼슬아치의 대장을 꽉 메우고 있습니다. 신이 괴이하게 여기는 것은 세력 없는 역적에 대해서는 그 죄가 8, 9촌까지 미치나, 세력 있는 역적에 대해서는 국법에 의해 체포되어 조사받는 당사자 이외에는 비록 3, 4촌이거나 사위이거나 처남이거나 매부로써 평소 친숙하게 지냈던 자들까지도 단지 연루시키지 않을 뿐만 아니라 오히려 행여나 늦을세라 좋은 벼슬을 주기에 급급하고 있습니다. 천하에 역적은 똑같습니다. 그런데 국가가 그들을 징계하는 데에는 마치 그 사이에 차별이 있는 듯하니 그 까닭이 무엇입니까. 이것은 모두가 전하께서 큰 의리의 관건에 대해서 끝내 어렵게 여기는 마음이 있어 국법을 시원스레 시행하려 하시지 않기 때문입니다. 그리하여 일마다 간 곳마

372

다 제방이 날로 허물어져서 이 지경에 이른 것이니, 이는 실로 충신과 지사들이 통곡하며 눈물을 흘릴 일입니다."

『실록』은 정조가 이 상소가 들어오자 경악했다고 쓰고 있다. 그러나 그것은 연기였을 가능성이 크다. 이제 정조는 그것을 실행할 힘까지 갖추고 있었다. 정조의 암묵적 동의 없이 이런 글을 올릴 채제공이 아니다. 물론 정조의 명시적인 지시나 명령은 없었을 것이지만 이미 당시 정조가 그런 방향으로 가리라는 것을 채제공이 정확히 예단하고 결단을 내린 것이었다. 당시 노론 벽파들이 얼마나 경악했는지는 이 상소에 대한 사관의 평에서 알 수 있다. 『정조실록』을 쓴 세력이 바로 순조 초 권력을 장악했던 노론 벽파들이기 때문이다.

"제공이 상이 즉위하던 병신년에 사도세자를 추숭(推崇)하자는 논의를 제창하였다가 김수현(金壽賢)의 옥사에 말이 관련되어 거의 사형을 당하게 되었는데, 홍국영의 비호를 힘입어 죄를 면하였다. 그러고 나서는 비로소 공의에 용납되기 어려운 것을 알고서 숨을 죽이고 감히 다시 말을 꺼내지 않았으나, 그가 흉악한 꾀를 가슴에 품고 국시(國是)를 뒤바꾸려는 책략은 진정 하루도 잊어본 적이 없었다. 그리하여 임자년(1792년 정조 16년) 여름에 영남의 패거리들을 불러 모아 만인소를 꾸며내서 장차 군부를 협박 제어하는 꾀로 삼으려고 하였다. 그러나 상이 연석에 임어하여 분명하게 하유해서 전형(典刑)을 밝게 보이자, 제공이 크게 두려워하여 다시 여러 대신들과 연명 상소를 올려 죄를 스스로 인정하고 맹세의 말까지 하였다. 그러다가 급기야 특별 전지로 화성유수가 되었고, 또 이어 수상으로 부름을 받자, 상의 마음을 넘보며 기세를 돋워 묵은 감정들을 일으켜서 전혀 기탄없이 붓을 휘둘러 자기 속마음을 토로한 것이다."

채제공으로서는 어찌 보면 목숨을 건 결행이었다고 볼 수도 있다. 정조가 정세를 감안해 다른 결정을 할 수도 있기 때문이다. 그러나 그후 정조가 채제공을 대하는 데서도 알 수 있듯이 그렇게 될 가능성은 별로 없었다.

남인 복심 채제공과 노론 복심 김종수의 정면충돌

채제공의 상소가 올라온 지 이틀 후 정조는 좌의정 김종수를 면대했다. 김종수는 신임의리의 확고부동한 신봉자였다. 겉으로는 채제공 상소로 곤경에 처한 김종수를 위로하기 위한 자리였다.

먼저 정조는 채제공의 상소를 보자기에 싸서 돌려보냈으니 너무 괘념치 말라고 김종수를 다독거렸다. 그러나 김종수는 이미 작년에 이문제는 더 이상 언급하지 말라는 주상의 지엄한 명이 있었는데 채제공이 그것을 정면으로 어겼다며 비판했다. 이에 정조는 "영상의 상소는 늙어 정신이 흐린 소치에서 빚어진 것인 듯한데, 무어 꼭 이같이 말할 것이 있겠는가"라며 얼버무리고 넘어가려 했다. 김종수는 면도날 같은 사람이었다.

"지난 2월에 신이 채제공과 득중정(得中亭-화성의 정자)에서 서로 만났습니다. 그때 신이 묻기를 '여러 해 동안 독상(獨相)으로 있으면서 어찌하여 한 마디 말도 없었다가 지난 겨울에 수차(袖箚-임금을 뵙고 직접 바치던 상소)를 올린 것은 무슨 까닭인가?' 하니, 그가 대답하기를 '지난 겨울 3사(三司)의 합계 속에서 한 구절을 지워 없앤 것이 실로 원통했기 때문에 부득이 발뺌의 계책을 한 것이다'고 하였습니다. 이 어찌 대단히 한심한 일이 아니겠습니까. 대저 역적 이덕사와 조재한이야말로 바로 두 글자의 흉언이요 그들이 남의 형세를 빙자한 말은 더욱 몹시 흉패하였습니다. 그러니 오늘날 조정에서 벼슬하고 있는 자로서 다시 흉악한 역적의 자취를 밟는 자는 단지 '역적을 비호한 자도 역적이라'는 법률로만 논할 수 없습니다.

그리고 역적 종실의 일에 이르러서도 영남 사람 만여 명이 모두 '우리가 종실의 일에 대해서는 처음부터 간섭하지 않았다……' 하고 있으니, 그들의 속셈을 헤아려보면 바로 이덕사(李德師)·조재한(趙載翰)의 역모 사건과 맥락이 서로 연관되어 있습니다. 영남 사람들의 이 말에 대해서는 들은 자와 전한 자가 다 따로 있으니, 대체로 수현(壽賢)·흥록(興祿) 무리와 서로 체결한 자들이 모두 이 부류입니다. 그런데 만여 명을 즉각 불러 모을 수 있는 힘이란 반드시 변괴가 있게 마련이니, 이것이 어찌 대단히 놀랍고 두려운 노릇이 아니겠습니까."

정조는 김종수의 말을 수긍하면서 "상소 중의 말들은 내가 비록 하나하나 자세히 기억하지 못하나, 비답 중에 대략 의중을 내비친 것이 있으니 경도 그것을 짐작할 수 있을 것이다"고 말한다.

"이미 저 사람과는 의리상 차마 한 하늘 밑에 있을 수 없는데, 어찌 어깨를 나란히 하여 동료가 될 리가 있겠습니까. 원소(原疏-채제공의 상소)는 비록 반포되지 않았지만, 조지(朝紙-일종의 관보)에 실린 비답을 가지고 말한다면 상소문의 내용은 듣지 않고도 알 수 있습니다. 그런데 지금 여러 날이 지났는데도 조정에는 적막하게 한마디 말도 없습니다. 세도가 이러하니 변괴가 어떻게 겹쳐 나타나지 않을 수 있겠습니까."

한편 채제공은 상소를 올린 후 의금부 앞에서 대죄(待罪)하고 있었다. 정조는 채제공을 대전으로 불러들였다. 그리고 애정 어린 걱정을 던진다.

"경이 스스로 죄에 빠져든 것이 이번 상소의 일에 이르러 극에 달하였다. 경이 이 상소를 낸 것은 무슨 뜻이었는가? 상소문을 펴들고 두어 줄도 못 읽어서 나도 모르게 마음이 오싹하고 뼈가 저리었다. 이것을 중외에 반포하였다면 장차 경을 어떤 사람이라고 하겠는가. 지금의 입장에서는 종전에 경을 살려낸 뜻이 허사로 돌아갔음을 면치 못하게 되었고 목하 터져 나올 의논들을 막을 수가 없으니 비록 애써 감싸주고자 하여도 어떻게 할 수가 없게 되었다. 그리고 서계(書啓)에서 한 말들은 또 무슨 말인가? 이것이 만일 전파되면 경의 죄안이 장차 어느 지경에 이를지 모를 것이다. 오늘 좌상이 자리에 나와 첫 마디의 제일의(第一義)가 바로 경을 성토하는 한 가지 일이 었는데, 말뜻이 준엄하였고 바로 그것을 좌상 직임의 거취에 연관시켜 쟁론하였다. 이는 좌상 한 사람만의 말이 아니라 바로 온 나라 사람들의 공공의 논의이니, 경이 이 시점에서 장차 무슨 계책으로 죄를 면하겠는가."

이에 채제공은 "신이 죽을죄를 지었다는 것을 스스로 잘 알고 있다"며 죽음을 각오하고 있다는 단호함을 밝힌다. 그리고 눈물을 흘리며 자신의 심중을 토로한다.

376

"신은 천지간에 혈혈단신으로 아비도 어미도 없고 오직 우러러 믿는 곳은 오직 전하뿐입니다. 그런데 어찌 감히 일호라도 말을 꾸며내서 거듭 스스로 죽을죄에 빠져들겠습니까. 작년에 구전으로 하교하신 의리는 지극히 정미하고 지극히 엄중하였습니다. 그래서 신이 그때 시임 정승 자리에 있으면서 소장을 올려 다짐을 한 일까지 있었습니다. 그런데 뜻밖에 영의정에 임명되고 보니 기필코 물러나야 하는 의리를 말씀드리려다가 죽음이 임박하여 그만 다시 이런 죄에 빠졌습니다. 속히 죽기만을 원합니다."

이심전심(以心傳心), 즉 영남 만인소 당시 정조가 문서로는 남기지 말라며 솔직하게 자신의 뜻을 털어놓은 적이 있는데 자신은 그 연장선에서 상소를 올렸을 뿐이라는 것이었다. 물론 정조도 그 점을 정확히 알고 있었다. 채제공은 자신의 가슴을 탕탕 두드리며 이제 죽여 달라는 말만 계속했다. 다시 정조의 걱정스런 추궁이 이어진다.

"아침 연석에서 좌상의 말에 '그러한 처지에서 염치를 무릅쓰고 벼슬길에 나온 자에게는 징계와 토죄를 시급하게 해야 한다'고 하였다. 허다하게 늘어놓은 말들을 모두 기억할 수는 없으나, 올 봄에 좌상이 경과 수원에서 서로 만났을 때, 지난 겨울 선비들이 상소한 일을 가지고 경에게 질문하자, 경이 대답하기를 '지난 겨울 합계한 내용 중에 글귀 하나를 지워 없앤 것이 참으로 원통하였다. 그래서 수차(袖箚)의 일이 있었던 것이니 그것은 과연 발뺌하려는 계책에서 나온 것이다'고 했다기에 나는 듣고서 놀라움을 감당하지 못했다. 어떻게 대관이 대관을 대해서 선뜻 이런 말을 한단 말인가. 과연 좌상과 이러한 말을 주고받았다는 것인가?"

"세상에 어찌 이러한 도리가 있겠습니까. 올 봄에 신이 좌상과 처음으로 득중정에서 서로 만났는데, 한참 동안 말을 주고받는 즈음에 '가려운 곳을 긁어주는 것과 같다'는 말에 언급하여 좌상이 말하기를 '수차 중에 호해(湖海)니 산동(山東)이니 하는 등의 말들은 무슨 뜻으로 쓴 것인가?' 하기에, 신이 대답하기를 '호해라는 말은 지난 겨울 호서(湖西)의 한씨와 윤씨 집안에 대한 일(충청도 명문가인 고 한원진 집안과 고 윤봉구 집안이 서로 고발을 하여 조정에서까지 논란이 된 일)이고 산동은 바로 관동(關東)의 일을 지칭한 것일 뿐 특별히 다른 뜻은 없었다'고 하였더니, 그도 다시 대답하는 말이 없었습니다. 그 다음날 원소(園所)에서 작별할 때에 좌상이 신에게 '소생이 대감과 정분은 진실로 여전하지만 이번 주고받은 말이 만일 서울에 퍼진다면 반드시 말들이 자자하게 될 것이니 신중히 하여 발설하지 말아야 한다……' 하기에 신은 의당 경계시킨 대로 하겠다고 말하였습니다. 그후 서울에 들어오자 이익운(李益運)이 찾아와서 김 판부사(김종수)와 서로 만났을 때 어떤 얘기를 나누었느냐고 물었습니다. 그러나 신은 이미 그와 서로 약속한 일을 번거롭게 다른 사람에게 알려줄 수 없었기 때문에 비록 이익운이 물었어도 말을 전하지 않았습니다. 그런데 그가 스스로 작별할 때의 약속을 저버리고 신이 하지도 않은 말을 지어내서 연석에서 아뢰기까지 할 줄을 어찌 헤아렸겠습니까. 그리고 합계 중에서 한 구절을 지워 없앴다는 말은 신은 전혀 기억하지 못하겠고, 발뺌하려 했다 운운한 말에 이르러서는 이야말로 하천배의 말투입니다. 어떻게 사부로서 이런 말을 할 자가 있겠습니까. 이 한마디에 대해서는 그와 대질을 하고 싶습니다."

"경의 말이 지나치다. 두 대신이 대질을 하다니, 어찌 이런 일이 있을 수 있겠는가. 다만 좌상이 여러 사람이 모인 빈연에서 아뢰었던 말인데 지금 경이 이렇게 놀라고 의아해하니, 이 일은 뒷날 서로 만나서 풀더라도 늦지 않을 것이다. 좌상이 연석에서 아뢴 말에 또 '영남 사람들이 스스로 말하기를 우리가 종실에 관한 일에는 처음부터 한번도 손을 쓴 일이 없다고 하니 대단히 놀랍고 두렵다'고 하였고, 또 경의 발뺌에 대한 말은 지난 겨울에 당한 일에서 연유된 것이라고 하였다. 대저 경의 지난 겨울의 일은 어찌 경이 스스로 취한 것이 아니겠는가. 윤영희(尹永僖)를 왜 그다지도 싸고돌면서 하마터면 큰 죄에 빠질 뻔했단 말인가."

"윤영희가 죄를 벗어나거나 못 벗어나는 것은 참으로 신과는 아무런 관계도 없는데, 신이 하필 영희를 애써 감싸주려 하였겠습니까. 신의 본래 버릇이 남의 의견에 따라 자신의 뜻을 굽히려고 하지 않기 때문에 사람들이 영희의 일을 가지고 신을 몰아세우려고 하자 신이 과연 격분하여 그렇게 된 것이었습니다. 신이 만일 남을 따라 처신하면서 뜻을 굽혀 자신만을 꾀하였다면 어떻게 누차 재앙의 그물에 빠져들었겠습니까?"

이날의 대화는 이렇게 끝났다. 정조가 논리적으로는 김종수를, 정서적으로는 채제공을 편들고 있다는 것은 누가 보아도 알 수 있다.

정조, 금등(金縢)을 공개해 채제공의 손을 들어주다

김종수는 5월 30일 물러가서 상소를 올렸다. 채제공의 상소를 만천하에 공개해 달라는 것이었다. 그러나 정조는 이를 무시하고 김종수의 상소를 그대로 돌려보냈다. 다음날인 6월 1일 김종수는 정조가 자신의 상소를 무시했다는 이유로 좌의정에서 물러나겠다며 도성 밖으로 나가 명소패(命召牌)를 반납했다. 명소패는 정승의 상징물이었다. 물론 정조는 이를 받아들이지는 않았다.

사흘 동안의 고민 끝에 정조는 6월 4일 일단 영의정 채제공과 좌의정 김종수를 함께 파직시켰다. 양비론으로 책임을 묻겠다는 뜻이었다. 이후 외형적으로는 잠잠했다. 6월 12일 두 사람은 동시에 중추부 판사로 보임된다. 그리고 열흘 후 정조는 비어 있는 두 정승 자리를 채우기 위해 우의정 김이소를 부른다. 의논 끝에 영의정에 홍낙성, 좌의정에 김이소, 우의정에 김희가 결정됐다.

영의정 홍낙성(洪樂性, 1718년 숙종 44년~1798년 정조 22년)은 홍봉한의 4촌인 예조판서 홍상한의 아들로 어유봉(魚有鳳)의 사위이자 문인이다. 1744년(영조 20년) 문과에 급제했고 대사성 · 이조참의를 거쳐 1768년 이조판서가 되고, 1771년 전라도관찰사가 된 뒤 1775년 예조판서를 지내고 우참찬을 거쳐, 형조와 병조의 판서를 지냈다. 1782년(정조 6년) 좌의정이 되고, 1784년 영의정에 올랐다. 노론 중에서 시파 성향의 인물이었다.

좌의정 김이소(金履素, 1735년 영조 11년~1798년 정조 22년)는 영의정 김창집의 증손으로 1764년(영조 40년) 병자호란 때의 충신 후손들만을 위하여 시행된 충량정시문과(忠良庭試文科)에 급제해 관리의 길에 들어섰다. 김창집은 김상헌의 후손이었기 때문이다. 정조 즉위년(1776년) 대사간 · 강원도관찰사를 지냈고 1780년에는 대사헌이 되어 홍국영의 관작삭탈을 주청하였다. 1783년 예조판서로 있을 때 채제공을 탄핵하다가 잠시 파면되었다. 같은 해 책봉부사(冊封副使)로 청나라에 다녀온 후 이조판서에 임명되었으나, 대향(大享) 준비를 소홀히 하여 다시 파면되었다. 1784년부터 형조 · 병조 · 호조 판서를 두루 역임했고 1791년에는 동지사(冬至使)로 청나라에 다녀와서 우의정에 올랐다. 1793년 사옹원도제조를 거쳐 좌의정에 승진하였고, 진하사(進賀使)의 정사로 청나라에 다녀왔다. 1796년 사역원도제조를 역임하고 동지겸사은사(冬至兼謝恩使)의 정사로 청나라에 다녀왔고, 이듬해 다시 동지사로 다녀왔다. 지조가 있어 옳은 일은 끝까지 추진하여 정조의 신임이 두터웠다. 특히 외교에 뛰어나 청나라에 다섯 번이나 다녀왔고, 문학과 재주가 비상하였으나 잘 드러내지 않았다고 한다.

김이소_ 영의정 김창집의 증손으로 1764년(영조 40년) 병자호란 때의 충신 후손들만을 위하여 시행된 충량정시문과에 급제해 관리의 길에 들어섰다.

우의정 김희(金熹, 1729년 영조 5년~1800년 정조 24년)는 김장생의 후손으로 1773년 문과에 급제하고 사헌부지평·규장각직각·이조좌랑·홍문관교리 등을 역임하였다. 교리로 재직 시에는, 경성(京城) 사대부들 중에 공물과 경저인(京邸人)이 내놓은 물건을 몰래 팔아서 이익을 취하는 자들이 있음을 지적하고, 이를 엄금하게 하되 만약 재상가라 하더라도 용납하지 말고 장오리(贓汚吏)의 율을 적용시킬 것을 상소하여 실천하게 하였다. 이후 대사간·대사헌·이조참판 등을 거쳐 1790년에는 형조판서가 되었다. 그리고 1793년 우의정에 올랐다.

정조와 김종수의 충돌은 새롭게 영의정에 오른 홍낙성에 의해 촉발된다. 7월 2일 홍낙성은 판부사 김종수의 말을 들으니 채제공의 상소문이 반역에 가깝다고 하니 엄벌에 처해야 한다고 청했다. 이어 김종수는 굳이 비유하자면 채제공은 정후겸에 버금가는 역적이라고 성토했다. 정조가 가장 싫어하는 정후겸의 이름을 끌어들인 것이다. 규장각 제학 정민시만 정조를 거들었고 도승지 심환지도 김종수 편을 들었다. 노론이 드디어 입을 맞춰 채제공을 성토키로 한 것이었다. 평소 정조에게 고분고분했던 우의정 김희도 채제공 문제가 해결되지 않으면 사직하겠다고 말했다.

결국 정조는 8월 8일 전현직 정승과 2품 이상의 문무 고위관리들을 부른다. 직접 채제공을 위해 변명을 하겠다고 작심하고서 부른 것이었다. 그만큼 속으로 이 문제가 끓고 있었다는 뜻이다. 여기서 정조는 영조가 남긴 '금등(金縢)'의 내용 일부를 전격 공개한다. 금등이란 쇠줄로 단단히 봉해 놓은 비밀서류함으로 영조가 사도세자를 죽인 후에 이를 후회하는 글을 담고 있었다.

"내가 이덕사와 조재한을 사형에 처하게 하던 날 문녀와 김상로도 처단했을 것이지만 나는 그때 이미 금등의 글 가운데 들어 있는 선왕의 본의(本意)를 이해하고 그 뜻을 약간 반영하였던 것이다. 내가 비록 보잘것없기는 하지만 일단 결정을 하려면 저울질을 해보고 결정하지 어떻게 내 맘대로 경중을 좌지우지할 것인가. 내가 차마 이 말을 하는 것은 나도 생각이 있어서다. 요컨대 온 세상 사람들에게 전 영상이 상소에서 말한 것이 위에서 말한 바와 같고 또 전 좌상이 준엄한 성토를 한 것도 내면의 사실을 모른 데에서 나온 것임을 알리고 싶을 뿐인 것이다."

정조는 채제공의 경우 '금등'을 본 적이 있고 김종수는 그것을 본 적이 없기 때문에 서로 오해가 생긴 것일 뿐 채제공이나 김종수나 충성심은 같다고 본다고 했다. 다음날 김종수는 자신이 전체 맥락을 몰라 채제공의 상소 중 일부만을 확대 해석해 오해를 했다며 정조에게 사죄했고, 정조는 『일성록(日省錄)』에 기록된 문제의 상소를 특별히 김종수에게 열람토록 한다. 그리고 김종수도 일단은 그것을 받아들이는 듯했다. 그러나 한 달여가 지난 9월 12일 김종수는 새로운 시각에서 채제공을 물고 늘어지는 차자(箚子-약식 상소)를 올린다. 정조와 김종수의 싸움은 2라운드를 맞고 있었다.

"제공의 죄악에 있어서는 그가 상소에서 직접적으로 범한 세 조항이 도저히 용서할 수 없는 가장 무거운 죄안인 데도 상께서 용서하는 쪽에다 두신 것은 바로 금등의 글을 그만이 알고 있었기 때문에 비록 남들이 감히 말할 수 없는 것을 그 혼자서 말했어도 용서가 가능했던 것입니다.

가령 제공이 참으로 나라를 위하여 충성을 바칠 정성이 있었다면 금등에 대한 말을 곧바로 제기했어야 옳고, 설령 금등이란 두 글자가 엄중하여 감히 말을 꺼낼 수가 없었다면 두 임금의 아름다운 덕만을 천양하여 온 세상이 다 알게 하는 뜻으로 완곡하게 돌려서 말을 하고 간절한 정성을 보임으로써 어쩔 수 없이 옛날의 일에 언급했음을 보였어야 그것이 바로 신하로서의 당연한 도리였습니다.

더구나 금등에 관한 일을 저만이 알고 있었다면 백대에 전할 만한 두 임금의 미덕에 대하여 제 아무리 사람의 마음이 없고 신하의 본분이 없는 자라 하더라도 반드시 감동하고 애달프게 여겨야 했습니다. 그런데 도리어 말하기를 '아직도 확실하게 밝혀지지 못했다' 하고,

또 감히 말하기를 '백대 이후에는 무엇을 가지고 신빙하겠는가'라고 하였습니다.

아, 그렇게 소중하고 존엄할 수 없는 자리에서 차마 꺼내지도 못하고 감히 말할 수도 없는 사실을 쓰면서 일찍이 직접 눈으로 본 것을 마치 잊은 것처럼 속이고 고의로 더없이 망측한 말을 만들어내어 우리 두 임금의 미덕과 성상의 효성을 묻어버리고야 말려고 하였으니, 그렇게 사람들 마음을 현혹시키고 온 세상을 선동시키려고 한 그 뜻이 과연 무엇을 하려고 한 것이겠습니까. 아, 역시 흉측합니다.

그의 상소 가운데 숱한 음흉한 말들을 감히 제기하지 못하는 까닭에 어쩔 수 없이 일체 모르는 것으로 생각하고 지나가지만, 이 한 가지 일만으로도 벌써 그가 흉역의 마음을 가졌다는 것은 판별이 된 것입니다. 우리 성상의 하늘처럼 포용하는 큰 덕을 신도 살뜰히 받들고는 싶지만 많은 사람 눈을 가리기 어려운 데 있어서는 어찌하겠습니까. 신의 차자를 대신과 여러 신하들에게 낱낱이 물어보소서. 그리하여 만일 신이 한 말을 옳지 않다고 하는 자가 있으면 신이 면대하여 따지겠습니다."

채제공이 역적이라는 시각은 바꿀 수 없다는 도발이었다. 그러나 정조는 이를 무시하고 지나간다. 김종수도 더 이상 이 문제는 제기하지 않았다. 대신 정조는 마음속으로 김종수가 서운했다. '다른 사람도 아니고 김종수 네가 앞장서서 내 구상을 이렇게까지 반대할 수가 있는가?'

읍참마속(泣斬馬謖), 김종수를 자르다

정조는 즉석에서 반응을 극도로 자제하는 성격이었다. 그러나 언젠
가는 반드시 응징을 하는 스타일이었다. 정조 17년 9월의 제2라운드
가 있은 후 김종수는 시골에 내려가 있었고 별다른 충돌은 없는 듯했
다. 사단(事端)은 정조 18년 1월에 벌어졌다. 김종수가 다시 상소를
올려 정민시를 비롯한 신하들이 오로지 아첨으로만 임금을 모시고 있
다며 사도세자 문제에 대한 간접적인 비판을 시도한 것이다. 어느 정
도 굳어가던 '임오의리'를 인정할 수 없다는 뜻이었다. 그러나 정조로
서는 '금등'까지 공개하며 설득하는 데도 끝까지 맞서는 김종수를 더
이상 받아들이기는 힘들었다.

"이 대신을 뜻을 굽혀 보호하여 온전히 살려준 것이 여러 차례인
데, 이것이 어찌 이 대신만을 위해서였겠는가. 일전에 올라와 연석
에 나왔을 적에 지난날의 행동을 크게 뉘우치면서 지나간 의외의 잘
못을 자책하고 앞으로는 다른 잘못이 없을 것임을 맹세하기에, 내가
'경이 오늘 꿈에서 깨어난 것은 한갓 자신만이 살 수 있는 것이 아니
라 여러 사람들도 살릴 수 있다'고 말했다. 그런데 갑자기 그 이튿날
저녁에 따로 한 통의 상소를 올렸기에 그 내용을 보니, 결코 정상적
인 사리로 추측할 수 있는 것이 아니요 떳떳한 본성으로 미칠 수 있
는 것도 아니었다. 오늘 신하된 사람으로서 차마 그날의 일을 이미
지나간 뒤에 제기할 수 있는 것인가. 한마디로 잘라 말하자면 의리
상으로나 명분상으로나 감히 꺼낼 수 없는 것이니, 품은 생각과 표
현한 말이 몹시 어그러지고 패역스러움은 모두 하찮은 일에 속하는
것이다."

결국 정조는 1월 28일 김종수를 삭탈관작하고 지방으로 추방할 것을 명한다. 그러나 사태는 점차 커지고 있었다. 김종수의 상소 중에 '신하들이 거짓을 꾸며 임금을 속인다'는 구절 때문이었다. 바로 다음 날 영의정 홍낙성이, 그리고 1월 30일에는 중추부 판사 박종악, 좌의정 김이소, 우의정 김희, 중추부 영사 채제공이 차례로 김종수의 말이 맞는다면 자신들이 처벌을 받아야 한다며 죄를 청하는 상소를 올렸다. 간접적인 압박이었다. 심지어 홍낙성은 두 번째로 상소를 올려 김종수와의 대질을 청하기까지 했다.

정조가 김종수에 대해 크게 분노하고 있음을 확인한 홍낙성·김이소·김희 등 3정승은 이제 앞장서서 김종수의 처벌 수위를 높여야 한다고 역설했다. 2월 5일 김종수의 처벌은 중도부처로 한 단계 높아졌다. 중도부처란 극변유배 바로 아래 단계다. 김종수는 강원도 평해군으로 유배를 가야 했다. 당시 정조가 김종수에 대해 얼마나 큰 배신감을 느끼고 있었는지는 점차 높아만 가는 처벌 수위에서 알 수 있다. 2월 19일 김종수는 함경도 경원부로 유배지를 옮기게 된다. 극변유배였다. 다시 사흘 후인 2월 22일에는 절도(絶島) 유배를 명한다. 이제 사형(死刑)까지는 한 가지 절차만 남아 있었다. 유배지의 거처에 가시울타리를 둘러치는 위리안치뿐이었다.

실제로 2월 27일 일부 대간들이 위리안치 해야 한다고 주장했다가 오히려 그들이 파직당했다. 또 3월 6일에는 대사헌 홍명호와 대사간 임시철이 이끄는 양사가 김종수를 사형에 처해야 한다고 차자를 올렸다가 역풍을 맞는다. 모두 파직당했다. 정조는 김종수를 죽일 생각은 전혀 없었다. 아니 죽일 수 없었다. 3월 12일 새롭게 대사간에 오른 이철모가 다시 김종수에 대한 처분을 청했다가 파직당했다. 3월 14일 신임 대사간 신광리 등이 절도안치를 하기로 했으면 서둘러 시행해야 한다고 했다가 또 파직당했다. 결국 김종수는 3월 20일 경상도 남해로 유배를 가게 됐고 위리안치하기로 결정됐다. 언제 죽을지 모르는 목숨이 돼버린 것이다. 그러나 3개월도 안 된 6월 1일 정조는 김종수를 남해에서 나오게 하여 고향에 머물도록 하라고 형을 완화시켜 주었다. 그리고 12월 1일 중추부 판사로 복직시킨다.

정조의 계산은 분명했다. 정조 18년(1794년)은 정조가 화성 건설에 착수한 해다. 아무래도 조정 내에 김종수를 중심으로 한 노론 벽파들의 치열한 반대가 예상됐다. 총애하던 김종수를 유배까지 보냈다는 것은 자신의 화성건설 의지가 얼마나 강한지를 보여주기 위한 일종의 시위였다고 할 수 있다. 김종수는 일단은 고분고분한 태도를 보이기 시작한다.

그러나 이 일이 남긴 상처는 정조나 김종수 모두에게 컸다. 정조는 자신이 가장 총애했던 김종수가 보여준 일련의 행동에 적지 않은 배신감을 느꼈다. 그것은 점차 정조가 즉위 초 그렇게도 부정했던 척리 중심의 국정운영으로 퇴행하게 되는 계기의 하나가 된다. 김종수로서도 상처를 받았다. 아무리 국왕이라고 하더라도 자신이 평생 정치를 하며 지켜온 최소한의 도리마저 버리기를 집요하게 요구하는 처사는 더 이상 받아들이기 힘들었다. 결국 김종수는 정조 19년 봄 사실상 정계를 은퇴한다. 그리고 노론 벽파의 영수 자리는 자연스럽게 심환지에게 넘어간다. 그 바람에 정조는 죽는 그날까지 심환지와 위태로운 힘겨루기를 벌이게 된다.

갑자년 구상의 현실화

10년 계획을 단축해 34개월 만에 화성 신도시를 건설하다

정조가 화성 신도시 건설에 본격적으로 착수한 것은 1794년(정조 18년) 정월이다. 현룡원 이장 이후 무려 5년 동안 준비를 해왔다. 만족스럽지는 않아도 이제 조정의 역학관계도 어느 정도 장악했기 때문에 이때가 적기라고 생각했다. 마침 이해는 한양 정도(定都) 400년이 되는 해이기도 했다.

원래 건설 계획은 10년이었다. 1804년(갑자년)에 건설을 마무리 짓는다는 복안이었다. 600여 칸에 달하는 대규모 행궁(行宮)과 6킬로미터에 달하는 성곽을 쌓아야 하는 대역사였다. 이를 위해 정조는 영의정 채제공에게 총괄 책임을 맡겼고 현장 책임은 조심태가 맡았다. 조심태(趙心泰, 1740년 영조 16년~1799년 정조 23년)는 통제사 조경(趙儆)의 아들로 당색은 소론이었다. 일찍이 무예에 뛰어나 음보로 선전

관이 되었고, 1768년
(영조 44년) 무과에
급제하여 여러 무관
직을 두루 거친 다
음, 1785년(정조 9년)
충청도병마절도사가
되었다. 같은 해 3도
수군통제사로 승진한
뒤, 좌포도대장·총융

화성 전경_ 화성은 당초 계획의 3분의 1 기간인 34개월 만에
완성되었다.

사에 이어 1789년에 수원부사로 임명되었다. 이때 수원이 매우 중시되
어 현륭원을 옮겨오는 일, 도시 규모를 확대하는 일 등 어려운 임무가
많았으나 이를 모두 차질 없이 처리하여 큰 공적을 남기고, 1791년 훈
련대장으로 직을 옮겼다.

그러나 한때 훈련도감의 야근 상태가 극히 해이되어 있다는 과실로
인하여 책임자로서의 직무수행에 충실하지 못하였다는 죄목으로 죽
산(竹山)에 유배되기도 했다. 그뒤 총융사·금위대장·어영대장 등을
역임하며 정조의 총애를 받았고, 1794년 승격된 수원부 유수로 다시
등용되어 수원성 건설을 진두지휘했다. 화성 공사가 끝난 1797년 이
후 그는 공을 인정받아 한성부판윤·형조판서·대호군·장용대장을 지
냈다.

원래 계획은 10년이었지만 치밀한 준비와 채제공·조심태의 추진
력, 정약용 등의 기술적 지원 등이 어우러져 화성은 당초 계획의 3분
의 1 기간인 34개월 만에 웅장한 모습을 드러냈다. 그리고 1796년(정
조 20년) 10월 16일 성대한 낙성연을 갖고 신도시의 탄생을 만천하에
알렸다.

화성 신도시에 대한 오해

충분한 맥락 검토 없이 그저 정조를 '개혁군주'로 찬양하는 학자들은 화성 신도시가 천도(遷都) 구상에 따른 것이라고 말한다. 그러나 화성 건설이 진행되는 동안 천도의 천 자도 나오지 않았다. 우선 그 정도 규모의 신도시에 천도를 한다는 것 자체가 말이 되지 않는 소리다.

오히려 화성 신도시 건설은 지금의 시각에서 보자면 비판적 검토의 대상이 되기에 충분하다. 행궁 건설까지는 국왕의 지극한 효도에서 나온 것으로 볼 수 있지만 그 행궁을 위해 도시와 성곽까지 건설했다는 것은 불필요한 국력 소모라는 비난을 받을 소지가 크기 때문이다. 더욱이 부국강병(富國強兵)이라는 차원에서 보자면 화성 신도시 건설은 좋은 평가를 받기 힘들다. 부국에 기여한 것도 없고 강병과도 거리가 멀었다. 국왕 개인의 한풀이에 불과했다.

오히려 화성 신도시 건설은 지극히 정치적인 행위였다. 그런 점에서 유봉학 교수의 지적은 타당하다.

"정조가 즉위한 지 20년을 맞은 1796년 화성의 준공으로 이제는 정조의 비원을 이루기 위한 외형적 조건과 물적인 토대가 갖추어졌다. 정조는 정치적 정지작업을 위해 왕권을 강화하며 갑자년을 적극적으로 준비하고 사도세자 추숭의 구상을 보다 구체화하게 된다."

노론 관료들의 비판이 거셌음에도 불구하고 정조가 화성을 건설하고 나아가 장용영의 군사력과 재화를 집중적으로 관리한 이유는 무엇일까?

갑자년 구상, '상왕의 꿈'

화성 건설이 한창이던 을묘년(1795년 정조 19년) 음력 2월 정조는 어머니 혜경궁 홍씨를 모시고 화성 현륭원을 다녀온 뒤 근처 봉수당에서 잔치를 베풀었다. 이때 정조는 홍씨에게 자신이 신하들의 거센 반대를 물리치고 화성 건설을 추진하는 이유를 이야기한다. 『실록』에는 기록돼 있지 않은 『한중록』의 갑자년(1804년) 구상이 그것이다.

"저는 왕위를 탐해서가 아니라 마지못해 나라를 위하여 자리를 지키고 있었습니다. 갑자년이면 원자(순조)의 나이가 15세입니다. 족히 왕위를 전할 것입니다. 그래서 저는 처음의 뜻을 이루어 마마를 모시고 화성으로 가 제 평생 경모궁 일에 직접 행하지 못한 한을 풀 것입니다. 이 일은 제가 영묘의 하교를 받았기 때문에 행하지 못한 일입니다. 비록 지극히 원통하지만 또한 의리입니다. 원자는 내 부탁을 받아 내 뜻을 이뤄줄 것입니다. 내가 행하지 못한 것을 제가 대신해서 행하는 것 또한 의리지요. 오늘날 여러 신하들은 나를 따라하지 않는 것이 의리이고, 다른 날 여러 신하들은 신왕의 뜻을 좇아 따르는 것이 의리일 것입니다. 의리가 일정하지 않아 때에 따라 의리가 됩니다."

상왕으로 물러나 마치 태종이 세종을 왕위에 올려놓고 정사를 가르쳤던 것처럼 그렇게 하겠다는 뜻이었다. 더불어 그때 가서 신왕이 사도세자의 한을 풀도록 한다면 그것은 영조가 자신에게 부탁한 의리를 위배하는 것이 아니니 의리도 지키고 효도도 할 수 있다는 뜻도 밝힌다. 여기서 눈여겨봐야 할 대목은 "오늘날 여러 신하들은 나를 따라하지 않는 것이 의리"라는 말이다. 정조는 신하들이 영조의 명을 받든다는 명분을 내세워 사도세자에 대한 자신의 생각을 따르지 않고 있다는 것을 누구보다 잘 알고 있었다. 재위 20년을 맞고 있는데도 그 문제 하나 뜻대로 풀리지 않고 있었던 것이다.

'제2의 홍국영' 정동준을 중용한 치명적 잘못

정조가 직접 키워낸 귀근(貴近) 엘리트

1794년(정조 18년) 들어 정조는 홍국영에 이은 또 한 명의 귀근(貴近)을 중용하게 된다. 자신이 키우다시피 한 규장각신 출신 정동준(鄭東浚)이 그다. 정조 18년은 한양 정도 400주년을 맞아 10년 계획으로 화성 신도시 건설에 착수한 해다. 신도시 건설에 대한 노론 벽파의 반대는 만만치 않았다. 정조의 측근 중에서도 신도시 건설을 냉소적으로 보는 시각이 적지 않았다. 이런 상황에서 정조는 정동준이라는 인물에게 홍국영에 버금하는 신임과 실권을 주어 사림 청론과 노론 벽파의 반발을 정면돌파 하기로 결심한다.

정조는 1780년(정조 4년) 정동준을 선발해 규장각 대교(정8품)로 임명했다. 이듬해 2월 정동준은 이시수·서용보 등과 함께 규장각 초계문신으로 선발됐다. 이미 이때 정동준은 정조의 마음을 사로잡았다.

이에 정조 6년 2월 정조가 정동준을 이조좌랑으로 특진시키자 정동준은 끝까지 사직의 뜻을 밝혔고 이에 정조는 정동준을 과천현감으로 보임했다. 1년 후 의정부 사인(舍人-오늘날의 국무총리 비서실장)에 임명된 정동준은 한 달 후 규장각 직각으로 자리를 옮긴다. 다시 규장각신이 된 것이다. 직각은 대략 5품 직에 해당한다.

정조 9년과 10년에도 이조참의에 제수됐으나 이때도 정동준은 사양했다가 수원부사로 보임된다. 정조 11년 6월 문제의 이조참의는 이시수가 차지하고 정동준은 이때 대사간으로 임명된다. 1년 후 전라도관찰사가 보임됐으나 사직을 청해 받아들여졌고 정조 13년 1월 12일에 다시 경상도관찰사로 보임됐으나 역시 나갈 수 없다고 하여 정조는 "정동준을 삭탈관작하고 영원히 의망(후보군)에서 빼버리라"고 명했다. 그러나 그것은 말뿐이었고 이듬해(1790년) 정동준은 승지가 되어 정조를 측근에서 보좌하고 있다. 정조는 정동준의 문장을 좋아했다. 그리고 2년 후 정동준은 규장각으로 복귀해 있었다.

정약용의 정동준 비판

정동준이 정조의 복심으로 활동하게 되는 정조 17년(1793년), 정조 18년(1794년)의 기록은 『실록』에 하나도 없다. 정확히 그가 무슨 활동을 어떻게 하다가 정조와 대립하고 있던 노론 벽파와 갈등을 빚었는지에 관한 정보가 고스란히 빠져 있는 셈이다. 정동준은 소론계 인사다.

다행히 정약용의 『목민심서(牧民心書)』 중에 정약용이 미리 쓴 자신의 묘지명에 정동준 관련 내용이 나온다. 이때는 정약용이 홍문관 관리로 있을 때였다. 먼저 정약용이 본 정동준의 당시 행태다.

"이 무렵 정동준이 병이 났다는 핑계로 집에서 지내며 음흉하게 조정의 권한을 잡아보려고 사방의 뇌물을 긁어모으고 고관대작들이 밤마다 백화당에 모여 잔치를 베풀고 있자 안팎으로 눈을 찌푸리게 되었다. 내가 늘 정동준을 공격하고 싶어 상소문을 써놓기를, '규장각을 설치한 것은 임금께서 옛날의 아름다움을 이어받고 문치(文治)를 펴나가게 하자는 것이며 또 원대한 경륜을 계획하려 함입니다. 무릇 신하로 있는 사람으로서 누가 그 일을 흠앙치 않으리요. 그러나 그 인원을 선발하는 과정에서 더러는 적합치 못한 사람이 뽑혀서 임금의 총애를 분수 외로 받게 되자 교만심과 사치하는 마음이 움터 비방의 소리가 일어나게 되었으니 각신(閣臣)인 정동준과 같은 사람은 병을 핑계삼아 집안에 머무르면서 아침저녁으로 공부하고 몸 닦는 일도 하지 않으니 그 일을 괴이하게 여겨 의심하지 않는 사람이 없습니다. 더구나 그의 저택은 규제를 벗어나 지나가는 사람마다 손가락질을 하고 있으니, 이거야말로 각신으로 있는 다른 사람들에게까지 좋은 소식이 될 게 없으리라 싶어 걱정입니다. 엎드려 바라옵건대, 임금께서는 조금씩 억제해 주시고 분수를 지킬 수 있게 해주신다면 조정이나 조정 밖의 의심을 푸는 것만이 아니라 자기 자신에게도 행복일 것입니다'라고 적어놓았는데 갑인년(33세, 1794년) 겨울에 두 번째로 옥당(홍문관)에 들어갔고 곧 자리가 바뀌는 바람에 상소를 올리지 못하고 말았다. 그러다가 을묘년(1795년) 초에 정동준이 일이 발각되어 자살해 버려 마침내 그만두었다."

정조 17년, 18년 2년 동안 정동준은 과연 무엇을 어떻게 했던 것일까? 정약용의 글이나 다음에 보게 될 권유의 상소 등을 통해 추론해 볼 수 있을 뿐이다. 그것은 한마디로 측근으로서의 횡포와 권력남용이었다.

'복심'으로 발탁하다

정동준이 자결 내지 음독자살하기 직전인 정조 19년 1월 11일 말단 관리인 첨지 권유(權裕)가 장문의 상소를 올렸다. 이 상소의 충격파는 컸다. 이 상소가 올라온 직후 정동준은 자살을 택하게 되기 때문이다. 권유는 주로 궁궐 내의 일을 맡아보며 30여 년을 보낸 인물이다. 궐내 사정에 누구보다 밝았다.

"오로지 온갖 수단을 총동원하여 권세와 이익을 키워나갈 생각만 하면서 한 숟가락의 밥에도 굶주림과 배부름이 관계되는 양 행동하고 한마디 말에도 기뻐하고 슬퍼하는 안색이 금새 나타나곤 하는데, 더 좋은 위치로 올라가는 일에만 관심을 두고 더 많이 차지하면서 뺏기지 않으려고 눈이 뒤집힌 채 배[腹] 속에서 욕심만 부풀어 오르고 가슴 속에는 의심만 끊임없이 일으키고 있습니다. ……

말끝마다 거만스레 천위(天威)를 희롱하고 사사건건 조정의 명령을 가차(假借)하면서 은혜가 융숭해질수록 보답할 방도는 생각하지도 않고 위치가 근밀(近密)해질수록 감히 배타적으로 도모할 생각만 품고 있습니다. ……

천고(千古)에 볼 수 없는 은총을 받고 천고에 듣지 못하던 지위를 차지하고서도 천고에 듣지 못하고 볼 수 없었던 흉칙하고 극악한 정절(情節)을 보이고 있는데, 전하께서는 이런 사실을 모르시는 것입니까, 아니면 아시면서도 금하지 않고 계시는 것입니까. 아시지 못한다면 이는 명철하신 면에 손상되는 점이 있는 것이고 알고도 금하지 않고 계시는 것이라면 통쾌하게 결단을 내리는 면에 결핍된 점이 있다고 할 것인데, 신이 이에 대해 피눈물을 씻으면서 진달드려볼까 합니다. ……

전하께서 매번 마음먹은 대로 정치가 안 된다고 조정에서 탄식하곤 하십니다만, 이 자들의 죄를 바로잡지 않는 한 오늘날의 조정을 어떻게 할 수가 없을 것이며, 이 자들의 무함을 변별해 주지 않는 한 오늘날의 습속을 어떻게 할 수가 없을 것입니다. 이 자들을 그냥 놔두고서 차마 법대로 적용하지 못한다면 전하께서 비록 한(漢) 나라나 당(唐) 나라 때의 중간 수준쯤 되는 임금이 되어보려 해도 그렇게 되지 않을 것입니다."

충정 가득한 상소였다. 정조도 자신을 비판하는 대목이 많았음에도 불구하고 이례적으로 "그대가 이런 말을 하게 하다니 그 점이야말로 내가 반성해야 할 점이다"고 인정했다. 정조가 권유의 상소를 받아들였다는 소식이 전해지자 정동준은 독약을 먹고 자살을 했다. 그날이 1월 18일이다.

1월 22일 권유는 다시 상소를 올려 이번에 이조판서 서정수를 지목하여 '정동준의 휘하에서 놀아난 인물'이라고 탄핵했다. 이에 사흘 후 서정수는 사직의사를 밝혔고 정조는 서정수를 충청도 병마절도사로 내려보낸다. 서정수가 판서를 지낸 정조 17년과 정조 18년은 정동준이 권세를 부렸던 기간과 정확히 일치한다. 이때의 일로 관직에서 물러났다가 순조 1년에야 의금부 판사로 복귀하게 된다.

그러나 이후 사헌부·사간원 등에서 정동준에게 아부했던 인물들을 구체적으로 거명하며 내칠 것을 상소했으나 정조는 오히려 그런 상소를 올린 사람을 내쳤다. 홍국영 때와 비슷하게 뭔가 정조와 정동준만이 아는 묵계 같은 것이 있었는지 모른다. 정동준의 죄가 '성상을 무함한 역적'이었는데도 정조의 태도가 애매했기 때문에 더욱 그렇다.

그것은 다름 아닌 화성 행궁 건설에 대한 신하들의 반대가 거셌다는 뜻이기도 하다. 결국 정상적인 절차를 밟아서는 행궁 건설이 순조롭지 못할 것으로 보았기 때문에 채제공을 비롯한 남인 신하들과 정동준 같은 측근을 통해 밀어붙일 수밖에 없었다. 이 점은 정조에게나 신하들에게나 결국은 비극이었다.

정조도 넘지 못한 장벽, 노론 벽파의 뉴 리더 심환지

김구주와 가까웠던 젊은 시절

심환지(沈煥之, 1730년 영조 6년~1802년 순조 2년)는 명종비였던 인순왕후 심씨의 아버지 심강의 후손으로 그 이후 심환지의 조상 중에서 크게 현달한 사람은 없었다. 할아버지 심태현은 홍문관 교리를 지냈고 아버지 심진은 이렇다 할 벼슬을 지내지 못했다.

심환지는 영조 47년(1771년) 문과에 급제해 같은 해 사간원 정언이 됐고 주로 홍문관·사헌부·사간원의 요직을 두루 거치며 준엄한 언론을 펴 여러 차례 유배를 갔다 왔다. 일찍부터 그는 타협을 모르는 강고한 품성을 보여주었다. 그는 이때부터 정순왕대비의 오빠 김구주와 가깝게 지냈다. 나이는 심환지가 열 살 위였다.

김구주와 가깝다는 것은 정조에게는 정적(政敵)에 가까웠다. 정조 즉위 초 심환지가 바른 행실과 탄탄한 학문에도 불구하고 정조의 총

심환지_ 노론계 인물로 벽파의 영수였으며
신임의리(辛壬義理)를 고수했다.

애를 받지 못한 것도 그 때문이었다. 심환지는 오히려 김구주와 손을 잡고 정조가 총애하던 권신 홍국영을 공격하는 데 적극적이었다. 정조 4년 3월 7일 정조는 홍문관 교리로 있던 심환지가 당파적 입장에서 다른 당을 비판하는 데 앞장서는 등 세도(世道)를 어지럽혔다는 이유로 파직시켰다.

그다지 큰 죄가 아니었는데도 4년 후인 정조 8년(1784년) 9월 18일에야 이조판서 김종수의 천거에 의해 종부시 정으로 관직에 겨우 복귀할 수 있었던 것도 김구주와의 깊은 인연 때문이었다.

타협을 모르는 불굴의 투사

심환지는 관직에 복귀하자마자 올린 상소 하나로 조정에 큰 파문을 일으킨다. 이 상소 때문에 병조판서 서호수가 사직의 뜻을 밝힌 것이다. 두 달여가 지난 11월 25일에는 영의정 서명선이 사직의 뜻을 밝힌다. 역시 심환지가 과거사를 들먹이며 자기의 집안을 비방했기 때문이라는 것이었다. 다음날 정조가 서명선을 위로하는 대목 중에 이런 말이 있다.

"기회를 틈타서 자기 원한을 풀려는 것은 유독 심환지 한 사람만이 아니다. 또 하는 말이 이의필(李義弼)·윤득부(尹得孚)의 무리들과 조금 차이가 있으므로, 우선 용서하고 불문(不問)에 붙인 것이지, 심환지를 아끼는 것은 아니었다."

즉 정조는 다른 이유 때문에 심환지를 관직에 그대로 두고 있는 것이지 자기가 좋아하는 사람은 아니라고 밝힌 것이다. 이것은 사실이었다. 12월 3일 규장각 제학 김종수와의 대화에서 이 점은 확인된다. 이 자리는 정조는 자신의 심복 김종수를 다그치는 자리였다. '너를 믿고 네가 추천하는 인사를 등용했더니 조정 꼴이 말이 아니다.' 이런 취지의 말을 하는 가운데 심환지에 관한 언급이 나온다.

"어찌하여 경 등이 전조(銓曹-인사를 책임지는 이조)에 자리잡은 뒤로부터 조정이 소란스럽고 의리가 도리어 어두워져, 유악주(兪岳柱)와 같은 무리들이 종종 튀어나오게 되었는가? 심환지의 상소가 또 나오자, 경 등은 비록 경 등이 알 바가 아니라고 하지만, 경 등이 들어온 뒤에 이 무리들이 감히 제멋대로 날뛰고 있으니, 어찌 경 등이 시킨 것이 아니겠는가?"

이런 불만에도 불구하고 정조는 정조 13년 10월 27일 심환지를 대사간에 제수한다. 이듬해 8월 5일에는 성균관 대사성으로 임명한다. 그러나 불과 4개월도 안 돼 심환지는 다시 대사간으로 복귀했다. 정조 15년 6월 8일 다시 성균관 대사성을 맡지만 이번에도 두 달 만인 8월 3일 서용보의 이조참의 제수를 취소하고 그 자리에 심환지를 임명한다. 그런데 두 달 후인 10월 3일 심환지를 이조참의에서 파직하고 서용보를 임명한다. 당연히 정조의 마음은 서용보에 가 있었다. 그리고 또 두 달이 지난 12월 12일 심환지는 이조참의에 제수된다.

정조 16년(1792년) 들어 형조참판으로 승진했던 심환지는 3월 15일 역적을 엄하게 다스리지 않았다는 죄로 형조판서 김문순, 형조참의 이면응 등과 함께 귀양을 갔다가 한 달 만에 방면된다.

뛰어난 업무능력, 강한 당파성

정조는 심환지의 강한 당파성, 즉 노론 벽파 성향에 대해서는 늘 못마땅해 했지만 그의 업무처리 능력은 높이 평가했다. 정조 16년 8월 심환지는 승지가 되어 정조를 측근에서 보좌하게 된다. 그해 9월 20일 심환지는 남인 세력을 강도 높게 비난하다가 정조의 노여움을 사 '불서(不敍)'의 처벌을 받았다. 관리로서 등용을 않겠다는, 파직보다 강한 처벌이었다. 그러나 불과 석 달 후인 12월 25일 이조참판 이재학과 이조참의 이면응이 면직되자 그 자리에 각각 심환지와 서매수가 임명된다. 이조참판은 무엇보다 탕평과 당파조정을 중시했던 정조가 핵심 보직으로 생각했던 자리다.

정조가 여러 차례 경고를 했음에도 불구하고 남인에 대한 심환지의 성토는 그칠 줄을 몰랐다. 불구대천(不俱戴天), 함께 하늘을 이고 살 수는 없다는 결연함은 누구도 꺾을 수 없었다. 설사 그 방향이 폭넓은 동의를 얻기 어렵다고 하더라도 주장에 일관성이 있으면 거기서 힘이 생겨난다. 심환지가 대표적으로 그런 경우였다. 정조의 위세 앞에 하루아침에 노론에서 소론으로, 소론에서 노론으로, 벽파에서 시파로 변신에 변신을 거듭하던 시류에서 심환지는 보기 드문 존재가 아닐 수 없었다.

정조 17년(1793년) 1월 27일 성균관 대사성을 맡고 있던 심환지는 남인의 차세대 지도자 이가환을 몰아세웠다가 정조의 노여움을 산다. 정조는 심환지를 어르고 협박하고 온갖 수단을 다 써보았지만 눈썹하나 까딱하지 않았다. 그 바람에 심환지의 관직도 상당기간 이조참판과 대사성 그리고 승지를 오락가락해야 했다. 특진을 좋아하던 정조의 은혜를 제대로 입어보지 못한 것이다. 심지어 정조 18년 3월 10일에는 능주목사로 발령을 받는다. 문책성 좌천이었다.

같은 해 8월 심환지는 예문관 제학이 되어 중앙조정으로 복귀하지만 벼슬에 나갈 뜻이 없음을 밝히자 사흘 만에 체직됐다. 교체됐다는 뜻이다. 그리고 얼마 후 또 그동안 수도 없이 맡았던 이조참판에 제수된다.

상황이 만들어낸 병조판서

정조 19년 초 정조는 귀근(貴近), 즉 측근권간 정동준 사건으로 인해 일대 위기에 내몰렸다. 노론 벽파는 말할 것도 없고 측근들로부터도 정조의 인사 스타일에 대한 깊은 의구심이 생겨났다. 2년 이상 특권을 누리며 권력을 휘둘렀던 정동준은 정조 19년 초 세상을 떠났다.

상황은 심환지에게 유리하게 돌아가고 있었다. 지킨 쪽이 심환지, 움직이려 애쓴 쪽이 정조였다. 심환지는 끝내 움직이지 않았다. 이해 1월 28일 정조는 병조판서 이시수를 호조판서로 옮기고 심환지를 병조판서에 임명한다. 군권을 관장하는 병조판서에 썩 내켜하지 않는 심환지를 임명해야 할 만큼 당시 정조가 처한 상황은 곤혹스러웠다.

이후 규장각 제학, 대사헌, 경연 지사 등을 지낸 심환지는 10월 6일 이조판서에 오른다. 조선에서 병판에 이어 이판을 맡았다는 것은 여

간한 심복이 아니고서는 쉽지 않은 일이다. 그러나 정조는 심환지를 어려워하면서도 이 일을 맡겼다. 점점 그렇게 하지 않으면 안 되는 상황으로 빠져들고 있었기 때문인지 모른다. 그리고 이런 상황은 대부분 정조 스스로 자초한 측면이 많았다.

이조판서에 올라서도 반(反) 남인 성향은 굽힐 줄 몰랐다. 이판이 된 지 불과 열흘도 안 된 10월 14일 정조가 남인의 정신적 정치적 기반 강화를 위해 숙종 때의 남인 정승 허적의 신원(伸寃)을 명하자 그 명을 거두어 달라는 상소를 올릴 정도였다. 대신 이듬해 4월 18일 정조가 6조판서들에게 고인이 된 사람들 중에서 청백리를 추천토록 명하자 심환지는 전 영의정 서지수, 전 좌의정 김종수, 전 집의 박치륭을 추천했다. 김종수에 대한 보답이었다.

마침내 정승의 자리

정조 22년 8월 28일 정조는 복상을 해 심환지를 우의정에 임명한다. 우의정 이병정은 원래 홍낙성·채제공·김종수 3인을 추천했고 정조가 직접 심환지를 가복한 다음 우의정에 임명한 것이다. 이병정은 좌의정으로 승진했다. 그런데 이때 심환지는 금강산 유람 중이었다. 정조는 사관을 금강산으로 보내 심환지에게 서둘러 올라오도록 하라고 명했다. 그 돈유문(敦諭文)에 보면 심환지에 대한 정조의 솔직한 생각이 고스란히 담겨 있다. 심환지를 어려워하면서도 중책을 맡기지 않을 수 없었던 이유를 여기서 알 수 있다.

"경의 탁 트인 풍모야말로 아첨 잘하고 오그라들기만 하는 습속 (慴俗)을 바로잡을 수 있는 데야 말해 무엇 하겠는가. 그리고 벼슬길이 늘 통하고 막히고 하는 가운데 10년 동안이나 불우하게 지냈는데도 굳게 참으며 궁색한 생활을 견뎌내었고, 요직(要職)에 올랐을 때에도 포의(布衣-벼슬을 하지 않는 사람) 때의 옛 자세를 바꾸지 않았으니, 조정 신하들을 두루 헤아려보건대 경처럼 훌륭한 자가 누가 있겠는가. 또 내가 사람들을 많이 보아왔다만 경은 경연(經筵)에서 조용히 마주하면서 절대로 꾸미는 태도를 보이지 않았다. 그래서 내가 경을 깊이 인정하고 먼저 내각(內閣-판서)의 직함으로 빛내 준 뒤에 이어 3사(三事-정승)의 중책을 부여하게 된 것이다."

몇 차례 사양하는 상소가 올라오고 정조가 물리는 과정이 반복된 이후 두 사람이 대면하게 되는 것은 두 달이 지난 10월 28일이다. 이후 정조는 심환지에 대한 총애를 더해간다. 12월 30일 원래는 훈척(勳戚)이 맡도록 돼 있는 호위대장을 심환지가 겸직토록 한 것이다.

정조 23년 3월 들어 정조는 과거의 천적 화완옹주를 석방할 것을 명한다. 그러나 승정원에서는 그 명을 따를 수 없다며 정조의 전교를 반포하지 않았다. 이때는 이미 정조가 왕실 강화 차원에서 척리들에게 우호적인 입장을 보이고 있었다. 자신의 고모인 화완옹주 석방도 그런 맥락에서 내린 결정이었다. 이에 좌의정 이병모와 우의정 심환지는 절대 따를 수 없다며 버텼다. 특히 심환지는 과격했다. 3월 7일자 『실록』이다.

"의리에는 본말이 있고, 역적에는 주모자와 추종자가 있습니다. 모년(某年)의 의리는 을미년의 의리가 되었고, 을미년의 의리는 병신년의 의리가 되었는데, 을미년과 병신년의 역적들은 정치달 처(화완옹주)가 바로 그들의 근본 뿌리가 되고 있습니다. 그리하여 정인겸·정항간·윤양후·홍계능과 같은 여러 역적들은 모두 정치달 처를 뒤에서 은밀히 후원하는 이로 삼았습니다. 지금 만약 갑자기 용서하여 석방해 주고 이러한 내용의 전교를 팔도에 반포하고 후세에까지도 전해지게 한다면 『명의록』은 장차 아무 쓸모없는 책이 될 것이고 나라는 나라 꼴이 안 될 것이며 사람들은 사람 꼴이 아니게 될 것입니다. 신이 인군을 믿고 섬기는 것은 오직 이 의리가 있기 때문일 뿐입니다. 신들은 죽으면 죽었지 감히 그 명을 받들지 못하겠습니다."

임금이라도 원칙을 지키지 않으면 따를 수 없다는 통첩이었다. 정조는 "경의 말이 지나치다"고 경고했다. 이에 심환지는 즉석에서 관을 벗고 섬돌 아래 엎드려 대죄했다. 정조는 대노하며 심환지를 우의정에서 파직시켰다. 그러나 사흘 후 정조는 심환지를 중추부 판사로 임명한다. 죄는 용서하되 한직으로 보낸 것이다.

정조는 9월 28일 심환지를 좌의정에 제수한다. 늘 부담스러워했던 심환지를 좌의정에 제수한 정조의 심정은 어쩌면 참담했을지 모른다. 그러나 상황이 그렇게 흘러가고 있었다. 10월 초 심환지는 좌의정에 취임하지만 한 달도 안 된 10월 27일 정조는 심환지에게 불서용의 법을 시행하라고 명한다. 뭔가 중대한 문제가 발생한 것이다. 그것은 의리문제를 더 이상 논하지 말라고 한 정조의 금령(禁令)을 어겼기 때문이다. 정조는 자신의 뜻을 따라주기를 원했고 심환지는 그럴 수 없다고 버텼다. 기(氣) 싸움에서 정조는 심환지에게 밀리고 있었다.

결국 11월 5일 정조는 심환지를 다시 좌의정에 제수한다. 좌의정 심환지와 우의정 이시수는 사직소를 내며 정조의 뜻을 따를 수 없음을 분명히 했다. 그런데도 결국 두 사람을 자르지 못한 것을 보면 정조가 한 걸음 물러섰다는 뜻이다. 정조는 심환지의 벽에 막혀 더 이상 나아가지 못하고 있었다.

10장

성공한 인간,
미완의 '개혁군주' 잠들다

기대와 좌절의 정조 24년

세자빈 간택을 서두르다

통상 새해 첫날 조선의 국왕들은 종묘에 배알하고 신하들의 신년하례 인사를 받은 다음 농정에 관한 교서를 발표하는 정도로 보낸다. 그당시는 요즘 식으로 하자면 공휴일이나 마찬가지였다. 이 점에서는 정조도 예외가 아니었다. 재위 기간 대부분 권농(勸農)에 관한 의례적인 윤음 하나가 거의 전부이다시피 했기 때문이다.

그런 점에서 보자면 정조 24년(1800년) 1월 1일은 정말 특이한 하루였다. 한 달 동안 해도 될까 말까 한 일들을 이날 하루 동안 정신없이 해치웠기 때문이다. '왜 정조는 그렇게 서두르고 있었을까'라는 의문을 갖고서 이날 하루를 되밟아본다.

정조의 머릿속은 이틀 전, 즉 정조 23년(1799년) 12월 29일 홍문관 부수찬 김희주가 올린 상소로 가득 차 있었다.

"전하께서는 평소에 길러두지 않으시다가 꼭 하루아침에 요구를 해 오시는가 하면, 재이(災異)가 일어나지 않았을 때는 구언(求言)을 하지 않으시다가 재이를 당하게 된 뒤에야 구언을 하곤 하시니, 이것이 바로 재이가 거듭 발생하는 원인이고 강직한 말이 들리지 않게 된 이유라고 하겠습니다.

대신(臺臣)이 아뢰는 말에 대해서는 수용해 주시는 자세가 중요한데 체례(體例)와 혹 어긋나기만 하면 대번에 꺾어버리면서 용서해 주시지를 않는가 하면, 승선(承宣-승지)이야말로 출납(出納)하는 직분을 수행하며 상의 재가를 받으려고 두고 있는 것인데 성상의 마음에 들지 않으면 반드시 견책을 가하시며 밖에서부터 막아버리시곤 합니다.

그러고 보면 평소에 길러주시지 않는다는 것 정도가 아니라 그야말로 들어오게 하면서 문을 닫아버리는 것이라고 하겠습니다. 그러니 전하께서 구언한다면서 내리신 분부도 형식적으로 하신 것으로서 결국에는 불성실한 허물로 귀결되는 것이 아니라고 어떻게 보장하겠습니까.

옛날 신의 선조(先祖)인 부제학 신 김우굉(金宇宏)이 일찍이 연석(筵席)에서 어떤 일을 아뢰다가 상의 도량이 넓지 못하다는 말씀을 드리게 되자 상께서 힐책하신 일이 있습니다. 그때 좌우에 있던 신하들이 모두 두려움에 몸을 벌벌 떨었는데도 자리에서 일어나 대답하기를 '이것이 바로 하나의 증거입니다' 하자, 마침내 위엄을 거두시면서 화평스럽게 말씀해 주신 적이 있었으니, 군신 사이에 성의(誠意)가 서로 돈독했던 것이 이와 같았습니다. 우리 전하께서 과연 성조(聖祖)의 마음으로 마음을 삼고 계신다면 직언(直言)이 들리지 않을 걱정을 하실 것이 뭐가 있겠습니까.

신은 또 나름대로 생각만 지닌 채 아직 진달 드리지 못한 것이 있습니다. 선정(先正)신 이황(李滉)이 평생토록 자료로 제시해 드리면서 임금을 섬긴 것은 바로 『성학십도(聖學十圖)』였습니다. 선정이 『성학십도』에 못내 정성을 쏟아부으면서 임금의 마음을 바로잡고 교화의 근원을 맑게 하려고 했던 것이 과연 어떠하다 하겠습니까.

당시에 선묘께서는 온후하게 비답을 내리시고 성심으로 받아들이면서 병풍에 걸어두어 스스로 경계로 삼으시는 한편 이를 찍어서 신료들에게 나누어 주어 좌우명으로 삼게 하였습니다. 그런데 지금 이 『성학십도』를 강(講)하지 않은 지가 오래되었으니 어찌 너무도 개탄스러운 마음이 들지 않겠습니까."

새해 첫날 종묘와 경모궁을 배알하고 돌아온 정조는 정치 일선에서 물러나 있던 중추부 영사 이병모를 영의정으로 임명한다. 그가 지난 해 11월 8일 사직한 이래 영의정 자리는 공석이었고 좌의정 심환지, 우의정 이시수가 자리를 지키고 있었다. 이병모는 대표적인 정조의 측근인사였다. 이병모(李秉模, 1742년 영조 18년~1806년 순조 6년)는 숙종 때의 명신 이단하의 현손으로 1773년(영조 49년) 문과에 급제해 당시 영의정 한익모의 주청으로 6품에 올랐다. 노론 집안이었기 때문이다. 1776년 정조가 즉위하자 김상로의 죄를 탄핵하였다. 한때 유배를 당하고 1781년에는 사판(仕版)에서 제명되기도 하였으나 곧 복직되어 대사성을 거쳐 예조·형조·호조·병조 판서를 두루 지냈고 1794년 우의정과 좌의정을 거쳐 1799년에 영의정에 임명되었다. 노론으로서 모나지 않은 처신 때문에 순조 때에도 영의정을 지내게 된다.

소론의 영수 이시수(李時秀, 1745년 영조 21년~1821년 순조 21년)는 좌의정 이복원의 아들로 1773년(영조 49년) 문과에 급제했다. 정조 5년

이병모_ 노론이면서 모나지 않은 성품으로 정조의 최측근이었으며 순조 때에도 영의정을 지냈다. 정조 때 왕명으로 『삼강행실도』『이륜행실도』를 편찬했으며, 문장과 글씨에도 뛰어났다.

(1781) 정조의 문풍진흥책에 따라 초계문신에 선발됐고 이듬해 시험에서 3차에 걸쳐 수석을 하여 종부시정을 거쳐 통정대부에 올랐다. 1786년 좌승지·대사성을 거쳐 이듬해에도 대사성을 거쳐 여러 차례 이조 참의에 임명되었다. 이후 대사성·대사간·대사헌을 거쳐 1795년 공조·병조·호조 판서를 두루 지냈고 1797년 예조 판서가 된다. 정조의 총애가 두터워 1799년 이조판서를 거쳐 우의정에 오르게 되며 정조 24년 (1800년)에는 내의원 제조로 있었다. 정조 사후에 좌의정에 오르며 순조 2년 영의정에 오른다. 특히 1804년 정순대왕대비가 재차 수렴청정을 하려 하자 끝까지 반대하는 노선을 견지했고 1806년 김조순이 이끄는 노론 시파가 집권하면서 순조를 가까이에서 보필하게 된다. 이로써 이병모·심환지·이시수의 3상(相) 체제가 갖춰졌다.

군이 물러나겠다는 이병모을 불러들여 영의정으로 임명한 데는 다른 뜻이 있었다. 왕세자 책봉을 위한 것이었다. 이병모의 영의정 임명 직후 정조는 당상관 이상의 조정 신료들을 모두 들어오도록 했다.

"오늘은 바로 정월 초하루이다. 그래서 새벽에 종묘와 경모궁을 전알하였다. 그리고 이제 국가의 막대한 전례(典禮-세자 책봉)를 경들에게 자문하고자 하는데, 이런 때에 3공(三公)의 자리가 다 차지 않아서는 안 되겠으므로, 아까 궁문 밖에서 특별히 영의정을 제수하는 명을 내리었다."

이 자리에서 정조는 관례와 가례, 즉 성인식과 혼례를 동시에 치르도록 하겠다고 선언한다. 마음이 바빠진 것이다. 이어 정조는 김문순을 이조판서로 임명하고 이만수의 품계를 정2품으로 올리라는 명을 내린다.

김문순(金文淳, 1744년 영조 20년~1811년 순조 11년)은 안동 김씨 명문가 김창집의 고손자로 1767년(영조 43년) 문과에 장원급제해 7년 만에 당상관에 올라 승지에 임명된다. 노론인 그는 지속적으로 남인 채제공의 죄과를 논하고 유배시킬 것을 주장하다가 오히려 파직당하기도 했다. 그러나 곧 기용되어 충청도관찰사가 되고 1784년 공조참판이 되었으나 채제공과 의가 맞지 않는다고 탄핵을 받아 파직 당하였다. 형조·예조·이조 판서를 여러 차례 반복해서 역임했으며 1792년 형조판서로 있을 때 평택현감 이승훈이 천주교인으로서 향교의 문묘에 알성(謁聖)할 때 무릎을 꿇지 않았다는 여론이 분분함에도 이를 처벌하지 않았다는 죄로 위리안치되었다가 곧 풀려나 다시 한성판윤이 되고, 1796년 경기도관찰사를 지낸 뒤 이듬해 동지 겸 사은정사로 청나라에 다녀왔다. 그리고 이때 이조판서 제수의 명을 받은 것이다. 순조의 즉위 후에는 국구(國舅)인 김조순을 중심으로 김희순(金羲淳)과 함께 안동 김씨 세도의 중심인물이 되어 김씨 세도정치의 기반을 확립하였다. 이만수는 우의정 이시수의 동생이었다.

이어 이재학을 호조판서로, 홍양호를 홍문관 및 예문관 대제학으로, 서매수를 한성부판윤으로 삼았다. 그리고 이병모를 세자사, 심환지를 세자부로 추가 임명했다. 또 이만수를 예조판서로 임명했다. 품계를 올린 것은 바로 그를 판서로 임명하기 위한 사전조치였던 것이다. 그리고 불러도 조정에 나오지 않는 이성보와 송환기를 시강원 찬선으로 임명했다.

어느 정도 준비가 됐다고 판단한 정조는 11세부터 13세 사이의 처녀들에게 금혼령을 내린다.

중매 방식으로 추진된 세자빈 간택

다음날 정조는 관례도감 도제조 이병모, 상의원 제조 정민시, 예조판서 이만수 3인을 불러 앞으로의 절차를 논의한다. 이들은 모두 관례(冠禮)·책봉례(冊封禮)·가례(嘉禮) 등을 담당하게 될 실무 총책임자들이었기 때문이다. 이 자리에서 정조는 "3례를 동시에 추진하겠다는 생각은 그저께까지만 해도 하지 않았던 것인데 종묘에 배알하면서 신령의 부름을 받아 전격적으로 행하기로 했다"며 "세자빈의 경우에도 간택이 아닌 중매의 방식으로 추진하는 게 좋겠다"고 밝힌다. 자기가 원하는 집안을 고르겠다는 뜻이었다. 그것은 곧 이미 오래전부터 마음에 정해둔 혼처가 있었다는 것이다.

그러면서도 정조는 연막전술을 편다. 1월 3일 정민시, 이만수, 한성부판윤 서매수 등 3인을 부른 뒤 이렇게 말한다.

"바깥 사람들은 반드시 내가 사대부 집 가운데 마음을 둔 곳이 있을 것이라고 하겠지만, 실상은 어느 집에 처자가 있는지조차 모르는 실정이다. 모두가 하늘이 정하는 일이지, 어찌 사람의 힘으로 할 수 있겠는가. 오직 하늘과 조종이 도와주시기만을 바랄 뿐이다. 옛 규례에는 사조(四祖-부·조부·증조부·외조부) 중에 현관(顯官-고위관리)이 없는 집에 대해서는 한성부에서 빼버리는 대상에 두기로 되어 있으나, 지금은 각각 단자(單子)를 봉하여 예조로 직접 보내서 그냥 두거나 빼버릴 수 있도록 해야 한다. 대체로 처자란 스스로 나타나는 것이 아니기 때문에 조정에서 누차 칙교를 내리고 심지어는 각 집의 종들을 다그쳐 조사하는 지경에 이른 다음에야 마지못해 단자를 작성해서 바치곤 하였다. 그러나 이번에는 절대로 종들을 다그치지 말고, 경들의 인척이나 혹 친지 중에서 서로 찾아보도록 하라."

정조는 약간 들떠 있었다. 아마도 평생 꿈꾸었던 아버지 사도세자의 추숭문제가 조만간 가능해지리라는 기대감 때문이었을 것이다. 그것은 1월 16일 현륭원 성묘 때 드러난다. 당시 건강이 좋지 않았지만 세자 책봉의 소식을 전해야 한다는 일념으로 정조는 성묘를 강행했다. 다음날 현륭원을 돌아보던 정조는 여느 때보다 더 서글프게 땅을 치며 통곡을 했다. 대신들이 만류하자 정조는 이렇게 말한다.

"금년의 경례(敬禮)가 나에게 있어 그 얼마나 큰일인가. 경사를 당하여 선대를 추모하는 중에 크나큰 아픔이 북받쳐 올라서 그러는데, 어찌 차마 나더러 진정을 하란 말인가."

1월 21일은 사도세자의 탄생일이었다. 정조는 그 전날부터 경모궁을 찾아가 밤을 새며 격한 감정을 토로했다. 정조의 건강은 더욱 나빠지고 있었다.

이런 가운데 2월 2일 창경궁 내 집복헌에서 관례와 책봉례가 열렸다. 그때 본격적으로 가례 준비에 들어갔다. 2월 26일 첫 간택도 집복헌에서 열렸다.

"행 호군 김조순의 딸, 진사 서기수(徐淇修)의 딸, 유학(幼學) 박
종만(朴鍾萬)의 딸, 유학 신집(申緝)의 딸, 통덕랑 윤수만(尹守晩)의
딸만 두 번째 간택에 들게 하고 그 나머지는 모두 허혼(許婚)하도록
하라."

그리고 곧바로 관상감 제조를 겸하고 있던 예조판서 이만수 등을
불러 이미 자신의 마음은 김조순의 딸에 가 있다는 사실을 밝힌다.

"내가 김조순 가문에 대해 처음에는 별 마음을 두지 않았는데 현
릉원 참배를 하던 날 밤에 꿈이 너무 좋아 마치 직접 나를 대하여 그
렇게 하라고 하신 것 같았다. 그래도 처음에는 해득을 못했다가 오래
지나서야 마음에 깨치는 바가 있었다. 오늘 간택 때도 그가 들어왔을
때 보니 얼굴에는 복이 가득하고 행동거지도 타고나 궁중 사람들 모
두가 관심이 쏠렸으며 자전과 자궁도 한 번 보시고는 첫눈에 좋아하
셨다."

물론 앞부분의 이야기는 거짓말이다. 신하들도 그것을 알고 있었
다. 정조는 일찍이 김조순의 딸을 찍어놓았다. 그것은 딸 때문이 아니
라 김조순에 대한 믿음 때문이었다. 간택이 끝나자 정조는 세자의 외
삼촌 박종보에게 김조순 딸의 귀가 길을 호위토록 했다. 자기의 구상
대로 세자가 훗날 사도세자를 추숭하려면 정조 자신의 뜻을 정확히
알고 있는 신하가 세자 곁에 있어야 했다. 더불어 명문가 외척이라야
왕권이 흔들리지 않을 것이라는 자기 체험도 녹아들어 있었다. 그러

나 그것이 결국 훗날 안동 김씨 세도정치를 여는 단서가 될 것이라고 정조는 생각지 못했을 것이다. 윤4월 9일 열린 두 번째 간택에서 김조순의 딸은 사실상 세자빈으로 확정된다.

심복들이 연이어 세상을 떠나다

정조가 세자의 관례·책례·가례를 옆에서 보기에 불안할 정도로 서둔 이유 중에는 자신과 정치노선을 함께했던 시파의 중신(重臣)들이 연이어 세상을 떠난 것도 포함된다. 묘하게도 정조 22년, 23년 사이에 노론 벽파보다는 시파와 남인 중신들이 집중적으로 세상을 떠났다.

정조 22년(1798년) 8월 24일 김이소가, 12월 30일에는 홍낙성이 저 세상 사람이 됐다. 이듬해 1월 7일에는 노론 벽파를 이끌면서도 정조의 최측근이었던 김종수가 죽었다. 특히 김종수의 죽음은 정조에게 큰 충격이었다. 노론 벽파이면서도 사도세자를 향한 자신의 깊은 뜻을 비교적 정확히 이해하고 있었던 인물이 김종수라고 생각했었기 때문이다. 반면 그를 이어 노론 벽파를 이끌게 되는 심환지는 아무래도 부담스러운 인물이었다. 게다가 심환지는 정순왕대비의 사람 아닌가?

특히 이해 1월은 정조로서는 인생무상(人生無常)의 감회를 절절히 느끼도록 해주었다. 김종수가 떠난 지 사흘 후 자신을 가까이에서 보필했던 서호수가 세상을 떠났고 다시 여드레 후인 1월 18일 자신의 분신이라 할 수 있는 채제공이 세상을 떠났다. '누가 채제공을 대신해 임오의리를 견지해 줄 수 있을까?' 9월에는 화성 건설의 현장 책임자였던 조심태가 죽었다.

해가 바뀌어 정조 24년 1월에는 말없이 자신을 뒷받침해 주었던 김희가 죽었고 3월 10일에는 궂은일이라면 도맡아서 해주었던 정민시가 죽었다. 이미 홍국영·서명선·김종수가 세상을 떠난 상태였기 때문에 정민시의 죽음은 정조의 가장 큰 의지처였던 '동덕회'도 끝났다는 것을 의미했다.

　정조는 커다란 위기감을 느낄 수밖에 없었다. 주변은 노론, 그 중에서도 벽파 천지였다. 이렇게 가다가는 평생 동안 추진해 온 임오의리가 다시 신임의리에 밀릴 게 뻔했다. 어떻게든 소론과 남인을 키워 노론 벽파의 득세를 막을 필요가 있었다. 그렇다고 노골적으로 환국을 추진할 경우 이후의 사태에 대해 통제할 자신도 없었다. 그러는 사이에 시간은 흘렀다. 윤4월 26일 왕세자 책봉을 청나라에 알리기 위해 영의정 이병모가 책봉사가 되어 북경으로 떠났다.

한 시대가 무너져 내리던 때

몸져눕는 정조

평소대로 집무하던 정조가 머리 부분 종기(腫氣)에 관해 신하들에게 고통을 호소한 것은 정조 24년 6월 14일이 처음이다. 이날 정조는 내의원 제조 서용보를 편전으로 불러 며칠 전부터 생겨난 종기치료가 원활하지 못한 데 대해 불만을 표시한다. 그런데 그것 말고 또 '등 쪽에 종기 비슷한 것'이 수십 일 전부터 괴롭히고 있다고 말했다.

약에 관해서는 정조도 상당히 정통한 편이었기 때문에 치료과정은 줄곧 의원들의 처방을 따르기보다는 정조와 신하, 의원들 간의 토론 형식으로 이뤄졌다. 정조는 의원 중에서 정윤교를 신뢰했다. 그래서 등 쪽에 무슨 약을 붙이는 것이 좋은지 그리고 종기의 위치가 위험하지는 않은지 등을 캐물었다. 정윤교가 위치는 위험하지 않고 다만 근(根)이 들어 있으니 고름이 생길 것 같다고 답했다. 또다른 의원 백성

일이 웅담고(熊膽膏)를 권하자 정조는 "웅담고는 효과가 없을 것"이라며 거부한다. 어쩌면 병의 원인은 정조 자신이 정확히 알고 있었는지 모른다.

"두통이 많이 있을 때 등 쪽에서도 열기가 많이 올라오니 이는 다 가슴의 화기 때문이다."

화기(火氣)였다. 숙종부터 영조, 사도세자를 거쳐 정조까지 계속 이어지는 고질병, 화증(火症)이 바로 원인이었다. 화기는 화기(和氣)로 다스릴 일이다. 전 영의정 이천보가 사도세자의 평양 비밀 여행 때문에 자결하면서 영조에게 올렸던 유소에 나오는 '중화(中和)'의 정치를 정조도 말로는 내세우면서 실천하지 않은 결과가 아닐까?

이날 내의원에서는 정조의 명에 따라 가감소요산(加減逍遙散)을 지어 올렸다. 가감소요산은 한의학에서 열을 다스리는 약이다. 그리고 내의원 제조 서용보를 교체토록 명한다. 약효가 빨리 나타나지 않은 데 대한 일종의 문책성 인사였다. 정조는 이렇듯 성급한 성품의 소유자였기 때문에 화증이 찾아온 것이다.

서용보(徐龍輔, 1757년 영조 33년~1824년 순조 24년)는 정조 때 형조·예조 판서를 지낸 서유녕의 아들로 그의 손자가 서재필(徐載弼)이다. 영조 50년(1774년) 문과에 급제한 뒤 여러 관직을 거쳐 정조 7년(1783년) 규장각 직각(直閣)이 되었다. 1792년 사은부사(謝恩副使)로 청나라에 다녀온 뒤, 경기도관찰사·규장각직제학·이조와 형조의 참판·대사헌 등을 지냈고 1799년 예조판서에 올라 내의원 제조를 맡고 있던 이때 내의원 제조를 겸직하고 있었다.

서용보는 정조 사후인 1802년 좌의정이 되어 순조 초기의 정치에서 중요한 역할을 했고 1819년에는 영의정에까지 오른다. 정조와 정순왕대비의 신임을 받아 항상 측근에서 섬겼다. 심후하고 기량이 있었으며, 과묵하고 행동거지가 신중하였다고 한다. 이런 서용보도 병중의 정조의 비위를 맞추기는 힘들었던 것이다.

다음날인 6월 15일에는 약방 도제조 이시수를 비롯한 제조들을 접견하고 자신의 병상(病狀)에 관해 토의를 한다. 이시수가 병세를 걱정하자 정조는 "머리 부분은 대단치 않으나 등쪽은 지금 고름이 잡히려하고 게다가 열기가 올라와 후끈후끈하다"고 답한다. 백성일과 정윤교가 등 쪽 종기에 대한 진찰을 마치고 행인고(杏仁膏-껍질 벗긴 살구씨로 만든 고약의 일종)를 붙일 것을 권하자 정조는 "약효가 너무 약할 것 같다"며 반대하다가 결국 행인고를 붙인다. 몸에서 나는 열을 잡기위해 이날은 백호탕(白虎湯) 두 첩을 함께 먹었다.

병상의 진노

6월 16일 좌의정 심환지 등이 입시하여 병세에 대해 묻자 정조는 이렇게 답한다.

"내가 맨 처음 소요산을 복용한 뒤로 매일 두 번씩 마셔 몇 첩이나 복용했는지 모를 정도이고 효과는 별로 없이 그저 속만 탈 뿐이다. 어제 백호탕을 쓰기로 정하여 그것을 마시면 혹시 열을 내릴 효과가 있을지 모르겠다고 생각하였다. 그러나 조금 마시자마자 곧 열이 오르는 증세가 생겼는데 어깨와 등 쪽에서부터 시작하여 온몸이 다 뜨거워 찬 음식을 먹고 나자 비로소 조금 내려간 듯하였고 오늘 아침에는 어제보다 조금 나아진 듯하다."

그러나 병세는 조금씩 다른 방향으로 심각해져 가고 있었던 것 같다. 정조는 정윤교에게 등 쪽 종기를 진찰토록 한 뒤 "일반적인 증세로는 고름은 적고 피가 많이 나오니 피 속에 열이 많아 그런 것 같다. 앞으로 무슨 약을 쓰는 것이 좋겠는가?"라고 말한다. 이에 도제조 이시수는 "여러 의관이 모두 어제 저녁의 열 증세는 약힘의 발산 때문인 것 같다고 하니, 백호탕을 다시 쓰는 것이 좋겠습니다"고 답한다. 이에 정조는 한 첩을 더 달여 들어올 것을 명한다.

곧이어 정조는 자신의 가슴속 화병이 더해가는 이유를 의미심장하게 설명한다.

"이 증세는 가슴의 해묵은 화병 때문에 생긴 것인데 요즘 더 심한 이유는 그것을 풀어버리지 못해서 그런 것이다."

'풀어버리지 못한 그것'은 과연 무엇일까? 도대체 그것이 무엇이기에 병상에서조차 진노하는 것일까? 정조와 신하들 사이에 정면으로 내놓고 하기는 곤란한 뭔가가 있었다. 일각에서 제기되는 정조 독살설과 관련해서도 주목을 해야 할 대목이다. 정조는 말을 이어간다.

"내가 비록 덕이 모자라지만 의리에 관계되는 문제는 한 번 기준을 잡은 다음에는 조금도 흔들리지 않는데 오늘날 신하로서 누가 감히 그에 반대하여 나를 이기려는 생각을 가질 것인가. 가령 내가 지키는 의리가 완벽하지 못한 점이 있다면 그 어찌 나를 반대하는 자로 하여금 내말을 무조건 어기지 말라고 할 수 있겠는가마는, 천지자연과 부합되는 정밀한 의리에 대해서야 또한 어찌 그들이 어지럽게 하는 대로 방치해서야 되겠는가."

'어지럽게 하는 그들'은 또 누구인가? 정조는 자신이 의리의 척도를 정할 수 있다고 생각하고 있었고 신하들 중에 자신을 이기려고 하는 자들이 있다고 보았다. 정조가 말하는 의리는 다름 아닌 임오의리였다. 아버지의 죽음은 억울하다는 것이다. 이를 부정하는 세력이 있다는 말이다. 그들은 과연 누구인가?

"의리란 두 개가 없으므로 옛날 의리와 오늘의 의리를 두 가지로 간주할 수 없는 것인데, 오늘날 이른바 신축·임인년 의리를 핑계 대는 것은 과연 무슨 이유로 나온 것인가. 인정과 천리(天理)로 말하더라도 내가 신축·임인년 의리를 지키는 것이 어찌 오늘날 신하들보다 뒤떨어질 것인가? …… 더구나 지금 중천에 태양이 뜬 것처럼 이와 같은 모든 의리가 미진한 점이 없이 완전히 밝혀졌는데 오히려 겉으로 그것을 가탁하여 간사한 짓을 꾸미려 하는 것은 과연 무슨 심사란 말인가? 나 또한 야박하게 말하고 싶지 않기 때문에 하루이틀 그대로 지나가 약한 모습을 내보이는 문제가 없지 않으나 그들이 만일 살고 싶다면 어찌 감히 그처럼 강경하게 고집을 세운단 말인가?"

개략적으로나마 의문의 실체는 드러나고 있다. '풀어버리지 못한 그것'이란 신하들과의 의리논쟁이고 '어지럽게 하는 그들'이란 의리논쟁과 관련하여 정조에 강경하게 맞서고 있는 자들이었다. 영조를 따르고 정조의 사도세자 신원론에는 동의할 수 없는 신하들이었다. 노론 벽파들이었다. 정조의 목소리는 다시 높아져간다.

"병진년(1796년 정조 20년) 겨울의 처분은 성과가 없는 것 같지만 느끼지 못하는 사이에 또한 한 푼의 소득이 없지 않았으니, 그 뒤부터는 그러한 이야기를 전혀 듣지 못했다. 그런데 이번의 일은 병진년 당시보다 심하다고 말할 수 있다. 우선 경들 자신부터 밖에 나가 서로 고하여 이러한 사정을 제각기 이해하도록 한다면 다소나마 죄에 걸리지 않을 보람이 있을 것이다. 오늘날처럼 살피고 엿보기를 잘하는 습속으로 혹시 나의 본심이 어디에 있는가를 안다면 또한 어찌 얼굴을 바꾸고 마음을 고치는 길이 없겠는가. 오늘의 입장으로서는 그들이 얼굴을 바꾸고 마음을 고칠 수 있게 한다면 사실 가장 좋은 일이지만 그렇게 하지 않는다면 그들 가운데 한두 사람은 그가 지은 죄에 걸맞게 벌을 가하지 않을 수 없다. 숨어 있는 음침한 장소와 악인들과 교제를 갖는 작태를 내가 어찌 모를 것인가. 내가 만일 입을 열기만 하면 상처를 받을 자가 몇 사람이나 될지 모르기 때문에 우선 참고 있는데, 지금까지 귀를 기울이고 있어도 하나도 자수하는 자가 없으니, 그들이 무엇을 믿고 감히 이런단 말인가?"

호통과 협박. 이상의 모든 의문을 푸는 단서는 병진년 겨울의 처분과 '이번의 일'이 무엇인지를 확인하는 데 있다. 병진년 겨울의 처분이란, 아마도 이조판서 심환지가 자기 당파 사람들만을 쓴다고 하여 파직시켰던 일을 염두에 둔 것 같다. '이번의 일'은 뒤에 나오는 이만수의 문제다. 정조의 말이 끝나자 이시수는 정조를 달래듯이 "죄가 있는 자가 있다면 그가 지은 죄에 걸맞게 벌을 가하면 그뿐"이라며 "병을 요양하시는 중에 어조가 과격하시니 몸조리에 해로울까 매우 애가 탄다"고 말했다. 정조도 불만을 삭이며 이렇게 답한다.

"경들이 하는 일도 한탄스럽다. 이와 같은 하교를 듣고서도 어찌 그 이름을 지적해 달라고 청하지 않는단 말인가. 그렇지만 내가 그 이름을 말하고 싶지는 않다. 그들은 나를 나약하다 생각하고 감히 이렇게 하고 있으나 조만간에 결국 결말이 날 것이다. 비유하자면 종기가 고름이 잡히는 것과 마찬가지니 나는 반드시 그것이 스스로 터지기를 기다리고 싶으나 그들이 끝내 고칠 줄 모른다면 나도 어쩔 수가 없다."

정조는 단단히 화가 나 있었다. 아마도 이날 저녁이었던 것으로 보이는데 내약원에서 재차 진찰할 것을 청했으나 정조는 물리쳤다. 그리고 서용보를 빼버린 내의원 제조에는 이병정을 새롭게 임명했다. 제조의 임명은 사실 정승 임명에 준할 만큼 중대한 결정이었다. 이병정(李秉鼎, 1742년 영조 18년~1804년 순조 4년)은 충청도관찰사 이창수(李昌壽)의 아들로 영조 42년(1766년) 문과에 급제해 여러 관직을 지낸 후 정조 19년(1795년)과 순조 원년(1800년)에 한성부판윤을 지냈고 이후 이조판서와 대제학을 역임했다. 사관은 그의 졸기에 긍정과 부정의 평을 함께 싣고 있다.

"빼어난 재주가 있고 문사(文辭)가 넉넉하여 민첩했다. 그러나 세력을 붙좇고 이(利)를 좋아해 가는 곳마다 탐욕스러웠으므로, 사람들이 모두들 침을 뱉고 욕했지만 태연스레 부끄러운 줄을 몰랐다."

이병정은 제조가 되기 13일 전인 6월 3일 이조판서로 임명됐다. 인사문제에 관한 한 철저했던 정조가 이조판서를 맡겼다는 것은 그만큼 신임이 컸다는 뜻이기도 하다.

오회연교(五晦筵教), 5월 그믐날의 하교

이런 논란이 생기기 한 달여 전인 5월 12일 정조는 특지(特旨)를 내려 이만수를 이조판서에, 서용보를 예조판서에 임명했다. 이만수(李晩秀, 1752년 영조 28년~1820년 순조 20년)는 좌의정 이복원(李福源)의 아들이자 이시수의 동생이었다. 정조 13년(1789년) 문과에 급제해 규장각 직각을 거쳐 1795년 성균관 대사성으로 규장각 제학을 겸하였다. 1797년 대사간, 1799년 다시 대사성을 지냈고 예조판서를 거쳐 이때 이조판서로 제수된 것이다. 순조 즉위 후에 형조·병조·호조 판서 등을 두루 지내게 된다.

그런데 이때 이만수의 형 이시수가 정승이었기 때문에 이만수는 의리에 맞지 않는다며 한사코 이조판서 취임을 거부했다. 이에 정조는 사도세자의 기일(5월 21일)에 맞춰 삼각산·목멱산 등에 제사를 지내고 돌아온 열흘 후인 5월 22일 이만수의 출사를 재촉했다. 그런데 그때 정조의 말이 인상적이다.

"병신년(정조 즉위년) 이후 외척보다 현인을 우대하는 의리[右賢左戚]가 차츰 과거보다 못하다는 탄식이 많았는데 이제 이조판서는 그인품이야 전형을 맡는 지위에 약간 부족하지만 조정에 나와서 시속을 바로잡는[矯俗] 정사를 할 사람으로서는 바로 적격자다."

그러면서 이날 이시수·이만수와 당색이 같은 소론의 대사성 윤광안을 이조참의에 임명했다. 당파별 안배를 하던 호대법을 깨고 이조의 핵심자리를 소론 일색으로 밀어붙이겠다는 뜻을 분명히 한 것이다. 그것은 심환지를 정면으로 압박하겠다는 선전포고였다. 그런데 오히려 이만수나 이시수가 심환지의 눈치를 보는 것 아니냐는 게 정조의 불만이었다.

그래도 이만수가 사직소를 올리며 출사하지 않자 5월 24일 정조는 언짢은 기분을 드러낸다. 그리고 닷새 후인 5월 29일 홍문관 수찬 김이재가 이만수의 사직소에는 진심이 담겨 있지 않고 거짓 사양의 제스처만 가득하다고 비판했다. 이에 격분한 정조는 김이재를 경상도 언양으로 유배토록 명하고 다음날 유명한 '오회연교(五晦筵教)', 즉 5월 그믐날 경연에서의 하교를 내린다. 그에 앞서 먼저 김이재가 어떤 인물인지에 대한 이해가 필요하다.

김이재(金履載, 1767년 영조 43년~1847년 헌종 13년)는 김방행(金方行)의 아들로 우의정 김이교(金履喬)의 동생이다. 1790년 문과에 급제해 조선 후기의 문신으로 1789년 진사를 거쳐, 1790년 증광문과에 병과로 급제하여 사헌부 지평을 거쳐 이때 홍문관 수찬으로 있었다. 시파로서 이때의 상소 때문에 벽파에 밀려 유배를 가게 된다. 정조가 죽고 순조 때 이조·예조·형조·공조의 판서를 두루 역임하고 특히 서울 시장격인 한성부 판윤을 네 차례나 역임한다. 그러나 벽파와의 마찰로 인해 벼슬길은 순탄치 못했다.

5월 그믐날의 경연에서 내의원 도제조를 겸하고 있던 이시수는 자기 동생 이만수의 문제 때문에 상소를 올린 수찬 김이재를 귀양 보내라고 한 전날의 명을 거두어 줄 것을 간청했다. 재상을 논박했다는 이유로 귀양을 보내는 것은 아무래도 심한 처분이 아니냐는 것이었다. 이시수의 말이 끝나자 정조는 작심한 듯 24년 재위기간을 회고하고 앞으로 자신의 계획을 밝히는 하교를 내린다. 그것이 바로 '오회연교'다. 크게 보면 오회연교는 네 가지 내용을 담고 있었다.

이에 대해서는 그 자신이 다음과 같이 요약 정리한다.

"오늘 연석에서 하교한 것은 맨 먼저 고금의 의리가 시대 상황에 따라서 다른 것을 말했고 다음은 규모(規模), 그 다음은 인물을 등용한 문제, 그 다음은 가르침을 펴고 가르침을 따르게 하는 방안에 대해서였다."

첫째 의리의 문제는 결국 노론들이 선대왕(영조)을 따라 사도세자를 죽이는 데 동참했지만 자신의 의리관에서 보자면 노론의 잘못이 크다는 것이다. 둘째 규모란 자신의 정국 운영 구상으로 의리탕평에 관해 길게 설명했다. 셋째 채제공·윤시동·김종수 등 세 정승을 정확히 8년씩 번갈아 등용했던 자신의 정국 운영 방식에 대해 자세하게 이야기했다. 넷째는 자신의 노선을 따르는 것이 충(忠)이고 이를 따르지 않는 것이 역(逆)이라며 노론 벽파 세력을 압박했다.

과연 병상의 정조가 "이와 같은 하교를 듣고서도 어찌 그 이름을 지적해 달라고 청하지 않는단 말인가. 그렇지만 내가 그 이름을 말하고 싶지는 않다"고 한 말은 누구를 겨냥하고 있는 것일까? 여러 정황을 볼 때 그것은 정순왕대비와 깊이 연결돼 있던 좌의정 심환지를 가리키는 것 같다.

다시 6월 16일 병상에서의 대화로 돌아가자. 정조는 병석에서 서두에 이렇게 이야기를 끄집어냈다.

"크거나 작은 일을 막론하고 하나같이 침묵을 지키며 신하들을 접견하는 것까지도 다 차츰 피곤해지는데 조정에서는 두려울 외(畏)자 한 자가 있는 줄을 모르니 나의 가슴 속 화기가 어찌 더하지 않을 수 있겠는가? 우선 경들은 자신부터 임금의 뜻에 부응하는 방도를 생각하도록 하라!"

노기(怒氣)를 느끼기에 충분한 발언이다. 이에 문제의 좌의정 심환지가 자세를 낮추며 이렇게 말한다.

"일월처럼 밝디 밝은 전후에 내리신 분부는 모두가 지극히 정밀한 의리였으며 이번에 연석에서 분부하신 뒤로는 털끝만큼도 미진한 점이 없게 되었으니, 비록 우매한 서민이라도 그 누가 성상의 뜻이 무엇인지 모르겠으며 또 누가 감히 그 사이에 이론을 제기하겠습니까."

정조는 심환지의 말을 건성으로 받아넘기며 다시 노기 띤 음성으로 말했다.

"경 또한 늙었지만 저번 연석의 분부 속에 자기 자신을 경멸하면 남이 따라서 경멸한다는 말이 있었는데 이 또한 경이 스스로 반성할 점이다."

노회한 심환지는 슬쩍 비켜섰다.

"성상의 분부가 실로 틀림없습니다. 사람은 사실 매사를 다 잘할 수 없지만 신처럼 무능한 자는 열 가지 일 중에 한두 가지 일도 조정에 도움이 있기를 기대하기가 어려우니, 어찌 남의 경멸을 받는 한탄이 없겠습니까."

정조의 분노가 마침내 폭발했다.

"이른바 교제를 하고 있다는 것도 한 군데만 교제를 하는 것이 아니라 사면팔방으로 부정한 경로를 믿고 비밀히 서로 내통하지 않은 것이 없으니, 이것이 또한 사대부들이 하는 짓인가. 내가 그들을 사대부로 간주하지 않기 때문에 우선 방치하고 있으나 지금 세상에 살면서 감히 이와 같은 버릇을 자행한단 말인가. 아무개가 어디에서 이런저런 작태를 벌인 것에 대해 나도 익히 들은 것이 있으니 분명히 조사하여 엄중히 조처하는 것은 한번 행동으로 옮기기만 하면 결판이 날 판인데, 그들은 오히려 무서운 줄을 모른단 말인가."

무서운 협박이었다. 심환지는 입을 다물었다.

악화되는 병세

이날 정조는 체직된 내의원 제조 후임으로 이병정을 임명했다. 6월 17일에는 가감소요산 세 첩과 금련차 한 첩을 지어 올릴 것을 명했다. 그러면서도 약방의 진찰 요청은 계속 거부했다. 6월 19일에는 약방에서 숙직을 하며 곁에서 지키겠다고 청했으나 정조는 이 또한 받아들이지 않았다. 신변의 위협 때문인지는 분명치 않다. 스스로 나을 수 있다고 생각했을 수도 있고 마음에 들지 않은 신하들의 행태에 대한 몽니일 수도 있었다.

병세가 더 악화된 때문인지 정조는 다음날인 6월 20일 약방의 신하들을 불러 접견했다. 그리고 가감소요산은 더 이상 들이지 말고 유분탁리산 한 첩과 삼인전라고 및 메밀밥을 지어 올리라고 명했다. 가감소요산을 들이지 말라고 한 것은 화기가 제대로 가라앉지 않았기 때문이고 고약과 메밀밥은 종기의 고름을 빼기 위한 것이다. 그만큼 증세가 심해지고 있었다.

정조의 죽음을 둘러싼 독살설 등이 제기되고 있기 때문에 여기서부터는 보다 가까이 들여다볼 필요가 있다.

6월 21일 정조는 약방의 고위관리와 정승, 판서들을 불렀다. 약원 도제조 이시수가 전날 밤의 안부를 묻자 정조는 "여전히 고통스럽고 징후로 말하면 한열이 일정치 않는 것 말고도 정신이 흐려져 꿈을 꾸고 있는지 깨어 있는지 분간하지 못할 때도 있다"고 답했다. 그리고 의원 강명길·유광익·현필채·박전 등에게 진찰할 것을 명했다. 이들은 하나같이 전날보다 맥이 더 악화된 것 같지는 않다고 답했다. 특히 열은 줄어든 것 같다고 했고 정조도 동의했다. 진찰을 마친 정조는 종기의 고름을 빼기 위해 유분탁리산 3첩과 메밀밥을 조제하여 들여오도록 명했다.

6월 22일 정조는 약방 신하들을 접견하고 "잡아당기는 통증은 조금 나은 듯하다"고 말했다. 다만 식사하는 게 힘들어 쌀미음만 조금 마시고 있다고 했다. 종기에 대해서는 의원들의 견해가 갈렸다. 어떤 이들은 푹 곪았다고 했고 어떤 이들은 고름은 많이 나왔으나 아직도 푹 곪지 않았다고 했다. 이에 정조는 죽엽차에 청심환 한 알을 들여오고 패모고라는 고약을 조제해 올 것을 명했다. 또 향유조중탕 한 첩과 향귤음 한 첩을 들여오라고 했다.

6월 23일 이시수가 종기의 고름 상태에 대해 묻자 정조는 병세가 더욱 악화됐다고 말한다.

"고름이 나오는 곳 이외에 왼쪽과 오른쪽이 당기고 뻣뻣하며 등골뼈 아래쪽에서부터 목 뒤 머리가 난 곳까지 여기저기 부어올랐는데 그 크기가 어떤 것은 연적(硯滴)만큼이나 크다."

그리고 정조는 좀더 적극적으로 뛰어난 의원을 전국적으로 찾아보라며 신경질을 낸다.

"경들은 의술에 밝은 자를 두루 찾아 반드시 오늘 안으로 당장 차
도가 있게 하라."

이런 와중에 내의원 제조 이병정이 김재찬으로 교체됐다. 이조판
서 이병정에 대한 사간원의 논박이 있었기 때문이다. 한편 이날 정
조는 고름 제거를 위해 찹쌀밥과 우렁이 고약을 조제해 들일 것을
명했다.

6월 24일 이시수가 문안하자 "어제 정오 이후부터는 고름이 조금
적어졌다"고 말한다. 그러나 통증에는 변함이 없자 정조는 심연이라
는 사람이 조제한 연훈방과 성전고라는 약을 사용할 것을 명했다. 연
훈방은 훗날 독살설의 한 가지 근거가 되는데 소량의 수은을 태우는
연기를 통해 치료를 시도하는 처방이었다. 그 처방이 너무 강한 것이
라 신하들은 섣불리 시험하면 안 된다고 반대했으나 정조는 그 동안
어떤 약도 효과가 없지 않았느냐며 한번 시험해 볼 것을 고집했다. 한
편 종기전문 의원을 찾아냈느냐는 다그침에 이시수는 "전주에 사는
황씨를 찾아냈으니 몇일 안에 올라올 것"이라고 답한다. 진찰이 끝나
자 연훈방과 성전고를 조제해 들여올 것을 명했다.

6월 25일 연훈방과 성전고의 효과 때문인지 밤에 잠깐 잠이 든 사이
에 피고름이 속적삼을 적실 만큼 흘러나와 몇 되나 되었다며 연훈방
과 성전고를 조제한 심연과 정윤교를 들어오도록 명했다. 이들은 종
기의 뿌리가 다 녹았다며 "반갑고 다행스러운 마음은 무엇이라 형용
할 수 없다"고 반색했다. 하긴 정조도 "잠자리가 지난밤에 비해 조금

나았다"고 했으니 그들로서 기쁠 수밖에 없었다. 통증도 많이 가셨다고 하자 이시수는 "입맛이 좋아지는 대로 섭양을 잘 한다면 쾌차하시게 될 것"이라며 "앞으로는 조정일을 할 때도 너그러운 마음을 가지소서"라고 병세를 낙관했다. 심지어 정조는 일부 신하들을 불러 이부자리의 고름 나온 자리를 보여주기까지 했다. 그만큼 다 나았다고 믿었다. 신하들의 입에서는 "경사스럽고 다행하기 그지없습니다"는 말이 나올 정도였다.

그런데 저녁 무렵이 되자 정조는 다시 약방의 신하들을 불렀다.

"피고름이 많이 나온 뒤라서 뱃속이 필시 허약할 것인데 먹지 않아도 배가 불러 무엇을 먹고 싶은 생각이 없으니 이상한 일이다."

열나는 것은 어떠냐는 이시수의 물음에도 "열기는 참으로 견딜 수가 없으니 이것은 특별한 증상이다"고 답했다. 정조는 심연을 불러 증세를 살피도록 했고 심연은 "피고름이 거의 나왔고 약간의 찌꺼기만 남아 있을 뿐"이라고 하자 정조는 "이제 열을 다스리는 데 크게 유의하지 않을 수 없다"고 답한다. 심연도 일단 종기는 나아가는 것으로 여겼던 것이다. 정조는 일단 열을 다스리기 위해 용뇌안신황 한 알과 댓잎에 달인 물에 우황청심원 한 알을 들여올 것을 명했다.

6월 26일 좌의정 심환지가 병세를 묻자 정조는 "몸을 움직이는 것은 조금 낫지만 통증은 완전히 가시지 않았다"고 답한다. 열은 조금 내렸지만 종기가 계속 문제라는 이야기였다. 잠도 편히 못 잤고 수라도 제대로 들지 못했다고 했다. 정조가 다시 한번 연훈방을 시험해 보고 싶다고 하자 이시수가 말렸다. 열은 조금 식은 듯하니 탕약은 우선 중지하고 상황을 지켜보자는 것이었다.

이때는 정조뿐만 아니라 이시수·심연 등도 병세를 잡았다고 보고 원기를 보충하는 단계로 접어들어야 한다고 생각했다. 인삼이 들어간 경옥고를 먹게 된 것도 그런 판단에 따른 것이었다. 경옥고를 먹어야겠다고 한 것은 정조였다. 사실 인삼은 열나는 사람에게는 좋지 않았다.

6월 27일 이시수가 밤사이 병세에 대해 묻자 정조는 "어젯밤을 지새운 일은 누누이 다 말하기 어렵다"고 답한다. 상황이 다시 악화된 것이다. 의원들의 진맥 결과 "열은 조금 내려갔으나 맥박이 부족하다"는 데 의견이 같았다. 정조는 급했다.

"이제는 병의 증세를 직접 마주하여 응하는 약을 쓰지 않을 수 없다."

탕약에 들어가는 약제의 분량 하나하나까지도 정조가 직접 결정했다. 그러나 이날부터 정조의 정신이 왔다갔다 하기 시작했다. 잠이 든 것처럼 하다가 깨다가를 반복했다. 저녁에는 지방 의관들 중에 의술에 밝다고 소문난 두 사람이 대령했다. 그러나 이들이 할 수 있는 처방이 따로 있을 수 없었다.

6월 28일, 운명의 날이 밝았다. 좌의정 심환지 등이 와서 밤사이 병세를 묻자 정조는 "새벽이 돼서야 조금 잤다"고 했다. 또 전혀 먹은 것이 없다고 하자 인삼차를 들여와 한잔 했다. 낮에는 지방에서 차출된 의원들이 진찰한 결과를 바탕으로 지어올린 탕약을 먹었다. 인삼이 3돈이나 들어간 가감내탁산이었다. 한편 조금 움직일 만하다고 판단한 정조는 창경궁 내 영춘헌으로 거둥하여 좌부승지 김조순, 전(前) 직제학 서정수, 서용보, 이만수 등을 불러 접견하기도 했다. 그러나 접견 도

중 병세가 위독해지면서 정조는 쓰러졌다. 쓰러지기 직전 뭐라고 말을 하려 해 잘 들어보니 '수……정……전(壽靜殿)' 석 자였다. 왕대비가 거처하는 곳이다. 그것이 정조의 마지막 음성이었다. 이 소식을 전해 들은 정순왕대비는 환관을 통해 분부했다.

"이번 주상의 병세는 병술년(1766년 영조 42년) 선대왕의 증세와 비슷하오. 그 당시 드셨던 탕약을 자세히 상고하여 써야 할 일이나 그때 성향정기산을 복용하고 효과를 보았으니 의관에게 의논하여 올려드리게 하시오."

혜경궁 홍씨도 이 소식을 듣고 세자(훗날의 순조)를 데리고 정조가 있는 곳으로 달려왔다. 이시수가 급히 성향정기산을 숟가락으로 떠넣어보려고 하였으나 의식을 잃은 정조는 토해낼 뿐이었다. 의원이 맥을 짚은 뒤 "맥도로 보아 이미 가망이 없습니다"고 말했다. 영춘헌에서는 울음소리가 진동하기 시작했다. 저녁 7시 무렵이었다. 이상과 같은 『실록』의 기록이 사실이라면 독살설이 들어설 자리는 어느 곳에도 없다. 연훈방은 정조 스스로 쓰자고 했던 것이고 이시수는 정조의 치료를 위해 최선을 다했으며 정순왕대비는 임종의 현장에 있지도 않았다.

정조의 죽음은 실은 조선의 죽음이었다. 정조의 개혁실패는 조선의 개혁실패였다. 그는 전환기에서 방향을 찾지 못하고 방황했다. 그의 방황은 조선의 방황이었다. 그의 죽음으로 조선의 방황은 멈추었다. 그것은 쇠퇴의 길이었고 국망(國亡)의 길이었다. 정조가 죽고 조선이 망하는 데 걸린 시간은 정확히 100년이었다.

정순왕대비가 추억하는 정조

"선왕(先王)이 여덟 살 때 내가 처음으로 만나보았는데 비록 어린 나이였지만 그 행동거지라든지 풍기는 기상이 의젓하고 덕기가 있었으며, 지극한 효성 또한 벌써 겉으로 나타나보였고, 잠자리와 찬선 등을 살피는 범절도 예도에 어긋남이 조금도 없었다. 을유년에 큰 병에 걸려 달이 넘게 위태로운 고비에 처해 있을 때 영묘(英廟)께서 걱정에 싸여 속을 태우시다가 병술년 봄에는 영묘 자신이 환후가 있어 여러 달을 두고 점점 심해지더니 3월에 들어서자 매우 위독하게 되었는데, 이때 선왕은 큰 병을 막 앓고 난 후라서 기운이 제대로 회복이 안 된 상태였지만 다급하고 어쩔 줄을 몰라 밤낮없이 곁을 지키고 앉아서 침식(寢食)을 잊을 정도였고 영묘께서 몸을 움직이실 때면 직접 부축을 하여 그야말로 그 진실하고 조심성 있는 태도가 곁에 있는 사람들을 감동시켰다. 결국 하늘과 신명이 감응하여 환후는 회춘을 보셨지만 궁중에서는 모두들 선왕의 지극한 효성에 감동된 소치라고 하였던 것이다.

영묘께서는 10여 년을 두고 병환이 늘 떠나지 않았는데 언제나 증세가 좀 위중할 때면 금방 눈물을 흘리면서 직접 소변을 맛보기도 하며 그렇게 애간장을 태우면서 10년이나 시탕(侍湯)을 하였지만 애태우고 어쩔 줄 몰라 하는 지성은 언제나 한결같았다.

그리고 병신년에 상을 당하고서는 울부짖고 뛰고 예(禮)에 넘도록 너무도 슬퍼하면서도 영묘의 환후가 을유년에 큰 병을 앓을 때 너무 애타게 걱정하셨던 것이 원인이 됐다 하여 그것을 더욱 가슴에 맺힌 한으로 삼았다. 그래서 어제 진향문(御製進香文)에도 그 애통한 내용을 담았던 것이다.

어좌에 오른 이후로도 영묘가 남기신 뜻이면 털끝만큼도 어김이 없었고, 진전(眞殿)과 육상궁(毓祥宮)에 대한 추모의 성의도 지극하여 크건 작건 사향(祀享) 절차를 조금도 고침이 없이 전일에 하던 규모 그대로 따라 하였다. 20여 년을 재위하였지만 진전의 초하루와 보름의 봉심(奉審)에 있어서는 비록 소소한 병이 걸렸거나 아니면 추운 겨울, 무더운 여름 또한 찬바람·눈·비 할 것 없이 한 번도 그 때문에 그 예를 폐한 일이 없이 꼭 새벽 파루를 친 후에야 행례를 하였다. 나는 늘 혹시라도 건강을 해칠까 염려되어 어쩌다가 직접 행례하는 일을 잠시 멈추도록 권고라도 할라치면 눈물이 글썽해 가지고 얼굴을 가리고 이르기를, '큰 병이 들지 않았을 바에야 성의를 표하는 길이 오직 이 길밖에 없으므로 차마 한 번도 예를 빠뜨릴 수가 없는 것입니다'고 하였다.

종묘 사직의 제향에 있어서도 지성을 다해 살피고 단속하여, 재거(齋居)하면서는 밤을 꼬박 새워가며 그 준여(餕餘)를 반드시 직접 맛보곤 하였다. 경모궁에 대하여는 너무나 슬픈 어버이에 대한 생각이 천지에 사무쳐 높이 받드는 의식이라든지 향사하는 절차를 정성껏 하고 예에 맞게 하여 털끝만큼이라도 유감됨이 없이 할 수 있는 모든 것을 다하고는 했으나, 지극한 원통이 늘 마음에 있어 20여 년을 보내면서 자신이 임금이지만 그 즐거움을 느끼지 못한 채 마치 갈 곳 없는 궁한 사람처럼 여기었다. 평상시에도 말로는 차마 그 표현을 못했고, 해마다 재일(齋日)이면 너무나 한스럽고 슬픈 마음을 억누르려고 애쓰는 기색이 표정으로 나타나 해가 갈수록 더해갔는데 나 역시도 마음이 상하여 그것을 차마 볼 수가 없었다. 그런데 그와 같은 지극한 효심을 가지고도 감히 영묘의 뜻을 어기려고는 하지 않아, 뿌리가 둘일 수 없는 왕실의 의리를 금석같이 끝까지 지켰으니 그것이야말로 최고의 인(仁)이요 더할 수 없는 의(義)로서 백왕(百王)을 능가하는 훌륭한 덕인 것이다. 그것을 어찌 종이와 붓으로 다 형용할 수 있으랴.

나에 대하여도 효성을 바치는 정성이 대단하여 세손(世孫)으로 있을 때부터 서로 의지하고 기대하고 했었는데, 병신년 이후 내가 외로이 슬픔 속에 파묻혀 있자 더 많은 우려를 하면서 나를 보호하기에 모든 방법을 다 동원하였고, 거처나 기타 범절에 있어 일호라도 혹시 소루한 점이 있을까 염려하여 아무리 미세한 일이라도 모두 꼭 직접 점검하여 나를 편리하게 하려고만 힘쓰고 자신의 노고는 돌보지 않았으므로 내 언제나 마음이 불안하고 한편 걱정도 되었다. 음식이나 탕약 같은 것도 혹시 때를 좀 어기기라도 하면 마치 미처 못 할 것 같이 서둘러 올리게 하고는 친히 와서 살펴보고 또 지성으로 권하였다. 이 모진 목숨이 지금까지 붙어 있는 것도 모두가 그의 돈독한 효성의 덕 때문이니 내 침실 안에 진열되어 있는 편리한 일상 도구들을 보면 어느 것 하나 그의 효성이 담겨져 있지 않은 것이 없으며, 내가 즐기는 것이면 아무리 하찮은 물건이라도 자기가 먼저 갖는 법이 없이 반드시 손수 들고 와 갖도록 권했다. 그리고 모든 물건에 있어 많고 적고를 막론하고 보이는 것만 있으면 가지고 와 내게 주었으며, 내가 무엇을 들라고 권하면 그것이 비록 구미에 맞지 않아도 평소 즐기는 것처럼 즐겨 상대의 마음을 편케 해주는 그 효성이 해가 갈수록 더해갔다. 또 궁궐 내부에서 무슨 마음 돌리기 어려운 일이라도 있을 경우 내가 지성으로 타이르고 권유하고 하면 내가 한 일이 혹 지나칠 때가 있어도 조금도 안 좋아하는 빛을 얼굴에 보이거나 말로 나타내는 일 없이 차분한 기색과 따뜻한 말씨로 마치 몸 둘 바를 모르듯이 했다. 지난 기록들을 다 들추어봐도 그렇게 훌륭한 덕과 지극한 효성을 가지고 있었던 이는 다시 없을 것이다.

　학문에 있어서도 밤낮없이 전심전력하여 손에는 언제나 책이 들려져 있다가 파루가 끝나야 겨우 잠시 잠자리에 들었지만 그래도 피곤하다는 말을 하지 않았으니 끝에 가서 도덕(道德)이 성취된 것도 그 때문에 그리된 것이다. 게다가 또 검소한 것을 좋아했으며 중년 이후로는 더더욱 그러하여 겨울이면 곤룡포 이외에는 늘 입는 것이 굵은 무명베 옷이라서 자주 다시 만들었을 뿐만 아니라 기워서 입기까지 하였다. 여름철 옷은 자주 빨기 때문에 해진 것도 그냥 입었고, 반찬 역시 보통 때는 세 가지를 넘지 않았으며 평상시 좋아하는 노리갯감이라고는 하나도 없어 그 자봉(自奉)하는 것이 마치 한미한 선비 같아 수십 년을 하루처럼 보냈었다.

　금상(今上-순조)이 어려서 클 때도 화사한 의복이나 기름진 음식은 입과 몸에 가까이 못했고, 모든 일을 반드시 옳은 방향으로 지도하니 궁궐 안이 엄숙하고 질서정연하면서도 일면 화기가 넘쳐흘러 각기 자기 도리를 다해갔는데 궁궐 내부의 위아래 할 것 없이 누구 하나 그의 교화에 열복하지 않았겠는가. 선왕은 또 경건한 마음으로 하늘과 귀신을 섬겼으며, 백성 보살피는 생각도 정성스럽고 진지하여 마치 갓난애를 돌보듯이 하였고, 구름 한 번 끼고 햇빛 한 번 나는 것까지도 관심을 안 갖는 것이 없어 하늘을 곁에서 대하듯이 한 정성이 하루도 소홀함이 없었다. 해마다 비가 혹 철을 거르기라도 하면 침식을 다 잊고 마음이 타서 밤낮으로 안절부절 못하였기 때문에 내가 늘, 마음을 그렇게 쓰다가는 틀림없이 성체(聖體)에 손상이 올 것이라고 걱정하였다. 그러다가 단비가 내리려 하면 좌우가 감동할 정도로 기뻐하는 빛을 보이면서 그래도 부족할까 봐 뜰에다가 측우기를 놔두고 우량이 어느 정도인가를 자주 물었으며 비가 흡족하게 내리고 난 뒤라야 비로소 마음을 놓았다. 아, 선왕의 그 훌륭한 덕과 지극한 선을 다 기록하려고 들면 약간의 문자로는 도저히 표출할 수가 없는 일인데 더군다나 나 같은 얕은 견문으로야 어떻게 그 만분의 일이나마 엇비슷하게 형용할 것인가. 슬퍼 울부짖고 망극한 상황에서 겨우겨우 정신을 가다듬어 대략 몇몇 조항을 이렇게 적어보는 바이다."

혜경궁 홍씨가 추억하는 정조

"천성이 검박하여 어려서부터 화사한 것을 좋아하지 않았고 입은 옷이 더러워지고 해져도 싫어하지 않았으며, 놀이를 할 때도 가지고 놀기 좋은 물건을 취하지 않고 오직 질박한 것을 좋아하여 버리지 않고 오래 가지고 놀았다. 어려서부터 학문을 좋아하여 날이 밝기도 전에 일어나 재촉하여 세수하고 머리 빗고는 독서를 시작했는데, 나로서는 어린 나이에 혹 손상이라도 받을까 싶어 일찍 일어나지 말라고 경계하면 그는 등잔 그림자를 가리고서 세수하고 빗질을 하곤 하였다. 효성 또한 대단해서 영종대왕·경모궁 그리고 나를 섬기면서 상대의 얼굴빛을 살펴가며 미리 마음을 알아차려 뜻을 받들고 털끝만큼도 교훈을 어기는 일이 없었다. 혹시 양궁(兩宮) 사이에 무슨 좀 난처한 일이라도 있을라치면 곧 그 사이에 들어서 빈틈없이 주선을 하여 잘 풀린 일도 많았는데 그런 일이 이루 셀 수 없을 정도였다. 정축년에 두 번이나 국상이 났을 때는 다른 방으로 옮겨가 있었는데 빈전(殯殿)과 거리가 멀지 않아 곡하는 소리가 다 들렸다. 그는 때로 사람 없는 곳에다가 제물 같은 것을 차려두고 전(奠)을 올리는 모습을 하였는데 그때 나이 아직 예를 차릴 때가 못 되어서 제전에 직접 참여하지는 못했지만 생각이 거기에 미친 것을 보면 타고난 효성의 한 단면을 볼 수가 있다.

두 성모를 추모하여 죽도록 변함이 없었고, 정축·무인 두 해 겨울 영종대왕이 앓아누웠을 때는 나이 겨우 대여섯 살이었지만 속 태울 줄 알고 반드시 지성으로 문후를 하고 띠도 풀지 않고 곁을 떠나지 않고 할 때 그 숙성함에 탄복하지 않은 이가 없었다. 영종대왕이 자주 곁에 앉혀 두고 늘 글을 읽어보라고 하고 그 뜻을 물으시면 하나하나 분석하여 아뢴 것이 모두가 사리에 딱딱 맞았고, 어쩌다가는 밤중에 인견(引見) 때 불러내어 글을 외우라고 하고 시험 삼아 뜻을 캐물어 보면 비록 잠을 자다가 나왔어도 조금도 틀림이 없어 영종대왕께서, 총명·영특하고 슬기롭기가 남다르다고 늘 칭찬하셨다. 기묘년 3월에 책봉례를 정하여 그 달에 효소전(孝昭殿)·휘령전(徽寧殿)을 참배하고 이어 진전(眞殿)을 배알한 다음 윤6월에 명정전(明政殿)에서 책봉을 받았는데, 예절 따라 움직이는 모습과 나아가고 물러가는 행동거지가 모두 법도에 맞아 영종대왕이 퍽 가상히 여기고는 종묘사직 만년의 경사라고 하셨다. 신사년 3월에 입학(入學)을 하고 관례를 올렸으며, 임오년 2월에 가례를 올렸는데 그해 화변(禍變)이 있은 이후로는 너무 슬프고 마음 아프고 그리워서 아버지와 아들 사이의 지극한 정 이외에는 오직 망극하고 망극할 뿐이었다. 그때 나와는 따로따로 있었는데 새벽마다 글을 보내 내가 탈이 없다는 소식을 안 후에야 비로소 아침을 들었으며, 내가 늘 위태롭고 두려움을 느끼고 병을 잘 앓았기 때문에 내 곁을 떠나 있으며 못 보는 것을 한으로 여겨 친히 약을 지어 보내면서 병세가 좀 감해졌다는 소식을 듣고서야 비로소 수라를 들곤 하였는데 그때 비록 어린 나이였지만 타고난 효성이 그렇게 지극했던 것이다.

　나와 떨어진 후로는 선희궁(宣禧宮) 처소에서 먹고 자고 했는데 낮이면 영종을 모시고 밤이면 선희궁을 위로하면서 밥 한 그릇 먹고 잠 한숨 자는 데도 마음을 늘 놓지 않았으며 갑신년에 선희궁 병환이 위독하자 아버지 대신 효도한다는 뜻으로 정성을 다해 보살피고 급기야 상을 당하자 슬퍼하기를 임오년과 다름이 없이 했다. 병술년에 영종대왕 환후가 위중하자 밤낮으로 애간장을 태우며 3달 동안 침식을 잊었는데 성상 체후가 결국 건강을 되찾으신 것도 사실은 그의 효성이 하늘을 감동시켰기 때문이었던 것이다. 대왕대비전에 대하여는 더욱더 효성을 바쳤고 대왕대비전 역시 지극히 사랑하셔서 큰일이건 작은 일이건 위로 여쭙고 아래로 묻고 하여 사랑과 효도가 간격이 없게 하는 것이 전고에 드물 정도였다. 그야말로 대왕대비전의 그 높은 덕과 대행대왕의 지극한 효성이 아니라면 어떻게 그리 될 수가 있을 것인가. 그 밖에도 평소에 하늘을 공경하는 지극한 정성이라든지 선왕을 받드는 법도 있는 행실, 전궁(殿宮)을 받드는 티 없는 효성, 검소함을 숭상하고 사치를 배격하던 훌륭한 절도, 아껴 쓰고 백성을 사랑하던 큰 덕 등 다 쓰려면 한이 없다. 그러나 그 모든 것들이 남의 귀와 눈에 훤히 있기에 외정(外廷)의 신하들이 보고 들은 대로 써서 만분의 일이라도 드러낼 것이기 때문에 여기서는 다만 어렸을 때 했던 일 외에 남들이 미처 모르고 있는 것만 대강 들어 적어본 것이다.”

에필로그

정조, 그 이후

'여주(女主) 정순대왕대비'의 등극

일촉즉발의 폭풍전야

1800년(정조 24년) 6월 28일 정조가 창경궁 영춘헌에서 승하했다. 7월 4일 세자 순조가 왕위에 오르지만 나이가 아직 15세였기 때문에 순조의 증조할머니격인 정순대왕대비가 수렴청정을 하기로 했다. 같은 날이었다. 이날 대왕대비는 심환지를 영의정, 이시수를 좌의정, 서용보를 우의정으로 임명했다.

우리는 어떤 이유에선지 정순대왕대비를 '반(反) 개혁의 상징', '정조의 업적을 물거품으로 만들어버린 악녀(惡女)', '세도정치를 연 장본인' 등으로 매도해 왔다. 특히 대왕대비의 수렴청정 때 대대적인 천주교 박해가 일어났기 때문에 서학의 물결을 가로막은 장본인으로 지목하기도 한다. 정조의 죽음을 안타까워 하는 세력이나 사람일수록 정순대왕대비에 대한 비판은 증오의 수준으로 치닫기도 한다. 심지어 아무런 증거도 없이 대왕대비를 '정조 독살의 기획 연출자'로 싸잡아 비난하기도 한다.

　그러나 정조 승하 이후 흔들리는 왕실과 조정의 중심을 바로잡아 그나마 더 큰 혼란으로 몰아가지 않은 공은 전적으로 정순대왕대비에게 있다. 그 이전까지 조선의 왕실 역사에서 수렴청정을 했던 대비로는 예종 초와 성종 초 수렴청정을 했던 세조비 정희왕대비 윤씨, 명종 때 수렴청정을 했던 중종의 계비 문정왕후 윤씨, 선조 초 잠시 수렴청정을 했던 명종비 인순왕후 심씨 등이 있었다. 굳이 비교를 하자면 정순대왕대비의 통치는 정희왕대비와 문정왕후 윤씨의 중간쯤이었다고 할 수 있다. 자신의 권력을 당당하게 행사했다는 점에서는 한 걸음 물러서 있었던 정희왕대비와 달랐고 시대적 한계에서나마 선정을 베풀려 했다는 점에서는 폭정으로 나아간 문정왕후와 달랐다.

　정순대왕대비는 왕실의 최고 어른으로서 어른답게 행동했다. 그에 대해 보수냐 개혁이냐 운운하는 것 자체가 철없는 탁상공론일 수 있다. 정조의 죽음은 왕실 차원에서나 국가 차원에서나 중대한 위기 국면임에는 틀림없었다. 여기서 문제의 핵심은 성공적인 위기탈출이다. 정순대왕대비에 대한 성패(成敗) 평가는 이런 맥락에서 이뤄져야 한다.

　수렴청정을 맡은 이후 처음으로 눈에 띄는 조치는 혜경궁 홍씨 집안에 대한 사실상의 복권이다. 청정을 시작한 7월 4일 대왕대비는 언서(諺書)로 하교하기를 "홍용한(洪龍漢)·홍준한(洪駿漢)·홍낙임(洪樂任)·홍낙륜(洪樂倫)·전 직장(直長) 정의(鄭漪)·홍취영(洪就榮)·홍서영(洪緖榮)·홍후영(洪後榮)과 전 부호군(副護軍) 조관진(趙觀鎭)·전 군수(郡守) 조용진(趙用鎭)을 아울러 종척(宗戚)의 집사(執事)에 차임토록 하라"고 했다. 이에 대해 심환지를 비롯한 원상들은 "홍낙임은 진 죄가 지중(至重)하니, 청컨대 성명(成命)을 거두어들이소서"라고 청을 올렸으나 대왕대비는 원상들의 청을 받아들이지 않았다.

특히 8월 7일 대왕대비의 하교는 정국을 풀어가는 열쇠를 보여주었다는 점에서 시사하는 바가 크다. 그것은 어린 순조가 대궐의 여성 어른들에 대한 문안인사를 하는 순서와 관련된 것이었다. 원래대로 하자면 순조는 대왕대비, 왕대비(정조비 효의왕후 김씨), 가순궁 박씨(친모), 혜경궁 홍씨 순서로 문안인사를 해야 했다. 그러나 왕대비는 형식도 중요하지만 내용도 함께 살펴야 한다며 "혜경궁은 겸손한 덕을 지녔고 명달(明達)함이 이와 같다"고 칭찬한 후에 "지금 이후로 대전(大殿) 문안의 차서는 대왕대비전, 왕대비전, 혜경궁, 가순궁(嘉順宮-순조의 친모)의 순서로 하라. 그리하여 문서로 차서를 밝혀 혜경궁의 겸손한 덕을 드러내게 하라"고 명한다.

대왕대비는 자신의 오빠를 비롯한 경주 김씨 가문을 초토화시킨 정조를 미워하지 않았다. 오히려 어른스럽게 정조의 친어머니인 혜경궁 홍씨를 높여주었다. 거기에는 정조가 자신에 대해서는 지극정성을 다했다는 사실과 혜경궁 홍씨의 조신한 행실이 함께 작용했을 것이다. 적어도 정조처럼 개인의 호불호[私]로 일[公]을 처리하지는 않았다. 8월 16일자 『실록』이다.

"가설감역(加設監役) 홍낙수(洪樂受)·홍낙선(洪樂宣)은 승륙(陞六-7품 이하를 6품으로 승진)시키고 홍서영(洪緖榮)은 초사(初仕)에 제수하라고 명하였는데, 모두 혜경궁 본가(本家)의 사람들이었다."

왕실 외척들에 대한 배려는 홍씨 가문에만 그치지 않았다. 순조가 왕위에 오른 상황에서 힘을 얻게 된 외척은 처가 안동 김씨, 친어머니의 집안 반남 박씨 그리고 실권을 갖고 있는 대왕대비의 경주 김씨였다. 마음먹기에 따라서는 대왕대비가 경주 김씨의 독주체제를 갖출 수도 있었다. 그러나 대왕대비는 3대 외척의 공존(共存)을 모색했던 것 같다. 그리고 영조의 첫 번째 비 정성왕후 서씨나 정조비 효의왕후 김씨 집안도 그 역할을 인정해 주었다.

대왕대비는 청정 첫날 순조의 친모인 가순궁 박씨의 아버지 박준원을 특진시켜 어영대장으로 발탁했다. 그리고 보름 후인 7월 20일 영의정 심환지의 청을 받아들여 정2품 정경(正卿)으로 승진 발탁한 다음 공조판서로 임명했다. 사흘 후에는 박준원의 아들 전(前) 도사 박종보를 승지로 임명한다. 순조에게는 외삼촌이었다. 같은 날 정조의 처남인 의령현감 김종선도 함께 승지 발령을 받는다.

순조의 '미래' 장인 김조순에 대한 배려도 각별했다. 순조는 아직 김조순의 딸과 가례를 올리지 못했기 때문이다. 7월 10일 김조순을 특별 근위대장격인 장용대장으로 임명했다. 그러나 김조순은 8월 1일 상소를 올려 간곡하게 사직을 청한다. 다음날에는 대왕대비가 김조순을 병조판서로 임명하자 당일 사직상소를 올렸다. 후임 장용대장에는 박준원이 임명된다. 11월 13일 박준원은 형조판서에 보임된다.

'오회연교'를 정반대로 해석하다

아마도 정순대왕대비는 정조의 장례절차가 모두 끝나기만을 기다렸던 것 같다. 정조가 세상을 떠나고 170일이 지난 순조 즉위년 12월 18일 대왕대비는 중대결심을 발표한다. 정조가 5월 그믐날 경연에서 말했던 '오회연교'를 정반대로 해석하면서 '역신(逆臣)'들의 자수를 요구한 것이다.

원래 오회연교는 영조의 처분 못지않게 사도세자의 죽음 또한 억울하다는 임오의리를 노론 벽파가 받아들일 것을 최후로 통첩한 것이다. 다만 그 내용이 모호하다는 게 문제였다. 그 모호함을 근거로 대왕대비는 시파와 남인들에게 자신들의 잘못을 인정하고 벽파에 투항할 것을 요구했다. 그리고 이 같은 조치는 다름 아닌 정조의 뜻을 계승하여 세도(世道)를 바로잡으려는 작업이라고 못 박았다. 피비린내나는 권력투쟁을 알리는 서곡이었다.

　　시파의 입장에서는 황당할 수밖에 없었다. 정조는 분명 자기 뜻을 따르지 않는 벽파들을 향해 경고를 했는데 그것을 근거로 자신들을 압박해 오니 어찌 할 바를 몰랐다. 게다가 자수(自首)라니!

　　첫 번째 희생자는 대왕대비의 언문하교가 있은 지 7일이 지난 12월 25일에 절도로 유배를 가야 했던 예조참판 김이익이었다. 김이익(金履翼, 1743년 영조 19년~1830년 순조 30년)은 영의정 김수항의 고손자로 안동 김씨다. 정조 9년(1785년) 문과에 급제해 사헌부·사간원·홍문관의 요직을 두루 거쳐 이조 참의에 올랐고 1797년 강원도관찰사를 지냈다. 이때 예조참판으로 있다가 노론 벽파들의 공세에 밀려 결국 전라도 진도로 유배를 가게 된다. 그러나 1807년 김조순이 이끄는 노론 시파가 정권을 장악하면서 다시 조정에 나와 공조·형조·병조·판서를 두루 지내게 된다.

　　죄목은 정조 말년 이조판서 이시수를 탄핵한 홍문관 수찬 김이재가 그의 동생이었기 때문이다. 김이익과 김이재는 대표적인 시파였고 이시수는 이때 좌의정을 맡고 있었다. 김이재는 이시수를 탄핵했다가 정조 24년 5월 29일 경상도 언양으로 유배를 떠나야 했다. 그것은 정조가 김이재를 미워서가 아니라 심환지·이시수 등을 압박하기 위한 수단이었다. 그런데 대왕대비는 시파 김이재를 유배 보낸 것은 정조가

서유린_ 정조 때 수원부 유수를 지내며 화성 신도시 건설에 앞장섰고, 순조 즉위 후에는 세력을 잡은 벽파에 의해 경흥으로 유배당하여 그곳에서 죽었다.

시파를 압박하려 했다는 증거로 삼았다. 논리보다는 힘의 문제였다.

같은 날 전(前) 유수 서유린을 함경도 경흥부로 유배하라는 명이 있었다. 이런저런 죄목을 열거했지만 결국 시파라는 이유였다. 서유린(徐有隣, 1738년 영조 14년~1802년 순조 2년)은 동부승지 서효수(徐孝修)의 아들로 영조 42년(1766년) 문과에 급제해 승지·대사헌·관찰사 등을 지냈고 1784년 병조판서, 1786년 의정부 좌참찬, 1795년 의금부 판

사를 거쳐 수원부 유수를 지냈다. 이때 수원부 유수를 지냈다는 것은 정조의 화성 건설에 앞장섰다는 뜻이다. 이것이 진짜 죄목이었을 것이다. 결국 서유린은 경흥부에서 돌아오지 못하고 유배지에서 생을 마감해야 했다.

노론 벽파가 주도하는 인적 청산

김이익과 서유린 두 사람을 절도와 극변으로 유배를 보내긴 했지만 대왕대비가 볼 때는 잔챙이에 불과했다. 대왕대비의 보복은 먼저 정조의 사람들을 제거하는 데서 시작되려 하고 있었다. 이날 대왕대비가 대신들을 불러 철저한 '보복'을 명한다.

"조정 신하들 가운데 만약 사력(死力)을 다하여 충역을 가려내려는 사람이 있다면 내가 무엇 때문에 고통스럽게 이런 거조를 하겠는가? 지난번 언교를 내린 것이 벌써 여러 날이 되었는데도 전연 자명(自明)하고 자수(自首)하는 사람이 없었다. 이런데도 대신과 3사가 한마디 말이 없이 적막하기만 하니, 지금의 모양으로 살펴본다면 설혹 종묘사직의 안위(安危)에 관계되는 일이 있다 해도 그 장차 팔짱 낀 채 앉아서 바라보기만 할 것이 아닌가?"

정조 측근들의 소탕작전에 노론 벽파 대신들을 내몰고 있었다. 심지어 영의정 심환지조차도 열의가 없는 듯하다는 비판을 받아야 했다. 12월 26일 사헌부에서는 시늉이라도 하는 차원에서 김이재의 당류(黨類)라는 이유로 서유문·신기·전 목사 이제만·부호군 박성태 등을 탄핵했다. 극변으로 유배를 해야 한다는 것이었다. 그러나 이들 또한 거물이 아니긴 마찬가지였다. 대왕대비는 사헌부의 탄핵주청은 받아들이지 않으면서 다음날 다시 '역도(逆徒)의 소굴'을 속히 소탕하라는 엄명을 내린다.

12월 29일 영의정 심환지의 청에 따라 대왕대비의 오빠인 고 참판 김구주에 대한 명예회복 조치가 이뤄졌다. 동시에 홍국영에 대한 처벌논의가 이뤄졌다. 홍국영의 관작추탈은 곧 정조 정치의 시초(始初)를 근원적으로 부정하는 것이다. 그리고 이날 그동안 이름이 거론됐던 김이재·신기·이재만·박성태·서유문 등에 대한 유배조치가 강화되거나 이뤄졌고 추가로 김이재의 형인 김이교도 함경도 명천부로 귀양을 보내라는 명이 추가됐다.

1801년 순조 1년 새해가 밝았다. 1월 1일 대왕대비는 홍국영의 관작을 추탈하라고 명했다. 노련한 정객의 모습을 보이던 대왕대비는 어느새 복수의 여신으로 바뀌어 있었다. 돌이켜보면 영조가 정조에게 남긴 부정적 유산 중에서 가장 강력한 것은 어쩌면 사도세자의 죽음보다 정순왕대비의 존재 자체였는지 모른다. 이제 형식적인 탄핵절차도 필요 없었다. 일방적인 유배 명령이 내려오기 시작했다.

1월 2일 부호군 이희갑(李羲甲), 전 승지 정상우, 전 승지 김이도, 전 판서 이재학, 전 참의 심상규를 삼남지방으로 찬배했다. 탄핵대상에 홍낙임의 이름이 빈번하게 거론되기 시작한다. 1월 4일 대사간 이의봉은 홍낙임이 서유린·김이익 등의 소굴이므로 홍낙임부터 엄하게 다스려야 한다고 주청했다. 박종악의 이름도 거론됐다. 1월 8일 부호군 김재익은 홍낙임과 채제공이 내외로 결탁했으므로 두 사람을 함께 주벌해야 한다고 상소를 올렸다. 홍국영에 이어 채제공이 부정되려 하고 있었다. 탄핵 대상은 산 자와 죽은 자를 가리지 않고 하루에 서너 명씩 거명됐고 대부분 유배나 관작추탈 등의 조치가 이뤄졌다.

이런 가운데 1월 18일 우의정 서용보가 이런 분위기에서는 도저히 한양에 머물기 힘들겠다며 고향으로 숨어버리는 일이 발생했다. 실은 자기 아버지 서유녕을 지적하는 논의들이 있었기 때문이다. 서용보는 열흘 후 조정으로 복귀했다.

5월 25일 사헌부 지평 강준흠이 올린 상소를 보면 정조의 시대가 근본에서부터 부정당하고 있다는 것을 실감하게 된다. 은언군 이인·홍낙임·윤행임·정민시·서명선 등 모두 정조가 극히 총애했던 인물들을 탄핵하고 있기 때문이다. 그중 정조의 총애를 받았던 윤행임(尹行恁, 1762년 영조 38년~1801년 순조 1년)은 정조 6년(1782년) 문과에 급제해 초계문신으로 선발됐고 신진 시파로 활약했다. 정조 12년(1788년) 민치화와 함께 벽파의 탄핵을 받아 유배되기도 했으나 이듬해 규장각 직각으로 복직했다. 그후 이조참의에 오르지만 다시 정민

452

시와 함께 유배되었다가 다시 이조참의에 등용되고 순조 즉위년에는 도승지 홍문관제학 등으로 잘 나가는 듯했으나 이듬해(1801년) 신유박해 때 전라도 강진 신지도로 유배되었다가 풀려나 전라도관찰사로 재직 중 김조순의 탄핵을 받고 다시 신지도에 안치되었다가 결국 참수당한다.

무참히 지워지는 정조의 흔적들

천주교 박해, 서얼허통, 그리고 관노해방

대왕대비는 1월 10일 천주교를 사학(邪學)으로 규정하면서 이렇게 말한다.

"선왕(先王)께서는 매번 정학(正學)이 밝아지면 사학(邪學)은 저절로 종식될 것이라고 하셨다. 지금 듣건대, 이른바 사학이 옛날과 다름이 없어서 서울에서부터 기호(畿湖)에 이르기까지 날로 더욱 치성(熾盛)해지고 있다고 한다. 사람이 사람 구실을 하는 것은 인륜이 있기 때문이며, 나라가 나라꼴이 되는 것은 교화가 있기 때문이다. 그런데 지금 이른바 사학은 어버이도 없고 임금도 없어서 인륜을 무너뜨리고 교화에 배치되어 저절로 이적(夷狄)과 금수(禽獸)의 지경에 돌아가고 있는데, 저 어리석은 백성이 점점 물들고 어그러져서 마치 어린 아기가 우물에 빠져들어가는 것 같으니, 이 어찌 측은하게 여겨 상심하지 않을 수 있겠는가?"

천주교 내지 서학에 대한 정조의 대응원칙을 폐기하겠다는 선언이었다. 처음에는 대간들도 경솔하게 큰 옥사를 일으켜서는 안 된다고 반대했으나 대왕대비는 단호했다.

"이들을 다스리지 않으면 사람들이 모두 금수가 되어 나라가 망할 것이다. 다스릴 경우 혹 난(亂)을 초래하게 될 우려가 있기는 하지만 나라가 더럽혀져 망하는 것보다는 어찌 깨끗하게 보존하여 망하는 것이 낫지 않겠는가?"

100여 명이 사형당하고 400여 명이 유배를 가게 되는 신유박해의 시작을 알리는 신호탄이었다.

한편 천주교에 대한 탄압을 결정하던 1월 10일 흥미롭게도 조정에서는 이조판서 윤행임의 건의를 받아들이는 형식으로 전면적인 서얼 허통을 발표한다. 게다가 1월 28일에는 가히 혁명적인 조치라 할 수 있는 관노비 66,000여 명에 대한 전격적인 해방조치가 이뤄졌다. 그리고 창덕궁 돈화문 앞에서는 이들의 인적사항을 담은 노비안 1,400여 권을 불태워버렸다. 이 같은 대규모의 노비해방이 개혁군주라는 정조가 아니라 수구세력이라 규정되고 있는 노론 벽파에 의해 이뤄졌다는 것은 충격적이기까지 하다.

정조의 뜻대로 김조순의 딸을 왕비로 삼다

정조에 대한 과도한 극찬은 정순대왕대비에 대한 과도한 매도와 짝을 이루고 있다. 우리는 어느 쪽도 편들 필요가 없고 그럴 이유도 없다. 그저 누가 당대의 중요사안을 정확히 파악해 정도에 따라 일을 풀어나갔는지만 보면 된다. 개혁이니 수구니 하는 도식은 오히려 과거에 있었던 일을 지나치게 단순화하고 왜곡시키기 때문에 따르지 않는다.

예를 들어 대왕대비의 아버지 김한구는 사도세자의 죽음에 깊이 연루됐었다. 나경언의 밀고를 뒤에서 사주한 장본인이 김한구라는 지적도 있다. 그러나 정순왕대비는 세손 시절의 정조를 보호하는 데 누구 못지않게 적극적이었다. 왕실 내에서 정후겸이 화완옹주를 등에 업고 대리청정을 방해하면서 동궁의 자리에서 밀어내려 할 때 정순왕대비는 세손의 편에 서서 화완옹주의 공세를 막아주었다.

그 밖에도 몇 차례 정조와 충돌했을 때도 대왕대비는 공론에 바탕을 둔 명분에 따라 행동한 반면, 정조가 오히려 사적인 정의(情意)에 매달리는 모습을 보였다.

정순대왕대비가 사적인 이해관계를 뛰어넘어 왕실의 어른으로서 공인(公人)의 모습을 보여준 것은 불확실한 상황에 놓여 있던 순조의 혼인문제를 명쾌하게 해결한 것이다. 정조가 정조 24년 정월 초하루부터 그렇게 서둘렀음에도 불구하고 결국 2월 26일 첫 번째 간택, 윤4월 9일 두 번째 간택을 통해 김조순의 딸을 세자빈으로 확정만 지어놓았지 가례를 치르지는 못한 상황에서 세상을 떠났다.

김조순은 노론 시파였다. 정권은 노론 벽파에게 있었다. 노론 벽파로서는 얼마든지 간택을 무효로 하고 자기 파의 딸을 골라 새롭게 가례를 추진할 수 있었다. 실제로 그런 움직임이 있었다. 심환지의 측근인 대사헌 권유가 순조 1년 6월 12일 상소를 올려 국혼(國婚)을 재고해야 한다는 뜻을 은밀하게 청했다. 그런데 권유의 상소는 당장 문제가 되지 않다가 그해 10월 18일 노론 벽파의 실세 심환지가 세상을 떠나고 3년이 지난 순조 4년 5월 14일 뒤늦게 조정의 쟁점으로 떠오른다. 순조 2년에 결국 김조순의 딸이 순조와 가례를 올렸고 이후 김조순의 세력이 조정에서 조금씩 힘을 얻어가면서 문제가 된 것이다.

이 일을 처리함에 있어 정순대왕대비는 분명 정도를 걸었다. 앞으로 자기 집안을 견제할 수 있는 가장 강력한 잠재적 적대세력이 김조순 집안이었음에도 불구하고 김조순에 대한 배려를 아끼지 않았으며 정조의 뜻에 따라 국혼을 원칙대로 강행했다. 오히려 권유를 대역죄로 다스렸다.

정조의 4대개혁을 원점으로 되돌리다

정조와 정순대왕대비의 이같이 얽히고설킨 인연을 떠나 정책만 놓고 본다면 대왕대비는 철저하게 정조와 대척점에 섰다. 먼저 노론 벽파 정권을 추진했던 대왕대비는 탕평을 전면적으로 부정했다. 한동안 정조가 금과옥조처럼 받들었던 탕평책에 대해 대왕대비는 냉소적이었다. 파워폴리틱의 입장에서 보자면 대왕대비의 시각도 틀린 것이 아니다. 정치란 이긴 쪽이 전부를 갖는 게임이기 때문이다.

"이조나 병조에서 단지 절차에 따라 사람을 뽑아 올리는 일만 할 뿐이라면 단 한 사람의 이조 관리만 있으면 그뿐이다."

적과 동지를 확연히 구분해서 동지들과 함께 정치를 하는 것이 정당하다는 것이다.

규장각은 껍데기는 유지됐지만 초계문신을 선발하지 않음으로써 사실상 규장각을 폐지한 것이나 마찬가지였다. 대왕대비의 시각에서는 군이 친위세력을 둘 필요가 없고 기존의 의정부나 전조(銓曹-이조·병조)가 유능한 인사들을 골라서 쓰면 자연스럽게 조정에는 좋은 인재들이 넘치게 될 것이라고 보았던 것이다.

개인적인 경호를 위해 창설된 장용영으로 자금이 집중되어 호조에서조차 경비가 부족하다는 것을 알게 된 대왕대비는 일거에 장용영을 혁파해 버렸다. 사실 장용영 설치에 대해서는 정조의 측근들 사이에서도 무용론이 제기될 정도였기 때문에 별다른 저항이 없었다.

화성의 경우도 사정은 크게 다르지 않았다. 정조는 화성을 건설하면서 그것은 사도세자만을 위한 것이 아니라 유재족민(裕財足民), 즉 국가재정을 넉넉하게 하고 백성의 삶을 풍족하게 하기 위한 사업이라고 말했다. 그러나 화성 건설을 바라보는 대왕대비와 노론 벽파의 시각은 정반대였다. 민궁재갈(民窮財竭), 즉 백성을 궁핍하게 하고 국가재정을 고갈시켰다는 것이었다.

1806년 노론 벽파가 몰락하고 정조의 측근들이었던 시파가 정권을 잡게 되지만 화성에 대한 시각은 벽파와 크게 바뀌지 않았다.

"정조의 원대한 구상은 그 생시에는 신료와 백성의 지원을 받았다. 하지만 정조는 자신이 없을 경우에도 이를 추진해 나갈 주체세력을 결집하고 명분을 부여하는 데는 실패하였다. 정조 사후 그의 유지와 개인적 비원은 그가 키워낸 시파의 측근 관료들에게서도 외면당한 셈이다."

유봉학 교수의 이 같은 점잖은 지적은 실은 정조의 꿈이 일장춘몽(一場春夢)에 불과했다는 가차 없는 비판으로 읽힌다.

물론 정조의 삶은 많은 사람들에게 동정심을 불러 일으키기에 충분하다. 그러나 그런 동정심 때문에 실패한 군주를 성군(聖君)으로 추앙하는 것은 지나치다. 역사를 보는 데 동정심이 파고들 공간은 없다.

정조는 이름 그대로 바른 임금이고자 했다. 그러나 마음의 여유가 없었다. 생각과 말만 무성했다.『정조실록』은 그 어떤 시대보다 읽어 내기가 쉽지 않았다. 정조의 말이 워낙 현란했기 때문이다. 비판적 해독을 거듭하면서 읽어야 했다. 그의 시대는 한마디로 외화내빈(外華內貧)이었다. 그런데 200년이 지난 지금 여기저기서 다시 정조를 이야기한다. 착잡하다. 그들의 이야기 또한 결국은 외화내빈으로 판명날 것이 분명하기 때문이다.

태종·세종·성종·선조·숙종 그리고 이번에 정조가 마무리됐다. 세종의 위대함이 새삼 크게 와닿는다.

| 사진출처 |

24쪽_ **영조 어진** 한국학중앙연구원
27쪽_ **이천보 영정** 덴리대학 소장
34쪽_ **〈장조가 김희신에게〉** 경남대 박물관 소장
40쪽_ **홍봉한 영정** 덴리대학 소장
57쪽_ **『경모궁 의궤』** 서울대 규장각 소장
90쪽_ **김종수 영정** 덴리대학 소장
98쪽_ **정민시 영정** 덴리대학 소장
111쪽_ **이휘지 영정** 덴리대학 소장
113쪽_ **이복원 영정** 덴리대학 소장
134쪽_ **〈묵매도〉** 서울대 박물관 소장
154쪽_ **〈정조필홍안화〉** 국립중앙박물관 소장
167쪽_ **『어제만천명월주인옹자서』** 서울대 규장각 소장
188쪽_ **〈대로사비명〉** 한신대 박물관 소장
191쪽_ **이재협 영정** 덴리대학 소장
199쪽_ **〈문효세자 책봉식〉** 서울대 박물관 소장
224쪽_ **채제공 영정** 전남 나주 미천서원 소장
231쪽_ **〈정조가 채제공에게〉** 조재진 소장
242쪽_ **김치인 영정** 덴리대학 소장
247쪽_ **화성 사진** ⓒ엔싸이버
248쪽_ **〈원행을묘정리의궤도〉** 창덕궁 소장
260쪽_ **〈규장각도〉** 한국학중앙연구원
261쪽_ **황경원 영정** 덴리대학 소장
262쪽_ **유언호 영정** 덴리대학 소장
265쪽_ **김조순 영정** 망운재 이원기 소장
294쪽_ **천진암 사진** ⓒ엔싸이버
311쪽_ **이재 영정** 국립중앙박물관 소장
334쪽_ **『한중록』** 서울대 규장각 소장
381쪽_ **김이소 영정** 덴리대학 소장
389쪽_ **화성 사진** ⓒ엔싸이버
400쪽_ **심환지 영정** 덴리대학 소장
412쪽_ **이병모 영정** 덴리대학 소장
450쪽_ **서유린 영정** 덴리대학 소장

정조, 조선의 혼이 지다

초판 1쇄 2007년 10월 30일
초판 7쇄 2018년 2월 5일

지은이 | 이한우
펴낸이 | 송영석

주간 | 이진숙·이혜진
기획편집 | 박신애·정다움·김단비·정기현·심슬기
디자인 | 박윤정·김현철
마케팅 | 이종우·김유종·한승민
관리 | 송우석·황규성·전지연·채경민

펴낸곳 | (株)해냄출판사
등록번호 | 제10–229호
등록일자 | 1988년 5월 11일(설립일자 | 1983년 6월 24일)

04042 서울시 마포구 잔다리로 30 해냄빌딩 5·6층
대표전화 | 326–1600 **팩스** | 326–1624
홈페이지 | www.hainaim.com

ISBN 978-89-7337-880-7